El ordenador personal

D1170444

ANAYA MULTIMEDIA

TÍTULO DE LA OBRA ORIGINAL:
PC Annoyances (Second edition)

RESPONSABLE EDITORIAL:
Eugenio Tuya

TRADUCTOR:
Jesús García Corredera

DISEÑO DE CUBIERTA:
Cecilia Poza Melero

El ordenador personal

Steve Bass

ANAYA
MULTIMEDIA

Authorized translation from English language edition published by O´Reilly Media, Inc.
Copyright © 2005 by O´Reilly Media, Inc.
All rights reserved.

Edición española:

© EDICIONES ANAYA MULTIMEDIA (GRUPO ANAYA, S.A.), 2005
Juan Ignacio Luca de Tena, 15. 28027 Madrid
Depósito legal: M. 31.696-2005
ISBN: 84-415-1897-1
Printed in Spain
Imprime: Lavel, S. A.

Que las pulgas de mil camellos asolen la entrepierna del programador de RealPlayer que decidió colocar iconos en la barra de tareas, el menú Inicio y el escritorio, y que sus brazos sean demasiado cortos como para rascarse.

Copiado de Internet, autor desconocido.

Quiero dar las gracias a Bill Gates, a sus microsoftadas y a todo el imperio Redmond. Sin ellos, este libro no hubiera sido posible (ni siquiera necesario).

Kvetch: Verbo. Pronunciado KVETCH, para que rime con "coger"; molestarse, quejarse, gruñir, gemir. Kvetcher. Pronunciado KVETCHER; persona que se que se queja, a menudo Steve Bass y siempre sobre ordenadores.

- De The Joys of Yiddish, Leo Rosten (1968).

Agradecimientos

Claro, lo sé, sólo está aquí por amabilidad. Probablemente habrá pasado rápidamente por los primeros renglones, quizás buscando a alguien que conozca, y luego pasará al primer capítulo. Nadie, excepto los implicados en la creación del libro, lee los agradecimientos. De modo que, adelante, siga adelante mientras yo me regodeo y doy las gracias a mucha gente.

Generalmente es la esposa la que queda encajonada en la última línea de los agradecimientos, pero no puedo esperar. El libro nunca se hubiera terminado (ni empezado) sin la increíble paciencia, apoyo e inquebrantable voluntad de Judy (bueno, excepto esa vez, en julio) para aguantar mis interminables quejas y excentricidades a lo largo de esta experiencia. Cariño, no podría haberlo hecho sin ti.

Mis padres, Bernie y Hilda, que, como todos los buenos padres, me proporcionaron alimentos, ánimos y muchos bocadillos de pastrami y que me dejaron que los enfadase muchas veces. Hay muchos más.

El pedigüeño cinturón negro de PC World, Michael Lasky, me asignó el artículo Annoyances original, haciendo que este libro fuera posible. Gracias a Dennis O'Reilly, que retorció, martilleó y amasó mis palabras en los dos primeros artículos Annoyance. Gracias también a Harry McCracken, que dio luz verde al proyecto y cuidó cuidadosamente de la relación entre PC World y O'Reilly; gracias también al especialista en descargas Max Green, por engrasar las ruedas para las descargas de en la página Web de PCW. Al frente del grupo de usuarios, el gurú de la informática Rod Ream rellenó docenas de agujeros técnicos y aportó brillantes ideas. Una copa de Anchor Steam para Tom Lenzo, David Jung, George Siegal, Mike Lanzarotta, Carl Siechert por sus sabios (y sabiondos) consejos, muchos de los cuales usé en este libro. Me quito el sombrero ante los miembros del Pasadena IBM Users Group. Ustedes, amigos, proporcionaron toneladas de material y permanecieron a mi lado a las duras y a las maduras (y a pesar de la falta de información). Lo mismo para la lista de suscriptores de stevebass, vuestras respuestas desafiantes y provocativas a mis aparentemente incesantes peticiones de más molestias, han hecho de este libro un lugar más molesto.

Mark Brokering, editor asociado de O'Reilly, es el responsable final de este libro. Encontró el artículo PC World Annoyance, corrió con la idea y mantuvo la mano en el timón, con sugerencias, réplicas ingeniosas y ayudas ocasionales cuando cambiábamos de editor. Gracias por aguantar a lo largo de todo el proyecto, Mark. Mi editora para la primera edición, Linda Mui, la única persona que conozco que lee el correo con Unix, empezó a mitad de proyecto y fue una enviada de Dios. Si alguien sabe cómo hacer funcionar el sistema (y trabajar como escritor), es LM.

También tengo cariño al tío Bob, es decir, el editor ejecutivo Robert Luhn, que me hizo preguntas molestas cuando fue mi editor en Computer Currents y, de alguna forma, me siguió hasta O'Reilly con, lo juro, el mismo grupo de preguntas molestas. Robert, eres estupendo y un tipo con talento, tú encontraste los duendes del manuscrito. Gracias, me alegro de que estés en O'Reilly.

Sobre el autor

Steve Bass empezó a trabajar con ordenadores en 1982 con un IBM PC que compró en Computerland. Cuando pidió ayuda sobre su uso le contestaron: "No lo use en la ducha". Al día siguiente fundó el Pasadena IBM Users Group. Tras 24 años, finalmente cerró la organización, enviando a lacalle a los más de 2.400 antiguos miembro (`http://www.pibmug.com`). Tened cuidado ahí fuera. A finales de los 80, Steve cofundó la Association of Personal Computer User Groups (`http://www.apcug.org`), una organización nacional para los grupos de usuarios.

Steve es colaborador de PC World, escribiendo la columna "Home Office" desde 1990, la Home Office Online Newsletter y docenas de artículos, incluyendo "Net Phones: Dialing Without Dollars" (Teléfono por Internet: llamar gratis, "The Ultimate PC Troubleshooting Guide" (La guía definitiva para eliminar errores en el PC) y "Great Windows Shareware for Under $50" (Estupendo *shareware* Windows por menos de 50$). Su artículo de publicación anual "How to Fix the Biggest PC Annoyances" (Cómo solucionar los mayores problemas del PC) ganó el prestigioso premio Excellence in Technology Journalism de PRSA.

Steve también ha escrito para Forbes, Family Circle y Computer Currents y en cierta ocasión tuvo una columna diaria en un periódico que le dio más trabajo de lo que ganaba. Pero espere, aún hay más: Steve tiene un espacio fijo en "Airtalk" de la KPCC, un programa de radio afiliado a la NPR y "Digital Village" en KPFK de Pacifica. Actualmente está produciendo un nuevo programa sobre ordenadores, "Phrenology: The New Topology". Es un camino pedregoso. En una vida anterior, Steve fue terapeuta familiar (de modo que, cuidado con lo que decimos); poseía PCG Seminars, una compañía de formación para los profesionales de la salud mental; y conoció a su mujer mientras hacía magia en Magic Castle en Hollywood.

Sobre los colaboradores

Harry McCracken lleva eliminando problemas con el PC (o intentándolo) desde 1978, cuando descubrió que el teclado del TRS-80 de Radio Shack tendía a repetir caraccterres al azzar. Tras descubrir que otros ordenadores (como el Atari 400, el Apple Macintosh Plus y el Commodore Amiga) eran igualmente irritantes de otras formas, terminó pasándose a Microsoft Windows, la madre de todas las plataformas PC molestas, y encontró trabajo en la industria de las revistas de informática, donde realmente te pagan por quejarte de los PC. Actualmente editor jefe de PC World, la mayor revista de ordenadores mensual, Harry ha escrito para InfoWorld, Family Circle, USA Today y otras publicaciones y ha sido invitado en "Dateline NBC", "NPR's "Marketplace", y muchos otros programas de radio y televisión. Vive en el prometedor barrio Mervyn Heights de San Francisco y lleva gafas a la moda.

Dan Tynan es un laureado periodista, comentarista de televisión y gurú de la alta tecnología y se le ha descrito como "ingenioso", "inteligente" y "no tan raro como parece" (principalmente por su esposa). En 16 años de periodismo, Dan ha ganado más de 20 premios nacionales y ha sido publicado en más de 13 idiomas.

Dan comenzó su carrera editorial en 1986, como un simple editor de reproducción en la revista InfoWorld. El siguiente año saltó a PC World, donde comenzó su meteórica ascensión en la cadena alimenticia editorial. Esto culminó en 1995 con su nombramiento como editor jefe en la revista CD-ROM Today; posteriormente trabajó como editor ejecutivo en funciones para PC World durante casi cuatro años. Para cuando se publique esto, el primer libro de Dan, Computer Privacy Annoyances (O'Reilly), debería estar camino de la imprenta.

Recientemente, la columna CNET de Dan, "Inside @ccess" ha ganado dos premios Maggie (en 2002 y 2003) como Mejor columna en Internet (derrotando las dos veces a Steve Bass, que increíblemente le ha permitido colaborar en este libro, de todas formas).

David Jung es el coautor de una serie de libros y artículos sobre programación y eliminación de errores en Visual Basic, Microsoft Outlook, Java y otros programas de Internet. Suele aparecer como orador en seminarios y grupos de usuarios, explicando cómo se puede integrar la tecnología en las soluciones industriales. En su tiempo libre (normalmente después de las 2:00 a.m.), escribe utilidades increíblemente prácticas para Windows, que ayudan a encontrar y eliminar fallos en el sistema, además de evitar que virus basados en series de comandos se expandan en ordenadores que usen Windows. Dos de sus programas, DLL Checker y VBS Defender, recibieron el premio Editor's Choice de PC World y continúan vendiéndose a los usuarios de todo el mundo (encontraremos la página Web de David en la página Web `http://vb2java.com`).

Carl Siechert lleva más de 20 años intentando (con resultados desiguales) encontrar la lógica de los ordenadores personales. Durante ese periodo, su firma, Siechert & Wood Professional Documentation, ha escrito manuales, ayuda en línea y otros documentos para numerosos productos de hardware y software (sólo buenos manuales, no aquellos a los que maldecimos). Además, Carl ha escrito una docena de libros sobre Windows y MS-DOS. Un libro reciente, Microsoft Windows Security Inside Out for Windows XP and Windows 2000, ganó un merecido premio de la Society for Technical Communication.

Cuando las molestias informáticas son demasiado grandes, Carl se va a hacer senderismo, volviendo siempre que puede a Pacific Crest Trail. Recientemente, hizo una pequeña concesión a su voto de no-aparatos-electrónicos-en-la-naturaleza llevando una pequeña linterna LED.

Preston Gralla se ha irritado con su PC, y especialmente con los medios digitales (podemos ver sus contribuciones en el capítulo 6), desde que un disco duro le llegaba a las rodillas. Orgulloso propietario de siete ordenadores, Preston es el autor de más de 30 libros de informática, entre los que se encuentran Internet Annoyances, Windows XP Hacks y Windows XP Power Hound (todos de O'Reilly). Su prolongada experiencia en periodismo informático incluye trabajos en PC Week,

PC/Computing (que fundó y de la que es director e) y trabajar como editor ejecutivo en ZDNet y CNET. Preston tiene varios premios, incluyendo Mejor función en una publicación de ordenadores de la Computer Press Association.

Sobre el equipo técnico

Karl Koessel es editor principal en PC World y el mejor editor técnico de todos los tiempos. Karl analizó todas las soluciones a molestias, los duplicó en su laboratorio y se aseguró de que funcionaran. También sufrió una docena de instalaciones de Instant Messenger de Yahoo, el navegador Netscape y, que el cielo le ayude, RealPlayer. Karl no deja que se le pase nada y fue básico para la precisión del libro.

Dennis O'Reilly es editor asociado jefe de PC World y es el especialista absoluto de los encabezados (y no, no es familia de Tim).

Laura Blackwell es la editor ayudante en PC World que trabajó en muchos de los capítulos, haciendo un trabajo maravilloso para que el libro suene más como yo.

Índice
de contenidos

El ordenador personal

El ordenador personal

5. Problemas con el explorador de Windows 283

6. Problemas con la música, vídeo y CD 315

7. Problemas con el hardware 369

Introducción

Una mañana de octubre de 2002, recibí una llamada de broma: "Soy Tim O'Reilly. ¿Quieres escribir un libro para mí?" "Claro", respondí, pensando que era mi amigo Rod, que me llama muchas veces fingiendo que es Gates, "pero sólo si incluyes un viaje gratis a Hawaii y un Volvo nuevo". "No, soy realmente Tim", trato de nuevo, "y soy aficionado a tus artículos sobre problemas con el PC". Tardé un segundo en recobrar la compostura (desenredar los auriculares mientras me levantaba del suelo no fue fácil).

Resulta que Mark Brokering, vicepresidente de marketing y ventas de O'Reilly, mientras estaba en un avión, cogió una copia de PC World y leyó mi último artículo anual: cum-kvetchfest. Me dijo que consiguió solucionar media docena de molestias de su ordenador portátil antes de que el avión aterrizase (curiosamente, todavía no se ha suscrito a la revista).

¿Por qué escribir PC Problemas y soluciones?

He pasado casi 20 años delante de un ordenador y constantemente me enfado con algunas de las cosas realmente estúpidas que nos hacen los programas (a nosotros y a nuestros ordenadores). Lo que quiero decir es que estoy realmente harto de que algunas compañías (RealOne y AOL, por ejemplo) crean realmente que es correcto colocar iconos obligatoriamente en el menú Inicio, en el escritorio y en la barra de tareas; (la barra de tareas de Windows, ese pequeño rectángulo de la parte inferior derecha de nuestro escritorio, no necesita, no debería tener, dos docenas de iconos. Revise "Proteger el sistema de instalaciones tontas", en el capítulo 2 para saber cómo eliminarlos.) Por el correo electrónico que recibo de los lectores de PC World, sé que no soy el único harto, molesto y ofendido (por no decir insultado). Quiero que la gente sepa que no es culpa suya y lo que es más importante, que hay soluciones y remedios.

Por qué el libro es especialmente importante ahora

Muchas personas han comprado ordenadores en los últimos dos años. Muchos se están dando cuenta de que han estado aguantando tonterías, como la función de numeración de Word, los incesantes anuncios de Netscape o esos irritantes anuncios emergentes (demonios, me pongo nervioso sólo con escribir sobre ellos).

También hemos conocido el spyware, el adware y otros programas insidiosos que recogen y comparten información sobre nosotros a nuestras espaldas o, aún peor, secuestran nuestras páginas de inicio o instalan gusanos de puerta trasera o virus.

¿Es PC Problemas y soluciones para nosotros?

Si alguna vez hemos sentido, aunque sea un poco, animadversión hacia nuestro PC, este libro es para nosotros.

¿Tiene un problema?

Estoy seguro de que sí y me encantaría escucharlo. Envíeme un email describiendo brevemente cual es el problema y haré lo imposible por solucionarlo. Aunque no puedo garantizarle una respuesta colocaré algunas de las mejores en la Web de este libro (en la versión original), `http://oreilly.com/pcannoyances`. Escríbame a `annoyances@oreilly.com`.

Cómo usar este libro

El libro está organizado en grandes categorías (correo electrónico, Windows, Office, hardware, administración de archivos, Internet y un apartado para las molestias con los CD, música, vídeo y audio. A medida que hojea el libro, observaremos que algunos capítulos están divididos en determinadas aplicaciones. Por ejemplo, el capítulo sobre el correo electrónico comienza con los fastidios habituales en todos los programas, seguido por secciones sobre las aplicaciones más usadas (Outlook y Outlook Express, Eudora, AOL, Hotmail y demás). Lo más recomendable es hojear el libro y marcar las páginas que nos interesen (yo uso pequeñas notas adhesivas) para poder encontrarlas después.

Convenciones usadas en este libro

En este libro se usan las siguientes convenciones tipográficas:

❑ Utilizaremos un tipo de letra Arial para los menús, opciones, cuadros de diálogo y la mayoría de los elementos de la interfaz.

❑ Utilizaremos un tipo de letra Courier para los nombres de archivos, URL y direcciones de correo electrónico.

❑ Utilizaremos unn tipo de letra **negrita** para indicar las combinaciones de teclas y los botones en las aplicaciones.

El CD que falta (o "¡pásese por la página Web!").

¿Se ha dado cuenta de que no hemos incluido un CD? Hay una buena razón o, en realidad, dos: aumenta el precio del libro y se queda desfasado en apenas 20 minutos. En su lugar, hemos decidido crear una página Web especial con más de 150 herramientas y utilidades gratuitas, destinadas a librarnos de nuestras molestias e incordios. Encontraremos éstos y otros regalos en la Web de Anaya Multimedia http://www.anayamultimedia.es, sección Atención al cliente, opción Complementos.

Riámonos

Tengo un extraño sentido del humor y quiero compartirlo. De modo que he añadido muchos vínculos a sitios Web que se ríen de algunas de las cosas molestas que hacen los PC (y los Mac). Por ejemplo, podemos pasar un par de minutos viendo "Bob consigue un nuevo monitor", de Shotgun Studio, un vídeo protagonizado por Bob y su escopeta que muestra una forma creativa de deshacernos de nuestro viejo monitor. Se encuentra en http://snipurl.com/shotgun (noto que se acerca algo molesto: si el vídeo no funciona y comenzamos a irritarnos, podemos pasar al capítulo 6 y leer "¿Por qué no se reproduce mi vídeo?").

Usar los vínculos con SnipURL

Es una de esas pequeñas cosas que me vuelve loco (como tener que escribir las enormes direcciones Web que aparecen en libros o artículos de revistas). Así, en este libro, uso SnipURL, un servicio gratuito que abrevia la URL en un vínculo que no tiene más de 14 caracteres (para conocer más detalles, podemos ver "Enviar URL más cortas", en el Capítulo 1).

1. Problemas con el correo electrónico

Si se parece a mí, vivirá en el correo electrónico. Eso significa que también vivimos con todas las cosas estúpidas que hace el programa de correo electrónico, como ocultar los archivos adjuntos o convertirlos en un galimatías, o borrar mensajes sin nuestro permiso. También significa que tenemos que tratar con todas las listas de chistes, cartas en cadena y el correo no deseado que engulle productividad y que continuamente llena nuestros buzones de correo.

En primer lugar, mostraré cómo resolver los problemas generales del correo electrónico que hacen que me suba por las paredes. Después, le guiaré a través de los problemas que hay en la mayoría de los programas de correo electrónico más populares (Outlook y su hermano Outlook Express, Eudora, AOL, Hotmail, Netscape y Gmail).

Como pocas personas usarán todos estos programas de correo electrónico (claro, a menos que tengan demasiado tiempo libre) probablemente salte algunas partes de este capítulo que no sirven para su gestor de correo. De nuevo, si es el tipo de persona que disfruta regodeándose, estúdielos para poder ayudar condescendientemente a sus desafortunados amigos. Pero recuerde: la gente que vive en casas de cristal no debería tirar piedras y la gente que usa Hotmail debería tener cuidado cuando se burla de AOL.

Problemas con el correo en general

Ocultar la lista de receptores

El problema: Me enfado mucho cuando recibo un correo electrónico y la lista de direcciones de correo electrónico es más grande que el mensaje.

La solución: Cuando enviamos un correo electrónico a más de una persona, basta con ocultar la lista de receptores usando la función "Con copia oculta" (Bcc) de la aplicación. Podemos dirigirnos el mensaje a nosotros mismos o dejar el campo Destinatario en blanco (si nos lo permite el programa) y luego enviar con copia oculta a todos los demás.

❑ Para que aparezca el campo Bcc en Outlook Express, seleccionamos Ver y Todos los encabezados.

❑ En Outlook, seleccionamos Opciones y seleccionamos CCO.

❑ En Netscape, hacemos clic en Para: y nos dirigimos hasta Cco.

❑ Eudora es el más sencillo; basta con rellenar el campo Bcc.

Mostrar los encabezados del correo electrónico

El problema: Mi programa de correo electrónico hace horas extra para protegerme de los encabezados y, la mayoría de las veces, está bien. Normalmente, lo único que quiero saber es quién ha escrito el correo electrónico, quién lo ha recibido y cuándo se ha enviado. Pero de vez en cuando tengo que buscar los encabezados de un correo electrónico para informar de un problema al servicio técnico o descubrir por qué me están devolviendo un mensaje. ¿Cómo encuentro los encabezados de un correo electrónico?

La solución: Cada gestor de correo electrónico tiene una forma diferente de mostrar los encabezados. Para mostrar la información de encabezado, seguimos los pasos de nuestro programa de correo:

Outlook Express 5 y 6

Abrimos el mensaje de correo electrónico, seleccionamos Archivo>Propiedades y hacemos clic en la pestaña Detalles.

Outlook 2000 y 2002

Abrimos el mensaje de correo electrónico, hacemos clic en **Ver** y seleccionamos Opciones. Los datos que queremos se encuentran en el cuadro de diálogo Encabezados de Internet.

Netscape Mail

En las versiones 6 y 7 de Netscape, abrimos el mensaje de correo, hacemos clic en **Ver**, y seleccionamos Origen del mensaje. Para el correo Web de Netscape, abrimos el mensaje y hacemos clic en el pequeño triángulo amarillo que hay en la parte inferior derecha del panel Asunto/De/Fecha/Para.

Eudora 5

Abrimos el correo electrónico y hacemos clic en **Blah Blah Blah** (no, no estoy bromeando) en la barra de herramientas de la ventana del mensaje. La información de encabezado aparecerá en la parte superior del mensaje.

AOL

Sobre el mensaje de correo, buscamos la línea sent from the Internet (Details) y hacemos clic en (Details). La información del encabezado aparecerá en el cuadro de diálogo Internet Information.

Hotmail

Nos dirigimos a Opciones, seleccionamos Configuración de pantalla de correo, seleccionamos Completo y hacemos clic en **Aceptar**. Abrimos el correo electrónico de nuevo y repetimos el proceso, seleccionando Ninguno o Básico, tras leer los encabezados.

Evitar que se llene el buzón del correo

El problema: He recibido una llamada de un amigo que me dijo que le están devolviendo los correos electrónicos que me envía. "Dice que tu buzón de correo está lleno", me dijo con una sonrisita. Pero no lo está. ¿Qué pasa?

La solución: Esto solía ocurrirme cuando mis amigos insistían en enviarme mensajes con grandes archivos adjuntos. Cuando nos envían un mensaje de correo electrónico, va a nuestro proveedor de servicios de Internet (ISP), que lo guarda en un servidor de correo electrónico para que nuestro programa de correo electrónico pueda, cuando queramos, recogerlo. El problema es que la mayoría de los ISP sólo ofrecen entre 5 y 10 Mb de espacio en su servidor para nuestros mensajes; y cuando nuestro correo electrónico acumulado llene ese espacio, el servidor de correo electrónico de nuestro ISP rechazará (devolverá) todos los nuevos correos entrantes hasta que hagamos espacio para los nuevos mensajes.

Mi proveedor de servicios de Internet, EarthLink, me envía un correo electrónico de aviso cuando el buzón de mi correo electrónico está casi lleno. Pero incluso si nuestro ISP es así de amable, tendremos que recoger el correo electrónico con regularidad. También tendremos que asegurarnos de que nuestra cuenta POP3 esté configurada para eliminar los correos del servidor tras recogerlo, como se indica a continuación:

❑ En Outlook Express y Outlook 2000 y 2002, hacemos clic en Herramientas> Cuentas, seleccionamos la cuenta correcta y hacemos clic en Propiedades> Avanzadas. Si hemos marcado Mantener una copia de los mensajes en el servidor, debemos asegurarnos de haber marcado Quitar del servidor después de 5 días (el valor predeterminado), pero lo cambiamos de 5 a 2.

❑ En Eudora, seleccionamos Herramientas>Opciones>Incoming Mail. Si hemos marcado Dejar correo en el servidor, debemos asegurarnos de tener marcado Borrar del servidor 0 día/s, pero cambiando el valor predeterminado 0 por 2.

❑ En Netscape Mail, seleccionamos Editar>Configuración de cuentas de correo/ grupos de noticias, seleccionamos Servidor (Valores del servidor en la versión 7), en el nombre de cuenta adecuado. Debemos asegurarnos de Suprimir mensajes del servidor cuando se suprimen localmente. A continuación, seleccionamos Copias & Carpetas (en Servidor o Valores del servidor) y configuramos las listas emergentes para que usen las carpetas locales adecuadas.

Reglas fundamentales del correo electrónico

Incluso los usuarios de correo electrónico con experiencia pueden romper, a veces, las normas de comportamiento del correo electrónico. Aquí tiene algunos trucos para evitar las meteduras de pata electrónicas:

❑ Que sea privado. No responda a una lista de correo con "gran idea" o "Estoy de acuerdo". En su lugar, debemos contestar en privado. Seleccionamos una pequeña parte del mensaje original para proporcionar un contexto.

❑ Juguemos sobre seguro. Hay diez personas en una lista de correo electrónico y vamos a responder con un cotilleo jugoso. Debemos asegurarnos de no hacer clic en "Responder a todos".

❑ Que sea limpio. Maldecir parece peor en el correo electrónico, incluso a los viejos gruñones que escriben para PC World, como yo. Debemos evitar las palabras malsonantes o, al menos, suavizarlas con asteriscos. El lenguaje soez a menudo suena más enfadado en el correo electrónico, y los mensajes breves que no quieren ser bruscos pueden parecer fríos.

❏ No muestre dejadez con la ortografía. Tomémonos un segundo o dos para comprobar la ortografía de nuestro correo electrónico. Yo he configurado Eudora para que lo compruebe automáticamente. ¿No disponemos de un corrector ortográfico integrado? Podemos ir a `http://snipurl.com/ spellcheck`: es gratuito, incluye un diccionario de sinónimos y traduce a francés e inglés. Ordonné, non? Yes, yes, yes!

❏ Cuando respondamos o reenviemos un correo electrónico, es conveniente que coloquemos una o dos palabras descriptivas delante del tema original, para que el receptor pueda imaginar qué contiene. Por ejemplo, yo uso palabras como "Actualización", "Confirmación" o "Tontería".

❏ No debemos anexar nada, a menos que hayamos preguntado al receptor si lo quiere.

❏ Podemos añadir una línea al final del correo electrónico con nuestro nombre y apellidos verdaderos. No hay nada más tonto que tener que responder a "Querido beerlover4983@aol.com". Y no debemos usar las iniciales. Si usase "S. Bass" como firma, estaría obligando a que me contestaran con "Señor o señora Bass".

❏ Si usamos una firma, debemos incluir la dirección de correo electrónico. De esa forma, si tengo que responder a su mensaje, no tendré que cortar y pegar la dirección de la línea Remitente:.

Interminable bucle vacacional

El problema: Llego a casa después de las vacaciones y mi buzón de correo está lleno con cientos de correos, la mayoría con quejas e insultos, de personas que pertenecen a las mismas listas de correo a las que estoy apuntado. ¿Por qué se enfadan conmigo?

La solución: Si está suscrito a una de mis listas de correo y se marcha de vacaciones, hágame un favor: no active la función de respuesta automática "no estoy en la oficina" de su programa de correo electrónico. Si lo hace, cada vez que un mensaje de la lista llegue a su correo, el programa de respuesta automática responderá a la lista. Usted (y todos los demás) recibirán un mensaje "no estoy en la oficina", produciendo un bucle interminable cuando el programa envíe otro " no estoy en la oficina" a la lista. Los miembros de la lista se verán inundados con sus mensajes, hasta que el moderador se pueda poner en contacto con usted (o le expulse de la lista).

Si no estamos suscritos a demasiadas listas, la solución más sencilla es configurar las preferencias de cada una de nuestras listas a "sin correo" mientras estamos de vacaciones. ¿No está segura de saber hacerlo? Escriba al moderador de la lista, a menudo conocido como "la mamá de la lista" para que le proporcione instrucciones.

Piense en una carta

Si no cree en la lectura de la mente, aquí tiene un sitio que le hará cambiar de opinión: `http://mstay.com/free`.

Extraordinario eliminador de correo no deseado

El problema: Últimamente, el correo no deseado es tan fuerte que algunos días, recibo tanto correo no deseado como auténtico correo.

La solución: No malgaste su tiempo luchando contra el correo no deseado. De hecho, ni siguiera debería ser consciente de él. Ha docenas de herramientas que reducen el correo no deseado, pero recomendamos las tres siguientes porque pueden capturar y recoger entre el 90 y el 98 por ciento del correo no deseado:

MailWasher

Este luchador contra el correo no deseado tiene todas las características que me gustan en un bloqueador de correo no deseado. Funciona maravillosamente, es realmente sencillo de configurar y usar, y frena en seco al correo no deseado, filtrándolo, devolviéndolo, anotándolo en una lista negra y eliminándolo. Y, aunque hay una versión MailWasher Pro, la versión gratuita es útil para la mayoría.

MailWasher funciona sobre los mensajes entrantes (sólo con programas de correo POP3 y AOL) antes de abrir nuestro gestor de correo. Se dirige al servidor de correo, igual que el gestor de correo, pero sólo recoge la información de encabezado y las primeras líneas de cada mensaje. A partir de ahí, el usuario entra en acción: marca los mensajes que reconoce como correo no deseado o coincide con la sospecha de MailWasher de que son correo no deseado. Un clic y MailWasher devuelve el mensaje a su remitente, camuflándose con "address not found". Sí, parece correo devuelto.

Tras unos pocos días, veremos que MailWasher no requiere ningún esfuerzo. Es fácil añadir a los correos electrónicos de los amigos a una lista de amigos y la basura a la lista de correo no deseado de MailWasher. Después de usar MailWasher durante un tiempo, recopila suficiente información (mediante comprobación y filtrado heurístico) que la mayoría del correo no deseado es bloqueado automáticamente sin que intervengamos. Encontraremos una copia en la Web `http://www. anayamultimedia.com`.

iHateSpam

Lo que me gusta de iHateSpam es que, a diferencia de MailWasher, funciona dentro de nuestro gestor de correo, de modo que no es necesario cargar y usar un programa diferente. iHateSpam añade una barra de herramientas a Outlook y Outlook Express que nos permite devolver correo electrónico, marcar mensajes como correo no deseado (o como correo aceptable) y añadir remitentes a una lista de amigos o de enemigos.

Lo que me conquistó de iHateSpam es que realmente hace añicos el correo no deseado. Mi mujer y yo usamos iHateSpam durante más de un mes. Su uso diario filtró casi el 98 por ciento del correo no deseado que recibió mi esposa; cuentas de prueba que cree en Hotmail y CompuServe ofrecieron incluso mejores porcentajes. No sé que tipo de magia algorítmica usa el programa, pero parece ser más listo cada vez que lo uso. Se puede conseguir una versión de prueba de esta utilidad (que cuesta 20$) en `http://www.anayamultimedia.com`.

Spamnix

No cabe duda de que los usuarios de Eudora necesitan Spamnix, un austero añadido de 30$, de Spamnix Software. Spamnix examina el encabezado y contenido de cada mensaje. Si considera que el correo no es correo no deseado (pero lo es) hacemos clic en el botón **Reject This Sender** y Spamnix vetará los siguientes mensajes del remitente. Si hacemos clic en el botón **Accept**, el programa proporcionará inmunidad a los siguientes correos del remitente. Alternativamente, Spamnix acepta todo el correo de cualquier persona que esté en el libro de direcciones de Eudora. Podemos conseguir una versión de 30 días de prueba en `http://www. anayamultimedia.com`.

Si estamos usando un servicio de correo basado en Web, que suelen tener filtros contra el correo no deseado integrados, tendremos que entrar en las opciones y activar o configurar el filtrado:

Hotmail

En Opciones, seleccionamos Filtro de correo electrónico no deseado y seleccionamos Bajo. A continuación, hacemos clic en Lista segura y añadimos las direcciones que queremos que pasen el filtro, como amigos o socios de negocio. Por último, hacemos clic en Listas de distribución y añadimos cualquier lista a la que estemos suscritos, para que no sean consideradas correo no deseado.

Yahoo!

No se pueden establecer niveles de filtrado. Yahoo! usa SpamGuard, una herramienta que filtra automáticamente el correo no deseado.

Ocultar la dirección de respuesta

Si leemos el correo de grupos de noticias, debemos evitar que los curiosos (especialmente, programas que buscan direcciones de correo electrónico para los spammers) obtengan una dirección de correo electrónico útil. Podemos insertar caracteres que los usuarios legítimos puedan eliminar o podemos dividir la dirección para que un programa no la pueda leer. Por ejemplo, en el campo "Responder a" de nuestro programa de correo electrónico, en Herramientas u Opciones, cambiamos nuestro correo electrónico por algo como `bassQUITARESTOgroups@lycos.com`. Si nuestros correos tienen firma, dividimos la firma así:

```
_____
bass_          |     no
groups         |     extraíble
@Lycos.        |     por
com            |     medios automáticos
```

Curas alternativas para los virus del PC

El problema: ¡Ayuda! Creo que mi PC está infectado y hace años que no actualizo mi antivirus.

La solución: Diríjase a HouseCall, el antivirus online, actualizado y gratuito de Trend Micro, en la página Web `http://snipurl.com/housecall`. Tras descargar una pequeña utilidad en nuestro PC, HouseCall examinará el disco duro de nuestro ordenador, encontrando y eliminando virus.

Mejor estar seguros y realicemos otro examen usando Stinger, de McAfee. No es un sustituto de un antivirus, sino una herramienta para eliminar el virus del día. Mientras escribía este libro, Stinger buscaba y eliminaba plagas como Fizzer, Lovgate, BackDoor-AQJ, SQLSlammer, Lirva, Yaha, Bugbear, Elkern, Funlove, Nimda, Sircam y el siempre popular Klez. McAfee actualiza Stinger dependiendo de la frecuencia con la que ataca el virus. Encontraremos Stinger en `http://www.anayamultimedia.com`.

Devolver al remitente

¿Qué hacemos si no actualizamos nuestro antivirus y, sin darnos cuenta, enviamos a nuestro cabreado jefe un gusano? Veámoslo en `http://snipurl.com/ouch`.

Limpiar los correos electrónicos reenviados

El problema: Mis amigos se quejan de que mis mensajes reenviados están muy sobrecargados; símbolos > que distraen, espacios extra, saltos de párrafo y extraños símbolos que rodean palabras, (véase la figura 1.1). Tengo que admitirlo, cuando recibo uno de estos correos electrónicos, me limito a borrarlos. ¿Cómo puedo (y también mis amigos) eliminar este desorden digital?

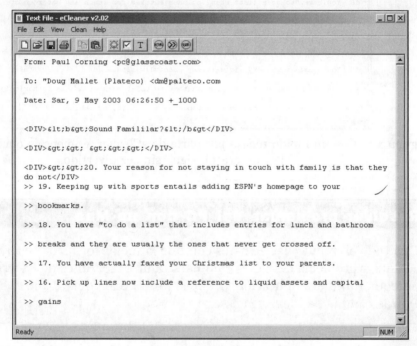

Figura 1.1. Este correo electrónico podría ser divertido si no tuviera esas molestas marcas.

La solución: Hay una solución muy sencilla y no nos costará ni un céntimo. Lo único que necesitamos es un rápido cortar y pegar en eCleaner, una ingeniosa utilidad gratuita, para limpiar la basura del correo electrónico antes de reenviarlo. Aparte de eliminar los molestos símbolos >, la herramienta se libra del código HTML, encabezados de correo electrónico y arregla las envolturas de palabras. Para limpiar un correo electrónico, copiamos y pegamos el correo que queramos el en eCleaner y pulsamos **F1**. Seleccionamos el texto limpio y lo pegamos en un nuevo correo electrónico (ver figura 1. 2).

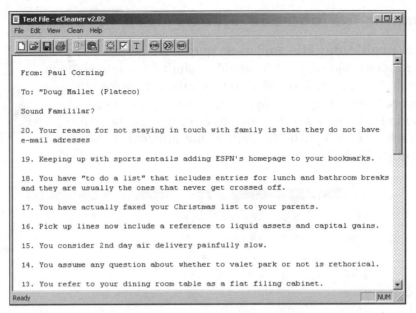

Figura 1.2. Con un rápido repaso por parte de eCleaner, el mensaje queda muy limpio. Por desgracia, sigue sin ser divertido.

Resolver problemas del PC con un Mac

Casi todo el mundo hace chistes con que la mejor forma de resolver cualquier problema del PC es cambiarse a un Mac. Antes de hacerlo, pruebe esta nueva aplicación: `http://snipurl.com/i_toilet`. Quizás cambie de idea.

Tengo eCleaner en la barra de herramientas de inicio rápido, para acceder fácilmente con un clic. Para añadirlo a la barra de herramientas, abrimos la carpeta eCleaner, hacemos clic con el botón derecho del ratón en eCleaner y lo arrastramos hasta la barra de herramientas de inicio rápido. Soltamos el botón y seleccionamos Crear iconos de acceso directo aquí. Podemos conseguir una copia de eCleaner en `http://snipurl.com/ecleaner`.

Si preferimos ponernos manos a la obra y eliminar manualmente esos molestos signos de nuestro programa de correo, podemos seguir estos pasos:

❑ En Outlook Express 5 y 6, hacemos clic en Herramientas>Opciones y luego hacemos clic en la pestaña Enviar. En la sección Configuración de formato de envío de correo, seleccionamos el botón de opción Texto sin formato, hacemos clic en el botón **Configuración de texto sin formato** y deseleccionamos la casilla Aplicar sangría al texto original con. Hacemos clic en **Aceptar** y de nuevo, en **Aceptar**.

❑ En Outlook XP y 2003, hacemos clic en Herramientas>Opciones, hacemos clic en la pestaña Preferencias y en el botón **Opciones de correo electrónico**. En la sección En respuestas y reenvíos, cambiamos las dos listas emergentes a cualquier cosa excepto Prefijo en cada línea del mensaje original. Hacemos clic en **Aceptar** dos veces.

❑ En Eudora 5 ó 6, tendremos que restablecer el valor de ReplyPrefix en el archivo Eudora.ini. Eudora hace que sea fácil (basta con ir a la página Web de servicio técnico en http://snipurl.com/e_settings, desplazarnos hacia abajo y hacer clic en el elemento ReplyPrefix). Volvemos a Eudora y veremos que se ha abierto automáticamente el cuadro de diálogo Cambiar opción en un nuevo mensaje. Debemos asegurarnos de que el campo Nuevo valor: está en blanco y hacemos clic en **Aceptar**. Repetimos el proceso para QuotePrefix.

Compartir grandes archivos sin los adjuntos

El problema: Tengo un vídeo increíble que quiero compartir con un amigo. Por desgracia, ocupa 30 Mb y si intento anexarlo a un mensaje de correo electrónico, los encargados del ISP vendrán a verme a casa.

La solución: Olvídese del correo electrónico. Si enviamos y recibimos a menudo grandes archivos, es mejor usar znail (http://www.znail.com), una página Web casi gratuita para el almacenamiento de archivos y poder compartirlos. Simplemente enviamos un archivo a znail usando el navegador, después enviamos a nuestro amigo un correo electrónico con un vínculo para recoger el archivo. Es gratuito hasta 5 Mb de almacenamiento. Si queremos gastarnos más (y transferir archivos más grandes), por un dólar al año obtenemos 20 Mb de almacenamiento; 50 Mb cuestan 10 dólares al año. znail tiene algunas restricciones, pero nada que pueda llamarse problemático. Si tenemos 20 Mb de almacenamiento en znail, podemos descargar un máximo de 40 Mb al día y 100 Mb a la semana (para compartir datos, tenemos que proporcionar el nombre de usuario y la contraseña a los amigos y colegas del trabajo). Si tenemos una conexión telefónica, enviar los archivos y descargarlos puede tardar una eternidad. Si es nuestra situación, podemos grabar el archivo en un CD y dárselo en mano a nuestro amigo.

Devolver al remitente, dirección desconocida

El problema: Hay una persona que me envía los chistes más horribles, tontos y aburridos. Le he pedido que me elimine de su lista de chistes, sin ningún resultado.

La solución: Aquí tenemos una forma ingeniosa de librarnos de cualquier lista de chistes. Usamos el programa Bounce Correo no deseado Mail para entregar un falso mensaje de devolución. Parece auténtico (véase la figura 1.3) y el pobre tonto pensará que la dirección de correo electrónico no es válida. Encontraremos Bounce Correo no deseado Mail en `http://www.anayamultimedia.com`.

El mágico archivo Ini de Eudora

Ahora que hemos leído "Limpiar los correos electrónicos reenviados", conocemos la curiosa forma de cambiar los valores iniciales de Eudora:

❑ Usamos <QuoteStart> para añadir una línea personalizada en la parte superior de cualquier mensaje que enviemos, como "Este mensaje ha sido enviado por Steve Bass". Sólo tenemos que hacer clic en <QuoteStart> y escribir el mensaje en el cuadro New value.

❑ Si un remitente solicita confirmación de lectura, Eudora nos preguntará si queremos enviarlo ahora, después o no enviarlo. Yo nunca quiero que Eudora responda. Si opina como yo, haga clic en <ReadReceiptNo> y cambie el número del cuadro New value de 0 a 1. Tras esto, Eudora rechazará las peticiones de confirmación de lectura sin molestarnos.

❑ ¿Queremos responder a un mensaje y comenzar la primera línea con "El domingo 12/26/2004 a las 01:13 PM, [nombre-remitente] escribió:"? Hacemos clic en <ReplyAllAttribution> y añadimos At %1, %2 you wrote en el cuadro New value.

No es imprescindible hacer clic en las opciones de esta página, especialmente si no reconocemos el comando y no estamos seguros de lo que hace. Y, antes de realizar cambios en el archivo INI de Eudora, debemos hacer una copia de seguridad (hacemos una búsqueda por `eudora.ini` para encontrar su ubicación en nuestro PC).

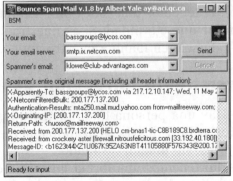

Figura 1.3. Bounce Correo no deseado entrega falsos mensajes de devolución que parecen auténticos.

Que sea breve y sencillo

A menos que estemos de vacaciones en una isla desierta, no nos sobrará tiempo. Si me envían un mensaje largo y no conozco a la persona que lo envía, probablemente no lo leeré, especialmente si tiene un archivo adjunto. Leo los mensajes largos de mis amigos cuando tengo tiempo (por supuesto, los mensajes del editor de O'Reilly son elocuentes y mantienen mi atención hasta el final).

Si queremos que lean nuestros mensaje (tanto si son de negocios como si son divertidos) debemos seguir estas prácticas reglas:

❑ **Piense de forma breve.** Limite el mensaje a tres párrafos, como mucho, cada uno con no más de cuatro frases. Si tenemos que escribir más, usaremos una sola línea con una indicación de lo que queda, por ejemplo, "¿Fecha límite? ¿Se me ha olvidado?".

❑ **Hay que usar párrafos.** Esto se parece al consejo anterior ¿verdad? No, porque algunas personan envían un solo párrafo tan largo como esta página. Debemos dividir los párrafos largos en tres o cuatro más pequeños. Hay que asegurarse de pulsar la tecla **Intro** entre párrafos; algunos programas de correo electrónico, especialmente con AOL, parecen eliminar las marcas de cambio de párrafo, uniéndolos.

❑ **Debemos evitar los formatos elaborados, los colores chillones y los fondos de flores.** Por dos razones: en primer lugar, lo que en un monitor parece bonito puede parecer horrible en otro; y en segundo lugar, ese código extra aumenta el tiempo de descarga cuando mi portátil está usando una conexión telefónica lenta de 56 Kbps.

Archivos adjuntos indescifrables

El problema: De vez en cuando recibo un correo electrónico con un archivo adjunto que es indescifrable. Mi antivirus lo examina y me dice que no es peligroso, pero es ilegible.

La solución: El archivo adjunto probablemente está codificado con Uuencode, MIME o BinHex, mostrándolo de forma aparentemente imposible de leer con un programa de PC (véase la figura 1.4). Necesitaremos una copia de ExplorerPlus, de Novatix, un sustituto de 30$ de Windows Explorer, que tiene un decodificador integrado (y, si lo necesitamos, un codificador) de archivos UU, XX, MIME base64 y BinHex (véase la figura 1.5). Para decodificar los mensajes, antes debemos guardarlos, desde el gestor de correo electrónico, en un archivo de texto. Después, en ExplorerPlus, señalamos el archivo, seleccionamos Archive y Decode ?les (a propósito, ExplorerPlus también es un estupendo gestor de archivos. Revise el apartado "Deshágase de Windows Explorer" en el capítulo 5 para obtener más detalles). Podemos obtener una versión de prueba de ExplorerPlus en http://snipurl.com/explus_trial.

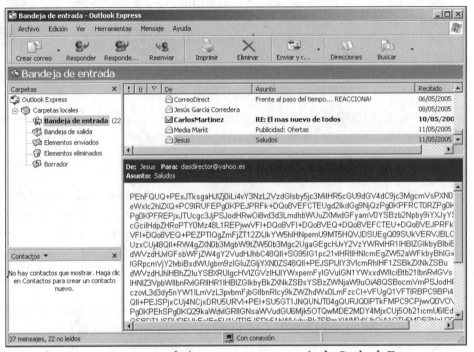

Figura 1.4. Intente ver la imagen en un mensaje de Outlook Express. ¿No puede, verdad?

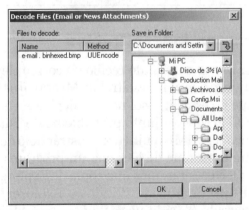

Figura 1.5. La única forma de leer un mensaje codificado con MIME es decodificarlo con ExplorerPlus, que convierte archivos UU, SS, MIME base64 y BinHex.

Desactivar la confirmación de lectura

El problema: Algunas personas solicitan confirmación de lectura en los correos electrónicos que me envían. ¿Piensan que no lo leeré?

La solución: Les doy el beneficio de la duda y supongo que no se dan cuenta de que las confirmaciones de lectura van contra las normas de etiqueta del correo electrónico. Yo rechazo la petición e indico al remitente cómo desactivar esa función:

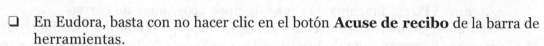

❑ En Eudora, basta con no hacer clic en el botón **Acuse de recibo** de la barra de herramientas.

❑ En Outlook, hacemos clic en Herramientas>Opciones, seleccionamos la pestaña Preferencias, seleccionamos Opciones de correo electrónico y en Opciones de seguimiento. Debemos asegurarnos de que Para todos los mensajes que envíe solicitar: Confirmación de lectura no esté marcado. Si usamos Outlook Express 6, hacemos clic en Herramientas>Opciones, seleccionamos la pestaña Confirmaciones y nos aseguramos de que Solicitar confirmación de lectura para los mensajes enviados no esté seleccionado. Si queremos que nadie sepa si leemos los correos, marcamos No enviar nunca una respuesta en Outlook, o No enviar nunca una confirmación de lectura en Outlook Express.

Y mire, si sus mensajes son realmente importantes, dígales que utilicen esa cosa nueva que se llama teléfono.

IMHO (en mi humilde opinión) ROTFLOL (te partirás de risa)

El problema: No se me da mal descifrar la mayor parte de los mensajes pero me irrito cuando recibo esos locos mensajes con abreviaciones. Nunca he sabido que es lo que significaba LOL, si VBG es un deporte o ser MAHANTIA.

La solución: Abreviaturas tales como FWIW (por su valor) e IMHO (en mí humilde opinión) pueden ser realmente difíciles de recordar para un anciano IIRC (si me acuerdo correctamente) existe un sitio Web para clasificarlos: the Acronym Finder (el buscador de abreviaciones) en `http://snipurl.com/acro_finder`. Busque una abreviatura y podrá así también ROTFLOL (partirse de risa). SGTM (me parece bien). Para un acercamiento más serio compruebe Webopedia (`http://snipurl.com/weopedia`), las abreviaciones de MacMillan (`http://snipurl.com/macmillandictionary`) o el diccionario en línea gratuito de informática (`http://snipurl.com/foldoc`).

Comprobar el correo Yahoo! desde nuestro gestor de correo

El problema: Tengo una cuenta de correo electrónico Yahoo! para todas mis listas de chistes. ¿Mi único problema? Odio la molesta jerigonza de conexión de Yahoo! y sus anuncios. ¿Cómo puedo evitarlo?

La solución: La solución es YPOPs!, una herramienta gratuita que emula un servidor POP3 y nos permite comprobar nuestro correo Yahoo! usando clientes de correo electrónico externos. YPOPs! funciona con más de doce programas de correo electrónico populares, incluyendo Outlook, Netscape, Eudora y Mozilla. Podemos descargar la herramienta de `http://snipurl.com/Yahoopops` y revisar las detalladas instrucciones sobre cómo hacer que funcione con nuestro programa de correo electrónico en `http://snipurl.com/ypops_email`. A propósito, no sólo es para Windows: la utilidad también funciona con Linux, Solaris e incluso ordenadores Mac.

Insertar imágenes en el correo electrónico

El problema: Algunos de los correos electrónicos que recibo incluyen imágenes dentro del mensaje, algo muy conveniente porque no tengo que hacer clic en iconos y esperar que las imágenes se abran con el programa visor adecuado. Pero colocar imágenes en un correo electrónico debe ser el mayor secreto de la informática porque no consigo descubrir cómo hacerlo.

La solución: Me encanta contar los secretos. Crear imágenes insertadas (también llamadas imágenes inline) no es tan difícil. Por supuesto, si el gestor de correo electrónico del receptor no acepta mensajes con código HTML, no estaremos de suerte y tendremos que enviar las imágenes a la antigua, anexionándolas. Y si estamos escribiéndonos con gente chapada a la antigua, que prefieren los mensajes en texto sin formato, encontrarán bastante molestos sus mensajes con imágenes insertadas. En caso contrario, continúe e inserte imágenes en sus correos electrónicos, pero sin excederse. Aquí tiene cómo:

❑ En Outlook 2000 y 2002, creamos un nuevo correo electrónico e insertamos la imagen usando Insertar>Imagen. Buscamos la imagen que queremos insertar y hacemos clic en **Aceptar**.

❑ En Outlook Express, damos formato al mensaje para que se envíe como HTML, seleccionando Formato>Texto enriquecido (TML). Después seleccionamos Insertar>Imagen, buscar la imagen que queremos insertar y hacer clic en **Aceptar**.

❑ En Eudora, creamos un nuevo mensaje y, con el cursor en la parte del texto del correo electrónico, hacemos clic en el botón **Insertar objeto** de la barra de herramientas de formato (es el último a la derecha) y seleccionamos Imagen. Una alternativa es seleccionar Editar>Insertar>Imagen. Si Insertar>Imagen no aparece disponible, probablemente hayamos configurado Eudora para que use solo texto. Podemos cambiarlo seleccionando Herramientas>Opciones>Estilo de texto y haciendo clic en Enviar ambos, normal y con estilo. Mientras estamos aquí, podemos marcar Mostrar barra de formato, para que podamos acceder al botón **Insertar objeto**.

❑ En Netscape, creamos un nuevo mensaje y seleccionamos Insertar>Imagen.

❑ En AOL, hacemos clic en el pequeño icono con la imagen de la cámara, que está sobre el mensaje de correo electrónico, buscamos la imagen que queremos, la seleccionamos, hacemos clic en **Open** y seleccionamos el tamaño que queramos.

Arreglas los vínculos rotos

El problema: Mi amigo me envió un correo electrónico con un vínculo a una estupenda página Web. Pero cuando hice clic en él, se abrió mi navegador y mostró un mensaje de error. ¡Pero sé que el sitio existe!

Nota

Algunas personas se sienten obligadas a responder a todos los correos electrónicos, incluso si sólo es un vínculo que podría interesarle o un correo meramente informativo. Aquí tiene un poco de la etiqueta de Bass: termine su correo electrónico con "Esto es sólo para su información. No es necesario que responda". Esto hace que la gente se lo piense dos veces cuando piensan que tienen que responder con algo trivial, como "gracias" o "de acuerdo". Es especialmente útil cuando respondemos a alguien de una lista de correo.

La solución: Los vínculos rotos de los mensajes de correo electrónico (donde se insertan espacios y caracteres extraños en las URL) me vuelven loco. Una utilidad estupenda y discreta, que ha pasado a formar parte de mi arsenal personal, es UrlRun, una utilidad gratuita.

Basta descargar y descomprimir URLRun y colocarlo en la barra de inicio rápido de Windows. En cualquier gestor de correo electrónico, basta con seleccionar un URL y copiarla. Hacemos clic en URLRun y la utilidad eliminará los espacios, demás desperdicios y pegará el URL en el campo Dirección de Internet Explorer. Si el navegador no está abierto, URLRun lo abre y nos lleva a la página correcta. Para los usuarios de Outlook es aún más fácil, ya que hay una versión gratuita de programa añadido para Outlook. La herramienta está en `http://www.anayamultimedia. com`.

Dejar de incluir mensajes en las respuestas

El problema: Cuando respondo a correos electrónicos, parece ser que incluyo todo el texto del mensaje original. ¿Cómo puedo hacer que no suceda esto?

La solución: Es fácil evitar este paso en falso. Por defecto, la mayoría de los clientes de correo electrónico incluyen el original en las respuestas, pero podemos cambiar este comportamiento predeterminado siguiendo las instrucciones de nuestro gestor de correo electrónico:

❑ Para cambiar esta configuración en Outlook 2000 y 2002, hacemos clic en Herramientas>Opciones y, en la pestaña Preferencias, seleccionamos Opciones de correo electrónico. Hacemos clic en la lista desplegable de Al responder a un mensaje y seleccionamos No incluir el mensaje original.

❑ En Outlook Express, seleccionamos Herramientas>Opciones, seleccionamos la pestaña Enviar y deseleccionamos Incluir mensaje en la respuesta.

❑ ¿Usando Netscape? Hacemos clic en Editar>Preferencias, hacemos doble clic en Correo/Grupos de noticias, seleccionamos Composición en la lista, deseleccionamos Citar automáticamente el mensaje original al responder y hacemos clic en **Aceptar.**

❑ Eudora dispone de una solución más elegante: simplemente resaltar el texto que queremos incluir y hacemos clic en el botón **Contestar.** El texto señalado se insertará automáticamente en la respuesta, pero no el resto (si no seleccionamos ningún texto, se incluirá todo el mensaje original).

Incluso si preferimos mantener, por defecto, el texto original en nuestra respuesta, podemos eliminarlo individualmente con dos teclas. En casi cualquier gestor de correo electrónico, pulsamos **Control-A** para seleccionar todo el texto original, después escribimos la respuesta. El texto desaparecerá mágicamente, sustituido por nuestra respuesta.

Predireccionar el correo

El problema: Suelo enviar muchos correos electrónicos a una persona (mi madre). Sin embargo, ninguno de los gestores que he usado me permite abrir el programa y dirigir un correo electrónico a una persona específica inmediatamente.

La solución: Nos dirigimos al escritorio de Windows y creamos un acceso directo. Hacemos clic con el botón derecho del ratón en cualquier punto vacío del escritorio y seleccionamos Nuevo>Acceso directo. En el campo de línea de comandos (98 y Me) o de ubicación (2000 y XP), escribimos `mailto: bassgroups@lycos.com` (por supuesto, sustituyendo lo que hay tras `mailto:` por la dirección de correo electrónico de mamá). Hacemos clic en **Siguiente** y le damos a nuestro acceso directo un nombre como **Correo mamá**. Hacemos doble clic en el acceso directo para enviar un correo electrónico inmediatamente. Para mayor comodidad, podemos colocar el acceso directo en la barra de herramientas de inicio rápido.

Configurar una firma

Es fácil conseguir que nuestro gestor de correo electrónico coloque una firma en la parte inferior de nuestro correo electrónico. Las firmas son útiles porque permiten al recipiente saber quién ha enviado el mensaje y cómo ponerse en contacto con el remitente por teléfono o (gasp) correo ordinario. Una firma elegante es breve y concisa (no más de cuatro o cinco líneas) y contiene la dirección de correo electrónico del remitente, su número de teléfono y dirección. Por muy ingeniosa que parezca su frase, inspirada en una poesía/película, dejémosla fuera; sólo aumenta el gasto de ancho de banda.

Guardar una copia

El problema: Quiero guardar una copia de todos los correos electrónicos que envío y que son realmente importantes (cartas al presidente, quejas que he enviado a Hacienda, etc.). El problema es que no siempre me acuerdo de hacerlo, por lo que a veces no tengo salida cuando tengo que ver lo que dije.

La solución: Podemos configurar el gestor de correo electrónico para que almacene una copia de todo el correo saliente en un buzón diferente. Cada semana, aproximadamente, examino el buzón y elimino los archivos innecesarios, para que el disco duro no acumule demasiada basura. Aquí se muestra cómo hacerlo con varios gestores de correo electrónico:

❑ En Eudora, seleccionamos Herramientas>Opciones>Incoming mail y marcamos la casilla Dejar correo en el servidor.

❑ En Outlook Express, seleccionamos Herramientas>Opciones, seleccionamos la pestaña Enviar y marcamos Guardar copia de elementos enviados en "Elementos enviados".

❏ En Outlook, seleccionamos Herramientas>Opciones>Preferencias, hacemos clic en Opciones de correo electrónico y marcamos Guardar copias de mensajes en la carpeta Elementos enviados.

❏ En Netscape Mail, nos dirigimos a la zona de Copias y carpetas de Editar>Correo/ Grupos de noticias (Configuración de cuentas de correo/Grupos de noticias en la versión 6), marcamos Poner una copia en y usamos la lista desplegable para asignar una carpeta local.

Enviar correo con un solo clic, mejorado

Gracias a "Predireccionar el correo" sabemos cómo enviar un nuevo mensaje de correo electrónico al mismo amigo haciendo doble clic en un icono del escritorio. El único problema es que este acceso directo no puede insertar un texto predefinido en el tema o en el cuerpo del correo electrónico. Para añadir un tema y/o mensaje al acceso directo de nuestro correo electrónico, hacemos clic con el botón derecho del ratón en él, seleccionamos Propiedades y escribimos lo siguiente en la línea de comandos del acceso directo:

```
mailto:suamigo@suISP.com?subject=Cooltip inside&body=(aquí colocamos el
texto del mensaje).
```

Si tenemos varios receptores, colocamos una coma entre sus nombres. ¿No es esto mejor?

Enviar URL más cortos

El problema: Algunos URL que quiero enviar a amigos y colegas de trabajo son realmente largos. ¿Cómo puedo evitar enviarles URL kilométricos?

La solución: Como soy una persona estupenda, intento ser considerado (al menos cuando envío correo electrónico) usando SnipURL.com, una página Web gratuita que recorta los URL largos hasta dejarlos en 13 caracteres. Añadimos el URL recortado a nuestro correo electrónico y, cuando el receptor haga clic en ella, el sitio los enviará directamente al vínculo largo.

Usar SnipURL es sencillísimo. Yo coloqué el icono de SnipURL en la barra de herramientas de Internet Explorer (dirigiéndome al sitio y arrastrando el vínculo Snip This a IE, Netscape u Opera). Cuando estoy en una página Web con un URL largo, con un clic en el icono de SnipURL se abre una ventana del navegador, coloca el URL abreviado en el portapapeles y cierra automáticamente la ventana. A continuación, puedo simplemente pegar el URL abreviado en mi correo electrónico. Encontraremos SnipURL en `http://www.snipurl.com`.

Outlook y Outlook Express 5 y 6

Deshabilitar el panel de vista previa

El problema: El panel de vista previa de Outlook Express no es sólo inútil, también es peligroso. Por defecto, marca cualquier mensaje como leído si pasamos más de cinco segundos en el panel de vista previa, lo que significa que a veces me pierdo mensajes importantes (porque OE cree que ya los he leído) simplemente por dejar abierto el panel de vista previa. Aún peor, algunos correos electrónicos (especialmente el correo no deseado) contienen series de comandos que se activan cuando se "lee" el mensaje. ¿Cómo puedo evitar esto?

La solución: En primer lugar, cerraremos el panel de vista previa. Iniciamos Outlook Express y seleccionamos Ver>Diseño. En el cuadro de diálogo Propiedades de distribución de ventanas, deseleccionamos el cuadro Mostrar panel de vista previa. Hacemos clic en **Aceptar** para cerrar el cuadro de diálogo. En Outlook, seleccionamos Ver>Panel de lectura para activar o desactivar el panel.

A continuación indicamos a Outlook Express que deje de marcar como leídos los mensajes sólo porque esté el cursor sobre ellos. Seleccionamos Herramientas>Opciones y hacemos clic en la pestaña Leer. Deseleccionamos la casilla Marcar el mensaje como leído tras mostrarlo 5 segundos, hacemos clic en **Aceptar** y hemos terminado. En Outlook, seleccionamos Herramientas>Opciones, hacemos clic en la pestaña Otros, hacemos clic en el botón **Panel de lectura** y deseleccionamos la casilla Marcar los elementos como leídos una vez vistos en el panel de lectura. En Outlook 2003, seguimos los pasos anteriores, pero en la pestaña Otros, hacemos clic en el botón **Panel de lectura**.

Remodelar Outlook Express

El problema: Una de mis mayores quejas sobre Outlook Express es que su diseño predeterminado no tiene sentido. Por ejemplo, la ventana de contacto que abre OE por defecto no tiene sentido. Y esos enormes iconos de la barra de tarea son espacio desperdiciado. ¿Y por qué OE no abre la bandeja de entrada por defecto? Estúpido, estúpido, estúpido.

La solución: Comencemos seleccionando Ver>Diseño. Para eliminar la ventana de contactos, hacemos clic en el botón que hay junto a Contactos y hacemos clic en **Aplicar**. Después reducimos el tamaño de los iconos. Con el cuadro Propiedades de distribución de ventanas todavía abierta, hacemos clic en el botón **Personalizar barra de herramientas**. Se abrirá otro cuadro de diálogo con dos listas y varios iconos de barra de herramientas en cada una. En la lista de la izquierda, hacemos clic en el menú desplegable Opciones de texto y seleccionamos Texto selectivo a la derecha o Sin etiquetas de texto, dependiendo de lo familiarizados que estemos con los iconos de OE. En Opciones de icono, seleccionamos Iconos pequeños. Aquí también podemos añadir los iconos que nos resulten útiles, como Imprimir o Responder, al escaso conjunto de herramientas predeterminadas. En la ventana de la izquierda, señalamos el icono que queremos añadir, hacemos clic en el lugar en el que queremos insertarlo, en la ventana de la derecha, y hacemos clic en el botón **Agregar**. Cuando hayamos terminado, hacemos clic en **Cerrar** para salir del cuadro de diálogo Personalizar barra de herramientas, después hacemos clic en **Aceptar** para cerrar la ventana Propiedades de distribución de ventanas.

Como paso final, obligamos a OE a trabajar durante el inicio. Seleccionamos Herramientas>Opciones y hacemos clic en la pestaña General. Hacemos clic en el cuadro que hay junto a Al comenzar, ir directamente a la "Bandeja de entrada" y hacemos clic en **Aceptar**. Ahora Outlook está listo para la acción, libre de (algunos) fallos de diseño de Microsoft.

Seleccionar la vista del mensaje

El problema: Me gusta mantener todos los mensajes en Outlook Express, pero no quiero verlos todo el tiempo. Otras veces me gustaría ver las conversaciones agrupadas por tema. ¿Es posible?

La solución: Seleccionamos Ver>Vista actual y obtendremos una lista desplegable con las diferentes formas de mostrar los mensajes. Seleccionamos Ocultar mensajes leídos para ver solamente los mensajes nuevos. Seleccionamos Agrupar los mensajes por conversación para ver los mensajes junto con sus respuestas, tal y como ocurre con algunos foros y grupos de noticias. Y si queremos ser realmente elegantes, podemos seleccionar Personalizar vista actual y añadir nuestras propias reglas para mostrar y ocultar mensajes.

Diversión exponencial

Desde la Vía láctea a nuestro jardín. En "Powers Of. Ten" tendremos una absorbente vista de la existencia, desde lo muy grande (galaxias) hasta lo muy pequeño (quarks). Advertencia: si estamos usando una conexión telefónica, quizás tarde unos minutos en cargarse y ejecutarse. Consulte `http://snipurl.com/power`.

Reparador de Outlook Express

Recorrer los mensajes de Outlook Express que están llenos de respuestas y citas es muy confuso. Afortunadamente, hay una solución: OE-QuoteFix para Outlook Express. Cambia automáticamente la apariencia de la respuesta de nuestro correo electrónico, alineando párrafos, moviendo la firma a la parte inferior del mensaje y mucho más (la siguiente imagen muestra todas las formas en las que podemos modificar la respuesta del correo electrónico). Podemos obtener una copia gratuita en `http://snipurl.com/OEquoteifx`.

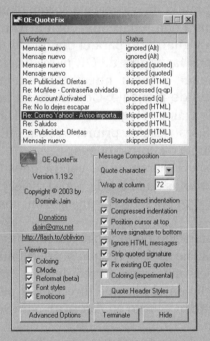

Deje de preocuparse por el aspecto de sus respuestas en Outlook Express: basta con seleccionar las opciones que queremos y dejar que OE-QuoteFix haga el resto.

A propósito, si nos hemos actualizado a Windows XP Service Pack 2 (SP2), algunas funciones de OE-QuoteFix podrían no funcionar. La solución es sencilla. En Outlook Express, seleccionamos Herramientas>Opciones, hacemos clic en la pestaña Seguridad y deseleccionar la opción Bloquear imágenes y otro contenido externo en correo electrónico HTML y hacemos clic en **Aceptar**.

Usar carpetas

El problema: Cuanto más correo hay en mi buzón, más tarda Outlook Express en cargarse. La respuesta evidente es borrar mis mensajes, lo que haría que el archivo bandeja de entrada `.dbx` de OE fuese más pequeño y se cargara rápidamente. Pero ¿qué ocurre si estos mensajes son importantes y tendré que usarlo posteriormente?

La solución: Podemos usar carpetas para guardar el correo demasiado importante como para eliminarlo, pero no tan importante como para tenerlo siempre a la vista. Crear una carpeta es un juego de niños: seleccionamos Archivo>Nuevo>Carpeta. En la ventana Crear carpeta, seleccionamos una ubicación para la nueva carpeta (probablemente, Carpetas locales), escribimos un nombre para ella y hacemos clic en **Aceptar**. Ya podemos arrastrar el correo a esa carpeta y guardarlo para el día que lo necesitemos,.

Aún mejor, usamos las reglas de OE para dirigir el correo directamente a una carpeta sin que llegue a tocar nuestra bandeja de entrada. Seleccionamos Herramientas>Reglas de mensaje>Correo. Si ya hemos configurado unas reglas, veremos el cuadro de diálogo Reglas de mensaje. Hacemos clic en la pestaña Correo y luego en Nueva. Si es nuestra primera regla, OE mostrará automáticamente el cuadro de diálogo Regla de correo nueva.

Aquí es donde especificaremos las condiciones (cuándo se aplicará la regla) y acciones (lo que queremos que haga la regla). Seleccionar una condición (por ejemplo, La línea De contiene personas) y una acción, como Moverlo a la carpeta especificada.

En el campo Descripción de la regla veremos las palabras **contiene personas** resaltadas. Hacemos clic en ese vínculo y seleccionamos las direcciones de correo electrónico de las personas cuyo correo debería enviarse a esa carpeta (podemos escribirlos o hacer clic en el libro de direcciones para seleccionarlos de una lista). Hacemos clic en **Añadir** y luego en **Aceptar** para volver al cuadro Regla de correo nueva.

Después hacemos clic en la palabra especificada; OE mostrará una lista de carpetas. Seleccionamos la carpeta a la que queremos que se envíe el correo. Aquí también podemos crear una nueva carpeta al vuelo, haciendo clic en el botón **Nueva Carpeta**. Hacemos clic en **Aceptar**.

Queda una cosa por hacer: escribir un nombre para la regla en el último campo. Cuando hayamos terminado, hacemos dos veces clic en **Aceptar**. Ahora, el correo de la persona especificada irá directamente a esta carpeta, dejando la bandeja de entrada intacta.

Arrastrar correo a subcarpetas

He creado carpetas para ordenar mi bandeja de entrada. Ahora mis carpetas están repletas de mensajes y sigo sin poder encontrar nada. De modo que he creado subcarpetas dentro de cada carpeta. Pero Outlook Express siempre se inicia con las vistas de carpeta cerradas, por lo que, cuando quiero arrastrar un mensaje desde la bandeja de entrada a una subcarpeta, tengo que desplegar la vista haciendo clic en el pequeño signo (+) que hay junto a la carpeta principal. Inevitablemente, me doy cuenta de esto después de seleccionar el mensaje que quiero mover.

He descubierto un pequeño truquito. Si arrastro el mensaje sobre la carpeta principal y lo mantengo allí durante unos tres segundos, la carpeta se desplegará automáticamente, mostrando todas las subcarpetas. A continuación, sólo tengo que arrastrar el mensaje en la carpeta adecuada y continuar felizmente. Aunque sólo sea esto, Microsoft ha hecho algo bien (el mismo truco funciona con las carpetas de Windows Explorer).

Varias cuentas de correo en un ordenador

El problema: ¿Quiere un truco para romper una relación? Comparta una copia de Outlook Express con la persona que le importa. Claro, podemos configurar nuestras propias identidades, pero la larga espiral hacia la ruptura pronto comenzará. ¿Quién conseguirá la cuenta predeterminada? ¿Cómo evitar descargar accidentalmente el correo de su pareja porque ella o él lo han configurado para descargar el correo al iniciar el programa?

La solución: En primer lugar, si no lo hemos hecho ya, creamos otra identidad para que todo el correo no vaya a la misma bandeja de entrada. Seleccionamos Archivo>Identidades>Agregar identidad nueva. Escribimos nuestro nombre de usuario y Outlook Express nos preguntará si queremos cambiar a la nueva identidad (querremos, de modo que hacemos clic en **Sí**) y si estamos conectados a Internet, también nos preguntará si queremos permanecer conectados (claro, ¿por qué no?). A continuación, tendremos que responder a algunas preguntas personales, planteadas por el asistente a la conexión a Internet, como si estamos añadiendo una nueva cuenta o una ya existente, los nombres de los servidores de correo electrónico, el nombre de usuario y contraseña, y si queremos importar los antiguos contactos.

Vale, hemos terminado de crear una nueva identidad. ¿Y ahora qué? Volvemos a Archivo>Identidades, pero esta vez, seleccionamos Administrar identidades. Marcamos la casilla Usar esta identidad al iniciar un programa, hacemos clic en el menú desplegable, justo bajo la lista de identidades (debería haber al menos dos, la nuestra y la de nuestra pareja) y seleccionamos la que queremos usar como predeterminada. Seleccionamos **Cerrar**.

Un momento, todavía no hemos terminado. Queremos asegurarnos de que nuestra pareja no descargue accidentalmente nuestro correo electrónico (o viceversa) durante el inicio. Nos dirigimos a Herramientas>Opciones y, en la pestaña General, deseleccionamos la casilla Enviar y recibir mensajes al inicio. Bien, ¿no es más sencillo que un consejero matrimonial?

¡La otra identidad podemos ser nosotros!

Aquí mostramos otro truco para ordenar nuestra bandeja de entrada: crear una nueva identidad para nosotros mismos y guardar el correo antiguo con la otra identidad. Seleccionamos Archivo> Identidades>Agregar identidad nueva, usando un nombre adecuado para la nueva identidad (como Nuevo correo de Steve), ya que no podemos usar el mismo nombre dos veces. A continuación seguimos los pasos indicados en "Varias cuentas de correo en un ordenador" para hacer que la nueva identidad sea la predeterminada. Cuando queramos revisar nuestro correo antiguo, basta con cambiar a esa identidad (Archivo>Cambiar identidad) y seleccionar nuestra antigua identidad en la lista. Es una solución extraña, pero funciona.

Una cuenta de correo electrónico en varios ordenadores

El problema: Tengo un ordenador en casa y otro en el trabajo y quiero leer el correo electrónico en ambos. El problema es que, si descargo el correo electrónico en casa, no puedo leerlo en el trabajo, por lo que tengo que reenviarme los mensajes importantes. ¿Existe otro modo mejor de hacerlo?

La solución: Supongamos que ya hemos creado cuentas en los dos ordenadores en los que queremos leer el correo. Uno de ellos probablemente sea más importante que el otro (probablemente, el que tenemos en la oficina). A ése lo llamaremos ordenador primario y a nuestro ordenador portátil o al de casa, ordenador secundario.

Abrimos Outlook Express en el ordenador secundario, seleccionamos Herramientas>Cuentas y nos dirigimos a la pestaña Correo. Seleccionamos la cuenta de correo electrónico que queramos examinar en casa y en la oficina y hacemos clic en el botón **Propiedades**. Hacemos clic en la pestaña Opciones avanzadas y marcamos la casilla Mantener una copia de los mensajes en el servidor. Hacemos clic en **Aceptar**.

Ahora podremos descargar los mismos mensajes en el ordenador primario y en el secundario (Nota: debemos asegurarnos de no modificar el equipo primario durante estos pasos, o tendremos infinitos mensajes duplicados en ambos sistemas).

Pero espere, todavía no hemos acabado. Probablemente también querremos guardar las copias de los mensajes que enviamos desde el ordenador secundario. Para ello, podemos seguir los pasos de "Guardar una copia", anteriormente en este mismo capítulo.

El laberinto del minotauro

Usamos PC, por lo que estaremos acostumbrados a los desafíos demenciales. A continuación mostramos uno que nos volverá locos. Como en nuestra relación con Microsoft, por cada paso que damos hacia la salida, el minotauro da dos. Ver `http://snipurl.com/ minotaur`.

Guardar las teclas que hemos pulsado mediante firmas

El problema: Ya no sé cuantas veces he escrito en un correo electrónico "Claro, envíamelo por mensajería" y luego tengo que escribir mi dirección... otra vez. Incluso después de colocar esa información en un archivo de texto e insertarla en los mensajes mediante Insertar>Texto desde archivo, sigue siendo molesto. ¿No hay nada mejor?

La solución: La herramienta para firmas de OE puede insertar automáticamente un archivo de texto en el mensaje de correo electrónico con solo un par de clic. Seleccionamos Herramientas>Opciones y hacemos clic en la pestaña Firmas. Hacemos clic en el botón **Nueva** e introducimos el texto que queremos en el cuadro de texto (también podemos decir a OE que extraiga el texto de un archivo, si queremos.) Hacemos clic en **Cambiar nombre**. Escribimos un nuevo nombre para la información (como dirección de casa) y hacemos clic en **Aceptar**. No es imprescindible que sea una dirección; podemos insertar nuestra cita favorita, una larga diatriba sobre cualquier tópico que queramos (cualquier texto que no queramos escribir una y otra vez el resto de nuestra vida).

La próxima vez que tengamos que insertar este texto en un mensaje, bastará con hacer clic en Insertar>Firma y escoger la firma que queramos en el submenú (por supuesto, suponiendo que tengamos más de una firma; pero somos demasiado listos para añadir nuestra dirección y número de cuenta de la empresa de mensajería a todos los correos electrónicos, por lo que deberemos tener al menos dos). Para que Outlook Express inserte automáticamente la firma, seleccionamos Herramientas>

El ordenador personal

Opciones>Firmas y marcar la casilla Agregar firmas a todos los mensajes salientes. En Outlook, seleccionamos Herramientas>Opciones, hacemos clic en la pestaña Formato de correo y seleccionamos la firma que queremos en el menú desplegable Firma para mensajes nuevos.

Hacer copias de seguridad del correo

El problema: Los mensajes de correo electrónico y la libreta de direcciones son una de las cosas más importantes de mi ordenador. Pero, ¿nos ofrece Microsoft una forma de crear automáticamente copias de seguridad de nuestra bandeja de entrada, carpetas o contactos? Noooooo. ¿Qué hay que hacer?

La solución: A continuación le indicamos cómo copiar manualmente los mensajes de correo y la libreta de direcciones. Debemos localizar en qué parte de nuestro disco duro ha almacenado Outlook Express nuestros mensajes de correo. El modo más sencillo de hacerlo es seleccionar Herramientas>Opciones, hacer clic en la pestaña Mantenimiento y en el botón **Carpeta de almacén**. En la ventana Ubicación del almacén, veremos el principio de una serie indescifrable de letras y números (como C:\WINDOWS\Application Data\Identities\{86291360-DB6F-11D6-8F3A-444553540000}\Microsoft\Outlook Express). Lo creamos o no, es el nombre de la carpeta en la que OE guarda nuestro correo. Señalamos todo el nombre de la carpeta arrastrando el puntero del ratón desde la primera letra hasta el final del nombre y pulsamos **Control-C** para copiarlo. A continuación, hacemos clic en **Cancelar** dos veces seguidas para salir de ahí antes de que estropeemos algo.

Después, nos dirigimos a Inicio>Ejecutar, pulsamos **Control-V** para pegar ese ridículo nombre de carpeta y hacemos clic en **Aceptar**. Aparecerá el explorador de Windows y abrirá la carpeta, que debería mostrar una serie de archivos .dbx. Estos archivos contienen todo el correo electrónico de nuestra bandeja de entrada y todas las carpetas que hayamos creado, un archivo por carpeta. Simplemente seleccionamos los archivos y los copiamos en el destino donde queramos guardar la copia de seguridad.

Si se parece a mí, los archivos ocuparán varios mega bites, por lo que debemos usar el disco con mayor capacidad que tengamos (un disco Zip de 100 Mb, o mejor aún 250 Mb, o un CD-R o CD-RW, si el tamaño del archivo supera los 250 MB). Una forma rápida de saberlo: la parte inferior de la carpeta Outlook Express debería mostrar el número de objetos (archivo) y el número total de mega bites.

Hacer copias de seguridad del correo fácilmente

Hacer copias de seguridad de OE a mano es bastante fastidioso por sí mismo. Las buenas noticias son que hay una forma más sencilla. Las malas noticias son que nos va a costar dinero.

La solución es una utilidad de copia de seguridad que hace el trabajo sucio automáticamente: Outlook Express Backup 6.0 de Genie-Soft (`http://snipurl.com/oebackup`). Esta utilidad de 30$ (encontraremos una versión gratuita con 15 días de prueba en `http://www.anayamultimedia.com`) es realmente fácil de usar; basta con ir haciendo clic junto al asistente para guardar archivos de correo, libros de direcciones y las páginas favoritas de nuestro navegador. Puede guardar cada una de las identidades de OE por separado, dividir las copias de seguridad muy grandes en varios discos y nos permite programar copias de seguridad automatizadas. Además, es rápido (Outlook Express Backup copió y verificó 280 MB de datos en menos de cinco minutos).

Hacer copias de seguridad de la libreta de direcciones

El problema: ¡Pero espere, aún hay más! También quería guardar mi libreta de direcciones, por si mi PC queda *kaput*. Pero no parece que se pueda hacer. ¡Gracias, Microsoft!

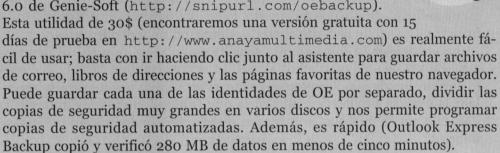

La solución: Tenemos dos opciones: encontrar los archivos de nuestra libreta de direcciones en Windows, ocultas en nuestro disco duro, o exportar nuestro contactos a un archivo de texto, que podremos importar posteriormente (En los sistemas con Windows 9x y Me, los archivos se guardan en la carpeta `\Windows\ Datos de programa\Identities`; en los sistemas con Windows 2000 y XP, se guardan en `\Documents and Settings\ perfildeusuario\Datos de programa\Microsoft\Address Book`). La última opción es la más sencilla de las dos, por lo que será en la que nos concentremos.

En OE, Seleccionamos Archivo>Exportar>Libreta de direcciones. Hacemos clic en Archivo de texto (valores separados por comas) para señalarlo y hacemos clic en **Exportar**. En la siguiente ventana, escribimos el nombre del archivo de copia de seguridad (quizás, copia libreta direcciones), hacemos clic en **Examinar**, y escogemos la carpeta en la que queremos almacenar la copia de seguridad (es recomendable guardarlo en el disco en el que estamos guardando los archivo de correo). Hacemos clic en **Siguiente**, escogemos los campos (nombre, dirección, teléfono) que queremos exportar. Si no estamos seguros de cuál escoger, podemos seleccionarlos todos. Hacemos clic en **Finalizar** y, cuando el archivo termine de copiarse, hacemos clic en **Cerrar** para cerrar la herramienta y exportar la libreta de direcciones.

¿Dónde fue ese archivo adjunto?

El problema: ¡Outlook usa los sitios más excéntricos para almacenar los archivos adjuntos del correo electrónico! Cuando abro un archivo adjunto, Outlook guarda un archivo en un extraño directorio temporal (en uno de mis ordenadores, cada vez que abro un archivo adjunto, Outlook lo guarda en `C:\Documents and Settings\Steve\Local Settings\ Temporary Internet Files\OLK3F`). A veces hago cambios en un archivo adjunto que he abierto, lo guardo (sin pensar dónde) y lo cierro. Cuando lo necesito posteriormente, no sé ni dónde buscar.

La solución: La solución más sencilla es: no abrir los archivos dentro del mensaje. En vez de eso, guardamos el archivo adjunto en una carpeta que escojamos y lo abrimos desde allí. Pero eso es evadir el problema; la auténtica solución es cambiar la carpeta predeterminada en la que Outlook guarda los archivos adjuntos. Para ello, tendremos que lanzarnos al registro de Windows, como se indica a continuación:

1. Seleccionamos Inicio>Ejecutar, escribimos `regedit` y hacemos clic en **Aceptar** para abrir el editor del registro.

2. En el editor del registro, nos dirigimos a la clave correcta para nuestra versión de Outlook:

   Office XP (Outlook 2002)

   ```
   HKEY_CURRENT_USER\Software\Microsoft\  Office\10.0\Outlook\Security
   ```

   Office 2000

   ```
   HKEY_CURRENT_USER\Software\Microsoft\  Office\9.0\Outlook\Security
   ```

3. Hacemos doble clic en el valor `OutlookSecureTempFolder`.

4. En el cuadro Información del valor, escribimos la ruta completa de la carpeta en la que queremos que Outlook almacene los archivos adjuntos que abramos. Debemos asegurarnos de colocar una barra al final de la ruta, como se muestra a continuación:

   ```
   C:\Documents and Settings\Steve\Mis Documentos\Attachments\
   ```

Realizar este cambio también proporciona una mayor seguridad. Algunos creadores de virus esperan encontrar la carpeta para archivos adjuntos de Outlook en una ubicación estándar conocida. Podemos prevenir estos ataques especificando nuestra propia, no tan conocida, carpeta.

Nota

Si Outlook o Outlook Express nos pide que volvamos a introducir nuestra contraseña para la conexión a Internet cada vez que revisamos el correo electrónico, puede significar que no hemos marcado el cuadro Recordar contraseña en el cuadro de diálogo Contraseña. Otro posible problema: que la contraseña tenga menos de ocho caracteres. Tendremos que preguntar a nuestro proveedor de servicios de Internet cómo cambiar la contraseña y volver a introducirla en Outlook u Outlook Express.

Crear archivos adjuntos

El problema: Cuando selecciono Insertar>Archivo para adjuntar un archivo a un mensaje Outlook Express (y Outlook) busca en **Mis Documentos**. Lo mismo sucede cuando selecciono Archivo>Guardar datos adjuntos para guardar un archivo adjunto. ¡Pero quiero insertar y guardar los archivos desde y en mi carpeta \DOC!

La solución: Yo finalmente me he rendido a Microsoft y uso Mis Documentos como carpeta de origen para todos mis documentos personales. Pero si es uno de esos fanáticos que deben usar una carpeta diferente, la solución es bastante obvia: cambiar la carpeta predeterminada de Outlook.

Sin embargo, cambiar la carpeta predeterminada no es tan obvio. Podemos modificar el registro, pero hay una forma mejor. Visite la página Web de Simpler-Webb en `http://snipurl.com/OutlookDefPath` y seleccione una copia de OutlookDefPath, un complemento gratuito para Outlook. Este pequeño programa añade un comando `OLDefPath` al menú Herramientas, que nos permite cambiar la carpeta predeterminada.

Gestionar los archivos adjuntos de Outlook

Los gestores de correo electrónico, como Eudora, guardan ordenadamente los archivos adjuntos en su propia carpeta, fácil de encontrar. Pero Outlook astutamente (?) almacena todos lo archivos con los mensajes en una misteriosa base de datos de archivos. Si estamos usando Exchange Server, los archivos adjuntos se almacenarán en un buzón de intercambio en el servidor; en caso contrario, todos nuestros archivos adjuntos y mensajes se acumularán juntos en un archivo Personal Folders (`.pst`). Outlook es la única forma que nos ofrece

> Microsoft para acceder a estos contenidos. Como suele suceder, grupos externos acuden al rescate. Encontraremos una amplia lista de herramientas externas para gestionar los archivos adjuntos de los archivos Outlook en la Web `http://www.snipurl.com/addins/`. Mientras estamos allí, podemos revisar el resto del excelente Slipstick Systems Outlook & Exchange Solutions Center de Diane Poremsky, en `http://www.snipurl.com/slap`.

Archivos adjuntos zip automáticamente en Outlook

El problema: Muchos de mis amigos todavía usan conexión telefónica (no sé si son tacaños o es que no tienen prisa). No quiero arriesgarme a perder su amistad, por lo que siempre comprimo los archivos grandes que envío, pero hacerlo a mano se hace muy pesado.

La solución: Descansemos los dedos. `bxAutoZip` es un complemento gratuito para Outlook que comprime los archivos adjuntos del correo electrónico con un clic. Si el receptor no tiene un programa descompresor, podemos decir a nuestro amigo que use la opción de archivo autoextraíble de `bxAutoZip`. El programa funciona con todas las versiones de Windows desde 95 a XP y es compatible con las versiones de Outlook del 98 al 2003. También hay una versión para Outlook Express 5 y 6. Podremos descargar cualquiera de estos programas en `http://snipurl.com/bxAutoZip`.

Problemas con AOL

Amordazar a AOL

El problema: Llamadme gruñón, pero cada vez que oigo el alegre "You've got mail" de AOL, me duele la cabeza. Si quiero comprobar mi correo, puedo hacerlo sin que me lo pida AOL, muchas gracias.

La solución: Por suerte hay una forma sencilla de hacerlo callar. Nos conectamos a AOL y, en la barra de herramientas, seleccionamos Settings>Preferences y hacemos clic en Toolbar & Sound. En la parte inferior del cuadro de diálogo, deseleccionamos la casilla Enable AOL sounds such as the Welcome greeting and Instant Message chimes. Hacemos clic en **Save** y la próxima vez que comprobemos el correo, podremos hacerlo en bendito silencio.

Librarnos del acompañante de AOL

El problema: He instalado AOL 9 y me he encontrado con un nuevo compañero (y uno no especialmente deseado). El AOL Companion aparece en pantalla cada vez que tengo una conexión de red y sigue ahí hasta que tengo que eliminarlo.

La solución: Librarnos para siempre del acompañante es muy sencillo. Hacemos clic en la pequeña **X** (el símbolo para cerrar) de la esquina superior derecha para cerrar el acompañante de AOL. AOL nos preguntará si realmente queremos hacerlo. Sí queremos, pero antes deseleccionamos Autolaunch AOL Companion y marcamos la casilla Do Not Show This Message Again. Esto debería eliminar a esa pequeña molestia, al menos hasta que AOL se corrompa y tengamos que volver a instalarlo.

Desactivar los anuncios emergentes

Mientras estamos en la ventana de preferencias de AOL, también podremos solucionar otras molestias de AOL. ¿Odia los anuncios emergentes? En la versión 9, escribimos `Keyword: Popup controls`, seleccionamos Block all web pop-ups y, en la pestaña Pop-Ups from AOL, seleccionamos Block pop-ups from AOL. En la versión 8, hacemos clic en el vínculo Pop-Ups, después marcamos las casillas Suppress AOL member-only special offers y Suppress pop-ups from Web sites I visit using AOL software. Hacemos clic en **Save** y **OK**. Para la versión 7, hacemos clic en el vínculo Marketing, en el botón **Pop-Up** y en el botón de selección No, I do not want to receive special AOL members-only pop-up offers. Hacemos clic en **OK** dos veces, pero dejamos abierta la ventana Marketing Preferences. Aquí también podemos indicar a AOL y a sus amigos publicistas que dejen de enviarnos ofertas especiales por correo electrónico, correo convencional o teléfono (en la versión 8, hacemos clic en Marketing Options>Marketing Options; en la versión 9, escribimos `Keyword: Marketing Preferences`). Si usamos más de un nombre para AOL, tendremos que establecer preferencias para cada uno.

Mantener el correo AOL

El problema: Me gusta mantener mi correo electrónico durante mucho tiempo. Por desgracia, AOL envía a la papelera los mensajes leídos al cabo de una semana.

La solución: Hay una forma de mantener los mensajes que realmente queremos. Seleccionamos Settings>Preferences,

hacemos clic en **Filing Cabinet** y marcamos las casillas Retain all mail I read in my Personal Filing Cabinet y Retain all mail I send in my Personal Filing Cabinet. El correo permanecerá en la bandeja de entrada todo lo que queramos.

El servicio de atención al cliente gratuito de AOL

El problema: AOL es uno de los últimos bastiones del servicio de atención al cliente gratuito, 24 horas al día, todos los días, pero intentan mantenerlo en secreto. Intentan reducir sus costes haciendo que la gente use su servicio de atención al cliente por Internet, mediante su chat y el correo electrónico.

La solución: Es una pena. El correo electrónico es lento y el chat es complicado. No merece la pena molestarse en buscar en AOL, escribir la palabra clave Help, o hacer clic en uno de los vínculos Get Live Help de la ventana de ayuda de AOL (eso sólo nos llevará a una sesión de chat).

Si escribimos la palabra clave Call AOL, obtendremos una lista de números de atención al cliente gratuitos. Pero les ahorraré el esfuerzo: Los usuarios de Windows obtendrán ayuda en 888-346-3704; los usuarios de Mac (suponiendo que haya alguno leyendo esto) pueden probar 888-265-8007.

Vaciar el correo electrónico de AOL

El problema: Odio el estúpido cliente de correo electrónico de AOL. ¿Cuál es la alternativa?

La solución: Para los principiantes, podemos usar el propio programa AOL Communicator de AOL (Keyword: AOL Communicator). Esta aplicación es (por así decirlo) fiable. Tenemos correo electrónico, mensajería instantánea, herramientas contra el correo no deseado (incluyendo un filtro bastante sofisticado) y gestión del correo, en una sola aplicación. Aún mejor, no es necesario cargar AOL para usarlo (encontraremos más información en http://www.pcworld.com/news/article/0,aid,111887,00.asp).

¿Odiamos realmente a AOL? Podemos usar el gestor de correo integrado en Netscape 7.0, que puede recoger el correo de AOL y Netscape. Basta con descargar e instalar Netscape; a continuación, para configurar el correo, seleccionamos Ventana>Correo/Grupos de noticias. En la ventana Configuración de cuenta nueva, hacemos clic en Cuenta AOL, y en las siguientes ventanas, proporcionamos el nombre, nombre de la ventana, la contraseña y hemos terminado. Netscape comprobará nuestro buzón de AOL inmediatamente. Otra ventaja: Netscape funciona con varias cuentas y puede comprobar nuestro correo AOL mediante una conexión de banda ancha que no pertenezca a AOL.

Abandonar a AOL y llevarnos nuestros favoritos

El problema: Me alegro de poder usar otro gestor de correo electrónico para revisar mi correo de AOL. Pero estoy a punto de cambiar a otro proveedor de servicios y abandonar AOL para siempre. Exportar todos mis bienes (libreta de direcciones y favoritos) es casi imposible, a menos que pague 25$ por una herramienta. ¿Hay algún programa similar gratuito?

La solución: Claro que lo hay y es un gran programa con un nombre divertido: linkaGoGo. Podemos ir a `http://snipurl.com/AOLconvert`, y comprobar cómo podemos convertir fácilmente nuestros favoritos/marcadores a varios navegadores, incluyendo AOL, Netscape, IE, MSN y Opera. Sin embargo, antes tendremos que exportar nuestro Favorite Places desde AOL para que linkaGoGo pueda trabajar. A continuación se muestra cómo hacerlo:

❑ En AOL 8.0, vamos a Keyword: Favorites, seleccionamos Favorite Places, hacemos clic en el botón **Manage**, seleccionamos Save My Favorite Places as a Favorites File on my Computer y hacemos clic en **OK**.

❑ En AOL 9.0, vamos a Keyword: Favorites, hacemos clic en el botón **Save/ Replace**, seleccionamos Save My Favorite Places as a Favorites File on my Computer y hacemos clic en **OK**.

El archivo que exportamos tendrá la extensión de archivo `.pfc` y podemos importarlo a otro navegador mediante linkaGoGo.

¿Y qué hay del libro de direcciones de AOL 8.0 ó 9.0? Usamos en AOL `Keyword: Sync` y hacemos clic en el botón **Download Now**. Seguimos las indicaciones para instalar el programa Intellisync for AOL (véase la figura 1.6). Seleccionamos el nombre de pantalla cuyos Favorite Places queramos exportar, buscamos la lista desplegable Desktop Application/Handheld Device y seleccionamos Outlook o Outlook Express (las opciones para Palm o Pocket PC solo funcionarán si tenemos el dispositivo adecuado instalado en nuestro equipo). Si exportamos a Outlook Express, Intellisync exportará la libreta de direcciones; si exportamos a Outlook, Intellisync exportará la libreta de direcciones y el calendario. No es necesario que importemos nada; Intellisync enviará la información a Outlook y Outlook Express.

Pare un momento, ¿dijimos que no queríamos cambiarnos a Outlook Express y ni siquiera tenemos un Palm? Bueno, pero ahora que nuestra información de AOL está en Outlook Express u Outlook, podemos simplemente exportarla desde estos programas a un formato que pueda leer otro gestor de correo. Para exportar las libretas de direcciones de Outlook Express y Outlook, seguimos estos pasos:

❑ En Outlook Express, nos dirigimos a Archivo>Exportar>Libreta de direcciones y seleccionamos Archivo de texto (valores separados por comas).

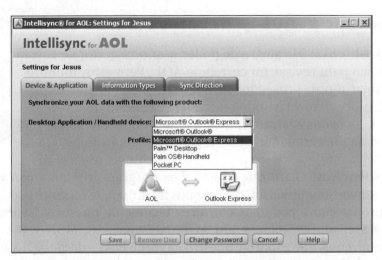

Figura 1.6. ¿Queremos despedirnos de AOL? Con esta herramienta de sincronización, podemos exportar la libreta de direcciones a Outlook u Outlook Express con unos pocos clics.

❏ En Outlook, nos dirigimos a Archivo>Importar y Exportar>Exportar a un archivo y hacemos clic en **Siguiente**. Lo más aconsejable es seleccionar Valores separados por comas (Windows) porque la mayoría de los gestores de correo electrónico aceptan este formato. Hacemos clic en **Siguiente**, seleccionamos Contactos y guardamos el archivo en una carpeta que podamos encontrar fácilmente.

Ver correctamente las imágenes en AOL

El problema: Hmmmm, todas las imágenes que aparecen en AOL parecen un poco borrosas. ¿Debería llamar al oftalmólogo sólo por usar AOL?

La solución: Cuelgue el teléfono. Las imágenes borrosas son una consecuencia derivada de comprimir demasiado los gráficos para que se carguen rápidamente a través de las lentas líneas telefónicas. Cuando AOL las descomprime, se pierden algunos detalles.

Si nos conectamos con conexión telefónica, podríamos considerar que es algo justo. Pero si nos conectamos por cable o mediante una línea ADSL con velocidad de sobra, o si preferimos las imágenes nítidas, aunque tarden más en cargarse, podemos indicar a AOL que no comprima las imágenes. Seleccionamos Settings>Preferences y hacemos clic en Internet Properties (WWW). En el cuadro de diálogo, hacemos clic en la pestaña Web Graphics, seleccionamos Never Compress Graphics y hacemos clic en **OK**.

Una ventana de AOL completamente limpia

Odio el desorden de pantalla de AOL. Su interfaz es un revoltijo parpadeante de ventanas superpuestas y anuncios emergentes, por no mencionar los chillones menús y las listas inútiles. Yo digo, al demonio con ello. Y usted también puede, haciendo los siguientes cambios.

En primer lugar, a menos que seamos unos grandes aficionados a Instant Messenger, eliminemos la lista de amigos que ocupa el lado derecho de la pantalla. Seleccionamos Settings>Preferences, hacemos clic en Privacy, seleccionamos la pestaña General Buddy, deseleccionamos la casilla Show me my Buddy List at sign on y hacemos clic en **Save**.

A continuación reduciremos el tamaño de la barra de herramientas que hay en la parte superior de la pantalla, usando la ventana Toolbar & Sound Preferences (véase "Amordazar a AOL"). En Toolbar Preferences, buscamos Display the following in my Toolbar, hacemos clic en Text only y guardamos.

Por último, minimizamos la ventana de bienvenida para que no ocupe la pantalla durante el inicio de sesión. Minimizamos la ventana haciendo clic en el botón correspondiente de la esquina superior derecha, seleccionamos Window>Remember Window Size and Position y salimos por completo de AOL. La próxima vez que iniciemos AOL y nos conectemos, la pantalla estará ordenada y limpia.

Problemas con Eudora

Gestionar los buzones de Eudora en orden alfabético

El problema: He pasado de Outlook a Eudora y me gustaría saber si hay buzones de carpeta o carpetas de buzón.

La solución: Los programadores de Eudora dedicaron mucho esfuerzo para hacer sus carpetas y buzones molestos y confusos. Los buzones, que están identificados por pequeños iconos de bandeja de entrada, almacenan los mensajes. Las carpetas, por otro lado, no fueron creadas para almacenar mensajes, sino buzones. Lo sé, es algo muy raro. Alguien especialmente inteligente decidió que los buzones debían estar en orden alfabético, lo que está bien, excepto que, a diferencia de Outlook, no podemos arrastrarlos y alterar el orden. De modo que, si queremos colocar los buzones en otro orden, como con "Cosas que realmente importan" en la parte superior, hará falta dar un pequeño rodeo, como cambiar su nombre para que aparezcan en la parte superior del orden alfabético. Por ejemplo, yo accedo muchas veces a mi buzón PC World, por lo que cambié su nombre por "1 PC World". Lo mismo se aplica a "1 VIP", un buzón para mi esposa y otros miembros de la familia. Los mensajes menos importantes se envían a la parte inferior, marcados con la letra "z", como en "z editores pesados". A propósito, podemos transferir un mensaje de un buzón de Eudora a otro señalándolo o abriendo el mensaje, haciendo clic con el botón derecho del ratón, seleccionando Transferir y moviéndonos al nuevo buzón (una buena alternativa: copiar el mensaje manteniendo pulsada la tecla **Mayús** mientras lo transferimos).

Adornos de pared con cinta aislante

¿Pensaba que la cinta aislante solo servía para arreglar las fugas de los radiadores? También es útil como decorativo adorno de pared. Vea `http://snipurl.com/walltapings`.

Combinaciones de teclas en la administración de correo

¿Ocupado escribiendo mensajes y necesitamos adjuntar un archivo o ejecutar el corrector ortográfico? No hay nada que distraiga más que tener que buscar el ratón.
Vale, a mí también me pasa. Eudora tiene una de las combinaciones de teclado más extrañas desde el antiguo procesador de texto WordStar, pero a continuación se muestran algunas combinaciones de teclado que podemos usar con un golpecito de los dedos:

❑ Usamos **Control-N** para crear un nuevo mensaje.

❑ Adjuntamos un documento con **Control-H** y ejecutamos una aplicación de barra de tareas con **Control-6**.

❑ Si estamos leyendo correo nuevo y queremos añadir el receptor a nuestro libro de direcciones, pulsaremos **Control-K**. Para abrir rápidamente la libreta de direcciones, usamos **Control-L**.

❑ ¿Queremos enviar un mensaje inmediatamente (o ponerlo en la bandeja de salida, si no estamos conectados)? Usaremos **Mayús-Control-E**.

❑ Usar las teclas del cursor para desplazarnos por los diferentes listados de la libreta de direcciones es mucho más rápido que hacer doble clic con el ratón.

Reducir los encabezados de Eudora

El problema: La información de encabezado de un mensaje no debería ser mayor que su contenido. Eudora es famoso por lo fácil que es modificarlo, y apuesto a que hay una forma de modificar los encabezados, pero en la ayuda no aparece nada que indique cómo hacerlo.

La solución: Podemos reducir al mínimo el tamaño del encabezado y seguir incluyendo la información básica, como "De", "Para" "Fecha", "CC", "Tema" y "Responder a". En primer lugar, cerramos Eudora (es esencial). A continuación, buscamos `eudora.ini`, el archivo que contiene toda la configuración de Eudora; podemos hacer que Windows lo busque o podemos buscar una carpeta parecida a `C:\Program Files\Qualcomm\ Eudora` o `C:\Documents and Settings\nombredeusuario\Application Data\Qualcomm\Eudora`, o simplemente `C:\Eudora`. Cuando la encontremos, hacemos doble clic en `eudora.ini`. Se abrirá nuestro editor de texto (o, por defecto, el bloc de notas. Si no se abre, se nos preguntará qué queremos que haga Windows con el archivo; seleccionamos el Bloc de notas en la lista). En la sección `[Settings]`, encontraremos la línea que comienza con `TabooHeaders` y la sustituimos por lo siguiente (o insertamos lo siguiente, si todavía no tenemos una línea `TabooHeaders`):

```
TabooHeaders="a,b,co,dis,e,g,h,i,j,k,l,m,n,o,p,rec,ref,res,ret,q,s,u,v,w,x,y,z"
```

Guardamos el archivo y ejecutamos Eudora. Hay que recordar que, si queremos ver todo el encabezado en un mensaje, basta con hacer clic en el botón **Blah Blah Blah** de Eudora.

Encontrar correos más rápidamente mediante filtros

El problema: ¿No sería mejor si Eudora nos permitiera ver más fácilmente si un correo electrónico entrante tiene archivos adjuntos? Claro, pero Eudora no funciona de esa forma, a menos que se lo indiquemos.

La solución: Pensemos en filtros. Los filtros de Eudora son inteligentes y podemos crearlos rápidamente (como veremos a continuación). Yo hago que Eudora marque los mensajes que tienen archivos adjuntos con un color brillante. Seleccionamos Herramientas>Filtros y hacemos clic el botón **Nuevo**. En el panel de la derecha, marcamos las casillas Entrante y Manual. En el menú desplegable Cabecera, seleccionamos <Texto>. El siguiente campo ya debería indicar contiene; escribimos `attachment converted` en el campo que hay justo a la derecha. Pasamos a la zona de acción, hacemos clic en el primer menú desplegable, seleccionamos Aplicar etiqueta, hacemos clic en el campo que aparecerá y seleccionamos un color. Guardamos el filtro con **Control-S** y cerramos la ventana Filtros. Ahora todos los correos electrónicos que incluyan un archivo adjunto resaltarán entre los otros mensajes (véase la figura 1.7).

Figura 1.7. Usaremos este filtro de Eudora para marcar automáticamente con una etiqueta todos los mensajes que incluyan un adjunto.

Aviso de fallos

Soy un usuario fanático de Eudora y me encanta el programa. También lo odio con pasión. Por un lado, tiene funciones increíblemente potentes y permite una personalización casi ilimitada mediante su archivo `eudora.ini`. Lo más molesto de Eudora es que todavía tiene fallos. He avisado a los desarrolladores, los asalariados, incluso al autor, sin ningún resultado. Las buenas noticias son que los fallos no son evidentes y he proporcionado soluciones para algunos de los más molestos. Las noticias realmente buenas son que la versión 6 de Eudora tiene incluso menos fallos (encontraremos la última versión en `http://www.eudora.com`).

Nota

¿Nos gusta el panel de vista previa de Eudora, pero queremos desactivarlo temporalmente? Pulsamos **F7**. Para hacer que vuelva a aparecer, volvemos a pulsar **F7**.

Filtrar virus y gusanos

El problema: Cada vez que aparece un nuevo virus o gusano, uno de mis amigos, no muy entendidos en informática, me lo envía. Yo estoy protegido por mi antivirus, pero ese no es el problema. Cuando apareció el gusano Klez, a menudo tenía una docena o más de estos mensaje no deseados, rebosando mi bandeja de entrada en un solo día. ¿No podría ayudarme Eudora?

La solución: Ahora que sabemos crear filtros, podemos crear uno para los mensajes generador por Klez (u otros virus de su misma clase). Mi antivirus, el gratuito AVG de Grisoft, añade una frase al correo electrónico desinfectado, mostrando el nombre del virus o gusano que contenía; yo uso el nombre en un filtro para enviar el mensaje directamente a la papelera (si nuestro antivirus no muestra un nombre, podemos cambiarnos a AVG). La figura 1.8 muestra cómo crear un filtro que funcione para los virus Klez y los gusanos I-Worm/Palyh.A. Cuando aparezca un nuevo gusano o virus, basta con crear otro filtro. Podemos conseguir una copia gratuita de AVG Anti-Virus Free Edition (para uso doméstico y en entornos no comerciales) en `http://www.anayamultimedia.com`.

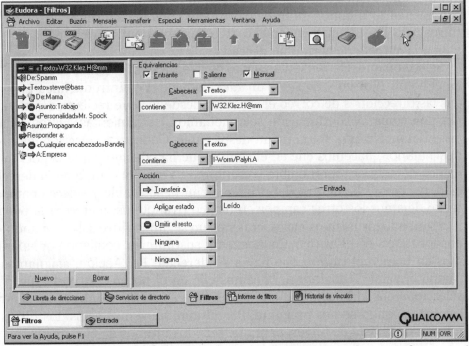

Figura 1.8. Si creamos este filtro en Eudora, los mensajes creados por Klez se enviarán directamente a la basura.

Ordenación inteligente

El problema: Parece que sólo puedo ordenar el correo en Eudora por un campo, como Fecha. ¿Me estoy perdiendo algo?

La solución: La ordenación es uno de los puntos fuertes de Eudora. Podemos hacer la ordenación haciendo clic en cualquier campo del encabezado, como Quién, Fecha o Asunto. Por supuesto, ordenamientos más complejos son más complicados: mantenemos pulsada la tecla **Control** y hacemos clic en una columna (como Fecha) y hacemos clic en otra columna (como Asunto) y las columnas se colocarán por ese orden. Los mensajes se ordenarán cronológicamente y luego alfabéticamente, según el tema. Para invertir el orden, mantenemos pulsada la tecla **Mayús** mientras hacemos clic. Podemos ordenar por hasta ocho campos. Para cancelar el nuevo orden, hacemos clic en la columna que tiene el número 1 en un triángulo.

Filtrar el correo no deseado

El problema: Correo no deseado. ¿Hace falta decir más?

La solución: Podemos quejarnos del correo no deseado durante años; o podemos librarnos de gran parte del mismo con apenas 10 minutos de trabajo. Yo tengo dos ingeniosos filtros para Eudora que envían el correo que no está dirigido a mí a la carpeta de correo no deseado.

Seleccionamos Herramientas>Libro de direcciones, hacemos clic en el botón **Nuevo** y creamos un *nick* llamado **Yo**. Introducimos todas las direcciones de correo electrónico desde las que recibimos correo, separadas por una coma. A continuación seleccionamos Herramientas>Filtros y hacemos clic en el botón **Nuevo**. En el menú desplegable Cabecera, seleccionamos <Cualquier destinatario>, hacemos clic en el campo que hay debajo y a la izquierda y seleccionamos detecta el sobrenombre y escribimos **Yo** en el campo de la derecha. En Acción, hacemos clic dentro del primer menú desplegable y seleccionamos Omitir el resto; dejamos los otros campos en blanco (tranquilos, merecerá la pena).

Siguiendo los mismos pasos, creamos un segundo filtro seleccionando <Cualquier encabezado> en el campo Encabezado, sustituimos contiene por aparece y dejamos en blanco el campo que hay a su derecha. En Acción, asignamos al primer campo el valor Transferir a, hacemos clic en el botón **Entrada** que aparecerá y seleccionamos el buzón que queramos para el correo no deseado. Guardamos los cambios cuando se nos pregunte. Por último, movemos estos dos filtros a la parte inferior de la lista de filtros, para que sean los últimos en ejecutarse.

Complementos a Eudora

Si estamos usando Eudora, tendremos acceso a varios complementos para varios trucos para gestionar mensajes. Por ejemplo, si tenemos muchos paréntesis o algunas líneas de texto con todas las letras en mayúsculas, señalamos el texto que nos desagrada, hacemos clic con el botón derecho del ratón, seleccionamos Complementos del mensaje y escogemos el mejor para lo que queremos.

Para instalar un complemento, cerramos Eudora y descargamos y descomprimimos el complemento (normalmente un archivo `.dll`) en `\Ar-chivos de programa\Qualcomm\Eudora\Plugins`. Cuando iniciemos Eudora, los complementos estarán listos para ser usados.

Para obtener todos los complementos que yo uso (eliminar paréntesis y saltos de línea, cambiar mayúsculas, minúsculas y ordenar el texto) podemos acudir a `http://snipurl.com/eudora_plugin`.

Mejorar el rendimiento con nuevos buzones

Es fácil perder los nervios cuando el rendimiento de Eudora baja mucho, lo que sucede porque los buzones In, Out y Trash Eudora no pueden llenarse al máximo. La razón podría ser que se me hiciera caso en "Gestionar los buzones de Eudora en orden alfabético". Veremos que se reduce enormemente el rendimiento, ya que Eudora consume memoria más deprisa que un adolescente descargando música de un servidor de archivos. Podemos reducir el desorden enviando mensajes a otros buzones y abrir solamente los buzones que necesitemos en ese momento. Cuantos más buzones tengamos abiertos, más memoria necesitará Eudora. Comenzaremos seleccionando Herramientas>Filtros y hacemos clic en **Nuevo**. En el panel de la derecha, marcamos la casilla Saliente. Hacemos clic en el menú desplegable Encabezado y seleccionamos De. El siguiente campo ya debería indicar contiene; escribimos nuestra dirección de correo electrónico en el campo que hay directamente a la derecha. Pasamos a Acción, hacemos clic en el primer campo y seleccionamos Transferir a en la lista. A la derecha, aparecerá un botón **Entrada**, hacemos clic en él, hacemos clic en **Nuevo** y escribimos **Enviado en el campo** (y no, no hace falta crearlo en una carpeta). En el siguiente campo de Acción, seleccionamos Omitir el resto (en la parte inferior de la lista) y guardar el filtro con **Control-S**. Cada vez que enviemos un correo electrónico usando esa dirección de correo, el mensaje se enviará al buzón **Enviado**.

La barra de herramientas de EUDORA: tonta como una piedra

El problema: La barra de herramientas de Eudora parece estupenda, pero a veces faltan la mitad de los botones de la barra de herramientas y no aparecen en ningún sitio.

La solución: Ésta es mi molestia favorita de Eudora y no hay una auténtica cura. Pero tengo Bass Kludge™, una herramienta virtual al lado de la barra de herramientas que podemos usar:

1. Colocamos la barra de herramientas a nuestro gusto. Comprobamos dos veces el resto de la configuración de Eudora en Herramientas>Opciones y nos aseguramos de que estamos satisfechos. Eso es porque vamos a mantener el archivo `.ini` de Eudora, el archivo maestro que contiene todos los valiosos detalles sobre cómo queremos que se comporte Eudora.

2. Cerramos Eudora y usamos el explorador de Windows para ir hacia la carpeta de Eudora (que suele estar en `\Archivos de programa\Qualcomm\Eudora` o `\Documents and Settings\nombres de usuario\Application Data\Qualcomm\Eudora`). Copiamos `eudora.ini` y lo guardamos en otro sitio; yo copié el mío en el escritorio para poder encontrarlo fácilmente.

3. La primera vez que iniciemos Eudora y descubramos que la barra de herramientas ha sido modificada, cerramos Eudora y copiamos el archivo `eudora.ini` limpio en la carpeta adecuada (quizás `\Archivos de programa\Qualcomm\Eudora` o `\Documents and Settings\nombre de usuario\Application Data\Qualcomm\Eudora`), sobrescribiendo el antiguo.

Nota

¿Sabía que Eudora guarda las imágenes insertadas en la carpeta `Archivos de programa\Eudora\Embedded`? (En XP, suele ser en `Archivos de programa\Qualcomm\Eudora`.) Deberemos borrar su contenido de vez en cuando para recuperar espacio del disco duro.

¿Es correo nuevo o sólo no leído todavía?

Outlook Express es inteligente; muestra los mensajes nuevos en negrita. Pero en Eudora, no es tan obvio saber si un correo electrónico es nuevo o sólo, no leído. Una vez que conozcamos el secreto de los estúpidos símbolos de estado de Eudora (la columna de estado es la que está más a la izquierda), se hace evidente:

❑ Un círculo azul indica que el mensaje no se ha leído.

❑ Si no hay icono en ese punto, el mensaje no se ha leído.

❑ Si vemos una flecha que apunta hacia la izquierda, significa que hemos respondido.

❑ Una flecha que apunta hacia la derecha significa que hemos reenviado el mensaje.

Podemos cambiar el estado del mensaje haciendo clic con el botón derecho del ratón en el mensaje y seleccionando Cambiar estado. Por último, si tenemos activada la vista previa, al ver el mensaje (simplemente señalándolo y haciendo que aparezca en el panel de vista previa) se cambiará el estado del mensaje a leído. ¿No queremos hacer eso? Podemos ir a Herramientas>Opciones> Visualización de Correo y deshabilitando Marcar como leídos los mensajes previsualizados tras - segundo/s. Otro truco: desactivar la vista previa. Seleccionamos Herramientas>Opciones>Visualización de Correo y deshabilitando Mostrar cuadro de vista previa de mensaje.

Botones de barra de herramientas más definidos

El problema: He personalizado la barra de herramientas y, de vez en cuando, cuando cargo Eudora, muchos de los botones de la barra de herramientas aparecen borrosos y raros (casi como televisiones con estática). No sé por qué sucede esto y en realidad, no me importa. Pero estoy cansado de ello.

La solución: Entre las apreciadas cualidades de Eudora está la inestable y poco fiable barra de herramientas. Hay varias formas para hacer que la barra de herramientas de Eudora se comporte bien, y solo tardaremos unos minutos:

1. Cambiar el tamaño de los botones. Seleccionamos Herramientas>Opciones, nos desplazamos por la lista de iconos de Categoría hasta encontrar Mostrar, hacemos clic en él y deseleccionamos la casilla Mostrar Iconos en tamaño grande. Cerramos e iniciamos Eudora. ¿No ha habido suerte? Sigamos leyendo.

Herramienta de recuperación de contraseñas de Eudora

¿No recordamos la contraseña de nuestra cuenta de correo? *No problem, ladies and gentlemen.* Descargamos EudoraPass, hacemos clic en su botón **Decode**, y aparecerá nuestra contraseña. Encontraremos una copia en `http://snipurl.com/eudorapass`.

Herramientas poco populares para Eudora

Si usamos Eudora, tenemos el gen de la estupidez en nuestro DNA. No pasa nada, yo también lo tengo. Por eso me encantan los complementos de Eudora y las extrañas, pero útiles, herramientas de la página Web de Bujenovic. Por ejemplo, tenemos el complemento Search & Replace que nos permite sustituir el texto de los mensajes, algo que falta en Eudora. O el complemento Delete Duplicates, que compara y elimina los mensajes duplicados. Para instalar cualquiera de estos complementos, descargamos el archivo a nuestro ordenador, lo descomprimimos y arrastramos su contenido a la carpeta de complementos de Eudora. Una advertencia amistosa: tenemos que ser tontos para disfrutar y usar estas herramientas. Consígalos en `http://snipurl.com/Bujenovic`.

2. Escribimos `<x-eudora-option:ToolbarDisplayFix=1>` en la zona de mensaje de un nuevo mensaje de Eudora, asegurándonos de incluir las llaves. No tenemos que enviar el mensaje a nadie (especialmente a mí). El texto se volverá azul (en caso contrario, pulsaremos **Intro**). Pulsamos la tecla **Alt** mientras hacemos clic en el vínculo. Veremos una ventana que nos pide la confirmación del cambio; hacemos clic en **Aceptar**, salimos y volvemos a iniciar Eudora.

3. Si esto no funciona, repetimos el proceso del paso 2, usando la línea `<x-eudora-option:ToolbarDisplayFix=2>`.

4. Si las barras de herramientas siguen teniendo mal aspecto, puede que tengamos que modificar los valores de Windows y reducir el nivel de aceleración gráfica o intentar cambiar la profundidad de color. Desde el panel de control, abrimos Pantalla, seleccionamos la pestaña Configuración, hacemos clic en el botón **Opciones avanzadas** y hacemos clic en la pestaña Rendimiento (98 y Me) o Solucionador de problemas (2000 y XP). Reducimos un poco la marca Aceleración de hardware y hacemos clic en **Aceptar**. Calculamos el estado de Eudora cerrándolo, volviendo a iniciarlo y mirando la barra de herramientas. El siguiente paso es cambiar la profundidad de color de la tarjeta gráfica. Seguimos los pasos anteriores y, en la pestaña Configuración, hacemos clic en el menú desplegable

Calidad del color. Lo cambiamos a 16 bits, si está configurado en 32 bits, o viceversa.

5. Si, tras todos estos procedimientos, la barra de tareas sigue teniendo un aspecto extraño, aquí tenemos una última solución: cambiarnos a Outlook Express.

Nota

Si Eudora falla mucho, podemos eliminar todas las partes no esenciales de `eudora.ini` (la configuración para enviar y recibir el correo sobrevivirán a la limpieza). Cuando hacemos que Eudora limpie el archivo `.ini`, antes hace una copia del actual `eudora.ini` (probablemente llamado `eudini.sav`), pero mi consejo es que guardemos una copia del propio archivo (ver "La barra de herramientas de EUDORA: tonta como una piedra"). A continuación, mantenemos pulsadas las teclas **Control** y **Mayús** mientras seleccionamos Herramientas>Opciones.

Herramientas en la red para Eudora

Hay muchísimas herramientas fantásticas para Eudora y ayuda para los usuarios de Eudora en Internet:

❏ Apuntémonos a las mejores listas de correo de Eudora para Windows, donde encontraremos expertos que pueden responder a nuestras lastimosas preguntas, en `http://snipurl.com/eudora_win`.

❏ Cecil Williams, un profesor de la Washington State University y modificador de Eudora, creó un estupendo sitio que explica cómo usar los filtros de Eudora. Ha elevado los filtros a la categoría de ciencia que, según el, atrapará el 99 por ciento del correo no deseado. Podemos encontrar sus filtros en `http://snipurl.com/filters`.

❏ La página de marcadores de Daniel Jacobson tiene una sección Eudora Email Application con vínculos actualizados y variados a muchas de los mejores sitios sobre Eudora; lo encontraremos en `http://snipurl.com/1f3p`.

Problemas con Hotmail

Añadir a favoritos nuestra bandeja de entrada de Hotmail

El problema: Reviso la bandeja de entrada de Hotmail más a menudo que mi reloj. ¡Pero qué lío! Voy a `http://www.hotmail.com` y, en lugar de llegar a mi bandeja de correo, llego a una página con resúmenes de noticias, anuncios para otras tonterías de MSN, solicitudes de grupos de noticias y diferentes elementos que nunca he solicitado.

La solución: Vamos a tomarnos un minuto y a prepararlo todo para que podamos llegar directamente al correo. En primer lugar, vamos a `http://www.hotmail.com` y escribimos nuestra dirección de correo y la contraseña en los campos adecuados. Marcamos la casilla Iniciar sesión automáticamente y hacemos clic en el botón **Iniciar sesión** (Atención: esto permitirá a cualquier persona que pueda acceder a nuestro navegador entrar en nuestra cuenta de Hotmail sin tener que escribir la contraseña, de modo que no deberemos intentarlo si tenemos compañeros de trabajo curiosos o familiares entrometidos).

Hacemos clic en la pestaña Correo y añadimos a favoritos, en nuestro navegador, esta página. A partir de ahora, usaremos el acceso directo de Favoritos y llegaremos directamente a nuestra bandeja de entrada, no será necesario hacer más clics.

Una ilusión divertida

¿Cansado de leer sobre estos fallos? Aquí tiene una curiosa ilusión óptica que le calmará: `http://snipurl.com/illusion`.

Usar Outlook Express para eliminar el correo no deseado de Hotmail

El problema: A veces creo que el único motivo por el que existe Hotmail es para atraer al correo no deseado (un momento, ¿ése no es el trabajo de AOL?) Si espero unos días antes de comprobar la bandeja de entrada, me encontraré con hasta 150 correos basura. Y librarme de ellos requiere demasiados clics ya que tengo que seleccionarlos uno a uno. Tiene que haber una forma mejor.

La solución: ¿Qué tal usar Outlook Express para que haga la pesada tarea de eliminar el correo no deseado?

Iniciamos Outlook Express y seleccionamos Herramientas>Cuentas, hacemos clic en el botón **Agregar** y seleccionamos Correo. Aparecerá un asistente; introducimos nuestro nombre y nuestra dirección de Hotmail (Outlook Express rellenará automáticamente la ventana Nombre del servidor de correo). Se nos preguntará la contraseña. La escribimos, hacemos clic en **Finalizar** y en **Cerrar** para salir de Cuentas de Internet. Outlook nos preguntará si queremos descargar las carpetas del servidor de correo; hacemos clic en **Sí** y volvemos a introducir la contraseña.

Ahora OE descargará copias de nuestros mensajes de Hotmail. Ahora la cuenta de Hotmail está dentro de Outlook Express, junto con las demás cuentas de correo que hayamos configurado en el pasado.

A partir de ahora, podemos realizar algunas o todas las operaciones de Hotmailing desde OE, si queremos. Al menos, será una herramienta mucho mejor para eliminar mensajes en masa. Por ejemplo, hacemos clic en la bandeja de entrada de Hotmail, en el panel Carpetas, hacemos clic en un mensaje, mantenemos pulsada la tecla **Mayús**, usamos **flecha abajo** para resaltar el rango de mensajes que queremos eliminar y pulsamos **Supr**. Se borrarán en OE (y la próxima vez que comprobemos Hotmail con el navegador, veremos que también han sido eliminados).

Gestionar toneladas de correo electrónico

1. Organizarnos y permanecer organizados. Creamos otros buzones y usamos filtros para enviar automáticamente los mensajes a buzones específicos. Los filtros nos permiten controlar nuestro correo para que no nos lleguen más de 100 mensajes a una única bandeja de entrada. En su lugar, podemos ver inmediatamente que han llegado diez mensajes de nuestro cuñado, pidiendo dinero otra vez.

2. Usar buzones para establecer prioridades. Creamos tres buzones para los mensajes con importancia alta, media y baja. Por ejemplo, los elementos que deben responderse hoy irán al buzón de importancia alta, y debemos esforzarnos por contestarlos lo antes posible. Si es necesario, crearemos otro buzón para los elementos que están en espera. ¿Lo entiende?

3. En Eudora, usamos Spamnix para librarnos del correo no deseado; los usuarios de Outlook y Outlook Express pueden usar iHateSpam (ver el tema anterior, "Extraordinario eliminador de correo no deseado " para conocer más sobre estos dos productos).

4. Animar a la gente a no responder a menos que sea necesario. Esto nos ahorrará el engorro de abrir muchos mensajes con una sola palabra como respuesta: "¡Gracias!". Para pedir que no envíen respuestas, yo indicaría algo como lo siguiente:

```
Esto es solo para su información. No es necesario que responda.
-Steve
```

5. Debemos darnos cuenta de que algunas personas envían sus mensajes indiscriminadamente a varias personas (no sólo a nosotros), por lo que no es obligatorio responder.

6. Si usamos Eudora, cambiamos al modo de vista previa (vamos a Herramientas>Opciones, hacemos clic en Visualización de correo y marcamos la casilla Mostrar cuadro de vista previa de mensaje). Esto nos permitirá saber si podemos eliminar inmediatamente un mensaje con una rápida mirada. Por desgracia, en Outlook y Outlook Express, las cosas no son así; no es recomendable usar la vista previa en estos programas debido al importante riesgo de ser infectado por un virus sólo por realizar la vista previa de un mensaje. En Outlook, desactivamos el panel de vista previa, seleccionando Ver>Panel de lectura en la bandeja de entrada. En Outlook Express, también en la bandeja de entrada, seleccionamos Ver>Diseño y deseleccionamos la casilla Mostrar panel de vista previa.

7. Si recibimos correo electrónico que entorpece nuestro quehacer diario, podemos crear un proyecto ficticio y enviar una respuesta preestablecida, como:

```
Normalmente respondo con un breve mensaje que indica que he recibido el co-
rreo y digo algo divertido o ingenioso. Pero me temo que hoy no podré ha-
cerlo.

Aunque seguiré leyendo sus correos, no tendré tiempo para responderle.
Esto es debido a que estoy escribiendo un libro y estaré trabajando en él
durante los próximos cinco años, aproximadamente. Tengo problemas para
concentrarme y me distraigo fácilmente, especialmente con el correo elec-
trónico.

Importante: No dude en enviarme correos con ofertas de trabajo; no se pre-
ocupe, lo leeré y responderé.

Gracias
-Steve
```

8. ¡Usemos más mensajes predefinidos! Una respuesta predefinida nos permite responder rápidamente, con la misma respuesta, a los mensajes similares. Por ejemplo, muchas personas me escriben preguntándome si el mensaje "Una postal para tí" es dañino. Éste es mi mensaje predefinido:

```
Sí, el mensaje "Una postal para tí" es falso. Así es como empieza el
mensaje:

La CNN ha dicho: ¡¡¡Es el PEOR VIRUS DE LA HISTORIA!!!... ¡¡¡POR FA-
VOR, AVISE A TODOS SUS CONOCIDOS!!! ¡¡¡Acaba de descubrirse un nuevo
virus que ha sido clasificado por Microsoft como el más destructivo
de todos los tiempos!!!!
```

```
Para conocer más detalles sobre el engaño, revise estas dos páginas Web:
http://snipurl.com/card_hoax
http://www.vmyths.com

(A propósito, lo único destructivo enviado por MS ha sido Windows Me,
pero ésa es otra historia.)
```

9. Todos los gestores de correo nos permiten crear mensajes predefinidos, pero Eudora tiene una de las herramientas más potentes. Por ejemplo, podemos tomar cualquier respuesta y, con un solo clic, convertir el mensaje en un mensaje predefinido: escribimos el texto y guardamos el mensaje cuando se nos pida. Para enviar este texto, seleccionamos el correo al que estamos contestando, seleccionamos Mensaje>Responder con y seleccionamos la plantilla adecuada.

    En Outlook Express 6, hacemos clic en Herramientas>Opciones>Firmas y hacemos clic en el botón **Nueva**. Escribimos el texto en el cuadro Texto, hacemos clic en el botón Cambiar nombre y damos un nombre al texto. Hacemos clic en **Aceptar** y, cuando queramos introducir el texto en un correo electrónico, basta con hacer clic en Insertar>Firma. Si solo hemos creado una "firma", aparecerá automáticamente. Si hemos creado más de una firma, seleccionamos el texto que queramos en el submenú **Firma**. Si usamos Outlook 2002, seleccionamos Herramientas>Opciones, hacemos clic en la pestaña Formato de correo, marcamos la casilla Usar Microsoft Word 2003 para modificar mensajes de correo electrónico y hacemos clic en **Aceptar**. Escribimos el texto predefinido en un nuevo mensaje, lo seleccionamos y, seleccionamos Insertar>Autotexto>Nuevo. Introducimos una abreviatura y hacemos clic en **Aceptar**. Cuando estemos listos para usar el texto predefinido en una respuesta, seleccionamos Insertar>Autotexto> Autotexto y buscamos el texto predefinido en la lista de entradas.

10. Recordemos la regla de oro de Bass sobre el correo electrónico: no existe la obligación legal o moral de responder a todos los correos que recibimos.

Ocultar el correo no deseado de Hotmail

El problema: La solución anterior sólo me ayuda a eliminar el correo no deseado después de que ya haya infectado mi bandeja de entrada y me haya vuelto loco. Lo que quiero es que el correo no deseado no llegue a mí, pero el filtro de correo no deseado de Hotmail no vale un pimiento.

La solución: Aquí mostramos un truco que oculta todo el correo no deseado instantáneamente con dos clics: hacemos clic en el menú desplegable Mostrar correo de que se encuentra sobre la bandeja de entrada de Hotmail y seleccionamos Personas que conozco. Ya está, todo el correo basura ha desaparecido. Todavía está allí, acechando en segundo plano, pero Hotmail solo muestra el correo que procede de los amigos que están en la libreta de direcciones de Contactos.

¿Conocemos a alguien que no está en nuestra lista de contactos? Abrimos un mensaje de esa persona y hacemos clic en el botón Guardar dirección y la dirección se añadirá a la libreta de direcciones.

También podemos hacer esto con los grupos de correos que queramos ver (por ejemplo, grupos de noticias que realmente queramos recibir) para que no desaparezcan junto con el correo no deseado.

Normalmente, los efectos de esta vista, en la que no se muestra el correo no deseado, sólo están activos en la sesión actual de Hotmail; si nos conectamos posteriormente volveremos a ver toda la bandeja de entrada, con el correo basura incluido. Aunque sea muy molesto, se puede solucionar. Basta con seguir el anterior truco "Añadir a favoritos nuestra bandeja de entrada de Hotmail"; pero antes de agregar la página a nuestros sitios favoritos, seleccionamos la vista de bandeja de entrada Personas que conozco. Cuando volvamos a Hotmail mediante el acceso directo de nuestros sitios favoritos, iremos directamente a la bandeja de entrada sin correo no deseado.

Hacer de Hotmail el gestor de correo predeterminado

El problema: El 99 por ciento de los programas de correo electrónico existentes nos acosan preguntándonos incesantemente si queremos que sean el programa de correo predeterminado. Aquí tenemos un cambio: Hotmail nos molesta no sólo no preguntándonoslo, sino además no permitiéndonos establecerlo como gestor de correo predeterminado. Esto significa que, si hacemos clic en una dirección de correo electrónico en el navegador, probablemente se iniciará otro programa de correo que no usamos.

La solución: Ante todo calma. Podemos hacer de Hotmail nuestro gestor de correo preferido, sólo que no podemos hacerlo en Hotmail. Tendremos que abrir Opciones de Internet (que aparece en el menú Herramientas de Internet Explorer y como icono en el panel de control de Windows) y hacer clic en la pestaña Programas. Hacemos clic en el menú desplegable Correo electrónico, seleccionamos Hotmail y hacemos clic en **Aceptar**. A partir de este momento, cuando hagamos clic en una dirección de correo electrónico en el navegador, Hotmail aparecerá y nos mostrará un mensaje. ¿Mejor?

Importar la libreta de direcciones mediante Outlook Express

El problema: Seamos realistas: Hotmail funciona mucho mejor como servicio de correo de apoyo. Pero si disponemos de otra cuenta, tendremos otra libreta de direcciones que quizás queramos usar en Hotmail. Podemos examinar Hotmail a fondo y no veremos ninguna forma de importarla.

La solución: ¡No vuelva a escribirlo todo! Y no pague a nadie para que lance una maldición a Microsoft. Con la típica lógica de Redmond, la compañía ocultó la función de importar la libreta de direcciones en Outlook Express, donde recibe el nombre de Sincronizar ahora y no se menciona a Hotmail. Muy inteligente, chicos.

Las buenas noticias son que, si OE es el principal gestor de correo, la función Sincronizar ahora hace que sea fácil llevar los contactos a Hotmail. E incluso si somos unos fanáticos de Netscape o especialista de Eudora, podemos usar OE como intermediario. Comenzaremos siguiendo las instrucciones de "Usar Outlook Express para eliminar el correo no deseado de Hotmail" (anteriormente en esta misma sección) para configurar nuestra cuenta de Hotmail en OE. En OE, hacemos clic en el botón **Direcciones** y, en la ventana Libreta de direcciones, seleccionamos Herramientas>Sincronizar ahora. No sólo exportaremos la libreta de direcciones de OE a Hotmail, sino que todos los contactos que hayamos introducido en Hotmail se enviarán a OE, de modo que todos nuestros amigos aparecerán en las dos aplicaciones de correo electrónico. Muy astuto, hay que reconocerlo.

Si usamos un gestor de correo diferente de OE, deberemos importar los contactos a OE antes. En OE, seleccionamos Archivo>Importar>Otra libreta de direcciones para ver una lista de los formatos compatibles con OE. Quizás tengamos que hacer algunas pruebas para descubrir cuál es el que necesitamos (por ejemplo, aunque el filtro Eudora Pro de OE especifica que es para la versión 3.0, funciona perfectamente para Eudora 5.2). Pero es mejor no probar con los viejos y rancios filtros de Netscape si usamos Netscape Mail 6 o 7 (en su lugar, usamos Herramientas>Exportar en Netscape Mail para guardar una copia de la libreta de direcciones en LDIF (un formato de archivo compatible con OE).

Si todo lo demás falla (por ejemplo, si usamos un gestor de correo muy poco común que OE no haya visto desde los tiempos de Adán) intentaremos exportar la libreta de direcciones en un archivo con valores separados por comas (CSV). Es un formato muy básico, pero cualquier cliente de correo que valga la pena debería aceptarlo.

¿Todavía sigue ahí? Una vez que los contactos estén en OE por las buenas, por las malas o por CSV, podemos usar Sincronizar ahora para enviarlas a Hotmail. Misión cumplida.

Problemas con Gmail

Obtener Gmail

El problema: Todo el mundo habla de Gmail y ya tenemos una cuenta. Eso está bien para los demás, pero yo no tengo. Y no sé dónde conseguir una.

La solución: Es una pena. En el momento de escribir esto, Gmail está todavía en periodo de pruebas (también llamado por el enigmático nombre de "beta") y la mayoría de nosotros no podemos tener una cuenta de Gmail hasta que se lance públicamente. El truco está en encontrar a alguien con una cuenta, porque puede enviarnos una invitación. Suplicar, rogar y, si fuera necesario, arrastrarnos hasta que nos envíen la invitación. Una forma de obtener una cuenta está en la pagina de foros de Gmail (en `http://snipurl.com/swapgmail`, desplazamos la página un poco hacia abajo y hacemos clic en "Accounts and Invitations"). Los que están muy desesperados por conseguir una invitación han llegado a ofrecer cosas como "un marido casi sin usar", "6 meses de galletas caseras" y "una libra de puro café de kona". Otro método es realizar una búsqueda en Google con las palabras "gmail invita" o "invitaciones gmail" y encontrar una página Web que nos permita cambiar a nuestro primogénito por una cuenta.

La historia de Gmail

El nuevo servicio de correo basado en Web de Google, llamado Gmail, está teniendo una gran repercusión. Y se lo merece: es un producto estupendo y me encanta por muchos motivos. ¿Por qué es Gmail tan enfermizamente popular, incluso antes de su lanzamiento oficial?

En primer lugar, ofrece un gigabyte de almacenamiento, algo que no pueden igualar los servicios competidores (en el momento de escribir esto, Yahoo! Mail ofrecía 250 Mb). En segundo lugar, Gmail no nos acosa con anuncios. Gmail lee nuestro correo entrante (ninguna persona lo lee; lo examina un ordenador), determina el contenido y muestra un texto de anuncio en la página. Los anuncios no molestan, como los que vemos en la página de resultados de Google. Esto mejora a MSN Hotmail y a Yahoo! Mail, que abarrotan la pantalla con anuncios.

Importar libretas de direcciones

El problema: A mi me gusta Gmail tanto como para abandonar mi cuenta de Hotmail. Pero ¿cómo importo mis 500 nombres y direcciones de correo a Gmail?

La solución: Importar la libreta de direcciones o contactos de nuestro gestor de correo a Gmail se puede hacer en un momento. Exportamos la libreta de direcciones o contactos de nuestro gestor de correo como archivo con valores separados por comas (CSV). La mayoría de los programas de correo pueden hacerlo, incluidos Outlook, Hotmail y Yahoo! Mail. Si tenemos problemas exportando la libreta de direcciones, podemos revisar la página de ayuda de Gmail. Una vez que hayamos iniciado la sesión, hacemos clic en Help (está en la esquina superior derecha de la ventana de Gmail) y escribir "export address book" en el campo de búsqueda. Buscamos una entrada llamada "How do I export CSV ?les?". Ahí explican cómo importar la libreta de direcciones a Gmail:

1. Iniciamos la sesión de Gmail, hacemos clic en Contacts y aparecerá una nueva ventana del navegador.

2. Hacemos clic en el vínculo Import Contacts, seleccionamos **Browse...** y localizamos el archivo CSV que hemos creado.

3. Seleccionamos el archivo, hacemos clic en Import Contacts y el archivo se enviará e importará a Gmail. El cuadro de diálogo nos mostrará qué entradas se han añadido a la lista de contactos de Gmail.

Gmail dice "Tienes correo"

El problema: Me encanta Gmail, pero odio tener que iniciar una sesión para ver si tengo correo nuevo. Tiene que haber una forma más sencilla.

La solución: Pásese al práctico Gmail Notifer. Podemos encontrarlo haciendo clic en el vínculo Settings de Gmail. Una vez instalado, veremos un icono en la barra de tareas de Windows que muestra todos nuestros mensajes de Gmail no leídos, incluyendo el tema, el remitente y una parte del mensaje (véase la figura 1.9). Simplemente hacemos clic en un elemento para iniciar el navegador e ir directamente a la bandeja de entrada de Gmail.

»1 of 1 - may 8 **Jesús García Corred.**
PC World
Saludos eljesu, bvbsfgfd Un saludo Jesús García Corredera

0 objetos

🏁 **Inicio** | 🌐 📃 | 🖥 SEVEN | 🎬 AVerMedi... | 📃 traseñas.... | 🗔 Nuevo vo... | 🗔 Gran disc... | 📄 Mis docu... | « ☒ ❷ 📊 ⚙ 23:16

Figura 1.9. ¿Tenemos correo? Lo sabremos revisando la barra de tareas de Windows.

Denegación de archivos exe y zip en Gmail

El problema: Gmail de Google no nos permite enviar o recibir correos con un programa adjunto. Supongo que es algo bueno, relacionado con la seguridad. Pero las restricciones de Gmail son ridículas (tampoco puedo enviar un archivo adjunto comprimido con `zip`).

La solución: Sí, es molesto, pero Google está intentando protegernos de los virus, lo que es una buena idea. Si somos usuarios expertos y sabemos lo que estamos haciendo, hay una solución: basta con cambiar el nombre de los archivos que acaban en EXE a EX_. Podemos usar la misma técnica con los archivos `zip` (a propósito, este truco también funciona cuando envío correos a mi mujer al trabajo, donde los sobreprotectores encargados de la informática bloquean hasta los archivos JPEG).

Una buena advertencia: una vez que los chicos de Google se enteren de esto, probablemente descubrirán cómo bloquear también este tipo de adjuntos. Pero para entonces, tendré un nuevo libro sobre problemas con otra solución.

Romper el límite de los 10 MB

El problema: Mi proveedor de servicios de Internet dice que puedo enviar archivos adjuntos de hasta 10 MB de tamaño. Lo he intentado y no puedo enviar un archivo de 10 MB, 9 MB, ni siquiera 8 MB. Lo máximo que he podido enviar es un archivo de 7,3 MB. ¿Qué pasa? ¿Puede Gmail mejorar esto?

Nota

Muchos usuarios siguieron la recomendación de Gmail y crearon su dirección de correo usando su nombre y primer apellido separados por un punto. ¿Sabía que se puede omitir el punto en las direcciones de Gmail? Por ejemplo, `bill.gates@gmail` y `billgates@gmail.com` llegarán a la bandeja de entrada de Bill. Si Bill tuviera una cuenta de Gmail, es decir...

La solución: Somos víctimas de un acertijo sobre adjuntos (y no, no es un virus). Cuando adjuntamos un archivo a un mensaje, el archivo se convierte en texto codificado y se introduce en el mensaje. El gestor de correo del receptor elimina el texto codificado del cuerpo del mensaje y lo vuelve a convertir en un archivo separado.

El texto codificado suele ser entre un 10 y un 20 por cien más grande que el archivo de origen. De modo que un archivo de 10 MB puede en realidad ocupar 12 MB o más. Es otra ventaja de Gmail. No importa lo hinchado que esté un archivo adjunto de 10 MB, Gmail lo admite porque no tiene en cuenta el tamaño del texto codificado y solo observa el archivo fuente adjunto.

Si no usamos Gmail y tenemos que enviar archivos adjuntos de 10 MB o mayores, podemos usar un programa divisor. De esa forma, podremos enviar el archivo en dos, tres o más correos diferentes (por supuesto, el receptor tendrá que disponer del mismo programa para volver a unir las partes). Yo recomiendo conseguir una copia de File Splitter, de Marc Bjorklund, una utilidad gratuita disponible en `http://snipurl.com/?le_split`.

Usar Gmail para almacenar archivos grandes

¿Tenemos que almacenar archivos en Internet? La capacidad de 1 GB por cuenta de Gmail puede ser el almacén perfecto. Incluso podemos llamar a un ayudante: GMail Drive de Viksoe, que hace de Gmail una extensión del PC. Iniciamos una sesión y GMail Drive creará un sistema de archivos virtual sobre la cuenta de Gmail, tratándola como si fuera un disco duro. Para mover archivos desde el PC, basta con arrastrarlos desde el explorador de Windows a la carpeta virtual de Gmail. En un segundo plano, GMail Drive añade el archivo a la bandeja de entrada de Gmail (ver la figura 1.10). Si queremos usar el archivo, invertimos el proceso (arrastramos el archivo de la carpeta de Gmail Drive hasta nuestro PC). Eliminamos el archivo de la carpeta Gmail Drive y desaparecerá de la bandeja de entrada de Gmail. El inconveniente es que estamos limitados a archivos de 10MB o más pequeños. Encontraremos una copia en `http://snipurl.com/GmailDrive`.

Si nos encanta Gmail y necesitamos más trucos, podemos navegar hasta el estupendo GmailGems, en `http://snipurl.com/gmailgems`. ¿No tenemos bastante? Podemos probar en el foro Gmail Forum (`http://www.gmailforums.com`), el grupo de usuarios GmailUsers (`http://snipurl.com/Gmail_Users`) y la página sobre Gmail de Mark Lyon (`http://snipurl.com/Gmail_hacks`) para dar con todo tipo de utilidades curiosas para Gmail.

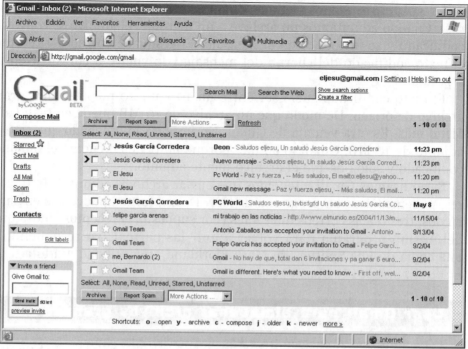

Figura 1.10. Bandeja de entrada de Gmail.

2. Problemas con Windows

Problemas y Windows; las dos palabras parecen inseparables. Windows es nuestro portal a todas las aplicaciones del PC y por tanto, es la primera fuente de enfado, todos y cada uno de los días.

En este capítulo, proporcionaré algunas soluciones sencillas, trucos sutiles y cambios curiosos en la configuración para evitar multitud de problemas con Windows. Algunos de los trucos necesitan que modifiquemos el registro, pero no se preocupe; lo describiré de la forma mas segura y fácil que pueda.

Problemas generales con Windows

Windows XP (y 98 y 95) es la solución

El problema: Uso Windows 98 y odio cuando...

La solución: Espere un momento. Tras años de frustración, he encontrado una solución a casi todos los problemas con Windows: quitar lo que estamos usando y actualizar a XP. No estoy bromeando. Si usamos Windows 98 (o Windows Me o, pero aún, Windows 95), deberíamos pensar seriamente en actualizar a Windows XP. No me gusta hacer propaganda de Microsoft, pero Windows XP es el mejor sistema operativo que ha salido de Redmond desde que Bill Gates ganó sus primeros mil millones. Ofrece más estabilidad (ya no tendremos que reiniciar cada día o ver las frecuentes pantallas azules), mejor gestión de memoria (no nos quedaremos sin recursos, incluso cuando abramos docenas de ventanas simultáneamente) y seguridad (¡no podemos evitar el introducir la contraseña simplemente pulsando **Esc**!). En pocas palabras, Windows XP nos da menos problemas.

Sin embargo, antes de tirar por la ventana nuestra versión actual de Windows, debemos asegurarnos de que Windows XP es compatible con nuestro hardware y software. Podemos realizar una rápida comprobación de compatibilidad con el XP Readiness Test de PC Pitstop (`http://snipurl.com/pcpitstop_full`), que nos informará de si nuestro sistema cumple las especificaciones de hardware mínimo y recomendado por XP (véase la figura 2.1).

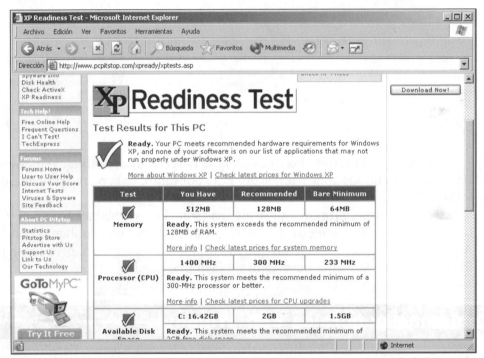

Figura 2.1. XP Readiness Test de PC Pitstop realiza una gran cantidad de pruebas de diagnóstico para determinar lo preparado que está nuestro PC para actualizarlo a Windows XP. Mientras estamos en el sitio, también podríamos dejar que PC Pitstop examine nuestro PC y nos dé algunos consejos para mejorarlo. Está en http://snipurl.com/pcpitstop_full.

Windows XP Upgrade Advisor, un comprobador de compatibilidad mucho más variado, es una herramienta de Microsoft que comprueba nuestra configuración actual y nos avisa de qué programas o dispositivos no funcionarán con Windows XP. Si hay disponible una nueva versión o controlador, Upgrade Advisor nos informa de ello. Si conseguimos un CD de Windows XP, ya incluirá Upgrade Advisor. Insertamos el CD y, en el menú principal que aparecerá, hacemos clic en Comprobar compatibilidad del sistema. Si no podemos acceder a un CD de Windows XP CD, podemos descargar Upgrade Advisor en `http://snipurl.com/upgrade_advisor`. Sin embargo, hay que advertir que son unos 32 Mb, es una descarga grande.

Tanto si tenemos el CD o lo hemos descargado, debemos asegurarnos de que estamos conectados a Internet cuando ejecutemos Upgrade Advisor. Upgrade Advisor obtendrá el informe de compatibilidad de hardware y software más actualizado para el sistema.

Ayuda que realmente ayuda

El problema: Odio cuando estoy usando Windows XP y...

La solución: Perdón por seguir interrumpiendo, pero tengo que informarle de una de las funciones más ingeniosas de Windows XP: el sistema de ayuda. Sí, lo crea o no, la ayuda online de Windows XP (que utiliza un motor de ayuda completamente diferente del de las anteriores de Windows) a menudo nos lleva a información útil sobre nuestros problemas. ¿No me cree? Revise la increíblemente amplia ventana de Diagnósticos de red en la figura 2.2.

Cuando encontremos un problema en Windows, nuestro primer paso es seleccionar Inicio>Ayuda y soporte técnico. La ventana inicial nos permite revisar varios temas, pero si escribimos algunas palabras en el cuadro Buscar, normalmente obtendremos resultados más rápidamente. El sistema de ayuda devuelve los resultados obtenidos en tres categorías: Temas sugeridos (artículos que probablemente contestarán a nuestra pregunta), Coincidencias de búsqueda de texto completo (todos los temas que contienen las palabras que hemos escrito) y artículos relevantes de la página Web Base del conocimiento de Microsoft.

Probar la red

Hacemos clic en Inicio>Ayuda y soporte técnico para abrir el Centro de ayuda y soporte técnico. Seleccionamos Redes y Web. Hacemos clic en Solucionar problemas de red o de Web, que se encuentra a la izquierda, después en Diagnosticar configuración de red y ejecutar pruebas automáticas de red, a la derecha. Seleccionamos Analizar su sistema. Si queremos un análisis completo, antes tenemos que hacer clic en Configurar opciones de análisis y marcamos todas las casillas.

El ordenador personal

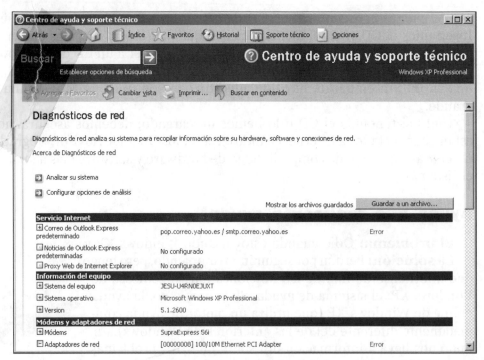

Figura 2.2. El práctico diagnóstico de red y eliminador de problemas de XP me indicó que tenía que ponerme en contacto con mi proveedor de servicios de Internet y obtener direcciones IP de DNS correctas. Intente obtener este tipo de análisis detallado en Windows Me, 98 o (¡ja!) 95.

El problema más molesto: la activación del producto de Microsoft

El problema: Estaba en un avión, sin acceso a Internet ni telefónico, trabajando en un memorando en Word, cuando Windows XP dejó de funcionar porque no había activado el software por el que había pagado. Me quedé pasmado.

La solución: Comprender qué hace la activación del producto de Windows, puede ayudarnos a evitar inoportunos ceses del programa y situaciones embarazosas (como cuando estamos haciendo una presentación a los miembros de una iglesia y Windows actúa como una copia pirata).

En cada inicio, Windows examina 10 componentes del ordenador, incluyendo el número de serie de la partición de sistema del disco duro, el tipo de procesador, el número de serie del procesador, la cantidad de RAM instalada, etc. Windows crea un valor codificado (encontraremos más información sobre los valores codificados en la siguiente nota adjunta) a partir de estos componentes y los compara con el valor codificado que hay almacenado en `\Windows\System32\Wpa.dbl`, un archivo creado en el ordenador cuando actualizamos Windows.

En conclusión: la invasión de la privacidad no es un problema con la activación del producto Windows. El verdadero problema es la posibilidad de que el ordenador se bloquee si no lo activamos. Hay que resaltar que Windows no se conecta a la nave nodriza (es decir, Microsoft); sólo busca en el archivo `Wpa.dbl` almacenado en el ordenador. Si se cumple cualquiera de las siguientes condiciones, Windows nos pedirá que lo activemos antes de poder iniciar una sesión:

❏ El archivo `Wpa.dbl` no existe o se ha corrompido.

❏ Durante los últimos 120 días, hemos cambiado más de 4 de los 10 componentes.

En cualquier caso, debemos activar XP poniéndonos en contacto con Microsoft mediante Internet o el teléfono. Con la versión original de Windows XP, teníamos que activarlo inmediatamente en estos casos. Si hemos instalado Service Pack 1, Windows protestará, pero nos dará tres días para resolver el problema o volver a activarlo antes de bloquear completamente el ordenador.

Cada 120 días, `Wpa.dbl` se actualiza para que concuerde con los componentes que tenemos instalados. Para evitar problemas con la activación:

❏ Podemos instalar Service Pack 1 para Windows XP. Nos dirigimos a Inicio>Todos los programas y seleccionamos Windows Update en la parte superior del menú. Después de realizar el análisis, hacemos clic en Buscar actualizaciones y en Comprobar e instalar actualizaciones. y seleccionamos el Service Pack.

❏ Cuando actualicemos los componentes de hardware, reiniciamos Windows y nos aseguramos de que funciona antes de ir a una isla remota sin acceso a Internet.

Si nos encontramos desactivados, podemos ejecutar XP en modo seguro. Pulsamos **F8** mientras se inicia el ordenador y seleccionamos un modo seguro en el menú que aparecerá.

¿Qué es un valor codificado?

Un valor codificado es un valor que se calcula a partir del número identificativo de cada componente del ordenador. El valor codificado es "de un sentido"; proporciona un resultado coherente cada vez que se calcula, pero no se puede invertir el valor codificado para determinar el valor original completo.

Un ejemplo sencillo: podemos crear un valor codificado de un sentido de nuestro número de teléfono usando simplemente los últimos cuatro números, pero no se puede determinar el número de teléfono completo usando este valor.

Acelerar los menús omitiendo las transiciones

El problema: Estoy equipado para una experiencia rápida con el PC: dispongo de un procesador rápido a 3.0 GHz con 768 Mb de RAM en mi equipo XP. Pero aquí estoy, cruzado de brazos, esperando a que aparezcan los menús.

La solución: ¿Queremos menús definidos y rápidos? En Windows 98, Me y 2000, hacemos clic con el botón derecho del ratón, seleccionamos Propiedades y seleccionamos la pestaña Efectos. Con un clic del ratón, deseleccionamos esa maldita casilla Animar ventanas, menús y listas (98) o Usar efectos de transición para menús e información sobre herramientas (Me y 2000). En Windows XP, hacemos clic con el botón derecho del ratón en el escritorio, seleccionamos Propiedades, hacemos clic en la pestaña Apariencia y hacemos clic en el botón **Efectos** (véase la figura 2.3). Ahora deseleccionamos la casilla Usar el efecto de transición siguiente para menús e información sobre herramientas. ¿Es ahora más rápido?

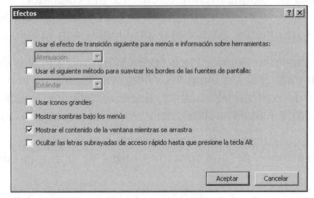

Figura 2.3. ¿Cómo nos libramos instantáneamente de los lentos menús en XP? Fácil, desactivando los efectos.

Resolución de pantalla: ahora lo veo claro

El problema: La función de cuentas de usuario de XP es una forma ingeniosa de crear espacios de trabajo personalizados pero, ¿por qué no puedo establecer una resolución de pantalla diferente para cada usuario? Mi madre, que ya no es una muchacha, necesita una lupa para ver un elefante, por lo que me gustaría usar una resolución baja (por ejemplo, 800 x 600) para ella. Mi vista es mejor, por lo que me gustaría usar una bonita resolución de 1280 x 1024.

La solución: Desafortunadamente, cualquier resolución de pantalla que escojamos (la que establecemos haciendo clic con el botón derecho del ratón en el escritorio, seleccionando Propiedades, haciendo clic en la pestaña Configuración y usando el control deslizante Resolución de pantalla) se aplica a todas las personas que usan el ordenador.

Sin embargo, hay algunas configuraciones, creadas pensando en las abuelas, para aumentar el tamaño de los iconos, el texto y otros objetos de Windows, que hacen que las pantallas con alta resolución se puedan usar fácilmente. En la pestaña Configuración, hacemos clic en el botón **Opciones avanzadas**. En la pestaña General del cuadro de diálogo que aparecerá, seleccionamos un valor PPP más alto para nuestra madre. Hacemos clic en **Aceptar** hasta que volvemos a Propiedades de pantalla y hacemos clic en la pestaña Apariencia. Hacemos clic en el menú desplegable Ventanas y botones y seleccionamos Windows estilo clásico. A continuación, seleccionamos un esquema de color y tamaño de fuente que pueda leer nuestra madre. En la pestaña Configuración, establecemos la resolución al máximo nivel que desee una de las personas que usan el ordenador.

Una alternativa es establecer la resolución para los ojos más agudos y dejar que nuestra madre use la función de zoom (casi siempre estará en el menú Ver) disponible en muchas aplicaciones.

Problemas con el monitor

Si estamos usando un monitor o portátil LCD, podemos pasar a "Fuentes LCD claras y nítidas" en el capítulo 7 y ver cómo ClearType puede marcar una gran diferencia en un equipo con XP.

Un buen truco para el zoom

Si nuestro ratón tiene rueda, podemos mantener pulsado **Control** y girar la rueda. En muchos programas, este movimiento amplía o reduce la imagen, dependiendo la dirección en la que hagamos girar la rueda.

Los viejos juegos en DOS se pasan a la gran pantalla

El problema: Muchos juegos antiguos se ejecutan en resolución 640 x 480 y dejan un borde blanco alrededor de la pantalla si Windows está configurado a una resolución mayor (Windows XP ni siquiera ofrece la resolución de 640 x 480, aunque el controlador de nuestra tarjeta gráfica quizás sí lo haga).

La solución: A continuación se muestra cómo hacer que estos juegos ocupen toda la pantalla:

❑ Para un juego basado en DOS, hacemos clic con el botón derecho del ratón en el icono del juego y seleccionamos Propiedades. En la pestaña Pantalla, seleccionamos Pantalla completa (podemos probar el modo de pantalla completa sin hacer que este cambio sea permanente). Tras iniciar el programa, pulsamos **Alt-Intro**, con lo que alternaremos entre pantalla completa y el modo de ventana).

❑ Para un juego basado en Windows, hacemos clic con el botón derecho del ratón en el icono del juego y seleccionamos Propiedades. En la pestaña Compatibilidad, seleccionamos Ejecutar con una resolución de pantalla de 640 x 480. Algunos juegos se ejecutarán más suavemente si seleccionamos Ejecutar este programa en el modo de compatibilidad para y especificamos la versión de Windows para la que fue creado el programa.

Ocuparnos del menú Inicio y la barra de tareas

El problema: Primero, Windows XP oculta los iconos que se usan poco en la barra de tareas, luego añade accesos directos a programas en el panel izquierdo de mi menú Inicio. ¡Basta ya!

La solución: Vamos a ocuparnos de los iconos de la barra de tareas: hacemos clic con el botón derecho del ratón en el botón **Inicio** y seleccionamos Propiedades para abrir el cuadro de diálogo Propiedades de la barra de tareas y del menú Inicio. Seleccionamos la pestaña Barra de tareas y deseleccionamos la casilla Ocultar iconos inactivos.

Podemos decidir qué iconos de la barra de tareas queremos ver y cuales queremos ocultar. Dejaremos marcado Ocultar iconos inactivos, hacemos clic en el botón **Personalizar**, seleccionamos cada icono y establecemos su comportamiento a Mostrar siempre, Ocultar siempre u Ocultar cuando esté inactivo.

Si no queremos que XP añada elementos a la lista de programas usados frecuentemente del menú Inicio, volvemos a abrir el cuadro de diálogo Propiedades de la barra de tareas y del menú Inicio, seleccionamos la pestaña Menú Inicio, hacemos clic en el botón **Personalizar** y asignamos a Número de programas en el menú Inicio el número que prefiramos. Nota: este truco no funciona con el menú Inicio clásico.

Ordenar el escritorio de una vez por todas

Si realmente nos gusta ser ordenados, hagamos de nuestro escritorio un espacio sin iconos:

❑ En Windows 98, hacemos clic con el botón derecho del ratón en el escritorio y seleccionamos Active Desktop>Ver como página Web. A continuación hacemos clic con el botón derecho del ratón en el escritorio, hacemos clic en Propiedades, seleccionamos la pestaña Efectos y marcamos la casilla Ocultar iconos cuando el escritorio sea visto como página Web.

❑ Para versiones posteriores de Windows, hacemos clic con el botón derecho del ratón en el escritorio, seleccionamos Organizar iconos (en Windows XP) o Active Desktop (en Windows Me y 2000) y deseleccionamos Mostrar iconos del escritorio. Todos los elementos del escritorio desaparecerán.

No debemos preocuparnos (todavía podemos acceder rápidamente a los accesos directos del escritorio). Hacemos clic con el botón derecho del ratón en un punto vacío de la barra de tareas, seleccionamos Barras de herramientas y Escritorio, si no está ya marcado. Los iconos del escritorio desaparecerán. Para acceder a estos acceso directos, volvemos a la barra de tareas y buscamos Escritorio >>. Hacemos clic en >> y reaparecerán los iconos del escritorio en un menú emergente. Otro truco práctico: hacemos doble clic en la barra vertical que hay a la izquierda de cualquier grupo de barras de herramientas y los iconos desaparecerán o se expandirán para ocupar todo el espacio.

Mantener alejado

Por último, una utilidad de barra de tareas con la que todos estamos de acuerdo (`http://snipurl.com/keepout`).

Nombres de archivo de programa que tienen sentido

El problema: Cuando descargo un programa o una actualización, lo último que quiero es un archivo llamado `setup.exe` o `install`. Como no siempre instalo el programa inmediatamente, puedo olvidarme de lo que es. Pero aún, quizás otras descargas tengan el mismo nombre, haciendo que sea aún más difícil saber cuál es cada uno.

La solución: No existe ninguna razón para que los archivos de instalación no tengan un nombre lógico. Yo simplemente cambio el nombre del archivo en el cuadro de diálogo Guardar como antes de descargarlo, usando algo más descriptivo, como el nombre del programa y su versión.

Mantener breves los nombres de carpetas

El problema: Realmente me enfadan (no, ¡me cabrean!) los nombres de carpeta largos que algunas compañías usan en la carpeta Archivos de programa. Me sorprende que no hayan descubierto una forma de hacer que los nombres de carpeta parpadeen como fluorescentes.

La solución: Hay una solución sencilla: cuando la instalación nos pregunte dónde queremos instalar el programa, hacemos un cambio. Yo lo hago constantemente sin efectos negativos. Consulte las figuras 2.4 y 2.5.

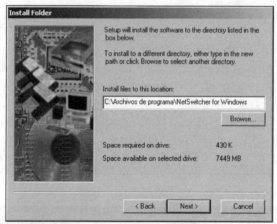

Figura 2.4. Cuando el programa de instalación nos pregunte si queremos cambiar el nombre de la carpeta, hacemos clic en Examinar...

Figura 2.5. ... Y cambiar por algo que nos guste.

Barra de tareas cargada

¿Quiere ver un sistema que ha estado acumulando iconos desde 1983? Vea `http://snipurl.com/systray1`.

Apagar XP con un clic

El problema: No importa lo que quiera hacer (apagar, reiniciar, suspender o hibernar), apagar necesita demasiados clics o pulsaciones. Seleccionar Inicio>Apagar equipo y luego, Apagar. ¡Tiene que haber una forma más rápida!

La solución: Windows XP incluye una utilidad de línea de comandos llamada `Shutdown.exe`, pero no es compatible con algunas funciones clave, como la hibernación. Algunas alternativas mejores ofrecen más control, funcionan con todas las versiones de Windows y son gratuitas:

❑ Show Stopper, de Karen Kenworthy (`http://www.anayamultimedia.com`), hace que sea más fácil apagar, reiniciar, cerrar sesión, hibernar o suspender el ordenador con un solo clic o una línea de comandos.

❑ Wizmo, de Steve Gibson (`http://www.anayamultimedia.com`), proporciona una forma sencilla de apagar el ordenador y también ofrece control mediante línea de comandos de protector de pantalla, altavoces y unidades de CD.

❑ CloseWin crea accesos directos en el escritorio que cierran Windows con un doble clic. Otra utilidad que ahorra tiempo es Presstart, que añade un botón **Inicio** al escritorio. Para poner estas herramientas en la barra de herramientas de inicio rápido para usarlas con un clic, basta con arrastrar los iconos desde el escritorio a la barra de herramientas. Ambas herramientas son gratuitas y podemos descargarlas de `http://snipurl.com/cooltools`.

Por supuesto, iniciar un programa o escribir una línea de comandos para apagar el ordenador no es más fácil que usar el procedimiento estándar de Windows. Lo que hace destacar a estos programas es que podemos crear un acceso directo que haga lo que queramos. Podemos colocar el acceso directo en el escritorio, en la barra de herramientas de inicio rápido o en otro lugar conveniente. También podemos ejecutar el acceso directo como una tarea programada, si queremos apagar el ordenador a una hora determinada.

Aquí tenemos otras dos opciones que nos podrían interesar:

❑ Podemos hacer que Windows se suspenda o hiberne tras un cierto periodo de inactividad. No necesitamos más herramientas, archivos de comandos, accesos directos o tareas programadas; basta con ir a Opciones de energía en el panel de control para configurar una programación en la pestaña Combinaciones de energía.

❑ Podemos configurar el botón de encendido del ordenador (y el botón de suspensión del teclado, si lo tiene) para realizar la acción de apagado que queramos. Lo veremos en la pestaña Opciones avanzadas del panel de control Opciones de energía.

¿Qué hacen las cuatro opciones de apagado de XP?

❑ **Apagar:** Cierra todos los programas y desconecta la energía. La próxima vez, tendremos que encender el interruptor del PC y esperar el proceso de arranque.

❑ **Reiniciar:** Cierra todos los programas, cierra Windows y lo reinicia.

❑ **Suspender:** Pasa rápidamente a un estado de bajo consumo de energía, desactivando los discos duros, el monitor y otros consumidores de energía, pero continúa extrayendo energía suficiente para mantener el contenido de la memoria. Tras una suspensión, podemos continuar rápidamente, pero esta ventaja tiene un riesgo: si se produce una pérdida de energía durante la suspensión (nos quedamos sin batería o hay un apagón), el contenido de la memoria (y con él, todo el trabajo que no hayamos guardado), se perderá.

❑ **Hibernar:** Almacena el contenido de la memoria en el disco duro y desactiva la energía. Cuando volvemos a proporcionar energía, Windows vuelve a cargar en la memoria el contenido almacenado y lo retoma en el punto en el que lo dejamos. La hibernación tarda más en iniciarse y volver a funcionar que la suspensión, pero casi no hay peligro de perder datos. El otro inconveniente de la hibernación es que necesita una gran cantidad de espacio libre en el disco, aunque con la capacidad de los discos duros actuales, este requisito es un problema cada vez menor.

Hay que destacar que la función de cerrar sesión de XP Pro cierra todas las aplicaciones y nos devuelve a la pantalla de bienvenida de XP, donde podremos conectarnos a cualquier cuenta del sistema.

¡Aclamemos a la tecla Windows!

El problema: Tengo un teclado con una tecla Windows entre las teclas **Alt** y **Control**. ¿Para qué sirve esta tecla, aparte de hacer que aparezca el menú Inicio?

La solución: Para muchas cosas; si la combinamos con otras teclas. Por ejemplo, la tecla **Windows-E** hace que aparezca el explorador de Windows (Mi PC). Otras combinaciones de teclas:

❑ **Tecla Windows-D**: Minimiza todas las ventanas abiertas y nos lleva al escritorio. Si lo pulsamos de nuevo, volveremos a la última aplicación activa.

❑ **Tecla Windows-E:** Abre el explorador de Windows (Mi PC).

❑ **Tecla Windows-R:** Abre el cuadro de diálogo Ejecutar.

❑ **Tecla Windows-L:** Hace que aparezca la pantalla de inicio de sesión.

❑ **Tecla Windows-F:** Abre la pantalla de búsqueda.

❑ **Tecla Windows-M:** Minimiza todas las ventanas.

❑ **Tecla Windows-Mayús-M:** Usamos esta combinación de teclas para deshacer el comando "minimizar todo" (**Tecla Windows-M**).

❑ **Tecla Windows-Pausa/Inter:** Abre Propiedades del sistema.

❑ **Tecla Windows-F1:** Hace que aparezca la ayuda de Windows. Para ver un listado completo de las combinaciones con **Tecla Windows**, además de combinaciones de teclas para Word, Excel y Windows en general, podemos acudir a la página Web de Computer Hope en `http://snipurl.com/ch_shortcut`.

Una tecla Windows aún mejor

La **Tecla Windows** es estupenda, pero sólo hemos visto la punta del iceberg. Si nos gustan estas combinaciones de teclas, vamos a querer a WinKey, una pequeña utilidad gratuita que amplia la **Tecla Windows** con más de 200 asignaciones de teclas configurables. Por ejemplo, tenemos Word, Eudora (mi programa de correo) y media docena de utilidades asignadas a la **Tecla Windows** del teclado usando WinKey. Ya no tenemos que buscar esas utilidades en el menú Inicio; basta con usar la combinación con la **Tecla Windows**. Encontraremos una copia en `http://snipurl.com/WinKey`.

Opciones de apagado de XP ocultas

Finalmente, tras años de promesas incumplidas, las funciones de gestión de energía en Windows XP realmente funcionan (casi siempre). Ahora podemos dejar el ordenador en estado de hibernación (sin energía) y, cuando despertemos al ordenador de su sueño, Windows reaparecerá en un momento.

La opción de hibernación puede ser difícil de encontrar. Aquí tenemos un truco: cuando lleguemos a la pantalla Apagar equipo, pulsamos la tecla **Mayús**. El botón **Suspender** se convertirá milagrosamente en el botón **Hibernar**. ¡Clic y a dormir!

¿No conseguimos ver la opción para hibernar? Probablemente la hibernación este desactivada en nuestro equipo. Para activarla, abrimos el panel de control Opciones de energía, hacemos clic en la pestaña Hibernación y marcamos la casilla Habilitar hibernación.

Abrir programas que se cargan al inicio sin reiniciar

El problema: Estaba usando un programa que se encuentra en la barra de tareas cuando, accidentalmente, lo cerré. No puedo encontrar ese programa en el menú Inicio. ¿Tengo que reiniciar el sistema para volver a iniciar este programa?

La solución: Esto me sucede continuamente, especialmente con programas que se pueden cerrar demasiado fácilmente. La solución rápida es ir al menú Inicio y seleccionar Todos los programas>Inicio. Es probable que encontremos un acceso directo al programa. Basta con hacer clic en él y ya está.

Si no está allí, no hay que ponerse nervioso: seleccionamos Inicio>Todos los programas>Accesorios>Herramientas del sistema>Información del sistema. En el panel izquierdo del cuadro de diálogo Información del sistema, ampliamos el elemento Entorno de Software, seleccionamos la subcategoría Programas de inicio. En el panel derecho estarán todos los programas que se ejecutan al inicio.

Tendremos que encontrar el programa que necesitamos en esta lista. Lo seleccionamos, pulsamos **Control-C** para copiar la línea (Información del sistema no nos permite seleccionar sólo el comando que queremos), abrimos el cuadro de diálogo Ejecutar (Inicio>Ejecutar) y pulsamos **Control-V** para pegar la línea en el campo Abrir (si usamos Windows 2000, hacemos clic con el botón derecho del ratón en la línea; seleccionamos Guardar como archivo de texto; damos un nombre, lo guardamos y abrimos el archivo de texto; y copiamos el comando desde ahí). Borramos todo excepto el comando y su ruta, pulsamos **Intro** y debería volver a aparecer el icono en la barra de tareas.

Interruptores de red del portátil más fáciles

El problema: Cuando viajo me llevo mi portátil y es muy complicado cambiar las opciones de red para conectarme a la red del hotel o la red de mi cliente. Tengo que llevar un trozo de papel con mi configuración de red y, cada vez que hago cambios, Windows me obliga a reiniciar.

La solución: Sufre del desorden de red múltiple, una enfermedad que todavía sufriría si no hubiera encontrado NetSwitcher. Con NetSwitcher, puedo guardar un conjunto de configuraciones de red para cada situación. Cuando llego a una nueva ubicación, como la oficina de un cliente, cambio y guardo la nueva configuración de red. Cuando regreso a casa, vuelvo a mi anterior configuración de red con unos pocos clics. NetSwitcher es una joya shareware de 14$ (véase la figura 2.6) y es un seguro barato (y un salvavidas) cuando tengo que modificar la configuración de red de mi PC.

A diferencia de Windows, NetSwitcher sólo nos exige reiniciar si modificamos un parámetro que exija que reiniciemos para hacerse efectivo. Hay disponible una versión de 30 días de prueba en `http://www.anayamultimedia.com`.

Cambiar la hora del reloj de Windows

El problema: Un reloj barato parece llevar mejor la hora que mi PC de 2.500$.

La solución: Por defecto, Windows XP (pero no las versiones anteriores de Windows) sincroniza periódicamente el reloj del ordenador con un preciso servidor de tiempo en Internet (si nuestro equipo con Windows XP está conectado a un dominio, se sincroniza con el controlador del dominio). Inicialmente, Windows XP comprueba el servidor de tiempo una vez a la semana, pero si tiene que hacer muchos ajustes, lo comprobará más frecuentemente para mantener una precisión de dos segundos.

Podemos saber cuándo se ha producido la última sincronización y para cuándo está programada la siguiente, revisando la pestaña Hora de Internet en el cuadro de diálogo Propiedades de Fecha y hora (podemos llegar a él mediante el panel de control, pero la forma más rápida es hacer doble clic en el reloj que hay en la barra de tareas de Windows).

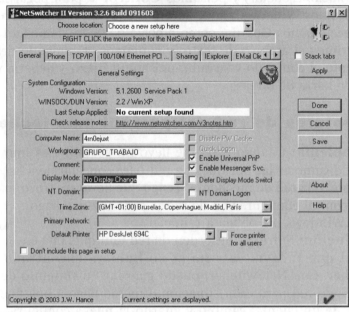

Figura 2.6. NetSwitcher nos permite guardar y recuperar nuestra configuración de red y de marcado. Podemos imaginarlo como un seguro de 14$ que nos garantiza que nunca volveremos a perder nuestra configuración de red.

Podemos hacer que Windows se sincronice inmediatamente haciendo clic en el botón **Actualizar ahora** o introduciendo el comando `w32tm /resync` en el campo Abrir del cuadro de diálogo Inicio>Ejecutar, una ventana de comandos o un acceso directo de programa.

A veces el servicio Windows Time queda desorientado y el reloj del ordenador con Windows XP se desajusta enormemente. Si eso sucede, mejor será librarnos del servicio. Abrimos una ventana de comandos (seleccionamos Inicio>Ejecutar, escribimos `cmd` y hacemos clic en **Aceptar**) y escribimos los siguientes comandos en la ventana de comandos, pulsando **Intro** al final de cada línea:

```
net stop w32time
w32tm.exe /unregister
w32tm.exe /unregister
w32tm.exe /register
net start w32time
exit
```

Si no usamos XP, necesitaremos un programa externo para sincronizar el reloj del ordenador con un servidor de tiempo en Internet. Yo he usado satisfactoriamente AtomTime98 (`http://www.anayamultimedia.com`).

Podemos configurar cada ordenador de la red para que se sincronice con un servidor de Internet, pero quizás sea más fácil sincronizar sólo uno y después, dejar que los otros ordenadores de la red se sincronicen con él. Para sincronizar el reloj del ordenador con otro ordenador de la red, escribimos `net time \\ordenador /set /y` (donde `ordenador` es el nombre del ordenador cuya hora queremos adoptar) en una ventana de comandos. Como es una sincronización de una sola vez, guardamos el comando en un acceso directo de programa o en un archivo de comandos que se ejecute cada vez que iniciamos Windows.

Comprobación de la hora virtual

¿Sabe alguien qué hora es? No creo (y no frunza el ceño, no es un pregunta con truco). La página Web de industrious tiene la hora exacta, con una forma única y divertida de mostrar el año, mes, día, hora, minutos y segundos: `http://snipurl.com/v_time`.

Un viaje accidental al futuro

Era una mañana corriente; el sol brillaba y, como siempre, se me cumplían los plazos. ¿Cuál era la diferencia? Inicié mi sistema y recibí una docena de avisos; mi infinito suministro de electricidad me advertía de que tenía que sustituir la batería, cuatro programas shareware insistían en que el periodo de 30 días de prueba había pasado, Outlook mostraba 100 recordatorios y todos los programas de la barra de tareas querían comprobar si había versiones actualizadas. Sí, lo ha adivinado. Había cambiado el reloj del sistema para que mostrase el año 2015 (no me pregunten por qué; sería demasiado embarazoso) y me olvidé de volver a cambiarlo. ¿Cuál es la moraleja? Si jugamos con el reloj, debemos acordarnos de volver a dejarlo como estaba cuando terminemos.

Una cura para los calendarios bizcos

El problema: A veces, la fecha de mi ordenador cambia por una fecha incorrecta, pero la hora sigue siendo la correcta.

La solución: Ésta hizo que me rascara la cabeza cuando me di cuenta de que todos los archivos que acababa de guardar en una determinada carpeta tenían una fecha que tardaría varias semanas en producirse. Revisé la fecha del sistema (mantuve el puntero del ratón encima de la hora, en la esquina inferior derecha de la barra de tareas, hasta que apareció la fecha) y claro, estaba mal.

Tras algo de trabajo detectivesco, descubrí que alguien (cuyo nombre no puedo decir, pero ella vive conmigo y a veces usa mi ordenador) necesitaba ver un calendario para programar unas vacaciones. De modo que abrió el calendario integrado en Windows haciendo doble clic en la hora de la barra de tareas, adelantó unos meses y, cuando terminó, hizo clic en **Aceptar** para cerrar el cuadro de diálogo. Así asignó al ordenador la fecha que había seleccionado. Este paso en falso podría haberse evitado de varias formas:

❑ Si usamos el cuadro de diálogo Propiedades de Fecha y hora como una forma rápida de ver un calendario, debemos asegurarnos de usar **Cancelar** para salir del cuadro de diálogo, en lugar de hacer clic en **Aceptar**.

❑ Si otros usuarios del ordenador no siguen el consejo anterior y usamos Windows 2000 o XP, podemos cambiar los privilegios de su cuenta para que no puedan cambiar la hora del sistema. En Windows 2000, seleccionamos Inicio> Configuración>Panel de control y abrimos el panel de control Usuarios y contraseñas. Si todavía no hemos proporcionado una cuenta al usuario, seleccionamos **Agregar** y seguimos las instrucciones, seleccionando Invitado cuando se nos pida que seleccionemos un nivel de acceso. Si el usuario ya tiene una cuenta, hacemos doble clic en el nombre de la cuenta, seleccionamos la pestaña Pertenencia a grupos y seleccionamos Invitado. En Windows XP, abrimos el panel de control Cuentas de usuario, seleccionamos Crear una nueva cuenta o seleccionamos la cuenta que vamos a cambiar, y establecemos o cambiamos el tipo de cuenta de Administrador de equipo a Invitado.

❑ ¡Usar un calendario diferente! Probablemente tengamos un calendario mejor en otro programa (¿usamos Microsoft Outlook?). En caso contrario, podemos probar Calendar Magic; es gratuito, y podemos crear recordatorios, usar avisos con sonido y calcular equinoccios, solsticios y fases lunares hasta el años 3000 (véase la figura 2.7). Encontraremos una copia en `http://www.anayamultimedia.com`. También encontraremos muchas herramientas gratuitas o shareware en `http://snipurl.com/pcw_calendars`.

Una solución rápida para las barras de herramientas de inicio rápido que desaparecen

El problema: Durante una larga sesión con el explorador de Windows, de alguna forma borré la barra de herramientas de inicio rápido y no sé cómo hacerla volver.

La solución: La desaparición de la barra de herramientas de inicio rápido es inexplicable, pero es muy fácil hacerla volver. Hacemos clic con el botón derecho del ratón en un espacio vacío de la barra de tareas (quizás tengamos que cerrar algunos programas para hacerlo) y seleccionamos Barras de herramientas>Inicio rápido.

Figura 2.7. En lugar de usar el calendario de la barra de herramientas y usar la fecha y hora del PC, podemos usar el gratuito Calendar Magic.

Restaurar los accesos directos de inicio rápido desaparecidos en combate

El problema: El otro día borré accidentalmente el icono de Mostrar escritorio de la barra de herramientas de inicio rápido (el icono que minimiza todas las ventanas abiertas y muestra el escritorio). Peor aún, intentado hacer que volviera, ¡borré sin querer el reloj de la barra de tareas!

La solución: A veces la tendencia a modificar cosas nos mete en problemas, pero afortunadamente estos pasos en falso pueden subsanarse fácilmente. Para que vuelva el reloj, hacemos clic con el botón derecho del ratón en una zona vacía de la barra de tareas y seleccionamos Propiedades. En Windows XP, marcamos la casilla Mostrar el reloj y hacemos clic en **Aceptar**. En Windows 98, Me y 2000, seleccionamos la pestaña General (Opciones de la barra de tareas en 98), marcamos Mostrar reloj y hacemos clic en **Aceptar**.

Para recuperar el icono de mostrar escritorio, acudiremos a una gran utilidad gratuita, escrita por Doug Knox, llamada lógicamente "Restore Missing Show Desktop Icon to Quick Launch" (`http://snipurl.com/showdesktop`). Tras descargar, descomprimir e instalar el programa, lo ejecutamos para recuperar el icono de acceso directo. Ya podemos seguir modificando la configuración del PC sin perder la noción del tiempo.

Evitar borrar archivos accidentalmente

El problema: Un amigo me visitó al despacho de mi casa y cometí el error de dejar que modificara mi equipo. Cambió algo en la papelera de reciclaje y ya no aparece el cuadro de diálogo que me pregunta si estoy seguro de querer borrar los archivos. El mensaje era molesto pero también proporcionaba cierta seguridad. ¿Cómo hago que vuelva?

La solución: Hacemos clic con el botón derecho del ratón en la papelera de reciclaje, en el escritorio, en el explorador de Windows Explorer o en la ventana de la carpeta, seleccionamos Propiedades y marcamos el cuadro Mostrar cuadro de diálogo para confirmar eliminación y hacemos clic en **Aceptar**. Y no volvemos a dejar que nuestro amigo se acerque a nuestro ordenador, ¿de acuerdo?

Jugar con las propiedades

Encontraremos docenas de formas de modificar el funcionamiento de nuestro PC, explorando las propiedades. Podemos probarlo todo (unidades, archivos, iconos, etc.). Basta con hacer clic con el botón derecho del ratón en el elemento, seleccionar Propiedades y explorar.

Reinicios telefónicos

El problema: Mi tía Petunia está feliz con su conexión telefónica para acceder a Internet. El único problema es que cuando el ordenador está encendido, pero no conectado a Internet, el PC se reinicia cada vez que suena el teléfono. A propósito, los reinicios no se producen cuando está conectada a Internet.

La solución: No es un fallo de Windows, ¡es una función! Afortunadamente, la tía Petunia puede desactivar esta función. Abrimos el Panel de control y, si estamos en la vista de categoría de Windows XP, hacemos clic en Rendimiento y mantenimiento. Si no lo estamos, o si estamos usando

Windows 2000 o Me, abrimos Sistema en el panel de control, hacemos clic en la pestaña Hardware y clic en el botón **Administrador de dispositivos** (en Windows 98, abrimos Sistema en el panel de control y hacemos clic en la pestaña Administrador de dispositivos). En la lista en forma de árbol del administrador de dispositivos, abrimos Módems. Hacemos clic con el botón derecho del ratón en el módem y seleccionamos Propiedades. En la pestaña Administración de energía deseleccionamos la casilla Permitir a este dispositivo reactivar el equipo y hacemos clic en **Aceptar**.

Si no vemos la pestaña Administración de energía, este valor no estará causando los reinicios. En su lugar, tenemos otro posible culpable: la BIOS de nuestro equipo puede estar configurada para producir un reinicio cuando suene el teléfono. Pulsamos la tecla que abre la pantalla CMOS Setup (generalmente **F1**, **Supr** o **F10**). Cuando estemos en el programa de configuración del PC, buscamos opciones llamadas Energía o Administración de energía (las palabras varían de un equipo a otro). Si vemos una opción Wake Ring-on, la deshabilitaremos.

Imprimir faxes, no hace falta el asistente

El problema: La capacidad de usar faxes en Windows XP me ha ahorrado muchos problemas. Ya no necesito una máquina de fax o ese resbaladizo papel térmico. Pero no es completamente perfecta. Al menos necesito cinco clics para imprimir un fax recibido porque Windows insiste en hacerme recorrer un asistente para imprimir fotografías.

La solución: Cuando recibo un fax, el procedimiento habitual es leerlo en la pantalla. Hacer clic en la herramienta de impresión hace que aparezca el condenado asistente para la impresión de fotografías. Una forma de deshacernos de este asistente es cerrar el visor de imágenes y fax de Windows (la ventana en la que se muestra el fax), seleccionamos el fax en la Bandeja de entrada de la Consola de fax y seleccionamos Archivo>Imprimir. Pero ésta es una solución compleja. Como un archivo de fax sólo es un archivo TIF, basta con asociarlo a un visor diferente del visor de imágenes y fax de Windows. Cambiar la asociación del archivo también evitará que aparezca el asistente para la impresión de fotografías.

❑ Cualquier programa que pueda ver e imprimir archivos TIF servirá. Si tenemos un editor de imágenes preferido (y no es un monstruo consumidor de memoria, como Adobe PhotoShop), podemos usarlo. Yo recomiendo IrfanView, un visor pequeño, rápido y gratuito, para todo tipo de gráficos y archivos multimedia. Podemos descargarlo de `http://snipurl.com/irfanview`. Si echamos de menos la opción de asociar archivos TIF con IrfanView durante la instalación, basta con abrir IrfanView y seleccionar Options>Set File Associations.

❑ Si tenemos Office XP, tenemos una alternativa viable en Office Document Imaging que muestra e imprime faxes (también presume de realizar reconocimiento óptico de caracteres, pero no nos molestaremos en analizar esta función tan pobre). Si aparece el asistente para la impresión de fotografías cuando vemos un fax, abrimos el panel de control, abrimos Agregar o quitar programas, seleccionamos Microsoft Office XP y hacemos clic en el botón **Cambiar**. Seleccionamos Agregar o quitar funciones, hacemos clic en **Siguiente**, ampliamos el elemento Herramientas de Office y veremos Microsoft Office Document Imaging. Hacemos clic en su icono y seleccionamos Ejecutar desde Mi PC, y hacemos clic en el botón **Actualizar** para completar la configuración.

Si instalamos Office Document Imaging, IrfanView u otro visor de imágenes, pero sigue apareciendo el visor de imágenes y fax (junto con su malvado acompañante, el asistente para la impresión de fotografías) como el visor de fax predeterminado, tendremos que asociar el archivo manualmente. En una ventana del explorador de Windows, seleccionamos Herramientas>Opciones de carpeta. Hacemos clic en la pestaña Tipos de archivo, nos desplazamos hasta la entrada TIF y la seleccionamos. Hacemos clic en **Cambiar** y seleccionamos nuestro programa visor en la lista que aparecerá. Repetimos el proceso para la entrada TIFF.

Subir en la cola de impresión

A veces, justo después de enviar varios documentos a la impresora, nos percatamos de que queremos que se imprima primero el último documento enviado. Hacemos doble clic en el icono de la impresora de la barra de tareas y arrastramos el último documento de la lista de archivos a la parte superior de la cola. Se imprimirá justo después del archivo que se esté procesando en ese momento.

Acceso al panel de control más rápido

El problema: A menudo las instrucciones para configurar algunos elementos (incluyendo algunas instrucciones de este libro) me llevan al panel de control. Pero cuando voy al panel de control, ¡la aplicación o el icono especificados no están ahí!

La solución: Con los años, las aplicaciones del panel de control han proliferado, haciendo que cada vez sea más difícil abrirnos paso a su través y encontrar un determinado icono (la instalación básica de Windows 3.1 sólo tenía una docena de iconos en el panel de control. Una instalación típica de Windows XP tiene casi tres veces esa cantidad). En Windows XP, la vista predeterminada del panel de control (llamada vista de categoría) divide los iconos del panel de control en grupos lógicos. La vista de categoría proporciona al panel de control un aspecto más sencillo y bonito, pero también significa un clic adicional (y pensar un poco más) para encontrar el icono que queremos.

Para recuperar la antigua vista (esa en la que todos los iconos del panel de control aparecían en una sencilla ventana del explorador) hacemos clic en el vínculo Cambiar a vista clásica del panel de tareas que se encuentra a la izquierda de la ventana.

Si queremos un acceso realmente rápido a los elementos del panel de control (y no nos molestan los menús grandes), podemos probar esto:

1. En el panel de control, abrimos Barra de tareas y menú Inicio (si todavía estamos usando la molesta vista de categoría, lo encontraremos en la categoría de Apariencia y temas).

2. Hacemos clic en la pestaña Menú Inicio, seleccionamos Menú Inicio, si no está ya seleccionado y hacemos clic en **Personalizar**.

3. Hacemos clic en la pestaña Opciones avanzadas. En el cuadro de lista Elementos del menú Inicio, en Panel de control, seleccionamos Mostrar como un menú. Hacemos clic dos veces en **Aceptar** para confirmar nuestras elecciones.

Ahora los elementos del panel de control aparecerán en un menú en cascada (junto con sus submenús) que se abrirá cuando seleccionemos Inicio>Panel de control, como se muestra en la figura 2.8.

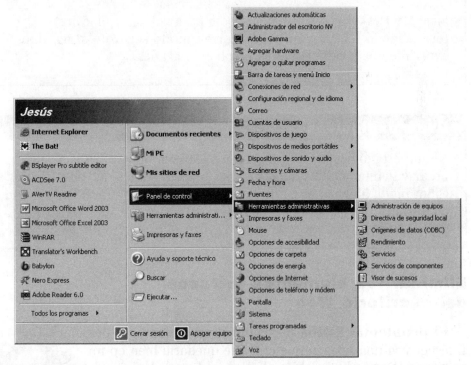

Figura 2.8. Si usamos a menudo el panel de control, quizás prefiramos configurarlo como un menú en cascada del menú Inicio.

El caso de los iconos desaparecidos

El problema: Soy una de esas personas compulsivas que insiste en que todo esté en su sitio. Paso horas colocando meticulosamente los iconos en el escritorio de Windows. Pero cuando el sistema se cuelga, mi preciosa disposición de iconos de escritorio se descoloca.

La solución: Algunos programas freeware pueden mantener estos iconos del escritorio en su sitio. Si el sistema se cuelga, el modo gráfico cambia o alguien juega con los iconos del escritorio, simplemente recuperamos la disposición guardada. Pruébelos:

❏ Save My Desktop!, de Johnny Tucker (`http://www.anayamultimedia.com`), es un sencillo programa con el único propósito de guardar y recuperar la disposición de los iconos del escritorio.

❏ Iconoid, de SillySot Software (`http://www.anayamultimedia.com`), guarda y recupera la disposición de los iconos y ofrece opciones para controlar su color y para ocultar iconos y ventanas.

Truco

Save My Desktop también es perfecto para volver a colocar el escritorio cuando tenemos que arrancar en modo seguro o si hacemos experimentos y cambiamos la resolución gráfica.

Uvas explosivas

No importa lo ocupados que estemos alejando los problemas, siempre hay tiempo para explotar algunas uvas. Lo único que necesitamos es un plato, algunas uvas, un horno microondas y varios amigos con demasiado tiempo libre en sus manos (`http://snipurl.com/grape`).

Eliminar los elementos intrusos del escritorio Web

El problema: Estaba navegando tranquilamente por Internet y vi una imagen que creí que quedaría bien en mi escritorio. De modo que hice clic con el botón derecho del ratón en la imagen, seleccione Establecer como elemento de escritorio y respondí a un par de preguntas. Pero a la luz del día, la imagen no quedaba tan bien y no sé como librarme de ella (véase la figura 2.9.)

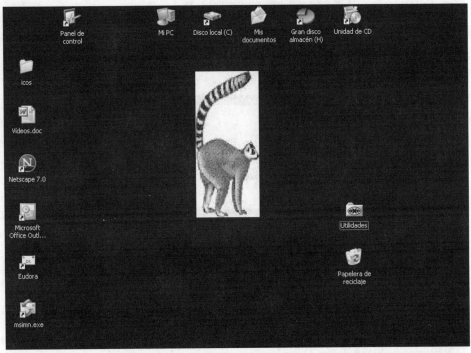

Figura 2.9. Esta criatura es bonita, ¿pero cómo demonios ha terminado en nuestro escritorio?

La solución: Seleccionar Establecer como elemento de escritorio crea un elemento de Active Desktop (véase la figura 2.10) y ahora tenemos un pequeño (o enorme) objeto de página Web en el escritorio.

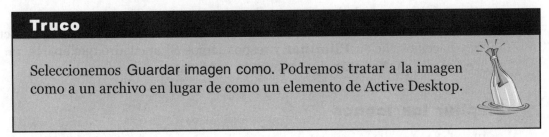

Truco

Seleccionemos Guardar imagen como. Podremos tratar a la imagen como a un archivo en lugar de como un elemento de Active Desktop.

A mí también me ha pasado y es frustrante intentar borrarlo. Pero calma; la restauración tardará menos de dos minutos:

1. Hacemos clic en el escritorio y movemos el puntero del ratón sobre el objeto, hacia su esquina superior izquierda. Hacemos clic en la flecha que apunta hacia abajo que se encuentra en el lado izquierdo de la barra que hay sobre el objeto.

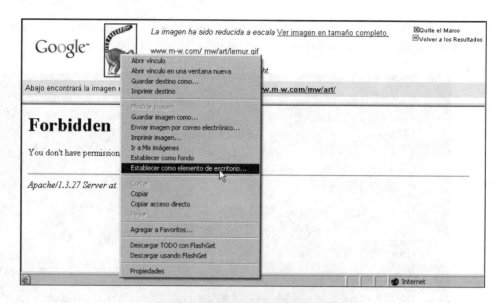

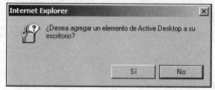

Figura 2.10. Superior: Es muy fácil hacer clic en Establecer como elemento de escritorio en lugar de en Guardar imagen como. Inferior: ¡E incluso más fácil confirmar que es lo que queremos hacer!

2. Hacemos clic en Personalizar mi escritorio en el menú que aparecerá.

3. Desde el cuadro de diálogo Elementos del escritorio, hacemos clic en la pestaña **Web** (véase la figura 2.11).

4. Deseleccionamos el elemento (o elementos) que comiencen con `http://`. Si estamos seguros de que nunca querremos volver a ver el elemento en el escritorio, hacemos clic en **Eliminar** y respondemos **Sí** al cuadro que aparecerá. Hacemos clic en **Aceptar** dos veces para confirmar.

Ampliar los iconos

El problema: He asignado a mi monitor de 21 pulgadas una resolución de pantalla de 1152 x 864 píxeles para ver mejor todas las aplicaciones que tengo abiertas. Está bien, pero el tamaño microscópico de los iconos y fuentes del escritorio, a esa resolución, es desde luego un fastidio. ¿Cómo puedo aumentarlos un poco?

La solución: Cambiar el tamaño de los iconos del escritorio también puede cambiar su posición en la pantalla, lo que también puede ser un inconveniente. De modo que, antes de hacer nada, descarguemos e instalemos la utilidad gratuita Save My Desktop! (ver "El caso de los iconos desaparecidos"). Ejecutamos el programa y guardamos una imagen del escritorio. A continuación, ajustamos el tamaño de los iconos del escritorio, hacemos clic con el botón derecho del ratón en el escritorio, seleccionamos Propiedades, hacemos clic en la pestaña Apariencia y hacemos clic en el botón **Opciones avanzadas**. Seleccionamos Icono en el menú desplegable Elemento y aumentamos el número de píxeles en Tamaño. Sin embargo, hay que tener en cuenta que muchos iconos aparecerán borrosos al aumentar su tamaño.

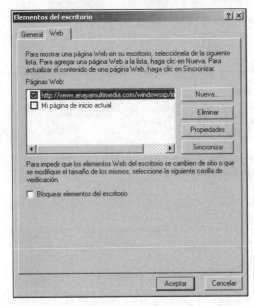

Figura 2.11. Podemos librarnos temporalmente de los elementos de Active Desktop deseleccionando las casillas, o permanentemente haciendo clic en Eliminar.

Internet Explorer tiene menús reducidos

El problema: Estaba jugando con algunos de los trucos que menciona en "Ampliar los iconos" y ahora tengo el siguiente problema: cuando reinicio el equipo, los botones de minimizar, restaurar y cerrar, de la parte superior derecha de la barra de tareas de Internet Explorer tiene la mitad de tamaño. ¿Cómo devuelvo la barra de menú a su tamaño original?

La solución: Extraña, pero funciona. Abrimos el panel de control de apariencia, hacemos clic en la pestaña Temas, seleccionamos un tema distinto del actualmente seleccionamos, hacemos clic en el botón **Aplicar**. Repetimos el proceso y seleccionamos nuestro tema de Windows preferido.

Eliminar iconos molestos

Los programadores suelen colocar los iconos de programa en la parte superior del menú Todos los programas. Si no nos gustan, ¿qué podemos hacer? Eliminarlos. Basta con hacer clic con el botón derecho del ratón y seleccionar Eliminar.

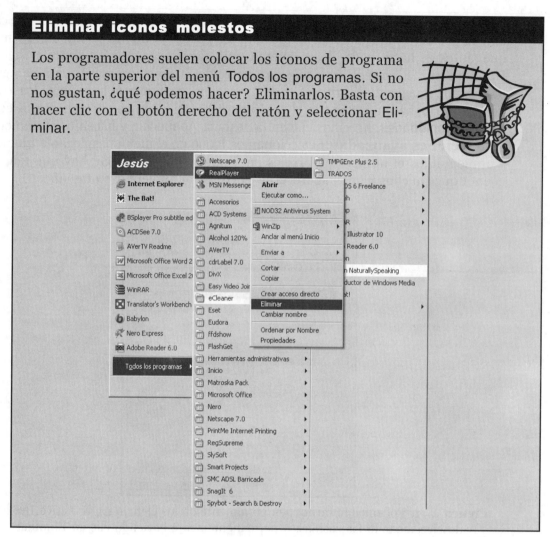

Iconos grandes en el inicio rápido

El problema: No sé cómo o por qué, pero los iconos de la barra de herramientas de inicio rápido son enormes. El resto de elementos de la barra de tareas tiene buen aspecto. Es raro ¿sabe?

La solución: Cuando no son menús reducidos, son iconos enormes. Estoy de acuerdo en que es extraño, pero hay una solución sencilla.

Hacemos clic con el botón derecho del ratón en una zona vacía de la barra de tareas de Windows XP y nos aseguramos de que no esté marcado Bloquear la barra de tareas.

Esta parte es un poco complicada: hacemos clic con el botón derecho del ratón en una zona vacía (es decir, en una que no tenga un icono) de la zona de inicio rápido de la barra de tareas. El mejor punto es cerca de la doble línea que se usa para ajustar el tamaño de la zona de inicio rápido (si el primer elemento del menú que aparece cuando hacemos clic con el botón derecho del ratón es Abrir, tendremos que probar en otro punto).

Cuando hacemos clic con el botón derecho del ratón en una zona vacía, el primer elemento del menú será Ver. Seleccionamos Ver>Iconos pequeños para devolver su tamaño a los iconos de la barra de herramientas de inicio rápido.

Por otro lado, para hacer que los iconos de inicio rápido sean más grandes, hacemos clic con el botón derecho del ratón en una zona vacía de la barra de herramientas, nos aseguramos de que no esté marcado Bloquear la barra de tareas y seleccionamos Ver>Iconos grandes. Fácil ¿verdad?

Una gran función que mucha gente no conoce

Si hacemos clic con el botón derecho del ratón en el botón de la barra de tareas que representa a un grupo de botones, dispondremos de varios prácticos comandos. Podemos colocar todas las ventanas en del grupo (seleccionando Cascada, Mosaico horizontal o Mosaico vertical) sin afectar a las otras ventanas abiertas y podemos minimizar o cerrar todas las ventanas de un grupo. O, si tenemos un monitor grande, podemos sacrificar un poco de pantalla para una barra de tareas de dos alturas.

Ordenar las barras de tareas superpobladas

El problema: Cuando abría más y más ventanas en las versiones anteriores de Windows, los botones de la barra de tareas se hacían cada vez más pequeños. Al final no tenían ni texto, por lo que era difícil saber qué botón controlaba cada ventana. En Windows XP, la barra de tareas combina varios documentos abiertos por la misma aplicación en un sólo botón. Es una gran mejora, pero es confusa. A veces los botones se combinan y a veces la ventana mantiene su propio botón. ¿Qué pasa?

La solución: El agrupamiento de la barra de tareas es estupendo cuando tenemos tantos documentos abiertos de una aplicación que los botones se vuelven demasiado pequeños. El número exacto varía, dependiendo de la resolución de la pantalla, el tema instalado, el número de ventanas abiertas y otros factores misteriosos. Con una pequeña modificación, podemos controlar el comportamiento del agrupamiento de la barra de tareas.

Usando Tweak UI PowerToy de Microsoft (ver `http://snipurl.com/ powertoys`), nos dirigimos a Taskbar>Grouping. Allí encontraremos tres opciones:

❏ Group the least-used applications first: Por defecto, cuando la barra de tareas se llena, Windows primero agrupa los botones de la aplicación que no hemos usado en mucho tiempo. Si la barra de tareas todavía está muy llena, Windows agrupa los botones de las aplicaciones que hemos usado recientemente.

❏ Group the applications with the most windows first: Cuando la barra de tareas se llena, Windows agrupa los botones de la aplicación que tenga más ventanas abiertas.

❏ Group any application with at least x windows: Windows agrupa los botones de cualquier aplicación con, al menos, x ventanas abiertas, aunque la barra de tareas no esté llena (especificamos el valor de x).

Si no disponemos de Tweak UI, podemos crear la misma configuración editando el registro de Windows:

1. En primer lugar, hacemos una copia de seguridad del registro. Seleccionamos Inicio>Ejecutar, escribimos `regedit` y seleccionamos Archivo>Exportar. Introducimos un nombre de archivo, marcamos Todos en la sección Intervalo de exportación y hacemos clic en el botón **Guardar**.

2. De nuevo en el editor del registro, abrimos HKEY_CURRENT_USER\Software\ Microsoft\Windows\CurrentVersion\Explorer\Advanced.

3. Nos desplazamos hacia abajo en la lista de la derecha y buscamos un elemento llamado TaskbarGroupSize. Si no existe, seleccionamos Edición>Nuevo>Valor DWORD, escribimos `TaskbarGroupSize` y pulsamos **Intro**.

4. Volvemos a pulsar **Intro** en TaskbarGroupSize y establecemos sus valores. En el campo Información del valor, escribimos:

    ❏ 0, para usar la agrupación del menos usado (el predeterminado).

    ❏ 1, para usar el agrupamiento del elemento que tenga más ventanas.

    ❏ Cualquier otro número, para agrupar los botones de una aplicación cuando haya ese número de ventanas abiertas.

Eudora por defecto a la barra de tareas

El problema: Es extraño. Cada vez que abro Eudora, inmediatamente se minimiza a la barra de tareas. Si quiero usar el programa, tengo que hacer clic en su icono de la barra de tareas. Y no, no sucede con ningún otro programa.

La solución: No lo va a creer, pero Windows está haciendo exactamente lo que le hemos pedido que haga, abrirse y ejecutarse minimizado. No puedo explicar cómo ha configurado Eudora para que haga eso, pero es fácil cambiarlo. En el menú Inicio, localizamos el icono de Eudora, hacemos clic con el botón derecho del ratón en él y seleccionamos Propiedades. En el menú desplegable Ejecutar, seleccionamos Ventana normal y hacemos clic en **Aceptar**.

Recolocar la barra de tareas

El problema: Cuando cierro Outlook Express y lo vuelvo a abrir, aparece en el extremo de la barra de tareas. Me gustaría que mis programas se abrieran en el mismo punto de la barra de tareas. ¿Puedo conseguirlo?

La solución: Es una petición extraña pero, bueno, ¿quién soy yo para cuestionar lo que le molesta? Por el precio de una descarga, obtendremos TaskArrange (`http://snipurl.com/taskarrange`). En pocas palabras, nos permite controlar el orden de las aplicaciones de la barra de tareas.

Lamentos de la barra de tareas e inicio rápido

El problema: No lo entiendo: cada vez que reinicio mi PC, la zona de inicio rápido está vacía. Tengo que ir a las propiedades de la barra de tareas, deseleccionar Bloquear la barra de tareas y seleccionar Barras de herramientas>Inicio rápido. Realmente necesito una solución para esto.

El problema: Cada vez que reinicio mi PC, aparece un asistente de búsqueda en la barra de tareas. Peor aún, los iconos de inicio rápido aparecen descolocados y tengo que volver a ordenarlos cada vez que arranco. ¡Odio a Windows!

El problema: Los iconos de la barra de tareas están mal. Los que he marcado como ocultos en la barra y otros que designados como "Ocultar cuando esté inactivo", están siempre ocultos, incluso cuando están activos.

La solución: Quizás la herramienta más milagrosa de este libro sea Taskbar Repair Tool Plus! (`http://snipurl.com/Taskbarplus`), escrita por el milagroso Kelly Theriot. La herramienta resuelve todo tipo de problemas con el inicio rápido y la barra de tareas, desde iconos que desaparecen hasta barras de herramientas perdidas y muchas otras travesuras (véase la figura 2.12).

A propósito, la mayoría de las funciones de la herramienta son gratuitas; otras necesitan que adquiramos una licencia. Pero hay que advertir que el precio es de sólo 5$. Recomiendo pagar y apoyar al creador.

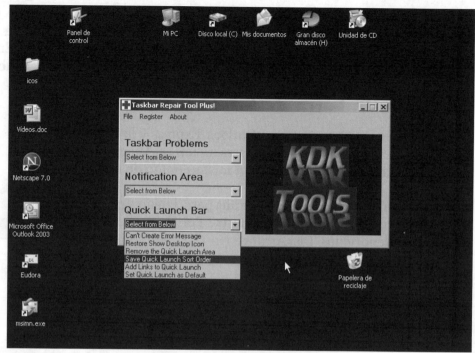

Figura 2.12. Si tenemos problemas con la barra de tareas o la barra de inicio rápido, Taskbar Repair Tool Plus! es imprescindible.

Ahorrar espacio en disco eliminando los antiguos puntos de restauración

El problema: Mi disco se está llenando de antiguos puntos de restauración del sistema y no sé como eliminarlos.

La solución: Los puntos de restauración del sistema son archivos que Windows guarda (sobre todo archivos de sistema y el registro) para que podamos devolver el PC a un estado anterior si realizamos un cambio que estropee algo. En Windows Me y XP, abrimos Mi PC, hacemos clic con el botón derecho del ratón en la unidad C, seleccionar Propiedades y hacemos clic en el botón **Liberar espacio en disco**. Después de que el liberador de espacio en disco termine con sus cálculos, hacemos clic en la pestaña Más opciones y nos podremos librar de esos viejos puntos de restauración, acaparadores de espacio, haciendo clic en el botón **Liberar** que hay en Restaurar sistema (véanse las figuras 2.13 y 2.14). Hacemos clic en **Aceptar** y en **Sí**.

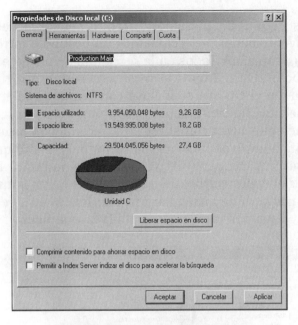

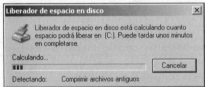

Figura 2.13. Superior: El primer paso para eliminar los inútiles puntos de restauración del sistema es ejecutar el liberador de espacio en disco. Inferior: Windows puede tardar algunos minutos (más, si no lo hacemos a menudo) en encontrar los archivos que pueden eliminarse.

¿Qué es el registro?

El registro es una base de datos que contiene la información de configuración del hardware del sistema, programas instalados y licencias. Cada detalle se almacena en lo que parece una intrincada serie de carpetas de archivos y podremos cambiar casi todos los valores (pero por favor, recomendamos no hacerlo). Mientras Windows está ejecutándose, está constantemente añadiendo información al registro.

Lo bueno de modificar el registro es que podemos hacer todo tipo de cambios importantes en el sistema Windows. Y si tenemos la precaución de guardar el registro antes de hacer ningún cambio, el riesgo de causar daños se reduce. Para hacer una copia de seguridad del registro, seleccionamos Inicio>Ejecutar;

escribimos `regedit` y pulsamos **Intro**. En el editor del registro, seleccionamos Archivo>Exportar. Seleccionamos un destino e introducimos un nombre
de archivo, marcamos Todos en la sección Intervalo de exportación y hacemos
clic en el botón **Guardar**.

Al editor del registro que se incluye con Windows se accede mediante el comando Ejecutar (Inicio>Ejecutar; escribimos `regedit` y pulsamos **Intro**).
Pero si queremos jugar con el registro, recomiendo usar RegEditX, una utilidad gratuita que añade funciones al editor del registro que hacen que sea más
fácil de usar (En `http://snipurl.com/regeditx`.) Por ejemplo, en lugar
de recorrer el enorme árbol del registro para llegar a una clave determinada,
RegEditX nos permite introducir una enorme clave de registro en el campo de
dirección y llevarnos rápidamente allí (véase la figura).

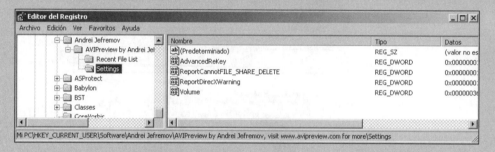

Superior: Ésta es la versión sencilla del editor del registro que aparece en todas las
versiones actuales del Windows. Inferior: Éste es el mismo editor con el complemento
RegEditX (con una práctica barra de dirección que nos permite cortar y pegar una
larga clave de registro sin tener que recorrer todo el árbol de claves de registro).

Pero no conviene hacer cambios en el registro al azar, sólo para ver qué pasa. No
saldrá nada bueno de esto y seremos unos exploradores muy desdichados (como
nuestro ordenador). Cuando hagamos cambios en el registro basándonos en las
recomendaciones de este libro, debemos seguir las instrucciones muy cuidadosamente. Si todavía no estamos muy seguros de poder modificar el registro,
podemos leer "Step-By-Step: Care and Feeding of the Windows Registry", un
tutorial de PC World que nos será útil (`http://snipurl.com/
Registry_tweaking`).

Figura 2.14. Mientras estamos aquí, podremos limpiar la casa, vaciar la papelera y librarnos de los archivos antiguos. Hacemos clic en Aceptar cuando estemos listos para hacer limpieza.

Seguro sencillo

Si usamos Windows XP o Me, podemos usar la restauración del sistema para crear un punto de restauración cada vez que instalemos un nuevo programa. Es un seguro barato y puede salvarnos si el programa de instalación estropea el sistema.

¡No restaure ese virus!

El problema: Actualizo y ejecuto mi antivirus diligentemente y, hace poco, eliminé un molesto virus del sistema. Es estupendo, pero posteriormente hice un rastreo y volví a encontrar el mismo virus, ¡pero no podía eliminarlo!

La solución: Señalo con mi errático dedo de culpar a la función de restaurar sistema de XP. Aunque el antivirus machacó al virus la primera vez, se almacenó una copia del mismo en la carpeta de restauración del sistema. La próxima vez que buscamos virus, el antivirus detectó el virus, pero no pudo llegar a él. Como habremos adivinado, si restauramos un punto de restauración que contiene un virus, volveremos a infectar el PC. Para exterminar al virus, comencemos por actualizar el antivirus con los últimos filtros (esto es muy importante) y examinemos el sistema para asegurarnos de que está completamente limpio de virus (no debemos preocuparnos por la carpeta de restauración del sistema). A continuación, eliminamos todos los puntos de restauración: hacemos clic con el botón derecho del ratón en Mi PC, seleccionamos Propiedades, hacemos clic en la pestaña Restaurar sistema, marcamos la casilla Desactivar Restaurar sistema en todas las unidades, hacemos clic en el botón **Aplicar**, hacemos clic en **Aceptar** y salimos del cuadro de diálogo. No hacemos caso de las terribles advertencias. Una vez que las carpetas de restauración del sistema son historia, repetimos el proceso de realizar un examen con el antivirus, pero esta vez activando las funciones de restauración (y creamos un nuevo punto de restauración).

Restauración de sistema en el escritorio

El problema: Seguí su consejo sobre la creación de un punto de restauración cada vez que instalo un nuevo programa o modifico la configuración de mi ordenador (ver el cuadro "Seguro sencillo"). Pero recorrer los menús de Windows para llegar al recóndito cuadro de diálogo Restaurar sistema es muy pesado. Tiene que haber una forma más rápida.

La solución: Sería útil que Microsoft ya hubiera creado accesos directos en el escritorio para muchas de las funciones del sistema, pero no es así. De modo que tendremos que crearlas nosotros. En primer lugar, acudimos a Inicio>Programas>Accesorios>Herramientas del sistema y buscamos el icono de Restaurar sistema. Hacemos clic con el botón derecho del ratón en él, lo arrastramos al escritorio, soltamos el botón del ratón y hacemos clic en Copiar aquí. Esto colocará una copia del icono de Restaurar sistema en el escritorio y dejará el icono original en el menú Herramientas del sistema.

Truco

En lugar de Copiar aquí, quizás veamos Crear acceso directo aquí.

Si no podemos encontrar el icono, no hay problema; podemos crearlo directamente en el escritorio. Hacemos clic con el botón derecho del ratón en cualquier sitio vacío del escritorio y seleccionamos Nuevo>Acceso directo. En el campo vacío escribimos `%SystemRoot%\System32\restore\ rstrui.exe`. Hacemos clic en el botón **Siguiente**, asignamos un nombre (como "Restaurar sistema") y hacemos clic en el botón **Finalizar**. Si hacemos doble clic en el acceso directo que aparecerá en el escritorio, veremos el cuadro de diálogo Restaurar sistema.

Como es de suponer, podemos usar este truco con otros elementos del menú, incluyendo elementos del panel de control. Por ejemplo, abrimos el panel de control, hacemos clic con el botón derecho del ratón en cualquier icono y lo arrastramos.

Acceso rápido al administrador de dispositivos

El problema: A menudo juego con el administrador de dispositivos. Pero llegar hasta él a través del panel de control o Mi PC es muy lento. Si se puede poner un elemento del panel de control en el escritorio, ¿por qué no poner una pestaña de un elemento del panel de control (o incluso el equivalente a un botón de una pestaña)?

La solución: Yo también voy mucho al administrador de dispositivos, por lo que he creado un acceso directo al escritorio. Hacemos clic con el botón derecho del ratón en el escritorio y seleccionamos Nuevo>Acceso directo. Después escribimos `devmgmt.msc` en el campo vacío y hacemos clic en el botón **Siguiente** (En Windows 98SE y Me, escribimos `C:\WINDOWS\CONTROL.EXE sysdm.cpl,system:1`.) Proporcionamos un nombre al acceso directo (algo breve, como "administrador de dispositivos") y hacemos clic en el botón **Finalizar**. Si nuestro teclado tiene una tecla **Windows**, podemos usarla junto con la tecla **Pausa/Inter** para hacer que aparezcan Propiedades del sistema (consulte "¡Aclamemos a la tecla Windows!", en este capítulo).

Limpiezas de disco más rápidas

El problema: No importa lo grande que sea mi disco duro, siempre consigo llenarlo. El liberador de espacio en disco de Microsoft tarda mucho en calcular el espacio que puedo ahorrar comprimiendo archivos. Estoy mucho tiempo mirando la barra de progreso y tarda aún más en comprimir realmente los archivos. Y usar posteriormente esos archivos (y esperar a que se descompriman) me deja cruzado de brazos. ¿Hay alguna forma de acelerar estos procesos?

La solución: En Windows 2000 y Windows XP, los archivos de un volumen NTFS se pueden comprimir para que ocupen menos espacio. Los archivos comprimidos parecen y funcionan como archivos normales, excepto que su uso es un poco más lento, debido a los cálculos necesarios para descomprimirlos y volverlos a comprimir. Usar la compresión con archivos que apenas se usan es un modo efectivo de recuperar espacio en disco.

Por tanto, es recomendable que no sigamos el consejo de los expertos, que sugieren borrar un determinado valor del registro para acabar con función de compresión del liberador de espacio. En su lugar, podemos usar uno de los siguientes métodos para evitar la larga espera del proceso de compresión:

❑ Por defecto, Windows busca todos los archivos que no se han usado en más de 50 días y los analiza para calcular el posible ahorro de espacio. Cada vez que ejecutamos este análisis en un sistema con muchos archivos antiguos descomprimidos, tarda mucho tiempo. De modo que aquí tenemos una solución: decir al liberador de espacio en disco que busque sólo archivos realmente antiguos (de casi un año de antigüedad). Cuando aparezca finalmente el cuadro de diálogo Liberador de espacio en disco, nos desplazamos hasta la lista Archivos para eliminar y marcamos la casilla Comprimir archivos antiguos y hacemos clic en el nombre Comprimir archivos antiguos. Hacemos clic en el botón **Opciones** que aparecerá y especificamos un elevado número de días. Con el tiempo, podremos reducir el número de días cada vez que ejecutemos el liberador de espacio en disco. Pronto habremos comprimido todos los archivos, excepto los más usados (y no tendremos que soportar las largas esperas para ejecutar el liberador de espacio en disco).

❑ Automatizar el proceso de liberación de espacio y ejecutarlo cuando no estemos usando el ordenador. Comencemos guardando la configuración del liberador de espacio en disco. Hacemos clic en Inicio>Ejecutar y escribimos `cleanmgr / sageset:1`. Esto abrirá el cuadro de diálogo Configuración de Liberador de espacio en disco, que se parece mucho al cuadro de diálogo Liberador de espacio en disco normal. La diferencia es que, una vez que creemos nuestra configuración (recuerde, marcar una casilla, hacer clic en el nombre para que aparezca un botón para establecer opciones) y hagamos clic en **Aceptar**, parecerá que no sucede nada. De hecho, lo único que hace Windows es guardar la configuración. Para ejecutar el liberador de espacio en disco con la configuración guardada, usamos el comandos `cleanmgr /sagerun:1` desde el cuadro de diálogo Ejecutar. Pero una forma mucho mejor es crear un acceso directo con este comando y ejecutarlo como una tarea programada. Para crear el acceso directo, hacemos clic con el botón derecho del ratón en cualquier punto vacío del escritorio y seleccionamos Nuevo>Acceso directo. En el campo para la "línea de comandos" (98 y Me) o "ubicación" (2000 y XP), escribimos `cleanmgr / sagerun:1`. Hacemos clic en **Siguiente** y proporcionamos un nombre al acceso directo, como **Limpiador**. Hay que resaltar que en los comandos podemos usar cualquier número (hasta 65535) en lugar de 1, por lo que podemos guardar y ejecutar varios grupos de configuraciones.

Defragmentus interruptus

El problema: Cada vez que intento desfragmentar el disco duro en mi ordenador con Windows 98, se inicia la herramienta del desfragmentador de disco, desfragmenta casi el 3% del disco y luego vuelve a empezar (una y otra vez). Esto sucede aunque haya cerrado las otras aplicaciones y haya quitado el antivirus, cortafuegos y otros programas en segundo plano.

Exprimir todo el disco

¿Por qué el liberador de espacio en disco no encuentra archivos antiguos para comprimir? Esto puede suceder si hacemos copias de seguridad del disco con frecuencia, porque guardar un archivo se considera un "uso" (a propósito, ¡enhorabuena por su disciplina con las copias de seguridad!). Si necesitamos espacio, podemos comprimir toda la unidad. Hacemos clic con el botón derecho del ratón en el icono de la unidad en el explorador de Windows y, en la pestaña General, marcamos la casilla de verificación Comprimir contenido para ahorrar espacio en disco (véase la siguiente figura).

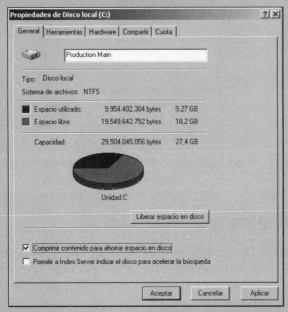

Si tenemos poco espacio libre y somos demasiado austeros como para comprar un disco duro más grande, marcamos la casilla Comprimir contenido para ahorrar espacio en disco.

La solución: Bien, algún programa en segundo plano está interrumpiendo la desfragmentación. Sospecho que es la función de indización de Windows, que se supone que hace las búsquedas más rápidas, aunque yo nunca he notado una mejora. Para desactivar la indización en Windows 98 y Me, hacemos clic en Inicio>Ejecutar, escribimos `msconfg` y pulsamos la tecla **Intro**. Si vemos una entrada para FastFind, la deshabilitamos. En Windows XP, hacemos clic con el botón derecho del ratón en la unidad C: en Mi PC o en drive in Mi PC, o en el explorador de Windows, seleccionamos Propiedades y hacemos clic en la pestaña General. Deseleccionamos la casilla Permitir a Index Server indizar el disco para acelerar la búsqueda (en la parte inferior de la ventana) y hacemos clic en **Aceptar** (véase la figura 2.15). Repetimos estos pasos para todos os discos duros, internos y externos.

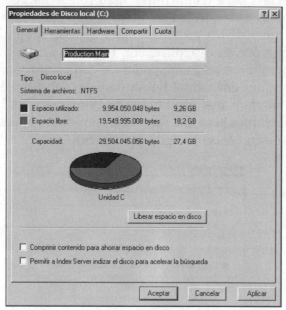

Figura 2.15. Si no queremos que el desfragmentador se interrumpa, debemos desactivar el indizador.

Usar NTFS para ser más rápido

El problema: He actualizado mi sistema, de Windows 98 a XP y ya he notado un incremento en la velocidad. Pero un amigo me dice que hay un truco para exprimir aún más el rendimiento. ¿Cuál es?

La solución: Supongo que, aunque hayamos actualizado el SO, el disco duro sigue usando la antigua estructura de archivos FAT32. Podemos mejorar el rendimiento y fiabilidad de la unidad convirtiéndolo en NTFS (abreviatura de NT File System). NTFS también nos permite guardar archivos mayores de los 4GB que tenía de límite FAT32 y nos permite codificar carpetas para mayor seguridad. Aún mejor, NTFS usa un tamaño de clúster más pequeño (lo que significa que se desperdicia menos espacio de almacenamiento) por lo que tendremos más disco duro por el mismo dinero. Sin embargo, hay que tener en cuenta que no notaremos una mejora en el rendimiento con NTFS si el disco duro es menor de 10 GB, o si funciona a 5.400 rpm.

Para confirmar que estamos usando FAT, hacemos clic con el botón derecho del ratón en el disco duro, en el explorador de Windows, seleccionamos Propiedades, hacemos clic en la pestaña General y observamos lo que aparece en la línea Sistema de archivos. Si indica FAT o FAT32, podremos moverlo a NTFS.

Advertencia

Como siempre que cambiemos el nivel del sistema, debemos hacer una copia de seguridad del PC antes de hacer esta conversión.

Para convertir una unidad FAT32 a NTFS, hacemos clic en Inicio>Ejecutar y escribimos `cmd`. En la ventana de comandos, escribimos `convert c: /fs:ntfs`, donde `c:` es la letra del disco duro (no olvidemos los espacios antes y después de la letra de unidad). Un posible inconveniente: si posteriormente queremos volver a FAT32, necesitaremos un programa externo, como Partition Magic de Symantec.

Sortear las limitaciones de las tareas programadas

El problema: Cuando descubrí el programador de tareas de Windows, pensé que podría relajarme y dejar que el ordenador cuidará de sí mismo. Creé tareas programadas para actualizar el antivirus, eliminar archivos innecesarios del disco duro, desfragmentar las unidades, hacerme la comida... Pero, ¿sabe qué?: algunas tareas programadas no se ejecutaban. Cuando volvía al panel de control de tareas programadas, o seleccionaba Inicio>Programas>Accesorios>Herramientas del sistema>Tareas programadas, descubría que la columna que indica la última vez que se ejecutó, mostraba Nunca para todas las tareas.

La solución: Si no se ejecutan nuestras tareas programadas, probablemente no habremos establecido una contraseña para nuestra cuenta de usuario (no aprovecharé para regañarle por esta falta de interés por la seguridad). Una función de seguridad en Windows XP evita que las cuentas sin contraseña usen la función "Ejecutar como", en la que se basan las tareas programadas. Incluso si hemos iniciado la sesión cuando se supone que debe comenzar una tarea programada, no comenzará. Hay dos soluciones sencillas para volver a programar estas tareas:

❑ Asignar una contraseña a nuestra cuenta, abriendo Cuentas de usuario, en el panel de control.

❑ Si introducir una contraseña cada vez que iniciamos una sesión nos parece demasiado trabajo, podemos crear una cuenta separada para ejecutar tareas programadas y asignar una contraseña a esa cuenta. Para crear la cuenta y asignar una contraseña, acudimos a Cuentas de usuario en el panel de control. Para cambiar el usuario de las tareas existentes, abrimos Tareas programadas, hacemos doble clic en el nombre de la tarea y cambiamos el nombre de usuario en la casilla Ejecutar como de la pestaña Tarea. Hacemos clic en **Establecer contraseña**.

Actualizaciones de Windows que podemos compartir

El problema: Tengo varios ordenadores en red e intento mantenerlos actualizados con los últimos Service Pack, actualizaciones críticas, parches, actualizaciones, revisiones de controladores y cualquier cosa que Microsoft considere la solución del fallo del día. Windows Update descarga e instala una solución para un fallo en un ordenador, pero no guarda el archivo de forma que pueda usarlo con otros ordenadores, de forma que pueda iniciar el proceso desde cero en cada ordenador.

La solución: Un sitio llamado Windows Update Catalog ofrece todos los archivos de actualización de forma que podamos descargarlos y usarlos siempre que queramos. Podemos hacer que estos archivos estén disponibles en un ordenador de la red o podemos grabarlos en un CD (grabarlos en un CD también ahorra tiempo si tenemos que formatear el disco de uno de los ordenadores y volver a instalar Windows, pero en el siguiente tema se ofrece una solución mejor). Windows Update Catalog ofrece archivos que se pueden descargar para Windows 98, Windows Me, Windows 2000, Windows XP y Windows 2003 Server.

Para llegar a Windows Update Catalog, seleccionamos Inicio>Windows Update, o en Internet Explorer, seleccionamos Herramientas>Windows Update. En la página Web de Windows Update, hacemos clic en Opciones del administrador (en el panel izquierdo) y veremos un vínculo que nos llevará al Catálogo de Windows Update (véase la figura 2.16). Si no queremos realizar todo este recorrido, podemos usar este vínculo directo al catálogo de Windows Update: `http://snipurl.com/ winupdate`.

Añadir Service Pack al CD de Windows

El problema: Cuando reinstalo Windows, tengo que volver a instalar todos los Service Pack y otras actualizaciones. ¿Hay alguna forma de ahorrar tiempo?

La solución: Las versiones anteriores de Windows se volvían tan embrolladas que prácticamente era necesario retomar los discos y empezar una nueva instalación periódicamente. Con Windows XP, la basura acumulada en el registro y en el disco duro no tiene unos efectos tan terribles (como ralentizaciones o frecuentes cuelgues). Y los problemas causados por cosas como un controlador erróneo pueden resolverse normalmente sin tener que reinstalar Windows. Pero a veces, reinstalar Windows es la única solución.

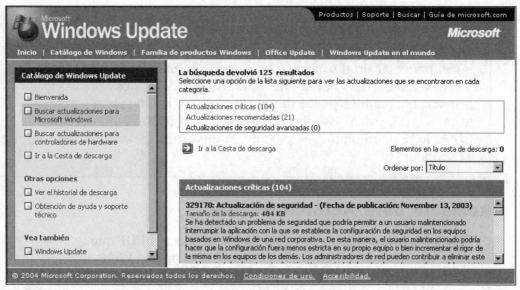

Figura 2.16. Si hacemos clic en el icono del catálogo de Windows Update, iremos a una página en la que podremos descargar archivos de actualización para instalar cuando queramos y usar en otros ordenadores.

Para ahorrar tiempo, podemos incorporar el último Service Pack a la instalación creando un CD de arranque que incluya Windows XP o Windows 2000 (pero no otras versiones de Windows) con los archivos del Service Pack incluidos. Tras instalar Windows desde ese CD, sólo tendremos que instalar las actualizaciones críticas que se publicaron después de ese Service Pack. Crear un CD de arranque es un proceso algo complicado, con muchos pasos que deben seguirse con precisión. Varias páginas Web explican el procedimiento con detalle, incluyendo estas tres:

❑ La popular página de Bart, en `http://snipurl.com/bootcd` proporciona una gran cantidad de información sobre CD de arranque, incluyendo información paso a paso para crear CD para Windows XP y Windows 2000 con Service Pack integrados.

❑ HelpWithWindows.com explica cómo crear un CD de arranque para Windows XP con SP2 usando IsoBuster y Nero Burning ROM 6 en `http://snipurl.com/Neroburn`.

❑ TackTech explica cómo crear un CD de arranque para Windows XP con SP1 y SP2 usando Roxio Easy CD Creator y otras herramientas en `http://snipurl.com/roxiocd`.

Claves de producto más pequeñas y grandes

Las claves de producto para productos Microsoft (el número de registro para activar el programa) son cada vez más largas. Y la fuente que usa Microsoft en la pegatina de activación del CD es cada vez más pequeña (sí, también puede ser que me esté haciendo mayor y necesite gafas). ¿Mi truco? Escribo el código de activación en un documento con letra de 18 puntos de tamaño, lo imprimo y pego el número agrandado a la caja del CD.

Remedio para Acrobat Reader

El problema: Hace poco estaba intentando leer el PDF que contiene el boletín de mi grupo de usuarios en su página Web. Apareció Adobe Acrobat Reader y un mensaje "Error reading linearized hint data" y no mostró el boletín.

La solución: Hay una sencilla solución para este problema. Con Acrobat Reader 5 abierto, pulsamos **Control-K**, seleccionamos Opciones en la lista de la izquierda y deseleccionamos la casilla Permitir vista rápida en Web. Hacemos clic en **Aceptar** para guardar los cambios, volvemos a abrir el navegador y podremos abrir el PDF. En Adobe Reader 6, pulsamos **Control-K**, seleccionamos Internet y deseleccionamos la casilla Permitir vista rápida en Web.

Proteger el sistema de instalaciones tontas

El problema: Si otro programa instala un icono en la barra de tareas sin permiso, me compro un Mac. No quiero iconos y accesos directos desperdigados por mi escritorio, el menú Inicio y la barra de tareas.

La solución: Hay muchas compañías arrogantes que nos imponen sus iconos; Netscape, AOL, RealOne y Yahoo!, por nombrar sólo algunas. (Probablemente Real sea la peor y he prohibido ese programa en mi PC.)

Podemos evitar esta locura de iconos siguiendo estos cinco trucos:

❑ **Vigilar la instalación:** Debemos permanecer atentos durante la instalación. Si se nos ofrece la opción, siempre debemos optar por la instalación personalizada. Probablemente podremos decidir si queremos que el programa plante sus iconos. Aparte de evitar la basura en la barra de tareas, también podemos hacer que los programas dejen de añadir iconos al menú Inicio y al escritorio.

❑ **Proteger la barra de tareas:** WinPatrol es un sistema de prevención que evita que los programas dañinos, como troyanos, marcadores de teléfono y spyware, hagan daño a nuestro sistema o informen de nuestros hábitos de navegación a otras personas. WinPatrol busca cualquier cosa que se añada al grupo de inicio o al registro de Windows, marca los elementos sospechosos y se ofrece a eliminar los programas malignos. Para eliminar o desinfectar el programa dañino, necesitaremos una herramienta de eliminación de spyware, como Spybot y un antivirus. Cuando WinPatrol comience a avisarnos de una visita no invitada, podemos dejar que el programa se quede en el grupo de Inicio, si es legítimo; si no lo queremos ahí y el programa intenta volver, WinPatrol bloqueará los siguientes intentos. Es especialmente útil para programas especialmente insistentes, como QuickTime, RealPlayer y MSN Messenger. WinPatrol también nos permite ver una lista de tareas activas, cookies y servicios en ejecución de Win XP y funciona con todas las versiones de Windows. En la mayoría de los casos, también conseguiremos conocer mejor el origen del programa y su función (véase la figura 2.17). Por 19,95$, WinPatrol Plus proporciona una extensa base de datos para identificar mejor lo que está intentando entrar en nuestra barra de tareas. El programa está disponible en `http://www.anayamultimedia.com`.

Figura 2.17. La pestaña de programas de inicio de WinPatrol nos ayuda a determinar a qué programa pertenece cada applet. Si actualizamos a la barata versión Plus por 19,95$, accederemos a la base de datos en línea con información más amplia.

❑ **Realicemos un cambio total:** Comenzamos manteniendo el puntero sobre el icono para identificar la aplicación a la que pertenece y luego decidimos si el icono tiene que estar en la barra de herramientas (la mayoría no tienen por qué. Programas como RealOne Player, RealPlayer Jukebox, el administrador de vídeo de ATI e Instant Messenger de AOL son los típicos culpables). Seleccionamos Inicio>Programas (Todos los programas en XP)>Inicio para ver lo que tenemos en el grupo de inicio y probablemente veamos algunos programas que podemos eliminar. Para indagar más a fondo, usamos `msconfig` de Windows (seleccionamos Inicio>Ejecutar, escribimos `msconfig` y pulsamos **Intro**) o usamos Startup Control Panel, una utilidad gratuita que nos permite examinar y eliminar los programas que se cargan durante el inicio (lo encontraremos en `http://www.anayamultimedia.com`).

❑ **Munición adicional:** Muchos programas tienen misteriosos nombres de archivo abreviados, de modo que podemos revisar la Greatis Startup Application Database (ver `http://snipurl.com/greatis`) para encontrar una amplia lista que identifica y explica la función (y peligro potencial) de los programas de la barra de tareas y el grupo de inicio.

❑ **Bloquear la llamada:** Si el programa insiste en llamar a casa cada cierto tiempo, para obtener nuevos anuncios o algo más siniestro, como enviar nuestros hábitos de navegación, podemos bloquear esa llamada saliente con un cortafuegos. Yo uso ZoneAlarm, de Zone Labs, para bloquear temporalmente varias veces los envíos salientes para ver si incapacitan el programa; si no lo hacen, bloqueo las llamadas permanentemente.

Personalizar Windows Update

El problema: Las mismas actualizaciones de siempre (las que no quiero, como la herramienta de conversión al Euro) siguen apareciendo en Windows Update, aunque he renunciado a instalarlas muchas veces anteriormente. La lista de actualizaciones es cada vez más larga, lo que hace que cada vez sea más difícil seleccionar las actualizaciones nuevas, posiblemente útiles, del resto.

La solución: Como en tantas soluciones para Windows, ésta es fácil, pero no obvia. En Windows Update, en el panel izquierdo hacemos clic en Seleccionar actualizaciones de software opcionales. En el panel derecho, deseleccionamos las casillas de todas las actualizaciones que no hemos instalado y que no queremos ver cada vez que aparezca la lista (véase la figura 2.18.)

Ahorrar espacio en disco eliminando los antiguos archivos de desinstalación

El problema: Mi disco duro se está llenando de carpetas que contienen los archivos necesarios para desinstalar Service Packs y otras actualizaciones. Como son carpetas ocultas, es fácil pasarlas por alto, pero ocupan una buena parte del espacio en disco. Estas carpetas suelen tener nombres como `$NtUninstallQ328310$`. Como todo funciona perfectamente, me gustaría eliminar esos archivos.

La solución: Adelante, eliminémoslos. Si estamos seguros de que no tendremos que desinstalar una actualización, podremos borrar tranquilamente cualquier carpeta oculta cuyo nombre comience con $NtUninstall o $NtServicePackUninstall$. Estas carpetas ocultas se encuentran en la carpeta %SystemRoot% (en C:\Windows, en casi todos los equipos). Para que sean visibles, abrimos el explorador de Windows o una ventana de carpeta, seleccionamos Herramientas>Opciones de carpeta, hacemos clic en la pestaña Ver y seleccionamos Mostrar todos los archivos y carpetas ocultos.

Sin embargo, eliminar las carpetas $NtUninstall no eliminará sus entradas en la herramienta para añadir o eliminar programas del panel de control. Para eso tendremos que entrar en el registro. Usando el editor del registro, ampliamos el elemento HKEY_LOCAL_MACHINE\SOFTWARE\Microsoft\Windows\CurrentVersion\ Uninstall. Eliminamos la subclave de cada uno de los Service Pack o actualizaciones cuyas carpetas hayamos eliminado. La subclave (que se encuentra en el elemento Uninstall del árbol del registro) de un Service Pack tendrá un nombre como "Windows XP Service Pack"; las subclaves de las actualizaciones tienen nombres con el mismo " Q número " que forma parte del nombre de la carpeta. Si no estamos muy seguros de saber borrar las claves del registro, casi cualquier utilidad de limpieza del registro (como Win Doctor de Norton) encontrará y borrará estas claves de desinstalación huérfanas.

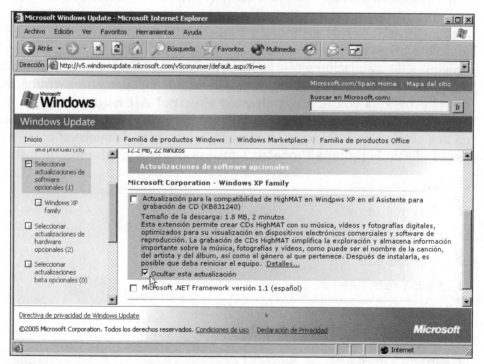

Figura 2.18. Personalizamos Windows Update eliminando de la lista todas las actualizaciones que no queremos instalar.

ServicePackFiles

Mientras examinamos la carpeta `%SystemRoot%`, quizás notemos que hay una carpeta llamada `ServicePackFiles`. Aunque ocupa una gran cantidad de disco en archivo ¡no debemos eliminarla! Contiene archivos que usa Windows File Protection (una función que repara automáticamente los archivos de Windows corruptos o eliminados). Quizás los necesitemos si añadimos componentes adicionales de Windows o controladores de dispositivos.

No puedo instalar nada

El problema: Cuando hago clic en el archivo `SETUP.EXE` para instalar un nuevo programa, no sucede nada. El programa no se instala y la pantalla se queda igual.

La solución: Quedarse mirando probablemente no sirva. Es probable que los controladores de instalación y de hardware que ya están en memoria impidan que se ejecute. Hay dos posibles soluciones: antes de instalar cualquier programa, cerramos las demás aplicaciones. La mayoría de los programas de instalación nos advierten de esto, pero casi nadie (hmmmm, ¿quizás usted?) lo tiene en cuenta. Aún mejor, salimos de Windows y reiniciamos el sistema, de modo que comencemos con la instalación en un entorno limpio. Si esto no ayuda, quizás haya otro programa de instalación ejecutándose en segundo plano. Un conflicto entre los dos motores de instalación evitaría que pudiésemos instalar un programa. Para eliminar el programa conflictivo, pulsamos **Control-Alt-Supr**. para que aparezca el administrador de tareas (también podemos hacer clic con el botón derecho del ratón en una zona vacía de la barra de tareas y seleccionar Administrador de tareas). Hacemos clic en la pestaña Procesos y buscamos estos programas de instalación:

- ❏ `idriver.exe`
- ❏ `ikernel.exe`
- ❏ `isetup.exe`
- ❏ `IsUn16.exe`
- ❏ `IsUninst.exe`
- ❏ `msiexec.exe`
- ❏ `setup.exe`
- ❏ `Uninst.exe`
- ❏ `Uninst16.exe`

Eliminamos cualquier proceso de instalación seleccionándolo y haciendo clic en el botón **Terminar proceso**. Probemos ahora a instalar el nuevo programa.

No puedo instalar nada, parte 2

El problema: He intentado seguir su consejo de "No puedo instalar nada" y sigo teniendo problemas. ¿Qué más puedo hacer?

La solución: Tendremos que seguir un método más drástico y actualizar InstallShield, un programa que usan muchos proveedores de software para instalar sus productos. Usamos el explorador de Windows para llegar a `C:\Archivos de programa\Archivos comunes\InstallShield\engine`. Eliminamos la carpeta `Engine` e instalamos la última versión del motor (denominado motor iKernel). Lo encontraremos en `http://snipurl.com/ikernal_update`.

No puedo instalar nada fácilmente

El problema: Cuando intento instalar un nuevo programa, aparece un mensaje que indica que no puede encontrar un determinado archivo. Cuando hago clic en **Aceptar**, aparece otro cuadro de diálogo y si hago clic en **Cancelar** (¡a menudo hasta en tres veces!), el programa finalmente se instala. ¿Por qué este retraso?

La solución: El problema se debe a otros programas que hemos instalado o no hemos desinstalado correctamente. La última vez que instalamos un programa, quizás hayamos detenido el proceso antes de que se completara. Esto podría haber corrompido los archivos que necesita el instalador para desinstalar posteriormente el programa. Cuando esto sucede, las siguientes instalaciones se vuelven locas porque algunos de los archivos están compartidos por dos o más programas que no están relacionados. La otra posibilidad (algo que yo mismo he cometido) es haber eliminado la carpeta de una aplicación en lugar de desinstalar correctamente el programa mediante el panel de control para agregar o quitar programas. Si también hemos cometido este disparate, probablemente obtengamos el siguiente extraño mensaje de error: `1706: No valid source could be found for the aplication. The windows installer` cannot continue, donde `aplication` es el nombre del archivo que no se pudo encontrar. Mi método soluciona este problema casi siempre. En primer lugar, anotamos la aplicación que aparece en el mensaje de error y la reinstalamos. Debemos asegurarnos de que la instalamos en el mismo directorio que en la primera ocasión. A continuación, desinstalamos el programa usando el panel de control para agregar o quitar programas. ¿Conseguido? Ahora podemos instalar la nueva aplicación.

Si todavía no podemos instalar la nueva aplicación, tengo dos recomendaciones. En primer lugar, deshacernos del PC y conseguir un Mac (¡es broma!). En segundo lugar, ejecutar Windows Installer Clean-Up Utility de Microsoft (`http://snipurl.com/uninstalltool`) para eliminar todos los variados desperdicios para la aplicación creados por Windows (misteriosamente abreviados como archivos MSI). La utilidad deja intactos los archivos de datos que creamos con la aplicación.

Quizás también queramos visitar la central de atención al consumidor de InstallShield de Macrovision, donde encontraremos soluciones a otros errores de instalación comunes, en `http://snipurl.com/installshield`.

Bloqueo numérico fuera, teclas del cursor dentro

El problema: Uso las teclas del teclado numérico para desplazarme, nunca para los números. Estoy cansado de pulsar **Bloq Num** para desactivar esta función.

La solución: Podemos desactivarlo en el programa de configuración CMOS del PC, pero hay dos formas más rápidas y sencillas de hacerlo:

❑ Para una solución permanente, editamos el registro (tras hacer una copia de seguridad). En el menú Inicio, hacemos clic en Ejecutar, escribimos `regedit`, pulsamos **Intro** y nos dirigimos hasta HKEY_CURRENT_USER\Control Panel\Keyboard. Hacemos doble clic en `InitialKeyboardIndicators`, en el panel derecho y cambiamos el valor por **2**. Cerramos el editor del registro.

❑ Si no queremos modificar el registro (o si queremos un modo práctico de activar y desactivar **Bloq Num**) podemos usar la secuencia de comandos `numlock.vbs`. Podemos arrastrar una copia del archivo al menú Inicio (manteniendo pulsada la tecla **Control** mientras la arrastramos) para desactivar **Bloq Num** cuando se arranca el sistema y arrastrar una copia al escritorio para poder activar de nuevo **Bloq Num**. Podemos conseguir una copia en la página Web `http://www.anayamultimedia.com`.

Bloq Num sólo para fanáticos

Si queremos activar y desactivar **Bloq Num** mientras un programa (es decir, más rápido) se carga, podemos colocar `numlock.vbs` en un archivo por lotes.

Recuperar el panel de tareas

El problema: Creía que las carpetas de Windows XP tenían que tener una columna a la izquierda, llena de información increíblemente útil. Yo solía poder hacer clic en la **X** de la esquina superior derecha del panel de búsqueda o de carpetas para que apareciera, pero cuando llegué a la carpeta Mis sitios de red, no había un panel extra.

La solución: Probablemente hemos modificado las propiedades de carpeta y hemos cambiado la vista al modo clásico. Se puede solucionar fácilmente: en el explorador de Windows, vamos a Herramientas> Opciones de carpeta y, en la pestaña **General**, hacemos clic en Mostrar tareas comunes en las carpetas. Hacemos clic en **Aceptar** y el panel izquierdo de la ventana de carpeta mostrará ahora esos preciosos (y útiles) hipervínculos para las tareas comunes de carpeta y otros puntos del PC.

Capturas de pantalla sencillas

Si usamos Windows, es inevitable que algún día tengamos que llamar al servicio técnico (o aún peor, al agujero negro conocido como departamento de informática de la compañía), donde será cada vez más molesto que no comprendan la descripción de nuestro problema. Aquí es donde una imagen de nuestra pantalla vale más que mil llamadas.

Lo que necesitamos es una captura de pantalla (una fotografía de nuestra pantalla). Se pueden conseguir fácilmente; el modo más primitivo es pulsar la tecla **Impr Pant**. Voilà, tenemos una imagen de toda nuestra pantalla en el portapapeles. Pulsamos **Alt-Impr Pant** para capturar sólo la pantalla activa. Pero tenemos que guardar el archivo en el portapapeles en formato .bmp o pegarlo en otro programa (como Paint de Windows), dos soluciones poco elegantes.

Es mejor usar Screen Hunter, una pequeña herramienta que captura una parte o toda la pantalla. Con sólo pulsar una tecla determinada, Screen Hunter captura la imagen y la guarda en un archivo en formato `.jpg`, `.bmp` o `.gif` (véase la siguiente imagen). A continuación podemos enviar por correo la prueba de lo que estamos viendo. ScreenHunter es gratuito y está disponible en `http://www.anayamultimedia.com`.

Para capturas de pantalla profesionales, con la posibilidad de editar y anotar comentarios en las imágenes, necesitaremos SnagIt, de Techsmith (véase la siguiente figura). Es el programa usado para capturar las ilustraciones de este libro. Podemos capturar pantallas de todo tipo, desde zonas y ventanas específicas, varias páginas de pantalla o incluso capturas a mano alzada (¿para qué las capturas a mano alzada? Para que podamos recortar y capturar una imagen de, por ejemplo, una pluma determinada de una página llena de ellas, para la presentación PowerPoint "¿Cómo vuelan los pájaros?" de mi esposa).

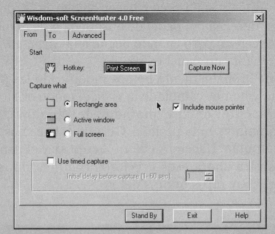

Tardamos cinco segundos en capturar una imagen de la pantalla y guardarla en un archivo con Screen Hunter, una utilidad gratuita.

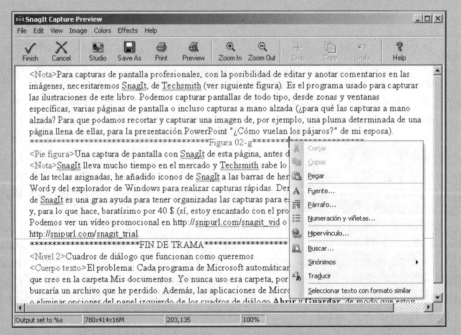

Una captura de pantalla con SnagIt de esta página, antes de editarla.

SnagIt lleva mucho tiempo en el mercado y Techsmith sabe lo que necesitan los usuarios. Aparte de las teclas asignadas, he añadido iconos de SnagIt a las barras de herramientas de Internet Explorer, Word y del explorador de Windows para realizar capturas rápidas. Demonios, sólo la función de catálogo de SnagIt es una gran ayuda para tener organizadas las capturas para este libro. SnagIt es rápido, flexible y, para lo que hace, baratísimo por 40$ (sí, estoy encantado con el producto, hace todo lo que necesito). Podemos ver un vídeo promocional en `http://snipurl.com/snagit_vid` o descargar la versión de prueba en `http://snipurl.com/snagit_trial`.

Cuadros de diálogo que funcionan como queremos

El problema: Cada programa de Microsoft automáticamente intenta guardar cada archivo que creo en la carpeta Mis documentos. Yo nunca uso esa carpeta, por lo que es el último lugar en el que buscaría un archivo que he perdido. Además, las aplicaciones de Microsoft Office no me permiten añadir o eliminar opciones del panel izquierdo de los cuadros de diálogo Abrir y Guardar, de modo que estoy atrapado en Mis documentos recientes, Mis documentos, Escritorio, Mi PC y Mis sitios de red. Por último, Windows (o la aplicación de Windows) a menudo abre un cuadro de diálogo del tamaño de un sello de correos cada vez que abro o guardo un archivo.

La solución: Quizás no haya cura para la tontería de Mis documentos, pero dejé de quejarme cuando descubrí las utilidades que hacen que los cuadros de diálogo funcionen como yo quiero. Mi favorita es FileBox eXtender, una utilidad de 20$ que añade varios botones a los cuadros de diálogo para abrir y guardar archivos; especialmente, botones que muestran nuestras carpetas de favoritos y las abiertas últimamente en cualquier programa, no sólo en los productos de Microsoft (véase la figura 2.19). ¡Pero un momento, aún hay más! Hacemos clic en el triángulo para minimizar el cuadro de diálogo para poder ver la barra de menú; la chincheta nos permite hacer que el cuadro sea visible por encima de todas las demás ventanas y cuadros de diálogo. El programa también puede alargar los pequeños cuadros de diálogo. Configurar FileBox eXtender no es muy complicado; el modo más sencillo es arrastrar carpetas a su editor de menú (véase la figura 2.20). Podemos descargar la versión de prueba de `http://www.anayamultimedia.com`.

¿Dónde está la barra de herramientas del administrador de tareas?

El problema: Estaba preocupándome de mis asuntos, cuando, de repente, la barra de menú y las pestañas del administrador de tareas se desvanecieron en el acto. Sin la barra de menú (y Archivo>Salir del administrador de tareas) es casi imposible salir del programa.

Figura 2.19. FileBox eXtender es una utilidad brillante y esencial que nos ahorra mucho tiempo mostrando una lista con nuestras carpetas favoritas. Desplazarnos hasta las carpetas en los cuadros de diálogo nunca había sido tan sencillo.

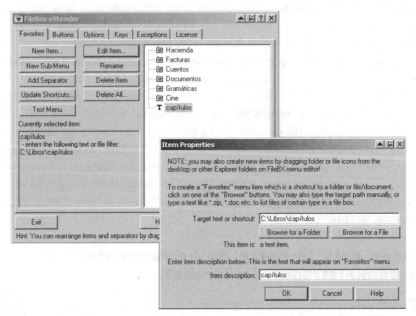

Figura 2.20. Si nos percatamos de que usamos una determinada carpeta a menudo, podemos arrastrarla al editor de menú de FileBox eXtender y asignarle un nombre que recordemos.

La solución: En realidad, podemos cerrar el administrador de tareas pulsando **Esc** o haciendo clic con el botón derecho del ratón en el icono de la barra de tareas y seleccionando Cerrar. Pero, en primer lugar ¿por qué desapareció? (véanse las figuras 2.21 y 2.22). Apuesto que hicimos clic sin darnos cuenta en una de las líneas que rodean el título de una de las pestañas (como Historial de uso de CPU). Es fácil que suceda y, por lo que sé, es una función del administrador de tareas. Para conseguir que vuelva la barra de menú y las pestañas, basta con hacer doble clic en una zona vacía de la ventana del administrador de tareas.

Figura 2.21. Si hacemos clic accidentalmente en una de las líneas que rodean al título del administrador de tareas como Historial de uso de CPU...

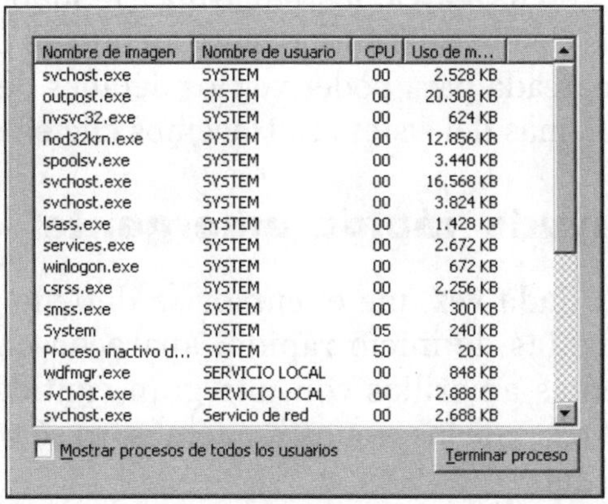

Figura 2.22. ¡La barra de menú del administrador de tareas podría desaparecer!

Usar el administrador de tareas tras un fallo del sistema

Normalmente invocamos al administrador de tareas usando el saludo de los tres dedos: **Control-Alt-Supr**. Aparte de permitirnos cerrar aplicaciones y procesos rebeldes, el administrador de tareas nos permite supervisar el rendimiento de la red, el uso de la CPU y la memoria física y del núcleo. Pero ¿qué sucede si el sistema se congela y el saludo de los tres dedos falla? Podemos intentarlo con el ratón. Hacemos clic con el botón derecho del ratón en una zona vacía de la barra de tareas y seleccionamos Administrador de tareas en el menú emergente. ¿No hay ninguna zona vacía? Podemos probarlo en la barra de herramientas. Para futuras caídas del sistema, podemos poner un icono del administrador de tareas en el escritorio para hacer clic en él rápidamente. Abrimos el explorador de Windows, nos dirigimos a la carpeta `\Windows\ System32` y arrastramos `Taskmgr.exe` al escritorio.

Detener los molestos informes de error

El problema: Realmente me estoy cansando de que XP me pregunte si quiero enviar un informe de error a Microsoft cada vez que un programa se cuelga. Creo que la compañía debería gastar su tiempo reduciendo los fallos ¿verdad?

La solución: Apuesto a que Microsoft también está cansada de recibir nuestros informes, pero esa es otra historia. Hacer que cesen estas peticiones de informes es muy sencillo. Abrimos Sistema en el panel de control, hacemos clic en la pestaña Opciones avanzadas y en el botón informe de errores. Si no queremos informar de ninguno de los errores, marcamos la casilla Deshabilitar el informe de errores y deseleccionamos la casilla Notificarme siempre que se produzcan errores graves (yo dejo está casilla marcada para poder ver los detalles del error, algo que me ayuda a descubrir los problemas del sistema). Hacemos clic en **Aceptar** dos veces.

Detener la ayuda rápida emergente

El problema: Cada vez que el cursor se detiene sobre la barra de herramientas de inicio rápido, aparecen enormes mensajes emergentes amarillos con una gran cantidad de texto. Bloquean al resto de los iconos y, además, ya sé lo que representa cada icono.

La solución: Los principales culpables son (sorpresa, sorpresa), las aplicaciones de Microsoft. Los mensajes emergentes de Outlook son del tamaño de un cartel y desde luego, resultan molestos (véase la figura 2.23).

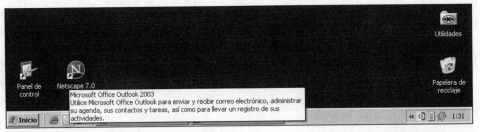

Figura 2.23. Detengamos el ratón sobre el icono de inicio rápido de Outlook y éste insistirá en proporcionarnos una larga explicación de lo que hace para ganarse la vida.

En lugar de eliminar el mensaje emergente, podemos reducir su tamaño. Hacemos clic con el botón derecho del ratón en el icono de la barra de herramientas de inicio rápido, seleccionamos Propiedades y cambiamos (o eliminamos) el texto del campo Comentario (véase la figura 2.24). Yo cambié el mío por simplemente "Outlook", Fácil ¿eh?

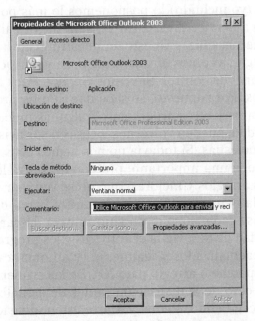

Figura 2.24. Seleccionamos y eliminamos el texto del campo Comentario y ya no volveremos a ver esa publicidad integrada en Outlook.

Eliminar los molestos logotipos del arranque

El problema: Acabo de comprarme un PC. Cuando el sistema arranca, veo el molesto logotipo del fabricante. ¿Cómo puedo eliminarlo?

La solución: En mi humilde opinión, ver la pantalla con el logotipo es más que molesto; nos priva de la valiosa información para el diagnóstico y la solución de errores que se muestra mientras el ordenador está arrancando. Podemos librarnos fácilmente de esta molestia, si la BIOS del sistema nos permite desactivar la pantalla del logotipo.

Durante el arranque del PC, pulsamos la tecla que hace que aparezca la pantalla de configuración de CMOS. Navegamos a través de las diferentes opciones de la BIOS hasta que encontremos algo parecido a "disable the Logo Screen" y deshabilitamos la función.

Problemas con Service Pack 2

La molesta actualización que es realmente necesaria

Actualizar un sistema operativo es como limpiar los arroyuelos que se forman con la lluvia o comprobar que el coco no está debajo de la cama; hay que hacerlo, pero la mayoría (yo incluido) lo posponemos lo más posible. Si todavía no nos hemos actualizado a Service Pack 2 (SP2), será mejor salir de la manta. SP2 no nos hará daño. De hecho, quizás ya esté en nuestro PC, ayudándonos.

En primer lugar, veamos si nuestro PC no está todavía actualizado. Abrimos Sistema en el panel de control. Si vemos Service Pack 2 en la pestaña General, ya está con nosotros. Por supuesto, se sabe que SP2 ha producido algunos problemas con Outlook Express y otros programas. Y algunas funciones del SP, como el nuevo Centro de seguridad, pueden volvernos locos con sus avisos. Pronto nos ocuparemos de esas y otras molestias. Si todavía no nos hemos actualizado, tenemos que hacerlo. SP2 proporciona una importante protección contra los e-gamberros de Internet y hay suficientes arreglos y mejoras, que no se ven, para hacer que la actualización a SP2 merezca la pena. Por ejemplo, la nueva barra de información de Internet Explorer nos avisa cada vez que un sitio intenta descargar software al sistema. El centro de seguridad de SP2 vigila el antivirus y los programas cortafuegos, se asegura de que estén actualizados y lealmente (y automáticamente) descarga e instala cualquier nuevo parche o arreglo para XP. En las siguientes páginas, aprenderemos a suavizar el proceso de actualización (antes de actualizar, hay que esperar a que Escorpio esté ascendiendo, Venus y Marte estén alineados, y no haya luna llena). También mostraré cómo controlar el cortafuegos, las alertas de seguridad y la plétora de molestias de SP2 que pueden aparecer después de actualizar.

Descargas de SP2 interrumpidas

El problema: ¿Por qué Windows Update de Microsoft no nos permite continuar a partir de una descarga fallida? Es frustrante. He intentado dos veces descargar Service Pack 2,

pero mi proveedor de servicios de Internet, telefónico, me desconecta tras unas seis horas (lo sé, es hora de pasarse a la banda ancha).

La solución: Olvidémonos de la descarga y solicitemos el CD gratuito. Incluso con mi rápida conexión de banda ancha, he optado por el CD porque es mucho más fácil actualizar varios PC de esta forma. Sin descarga: basta con introducir el disco e irnos a hacer punto. Lo encontraremos en `http://snipurl.com/SP2_CD`, nos desplazamos hacia abajo y hacemos clic en el vínculo Order a CD.

Guía de supervivencia de Service Pack 2 para XP

❑ **Copie esta página y guarde este número de teléfono:** La mayoría de las personas sobrevive a la instalación sin problemas. Pero, hay que concedérselo, Microsoft proporciona servicio técnico por chat, correo electrónico y teléfono, para cualquier problema que nos haga sufrir. El número gratuito es 901 900 556; en `http://snipurl.com/sp2_help` encontraremos más detalles sobre la instalación de SP2.

❑ **Preparemos el PC:** Las aplicaciones cuya actualización sea muy importante, como Microsoft Office y los programas antivirus, cortafuegos y antispyware. Ejecutémoslos y eliminemos la morralla: el spyware y los virus pueden fácilmente hacer que falle la instalación de la actualización. ¿No disponemos de antivirus? Corramos a `http://snipurl.com/house_calls` y probemos el antivirus gratuito HouseCall, basado en Web de Trend Micro. Para el spyware, podemos realizar un análisis online con CounterSpy en `http://snipurl.com/sunbeltscan`; en la misma página encontraremos una versión de 15 días de prueba del producto. Si encontramos virus o spyware, lo eliminamos y reiniciamos el sistema. Antes de ejecutar el actualizador a SP2, desactivamos el cortafuegos, el antivirus y los programas anti-spyware, y todas las herramientas como WinPatrol, que busca cambios en el registro de Windows (nos espera una copia gratuita de WinPatrol en `http://snipurl.com/winpatrol`).

❑ **Copias de seguridad:** No puedo enfatizar demasiado el valor de hacer una copia de seguridad del sistema antes de cargar el SP2. Si todavía no disponemos de un modo de hacer copias de seguridad, podemos adquirir el programa True Image de Acronis, por 50$ (`http://snipurl.com/acronis`) y guardar el disco duro en CD, DVD, unidad USB externa u otro dispositivo. Quizás queramos hacerlo más fácil mediante una unidad USB externa One Touch de Maxtor, que incluye un excelente programa de copia de seguridad. El modelo de 80 GB cuesta unos 110$. Encontraremos más detalles en `http://snipurl.com/maxtor_1touch` y precios en `http://snipurl.com/maxtor_price`.

❑ **Echemos una siestecita:** Una vez que comience el proceso de actualización de SP2, podemos coger algo para leer o echar una siestecita. SP2 a menudo tarda mucho en instalarse. O quizás no. En mi equipo tardó dos horas; en el PC de mi esposa, sólo 15 minutos. No nos pongamos nerviosos si parece que la instalación se ha detenido. SP2 tiene que mover muchos datos, por lo que es muy importante que no lo interrumpamos.

¿SP2 moribundo?

Si las cosas van terriblemente mal cuando actualicemos a SP2, quizás haya una forma de deshacer el daño. Microsoft tiene un artículo dedicado a la desinstalación de SP2 (y es bueno): "Cómo usar la característica Recuperación automática para recuperar el equipo si no se ha completado correctamente el programa de instalación del Service Pack 2 de Windows XP". Está en `http://support.microsoft.com/default.aspx?scid=kb;es;875355`

Alerta de actualización molesta

El problema: He actualizado a SP2, ¡de modo que basta ya de los molestos avisos sobre aún más actualizaciones!

La solución: Es bueno que nos lo recuerden. La función de actualización automática de XP se asegura de que no nos perdamos algún parche de seguridad importante. Nos dirigimos al panel de control, hacemos doble clic en el icono Actualizaciones automáticas y seleccionamos Automático (recomendado). De esta forma no nos molestarán con las alertas y las actualizaciones se descargarán e instalarán en segundo plano. Sin embargo, si es un quejica, como yo, y quiere ver todas las actualizaciones que se pueden descargar, seleccione Descargar actualizaciones por mí, pero permitirme elegir cuándo instalarlas.

Los avisos de SP2 son tan, tan molestos

El problema: Lo hice todo bien. Instalé un cortafuegos, configuré a las actualizaciones automáticas para que descargase e instalase la actualizaciones y tengo un programa antivirus en ejecución. Aún así, sigo recibiendo avisos del centro de seguridad en la barra de tareas de Windows.

La solución: SP2 probablemente no reconoce un cortafuegos externo (de nuevo, quizás recordemos aquella vez que amenazamos con pasar a Linux). En cualquier caso, si está cansado de ver alertas, nos libraremos de ellas. Abrimos el panel de control del centro de seguridad y, a la izquierda, hacemos clic en el vínculo Cambiar la forma en que el Centro de seguridad me alerta. Deseleccionamos las casillas Firewall y Protección contra virus (suponiendo que estemos seguros de estar protegidos, véase la figura 2.25). No deseleccionamos Actualizaciones automáticas.

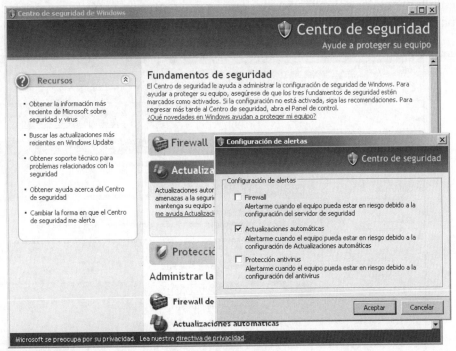

Figura 2.25. Si estamos seguros de nuestros antivirus y cortafuegos están funcionando y actualizados, desactivemos las alertas del centro de seguridad de XP.

La estupidez de las actualizaciones automáticas

El problema: He leído que hace semanas que se publicó una actualización para Outlook Express. Tengo las actualizaciones automáticas de XP para que, bueno, actualice automáticamente mi PC. Pero acabo de comprobar mi Outlook Express y es evidente que no es la última versión ni la mejor. ¿Qué pasa?

La solución: La palabra clave es "crítica". La actualización de Outlook Express era opcional (Eh, el diseño es de Microsoft, no mío.) Mi estrategia es pasar por la página Web de Windows Update de vez en cuando. No sólo me permite dejar de escribir durante unos minutos, sino que puedo encontrar alguna actualización opcional que merezca la pena descargar. ¿Qué? ¿Todavía no está comprobándolo? Acuda a http://windowsupdate.microsoft.com o seleccione Inicio>Ayuda y soporte técnico y, en Elegir una tarea, hacemos clic en Mantenga actualizado su equipo con Windows Update. A continuación, hacemos clic en Instalación personalizada: Actualizaciones opcionales y de alta prioridad para su equipo, dejamos que la página busque actualizaciones y, en el panel izquierdo, hacemos clic en Seleccionar actualizaciones de software opcionales (véase la figura 2.26). Seleccionamos los elementos que queremos instalar, hacemos clic en el vínculo Ir a instalar actualizaciones, que se encuentra en la parte superior derecha de la página y hacemos clic en el botón **Instalar**.

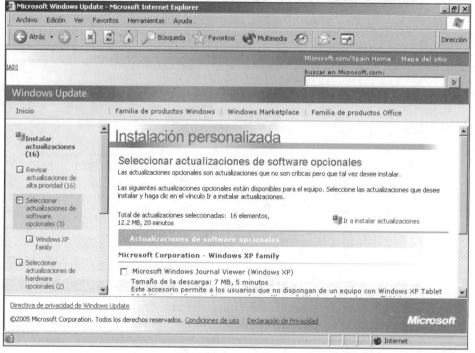

Figura 2.26. Si queremos ver todas las actualizaciones opcionales que nos faltan, tendremos que hacerlo manualmente.

Errores en la actualización automática

El problema: He seguido los pasos anteriores y he recibido un mensaje de error. Como colofón: no puedo conseguir las actualizaciones opcionales.

La solución: En una ocasión me encontré con el temido mensaje de error 0x8024402c (hay casi otros 100, en http://snipurl.com/update_errors encontraremos los nuestros). Tardé una hora en encontrar una solución y, como con muchos otros problemas informáticos, 15 minutos en resolverlo. El problema está relacionado con un servidor proxy (no pregunte); el procedimiento más sencillo es seguir las instrucciones de `http://support.microsoft.com/default.aspx?scid=kb;es;883821#XSLTH3144121124120121120120` que comienza con "Para resolver estos errores, quite caracteres de la lista de excepciones de proxy y a continuación, desactive el caché de proxy". Se encuentra en la parte superior de la página.

Imágenes bloqueadas en Outlook Express

El problema: Outlook Express funcionaba perfectamente hasta que actualicé a SP2. Ahora faltan las imágenes de algunos correos. Lo único que veo es una pequeña "**x**" roja en lugar de la imagen.

La solución: Es una nueva opción de Outlook Express, creada para protegernos. Se llama opción de seguridad "Bloquear imágenes y otro contenido externo en correo electrónico HTML" y nos protege de fallos Web o balizas insertadas en el correo electrónico por los creadores de spam (los fallos de programación avisan al remitente de que la dirección de correo electrónico es válida). Si nos sentimos sobreprotegidos podemos abrir Outlook Express, hacer clic en Herramientas>Opciones y seleccionar la pestaña Seguridad. Deseleccionamos la casilla Bloquear imágenes y otro contenido externo en correo electrónico HTML, hacemos clic en **Aplicar** y luego en **Aceptar**.

Desesperado por los archivos adjuntos en Outlook Express

El problema: Ahora que me he actualizado a SP2, no puedo abrir los archivos adjuntos en Outlook Express. Demonios, ni siquiera puedo guardarlos.

La solución: Es otra nueva "función" de Outlook Express que nos protege de los archivos adjuntos que podrían contener un virus (o peor aún, un estúpido vídeo de tu aún más estúpido cuñado). Es una buena función para los novatos y los completos idiotas. Para el resto de nosotros, basta con desactivarla. Nos dirigimos a Herramientas>Opciones, seleccionamos la pestaña Seguridad y deseleccionamos No permitir que se guarden o abran los archivos adjuntos que puedan contener un virus. Hacemos clic en **Aplicar**, luego en **Aceptar** y podemos seguir trabajando.

Informes sobre los arreglos a Outlook Express en SP2

¿Todavía no he solucionado su problema con Outlook Express? Microsoft tiene un sitio perfecto para este caso. Tiene el poco imaginativo nombre de "Service Pack 2 de Microsoft Windows XP con tecnologías de seguridad avanzadas: novedades en Internet Explorer y Outlook Express", y examina todos los males de Outlook Express. Lo encontraremos en `http://www.microsoft.com/spain/windowsxp/sp2/ieoeoverview.mspx`.

SP2 bloquea Skype

El problema: Skype, mi magnífico programa gratuito para hacer llamadas telefónicas a través de Internet ha dejado de funcionar tras instalar Service Pack 2. ¡Ayuda!

La solución: Skype está intentado acceder a Internet y el cortafuegos de SP2 está bloqueando la conexión. Probablemente se deba a que no hemos visto, o despreocupadamente hemos hecho caso omiso, el cuadro de diálogo del cortafuegos de SP2, que nos pregunta cómo queremos gestionar la solicitud de Skype. Si el cuadro de diálogo vuelve a aparecer, hacemos clic en Desbloquear para permitir a Skype acceder a la red. Sin embargo, el cuadro de diálogo podría no volver a aparecer (quizás para enseñarnos una lección) y eso podría ser un problema. De modo que tendremos que modificar manualmente la configuración del cortafuegos, un trabajo de dos minutos:

1. Abrimos el panel de control Firewall de Windows. Hacemos clic en la pestaña General si no es la seleccionada.

2. Nos aseguramos de que el primer valor Activado (recomendado) está marcado. No permitir excepciones no debería estar marcado.

3. Hacemos clic en la pestaña Excepciones.

   a) Si Skype se encuentra en la lista Programas y servicios, nos aseguraremos de que su casilla está marcada (véase la figura 2.27).

   b) Si Skype no se encuentra en la lista Programas y servicios, hacemos clic en el botón **Añadir programa** y lo seleccionamos en la lista que muestra Windows, o nos dirigimos hasta la carpeta de Skype y seleccionamos su archivo ejecutable (EXE). Hacemos clic en **Aceptar**. Skype se añadirá a la lista Programas y servicios y su casilla estará marcada.

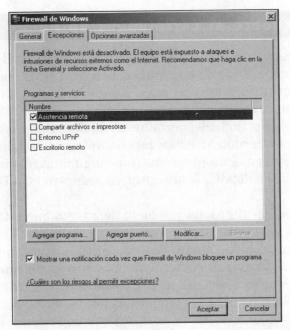

Figura 2.27. Si Skype u otra aplicación intenta acceder a Internet (y sabemos que el programa es seguro), le daremos permiso haciendo clic en la casilla de verificación.

Nuestro propio CD de copia de seguridad XP

Disponer de SP2 en un CD es práctico pero recomiendo ir un poco más allá: crear un CD de instalación que incluya XP y la actualización SP2. Nos alegraremos de tenerlo si tenemos que volver a instalar XP. En la página Web Tom's Hardware encontraremos instrucciones en `http://snipurl.com/Tom_CD`. El proceso es relativamente sencillo (a menos que seamos uno de esos desafortunados usuarios que usan un disco de restauración con una imagen de XP en lugar de los archivos reales). No pasa nada por usar el CD de restauración personalizado de XP/SP2; si no funciona, nos podemos poner en contacto con el fabricante del PC y quejarnos enérgica y furiosamente.

Tutorial sobre el cortafuegos de P2

El cortafuegos integrado en SP2 es bueno, pero yo prefiero ZoneAlarm de Zone Labs. Ambos son gratuitos, pero ZoneAlarm ofrece mucho más. ZoneAlarm nos hace automáticamente invisibles a los hackers (se llama Stealth Mode). Y, a diferencia del cortafuegos de SP2, ZoneAlarm detecta (y nos permite detener) las comunicaciones salientes, lo que evita que un programa (o peor aún, un troyano o un virus) envíen detalles sobre nosotros y nuestro PC a Dios-sabe-quien.

Yo uso ZoneAlarm Pro, un producto de 49,95$ que está repleto de funciones adicionales para protegernos. Por ejemplo, evita que hagamos clic accidentalmente en un archivo adjunto lleno de virus, bloquea anuncios y cookies, y no permite que los virus envíen correo a través de nuestro PC. La función Outbound MailSafe bloquea el correo saliente si se cumple cualquiera de las condiciones parecidas a las producidas por un virus: demasiados correos electrónicos enviados a la vez, un mensaje que tiene demasiados receptores o que el remitente del correo no seamos nosotros. Podemos conseguir una copia de 15 días prueba de la versión Pro, o la versión "ligera" gratuita en la página Web `http://snipurl.com/ZAPro_trial`.

Quizás piense que si un cortafuegos es bueno, dos serán mejores. Incorrecto. Debemos usar el cortafuegos de SP2 o un paquete independiente. En caso contrario, los dos entrarán en conflicto y tendremos cuadros de diálogo apareciendo continuamente. No es agradable, se lo aseguro. Si decidimos seguir con el cortafuegos de SP2, sacrifique media hora y revise el valioso tutorial del Microsoft:

❑ **Introducción:** `http://www.microsoft.com/spain/windowsxp/using/security/internet/sp2_wfintro.mspx`.

❑ **Usar la pestaña Excepciones:** `http://www.microsoft.com/spain/windowsxp/using/security/internet/sp2_wfexceptions.mspx`.

❑ **Configurar el cortafuegos:** `http://www.microsoft.com/spain/empresas/seguridad/articulos/fwgrppol.mspx`.

3. Problemas con Internet

Es evidente que Internet ha revolucionado el mundo, pero hay muchas cosas de ella que sacan a la gente de sus casillas, y con razón. Como visitar una página Web y descubrir que ha cambiado nuestra página de inicio sin nuestro permiso. Como iniciar Internet Explorer y descubrir que a veces se inicia con una ventana maximizada y otras veces... no. Como enfrentarse a anuncios emergentes, modificar nuestras páginas favoritas y mucho más. Dejemos a un lado el Valium y pasemos la página. Descubriremos más de 40 trucos que desenmarañan y dinamizan la navegación (con Internet Explorer y Netscape), desencadenan Google, obligan a AOL a obedecernos, hacen IMing accesible y divertido, y en definitiva, convierten la experiencia con Internet en algo libre de molestias.

Problemas con la navegación

Evite los ojos cansados dejando Flash

El problema: Macromedia Flash permite a los creadores de páginas Web crear animaciones, películas y elementos interactivos en una página Web. También permite a los diseñadores crear cosas realmente molestas, incluyendo anuncios impertinentes. ¿Cómo puedo detener a Flash Player?

La solución: Si las animaciones Flash nos irritan realmente, tenemos dos opciones:

❑ Podemos desinstalar Flash Player. Pero no es tan fácil como podría esperarse; no lo encontraremos en Agregar/quitar programas. Encontraremos un desinstalador de Player en `http://snipurl.com/remove_player`. Si el desinstalador no funciona, `http://snipurl.com/remove` ofrece instrucciones para eliminar manualmente Flash Player, es decir, el control ActiveX de Flash Player ActiveX (si usamos Internet Explorer) y el complemento de Flash Player (si usamos Netscape, Opera o Mozilla).

❑ Una solución mejor es usar un producto de filtrado de Web, como Proxomitron, un programa que podemos descargar en `http://www.anayamultimedia.com`. Proxomitron sustituye los elementos Flash por un sencillo hipervínculo, que podemos usar si queremos ver la animación. Y hace mucho más, incluyendo el bloqueo de ventanas emergentes, evitar que se reproduzcan los GIF animados, gestiona los marcos, evita los script y applet, etc. Podemos aprender mucho sobre las posibilidades de Proxomitron en `http://snipurl.com/prox_scripts`.

Vídeos Flash

Knowledge Emporioum de XDude ofrece algunos de los mejores vídeos Flash de la Web. Veamos la titánica lucha de XDude contra el sistema bancario en The Dough y prestemos especial atención a su creatividad y programación en (`http://www.xdude.com`).

Poner Flash en espera

Si el truco de "Evite los ojos cansados dejando Flash" le parece demasiado complicado (o si cree que Proxomitron se parece algo sacado de *El dormilón* de Woody Allen), hay otra solución. Para un alivio instantáneo, pasemos a TurnFlash. Cada vez que llego a un sitio con un molesto anuncio en Flash, un rápido clic en el icono TurnFlash de la barra de tareas de Windows desactiva el componente Flash.
No es necesario instalarlo; basta ejecutar el programa y aparecerá en la barra de tareas, listo para trabajar (en Windows NT, 2000 y XP, debemos tener permiso para escribir en las claves de registro de Internet Explorer para que funcione TurnFlash). Un pequeño inconveniente es que para ver el cambio, debemos abrir una nueva ventana de Internet Explorer. Encontraremos una copia de TurnFlash en `http://www.anayamultimedia.com`.

Hacer del PC una zona sin anuncios

El problema: Mientras espero sentado a que se cargue otra página Web, me quedo mirando a la multitud de anuncios que, por supuesto, se cargan en primer lugar. Odio cómo los anuncios abarrotan las páginas Web, el parpadeo, las luces y los giros. Los más odiosos, incluso ocupan una buena parte de mi ancho de banda, compitiendo con el resto de elementos que intenta mostrar la página Web.

La solución: Muchos productos bloquean los anuncios y muchos funcionan muy bien. Pero voy a recomendar dos porque los he usado y sé que pueden hacer el trabajo:

AdSubtract

Es mi primera línea de defensa contra los anuncios. La versión SE es gratuita, pero se limita a bloquear los anuncios de cinco sitios que especifiquemos. Yo uso la versión de 30 $ por muchas razones. Aparte de detener los anuncios y los anuncios emergentes de cualquier número de sitios, AdSubtract de InterMute también evita las ventanas emergentes, detiene los applets de Java y JavaScripts, filtra dos tipos de cookies, detiene las molestas animaciones y evita la música de fondo. La pestaña Filters de la utilidad, que se muestra en la figura 3.1, es donde establecemos nuestras preferencias, en la sección Annoyances. Podemos establecer un número ilimitado de páginas Web, cada una configurada de forma diferente. Encontraremos la versión gratuita en `http://www.anayamultimedia.com`.

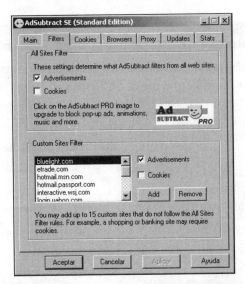

Figura 3.1. He configurado AdSubtract Pro para que bloquee toda la publicidad, las animaciones mensajes emergentes, JavaScript y cookies, pero puedo configurar sitios específicos individualmente para permitir ciertas molestias.

WebWasher

Este programa es absolutamente gratuito y tiene más funciones (y es más configurable) que AdSubtract. WebWasher elimina anuncios, devuelve cookies y bloquea ventanas emergentes. A primera vista, WebWasher es fácil de usar, pero a medida que nos adentramos en las opciones y configuramos la herramienta para diferentes sitios Web, quizás necesitemos ayuda. Encontraremos prácticos tutoriales en la página WebWasher Workshop, en `http://snipurl.com/webwasher_help`. Podemos descargar el programa en `http://www.anayamultimedia.com`.

Contraespionaje para el escurridizo spyware

El problema: El otro día tuve una desagradable sorpresa. Mi amigo se acercó a mi casa y vio mi colorido cursor. Dijo que era Comet Cursor y que era spyware; dijo que debería desinstalarlo inmediatamente. Aparte de la molestia de tener spyware en mi equipo, ahora no puedo librarme de Comet Cursor; sigue reapareciendo.

Derrotar a los secuestradores del navegador

Odio cuando el spyware modifica mi página principal, la página predeterminada o añade un objeto de ayuda al navegador malintencionado al sistema. Detengamos a los secuestradores antes de que toquen nuestro PC con Browser Hijack Blaster. Esta herramienta está vigilante en segundo plano, nos avisa de los cambios en Internet Explorer y nos permite volver a la configuración original. Podemos conseguir una copia en `http://snipurl.com/hijack_blaster`.

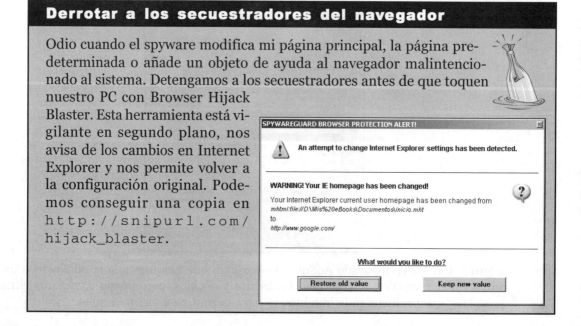

La solución: El spyware registra nuestro comportamiento en Internet y envía informes a Dios-sabe-quién con el único propósito de describirnos, probablemente para incluir una publicidad más personalizada en nuestra navegación. Algún día, nosotros también nos encontraremos con un sitio que intente instalar Comet Cursor, un programa que convierte nuestro cursor en una cometa, un gato u otro animal. Es bonito, pero según Richard Smith de la Privacy Foundation, también está subrepticiamente vigilando nuestra actividad en Internet. Peor aún, los marcadores telefónicos ("Connect2Party" y "The Dialer" son dos muy comunes) que desconectan silenciosamente el módem y lo reconectan mediante un número internacional de larga distancia. Obtendremos una gran factura telefónica con precios de llamada lo suficientemente altos como para proporcionar el PNB de un país del tercer mundo. El spyware es una práctica empresarial despreciable, pero disponemos de dos estupendas (y gratuitas) herramientas para contraatacar.

Ad-Aware

Esta herramienta detecta y elimina el spyware de nuestro disco duro. El programa es de fácil uso y elimina spyware como Aureate/Radiate, Comet Cursor, Cydoor, Doubleclick, EverAd, Flyswat, OnFlow, TimeSink y otros. Hay una copia disponible en `http://www.anayamultimedia.com`.

Spybot Search & Destroy

Es similar a Ad-Aware; encuentra y elimina spyware (véase la figura 3.2, superior). Pero Spybot ofrece muchas más funciones avanzadas, como examinar ActiveX, objetos de ayuda para el navegador, archivos huésped y otros elementos mágicos. Mientras escribía este libro, Spybot señaló Download Accelerator Plus de SpeedBit, un programa que estaba probando. Imagine mi sorpresa cuando investigué Speedbit y descubrí esta frase: "SpeedBit podría recabar información de contactos y otra información personal (como nombre de usuario, dirección de correo electrónico, país y código postal" (véase la figura 3.2, inferior). Podemos descargar Spybot en la Web `http://www.anayamultimedia.com`.

Abrir nuevas ventanas del navegador a nuestro gusto

El problema: Cuando hago clic en el vínculo de una página Web, a veces tengo que mirar bajo otras ventanas para encontrar la página. A veces la página se abre en una ventana maximizada, a veces en una ventana minimizada y a veces en una fina línea a lo largo de la parte superior de la pantalla. ¿Qué está pasando?

La solución: Abrimos Internet Explorer, mantenemos pulsada la tecla **Mayús** y hacemos clic en un vínculo, lo que hace que la página vinculada se abra en una nueva ventana. Encontramos la nueva ventana y establecemos su posición y tamaño (pero sin maximizar la venta-

El ordenador personal

na). Volvemos a la página original y la cerramos. A continuación cerramos la segunda ventana.

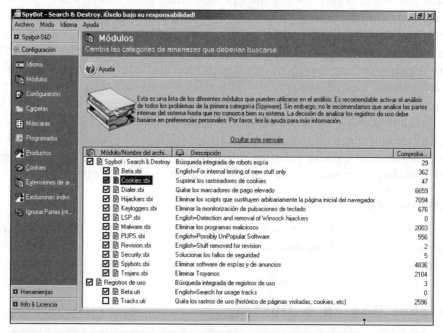

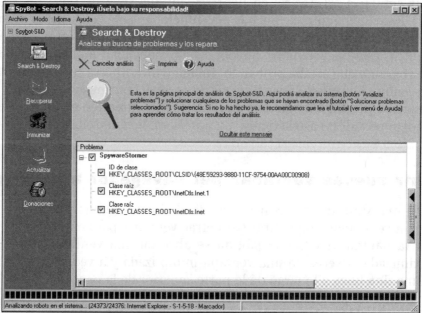

Figura 3.2. Superior: Además del spyware, Spybot busca y elimina marcadores telefónicos, keyloggers, troyanos, cookies de seguimiento y otros programas dañinos. Inferior: Mientras escribía este libro, Spybot atrapó un programa spyware de seguimiento en mi PC y rápidamente lo envió al cubo de los desperdicios.

¿Y esto de qué sirve? Cuando cerramos la última ventana abierta de Internet Explorer, Windows almacena su tamaño y posición en el registro. Internet Explorer usará esa información la próxima vez que lo usemos y abramos ventanas secundarias durante la sesión. Si las ventanas siguen apareciendo en posiciones extrañas, probablemente sea debido a que la última ventana de IE existente era una ventana emergente con un tamaño extraño. Aparte de, en primer lugar, usar un bloqueador de ventanas emergentes para evitar que las malditas cosas se abran, debemos asegurar que la última ventana que cerramos tiene el tamaño y la posición adecuados. Si queremos que todas las ventanas aparezcan maximizadas, hay otra solución: abrimos Internet Explorer y estiramos la ventana hasta que ocupe toda la ventana (sin hacer clic en el botón de maximizar). A continuación, cerramos la ventana del navegador y, en el futuro, Internet Explorer se abrirá a pantalla completa.

¿La mejor solución para que las ventanas sigan maximizadas? IE New Window Maximizer, una utilidad gratuita que maximiza cada nueva ventana de Explorer. Con una tecla que designamos, Maximizer también nos permite ocultar e incluso cerrar todas las ventanas de Internet Explorer. Podemos descargar una copia desde `http://www.anayamultimedia.com`. Hay otra solución para olvidarnos de las ventanas del navegador: usar un navegador que admita ventanas con pestañas. Opera tiene esta capacidad integrada, pero varios programadores externos han creado complementos para Explorer que ofrecen una interfaz que admite varios documentos, como el gratuito Avant Browser en `http://www.anayamultimedia.com`, que se muestra en la figura 3.3.

Figura 3.3. Podemos mejorar IE con ventanas con pestañas, gracias a Avant Browser.

Detengamos las ventanas emergentes

Cómo me gustaría pasar cinco minutos con el imbécil que creó la publicidad emergente. Los anuncios de Internet son molestos, pero los anuncios emergentes son muchísimo peor. Están en todas partes y no aceptan un no por respuesta. Aunque es verdad que un anuncio emergente puede ser un precio barato por un contenido gratuito, algunos sitios exageran con cientos de ventanas emergentes, ventanas emergentes en segundo plano...

Una forma sencilla de bloquear a estos intrusos es con la función Bloqueador de pop-ups de la barra de herramientas de Google (ver figura). Basta con hacer clic en el botón **Opciones** y hacer clic en el cuadro Bloqueador de pop-ups. También disponemos de IHatePopups, un inteligente bloqueador que puede diferenciar entre las buenas y malas ventanas emergentes de una página. Por ejemplo, un archivo de ayuda podría tener un vínculo legítimo que abriera otra pequeña ventana. IHatePopups lo reconocería como una "buena" ventana emergente. Podemos conseguir una copia de la versión de prueba y decidir por nosotros mismos. Si estamos usando Netscape, podemos obtener Pop-Up Stopper, una herramienta gratuita de Panicware. Ambos están disponibles en `http://www.anayamultimedia.com`.

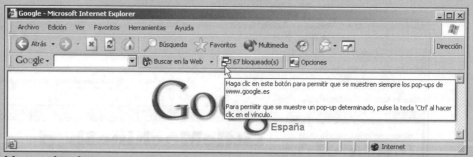

El bloqueador de ventanas emergentes gratuito de Google hace un trabajo ejemplar deteniendo todo tipo de ventanas emergentes. Podemos conseguir la barra de herramientas en http://www.anayamultimedia.com.

Ojear las ventanas de IE abiertas

IEScroll de Brett Bartholomew, es como tener **Alt-Tab** sólo para Internet Explorer. Instalamos IEScroll, pulsamos la tecla **Bloq Desp** para pasar a la siguiente ventana de Internet Explorer abierta. La herramienta gratuita está disponible en la Web `http://www.anayamultimedia.com`.

Activar y desactivar el proxy del navegador

Cuando llevamos nuestro portátil de viaje, probablemente pasemos mucho tiempo modificando la configuración del proxy de Internet Explorer para poder conectarnos a la LAN de un cliente o a la línea de Internet de un hotel. ProxyPal es una herramienta gratuita que podemos añadir a la barra de herramientas de Internet Explorer para activar o desactivar instantáneamente el proxy de nuestro navegador. Para que un cambio en el proxy tenga efecto, debemos cerrar y volver a abrir Internet Explorer. Encontraremos ProxyPal en `http://www.anayamultimedia.com`.

Ser más listo que la opción del navegador de Outlook

El problema: Cuando hago clic en un vínculo de un mensaje de correo de Outlook, en lugar de abrir una nueva ventana del navegador, utiliza una ventana existente. Está bien (suelo tener demasiadas ventanas abiertas) pero parece escoger una ventana al azar. O, peor aún, ¡escoge malvadamente la ventana que menos me gustaría que usase! Tampoco pone la ventana en primer plano, de modo que ahí estoy yo, de nuevo buscando entre los botones de mi barra de tareas, buscando la ventana de Internet Explorer correcta.

La solución: La selección de ventana no es completamente al azar. Outlook normalmente selecciona la última ventana de Internet Explorer activa. Armados con esta información, podemos controlar qué ventana vamos a usar, pero sólo para la sesión actual. Pasamos a la ventana de Internet Explorer que queremos reemplazar, pasamos a Outlook y hacemos clic en el vínculo del mensaje.

Los usuarios de Outlook 2003 no tienen que enfrentarse a este problema; los vínculos se abren en una nueva ventana del navegador en lugar de secuestrar una ventana existente. ¿Por qué tarda tanto Microsoft en hacer esto bien?

El problema de las páginas sin imágenes

El problema: Hay algunas imágenes estupendas en la Web, pero algunas imágenes no aparecen en las páginas Web que visito. En su lugar, aparece una **X** roja o un pequeño icono donde se supone que debe aparecer la imagen.

La solución: Algunas circunstancias pueden evitar que aparezcan las imágenes:

❏   Hay un atasco en el servidor de la Web o en alguna parte de las millas de cables entre el servidor Web y el navegador. Podemos intentar actualizar la página (pulsando **F5** o haciendo clic en el botón **Actualizar** de la barra de herramientas). Pero probablemente ya lo hayamos hecho.

❑ Algo falla en el servidor Web. La imagen podría no estar en el servidor, o el programador que creó la página Web podría hacer puesto mal la ruta hasta la imagen.

❑ Internet Explorer podría estar configurado para que no muestre imágenes; una configuración habitual para las personas con conexiones lentas, que no quieren perder tiempo descargando imágenes (si está opción está activa, podemos mostrar imágenes de forma selectiva haciendo clic con el botón derecho del ratón en la **X** o el icono y seleccionando Mostrar imagen). Para deshacer esta configuración en Internet Explorer, seleccionamos Herramientas>Opciones de Internet. Hacemos clic en la pestaña Opciones avanzadas y en la sección Multimedia, marcamos la casilla Mostrar imágenes para que aparezcan las imágenes.

❑ Un valor erróneo en el registro de Windows está evitando que aparezcan las imágenes. Solucionarlo es fácil, incluso para los que son reticentes a entrar en el registro (antes de modificar el registro, hagamos una copia de seguridad siguiendo las instrucciones de "¿Qué es el registro?", en el capítulo 2). Seleccionamos Inicio>Ejecutar, escribimos `regedit` y pulsamos **Intro**. En el editor del registro, nos dirigimos a `\HKEY_CLASSES_ROOT\.gif`. En el panel derecho, hacemos clic en el elemento Content Type; su valor debería ser `image/gif`. A continuación, comprobamos `\HKEY_CLASSES_ROOT\.jpg`; Content Type debería tener el valor `image/jpg` o `image/jpeg`. Para obtener más información sobre esta solución, podemos examinar el artículo de Microsoft Knowledge Base 307239 (¿no sabe llegar a los artículos de Microsoft Knowledge Base? Lea el siguiente tema).

Un camino más rápido al conocimiento de Microsoft

El problema: Hablando de Microsoft Knowledge Base, ¿ha notado cuántos pasos se necesitan para encontrar un documento determinado? Supongamos que sabemos el número del artículo que queremos y acudimos a `http://support.microsoft.com`. Tendremos que encontrar y hacer clic en el vínculo Id. de artículo, escribir el número de artículo y hacer clic en la flecha verde. Y como (sorpresa, sorpresa) las páginas de ayuda de Microsoft tienen una gran cantidad de tráfico, estas páginas tienden a cargar muy lentamente.

La solución: Si usamos Windows XP e Internet Explorer, hay un truco práctico que podemos usar. Una vez que lo hayamos configurado, podremos ir directamente al artículo de Knowledge Base escribiendo `mskb`, seguido del número de artículo en el campo de dirección de Internet Explorer y pulsando **Intro**. Por ejemplo, podríamos escribir `mskb 307239` para ir directamente al artículo sobre la gran **X** roja que aparece en lugar de una imagen.

En primer lugar, descargamos e instalamos Tweak UI para Windows XP, uno de los PowerToys gratuitos de Microsoft, que podemos descargar de `http://www.anayamultimedia.com`. A continuación, seguimos estos pasos:

1. Seleccionamos Inicio>Todos los programas >Powertoys for Windows XP>TweakUI.

2. En el panel izquierdo, expandimos el elemento Internet Explorer y seleccionamos la categoría Search.

3. Hacemos clic en el botón **Create** de la derecha.

4. En el campo Prefix, escribimos `mskb` (véase la figura 3.4).

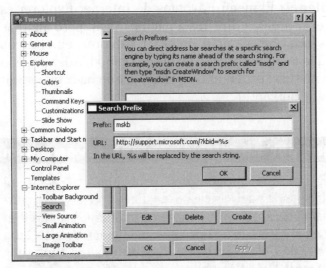

Figura 3.4. Configurar Search Prefix de Tweak UI nos permite escribir un alias seguido de información adicional en la barra de dirección de Internet Explorer, en lugar de un complicado URL. La información adicional se sustituye por las %s del URL que hemos establecido en Tweak UI para usarse como alias.

5. En el cuadro URL, escribimos `http://support.microsoft.com/?kbid=%s`.

6. Hacemos clic en **Aceptar** en el cuadro de diálogo Search Prefix y hacemos clic en **Aceptar** en la ventana de Tweak UI para cerrar el programa y aplicar los cambios.

Esta función de Tweak UI está realmente destinada para enviar consultas a motores de búsqueda. Realizando una búsqueda en nuestro motor de búsqueda favorito y examinando el URL que se genera, normalmente podremos descubrir cómo crear un atajo adecuado para la barra de dirección de IE. Por ejemplo, podríamos crear una búsqueda básica de Google introduciendo `http://www.google.com/search?&q=%s` como URL y asignando un prefijo corto, como `g`. Podrían encontrar las columnas de Home Office escribiendo `g steve bass pcworld` en la barra de dirección.

Truco

En Internet Explorer, usamos **Alt-D** para seleccionar la barra de dirección sin usar el ratón.

Todos nuestros favoritos, siempre

El problema: El menú Favoritos de Internet Explorer es un lugar maravilloso para almacenar accesos directos a páginas Web, pero algunas de sus características me vuelven loco. Por ejemplo, Internet Explorer, en el menú Favoritos, oculta los elementos que no se han usado en cierto tiempo. Además, el orden de los elementos en el menú no tiene orden ni concierto, lo que hace que sea más difícil encontrar el sitio que estoy buscando.

Navegar por nuestras páginas favoritas más rápido

Si navega por Internet como yo, probablemente visite la misma docena de páginas casi cada día. Como soy una persona aficionada al teclado y prefiero mantenerlas en él en lugar de en el ratón, uso el programa de macros de teclado Hot Chime, de Chime Software. Esta utilidad gratuita nos permite usar la tecla **Pausa** (es una pequeña parte que está en la parte superior derecha del teclado, junto a la tecla **Bloq Despl**) y escribir una letra o frase predefinida para ir directamente a un sitio. Por ejemplo, pulsando **Pausa** y luego **S** llego a SnipURL, el sitio que uso para crear los vínculos abreviados del libro. También uso Hot Chime para iniciar los programas más usados desde el teclado, estableciendo las letras **"xl"** para iniciar Microsoft Excel. El programa se puede descargar desde `http://snipurl.com/chime`.

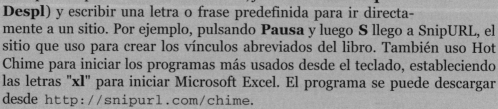

La solución: Para ver los elementos ocultos, hacemos clic en la flecha que hay en la parte inferior del menú o simplemente, tenemos paciencia: en unos segundos Internet Explorer se dará cuenta de nuestra confusión y mostrará los elementos ocultos. Pero también podemos cambiar este comportamiento de IE seleccionando Herramientas>Opciones de Internet y haciendo clic en la pestaña Opciones avanzadas. En Examinar, marcamos la casilla Habilitar el menú Favoritos personalizado.

El orden en el que Internet Explorer coloca los elementos en el menú Favoritos puede ser un misterio, pero es muy sencillo asignar el orden que queremos:

❑ Para colocar los elementos en orden alfabético, abrimos el menú Favoritos (sin hacer clic en la barra de Explorer), hacemos clic con el botón derecho del ratón en cualquier parte del menú, por debajo de las dos primeras opciones de menú, y seleccionamos Ordenar por Nombre. No importa en qué carpeta o vínculo hagamos clic con el botón derecho del ratón; Internet Explorer ordenará todas las carpetas en orden alfabético, seguidas por todos los vínculos en orden alfabético. Ordenar por Nombre funciona solamente en el nivel de menú en el que nos encontremos; no ordena los elementos de otras subcarpetas. Para ello, tendremos que abrir la subcarpeta en cuestión y hacer clic con el botón derecho del ratón en cualquier elemento de esa subcarpeta.

❑ Igual que podemos hacer con el menú Inicio de Windows, podemos arrastrar los vínculos y las carpetas al menú Favoritos. Una barra negra indica dónde se ubicará el elemento cuando soltemos el botón del ratón. Con un poco de práctica, podremos soltar también elementos en las subcarpetas. Podemos arrastrar elementos manteniendo pulsado el botón izquierdo o derecho del ratón; si usamos el derecho aparecerá un menú emergente que nos permitirá mover o copiar nuestra página favorita en una nueva ubicación.

Yo suele usar primero el orden alfabético, para ordenarlo todo y luego muevo los elementos más usados a una posición más destacada. Me proporciona, aunque sea por un breve momento, una sensación de poder sobre Microsoft. La victoria puede ser breve, ¡pero no me rendiré!

Eliminar los vínculos rotos de nuestro menú Favoritos

El problema: Mi menú Favoritos es más largo que mi brazo. El problema es que varios vínculos apuntan a sitios que ya no existen. Comprobarlos y borrarlos manualmente es una tarea aburrida y que consume mucho tiempo.

La solución: Varios programas gratuitos o económicos pueden detectar y duplicar vínculos. Yo he usado satisfactoriamente AM-DeadLink (véase la figura 3.5), que podemos descargar de http://snipurl.com/am_deadlink. AMDeadLink gestiona nuestros favoritos (marcadores) para Netscape y Opera, además de para Internet Explorer.

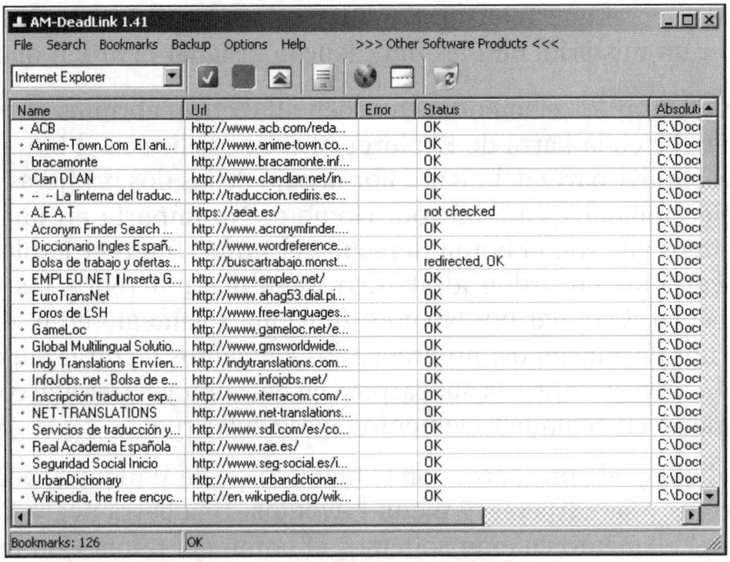

Figura 3.5. AM-DeadLink comprueba todos los vínculos de la carpeta Favoritos y nos permite borrar los que no funcionan.

Conseguir una imagen grande a la primera

El problema: Cada vez que Internet Explorer muestra una imagen o gráfico grande, reduce la imagen para que entre en la ventana. Si esperamos lo suficiente y mantenemos el puntero del ratón en el lugar adecuado en el momento justo, aparecerá un botón en la esquina inferior derecha, si hacemos clic en él se agrandará el tráfico. ¿Por qué tenemos que hacer todo este estúpido baile cada vez que queremos ver una imagen grande?

La solución: Esta supuesta "función", que apareció en Internet Explorer 6, es razonablemente útil para mostrar imágenes grandes; automáticamente reduce la imagen para que se ajuste a la ventana y continuamente cambia el tamaño de la imagen a medida que cambiamos el tamaño de la ventana. Pero es molesto si miramos volcados de pantalla o gráficos que contienen texto, que se vuelven ilegibles cuando se reduce la imagen.

Antes de modificar IE, quizás baste con maximizar la ventana de Internet Explorer. ¿Necesitamos más espacio en pantalla? Pulsamos **F11** (o seleccionamos Ver>Pantalla completa) para eliminar todos los bordes de ventana, la barra de tareas y otros elementos de relleno. Obtendremos aún más espacio haciendo clic con el botón derecho del ratón en la barra de herramientas y seleccionando Ocultar automáticamente; la barra de herramientas aparecerá solamente cuando no movamos el puntero del ratón en la parte superior de la pantalla. Si, después de todo esto, queremos ver la imagen con su tamaño original, colocamos el puntero del ratón sobre el gráfico y no lo movemos. En unos segundos, aparecerá un botón en la esquina inferior derecha, hacemos clic en él para qué el gráfico aparezca con su tamaño original.

Si no nos gusta esta función, acudimos a Herramientas>Opciones de Internet y hacemos clic en la pestaña Opciones avanzadas. Nos desplazamos hasta la sección Multimedia y deseleccionamos la casilla Habilitar cambio de tamaño automático (véase la figura 3.6).

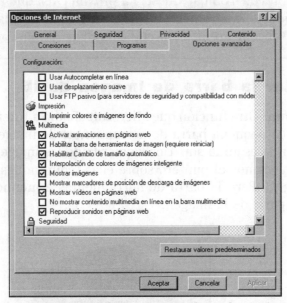

Figura 3.6. ¿Cansado de que Internet Explorer reduzca las imágenes para que entren en la ventana? No tenemos por qué aguantarlo. Sólo hay que deseleccionar la casilla Habilitar cambio de tamaño automático en la pestaña Opciones avanzadas de Herramientas>Opciones de Internet.

Eliminar los aburridos iconos de IE

El problema: Los iconos de Internet Explorer en Favoritos sólo son el aburrido emblema de la "e" azul de Microsoft. Yo preferiría casi cualquier cosa en lugar de esos pequeños logotipos que me recuerdan lo mucho que me gasto en productos de Microsoft.

La solución: Hacemos clic con el botón derecho en la lista de favoritos, seleccionamos Propiedades, hacemos clic en el botón **Cambiar icono** y en el botón **Examinar**, hacemos clic en cualquier archivo EXE o ICO. Probablemente veremos un icono (pero quizás no; no todos los EXE incluyen iconos). Cuando encontremos un icono que nos gusta, hacemos clic en **Aceptar** dos veces.

Un clic para recuperar las barras de herramientas de IE

Estamos recorriendo Internet cuando, de repente, nuestra meticulosamente configurada barra de herramientas de Internet Explorer aparece revuelta. La barra de dirección, vínculos, botones (incluso la barra de Google), han cambiado de lugar. La solución: volver a poner en orden la barra de herramientas de Internet Explorer y guardar su configuración con Toolbar Chest. La próxima vez que se descoloque la barra de herramientas, podremos sonreír mientras la utilidad la vuelve a colocar con un clic. Encontraremos una copia en `http://snipurl.com/bartdart`.

Deshabilitar la barra de imagen de IE

El problema: Otra función que Microsoft añadió a Internet Explorer 6 es la pequeña barra de herramientas de imagen, que aparece en la esquina superior izquierda de las imágenes cuando colocamos el puntero sobre ellas (como muestra la figura 3.7). Pero la barra de herramientas a menudo tapa la mejor parte de la imagen.

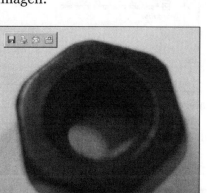

Figura 3.7. La barra de herramientas de imagen, que aparece delante de las imágenes puede ser muy molesta.

El si está cerca: la última página de Internet

¿Pasa muchas horas navegando por la red todos los días? ¿Quiere parar? En ese caso, visite esta página: `http://snipurl.com/last_page`.

La solución: Es cierto, pero la barra de herramientas de imagen tiene algunas funciones muy prácticas. Los primeros tres botones nos permiten guardar, imprimir o enviar por correo electrónico la imagen (el cuarto es algo tonto; sólo abre la carpeta Mis Imágenes). Sin embargo, estas cuatro funciones están disponibles a partir del menú que aparece cuando hacemos clic con el botón derecho del ratón en una imagen, por lo que eliminar esta barra de herramientas no es una gran pérdida. Para librarnos de la barra, seleccionamos Herramientas>Opciones de Internet, hacemos clic en la pestaña Opciones avanzadas y deseleccionamos la casilla Habilitar barra de herramientas de imagen (requiere reiniciar). Salimos y reiniciamos Internet Explorer.

La barra de herramientas de imagen que desaparece

¿De modo que le gusta la barra de herramientas de imagen, pero le molesta que no siempre aparezca? Llámelo discriminación, pero la barra de herramientas de imagen es remilgada y no aparece si la imagen tiene menos de 200 x 200 píxeles. Tendremos que hacer clic con el botón derecho en la imagen para acceder a las mismas funciones que ofrece el menú emergente.

Pero esa es la forma complicada. Sólo la he mencionado para que aprecie aún más el siguiente truco. Si la barra de herramientas de imagen aparece, hacemos clic con el botón derecho del ratón en ella y seleccionamos Deshabilitar barra de herramientas de imagen (véase la figura 3.8). Internet Explorer nos preguntará si queremos perder la barra de herramientas para siempre o sólo durante la sesión actual. Si seleccionamos **Siempre**, podremos recuperar la barra de herramientas con una visita a las opciones de Internet, como se explicó anteriormente.

Lo que vemos no es lo que nos dan

El problema: Cuando imprimo una página Web desde mi navegador, el resultado muchas veces es inservible. El texto y los gráficos están recortados en el lado derecho e invariablemente termino con una página más, que sólo tiene el menú del final de la página Web.

La solución: Casi todas las páginas Web están diseñadas para aparecer en pantalla, no para ser impresas. Dependiendo de cómo esté codificada la página, el texto y otros elementos podrían ajustarse a la anchura de la página, de forma parecida a la función del ajuste de línea de cualquier procesador de palabras. Pero muchas páginas Web usan columnas fijas; mantienen su anchura incluso si eso significa imprimirse más allá del borde del papel. No hay una forma fácil de saber si una página Web se va a imprimir correctamente. Pero hay algunas soluciones:

❑ Buscar en la página Web un vínculo que diga "versión para imprimir" (normalmente la encontraremos en sitios de periódicos y revistas, como `PCWorld.com`). La versión para imprimir normalmente no incluye la publicidad, las barras de navegación y los colores que no se pueden imprimir; agrupa todas las partes de un artículo de varias páginas en una sola página Web; y está codificado para que el texto se ajuste a los márgenes del papel.

❑ Usar la función de vista previa de impresión del navegador para que podamos discernir rápidamente espacios vacíos o páginas inútiles. Tras esto, hacemos clic en el botón **Imprimir** e introducimos el rango de páginas que queremos imprimir en el campo Páginas.

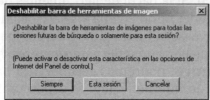

Figura 3.8. Superior: ¿La barra de herramientas de imagen nos distrae? Hacemos clic con el botón derecho para deshabilitarla. Inferior: Cuando aparezca el cuadro de diálogo, podemos decidir si enviarlo al cubo de los desperdicios durante esta sesión (o para siempre).

También podemos obligar a la página Web a comportarse como una página impresa:

❑ En la pantalla de Vista preliminar, hacemos clic en el botón **Configurar página** (o pulsamos **Alt-N**). Si necesitamos un poco más de anchura, ajustamos los márgenes. Para obtener más anchura, cambiamos a la orientación apaisada. Esto suele eliminar la mayoría de los problemas que da el texto cortado.

❑ Si la página tiene marcos, aparecerá un menú desplegable a la izquierda del menú Ayuda, que se encuentra en la parte superior de la ventana de vista previa, que nos permitirá imprimir cada marco en una página diferente (seleccionamos Todos los marcos individualmente, en lugar de Como aparece en pantalla). A continuación nos desplazamos por el documento y decidimos qué páginas queremos imprimir. Hacemos clic en el botón **Imprimir** y especificamos el rango de páginas a imprimir.

Guardar imágenes sin la barra de herramientas Imagen

Por supuesto, cuando queremos guardar una imagen de una página Web, basta con hacer clic con el botón derecho del ratón en ella y seleccionar Guardar imagen como. Hay más: hacer clic con el botón derecho del ratón también nos permite adjuntar la imagen a un correo electrónico o enviarla a la impresora.

Solución rápida para los artículos con varias páginas

El problema: A menudo veo artículos en páginas Web que me gustaría imprimir. Pero algunos artículos ocupan dos o tres páginas, lo que me obliga a encontrar y hacer clic en el vínculo "Siguiente página" para seguir leyendo. Sé que sólo es un truco para obligarme a ver más anuncios ¿verdad?

La solución: Tener que pasar el largo procedimiento para imprimir cada página cuando queremos imprimir algo es un auténtico tormento. Peor aún, los deslumbrantes anuncios de cada página beben tinta de impresora o cartuchos de tóner hasta dejarla seca. Aunque no siempre está disponible, debemos buscar un vínculo de "versión para imprimir" en la página. Este vínculo genera una sola página larga (a menudo sin muchos de esos molestos anuncios) que podemos imprimir.

Librarnos de los mensajes automáticos "Sus archivos están adjuntos y listos para enviarse con este mensaje" de IE

El problema: Internet Explorer insiste en añadir "Sus archivos están adjuntos y listos para enviarse con este mensaje" a mi mensaje cada vez que intento enviar una dirección Web usando Herramientas>Correo y noticias>Enviar un vínculo (véase la figura 3.9). Pero aún, hace que el tema sea "Enviando por correo electrónico:" seguido por una parte del nombre del vínculo. ¿Puedo hacer que Internet Explorer sea un poco menos servicial?

La solución: Hay una rápida solución para el registro, de Kelly's Korner (ver cuadro adjunto "Las chapuzas para IE de Kelly"), que añade una opción Email Page cuando hacemos clic con el botón derecho del ratón en un URL de Internet Explorer. El texto del mensaje ahora será simplemente el nombre de la página Web junto con su URL y el tema es sólo el nombre del sitio.

Figura 3.9. Superior: Si encontramos una página Web que queremos enviar a un amigo, Internet Explorer hace que sea fácil hacerlo con Enviar un vínculo. Central: El problema es que Internet Explorer automáticamente añade al mensaje el innecesario (y molesto) "Sus archivos están adjuntos y listos para enviarse con este mensaje". Inferior: hacemos clic en Aceptar para ejecutar el script de Kelly y notaremos la diferencia la próxima vez que intentemos enviar por correo un vínculo de Internet Explorer.

Aviso del antivirus

El antivirus puede volverse loco cuando ejecutamos este programa. Esto se debe a que es un Visual Basic Script (VBS) y los programas antivirus debería avisarnos. Este VBS y otros que aparecen en "Las chapuzas para IE de Kelly" no son malignos, aunque hagan algunos cambios en el registro del sistema.

Las chapuzas para IE de Kelly

Algunos sitios son buenos, pero el de Kelly Theriot es sobresaliente (ver `http://snipurl.com/kellyskorner`). Está repleto con casi 200 modificaciones, trucos, cambios en el registro y utilidades para XP e Internet Explorer; pequeños programas (en realidad, archivos VBScript) que harán nuestra convivencia con el ordenador mucho más fácil y tranquila (ver "Librarnos de los mensajes automáticos 'Sus archivos están adjuntos y listos para enviarse con este mensaje' de IE", por ejemplo). Kelly también proporciona estupendas modificaciones, como:

❏ Si usamos a menudo la Knowledgebase de Microsoft, podemos añadirla a la barra de herramientas de Internet Explorer. Encontraremos la modificación en la línea 176 de `http://snipurl.com/xp_tweaks`.

❏ ¿Preferimos Google como motor de búsqueda principal para Internet Explorer? La modificación está en la línea 18 de `http://snipurl.com/xp_tweaks`.

Revivir al botón Atrás desactivado en IE

El problema: A veces, mientras navego por una página con Internet Explorer, ni el botón **Atrás** ni la tecla **Retroceso** me devuelven a la anterior página Web. En su lugar, sigue reapareciendo la página actual. ¿Es normal?

La solución: Algunas páginas están programadas para situarnos en un bucle que nos devuelva justo a donde ya estamos. Para escapar de estas "redirecciones", hacemos clic en la flecha que hay junto al botón **Atrás** para que aparezca una lista con las últimas nueve páginas que hemos visitado y seleccionamos una de estas entradas anteriores. La alternativa: hacer clic en el botón **Atrás** dos veces rápidamente.

Obligar a IE a actualizar la página

El problema: Cuando actualizo una página Web en IE, espero que se actualice con la última versión. Pero a veces, permanece la misma página en pantalla, aunque sé que la página ha cambiado en el servidor Web.

La solución: Podemos actualizar una página pulsando **F5** o **Control-R**, haciendo clic en el botón **Actualizar** de la barra de herramientas o seleccionando Ver>Actualizar. Esto vuelve a cargar la página en el navegador. Pero para mejorar la velocidad, Internet Explorer no descarga inmediatamente la nueva página cuando le pedimos que actualice una página. En su lugar, comprueba la marca de tiempo de la página en el servidor Web; si concuerda con la marca de tiempo de la página almacenada en el PC, Internet Explorer vuelve a cargar la página del disco duro (y no del servidor Web).

Para obligar a Internet Explorer a volver a cargarse desde un servidor Web, pulsamos **Control-F5** o pulsamos la tecla **Control** mientras hacemos clic en el botón **Actualizar**.

¿Cuánto tiempo tiene esta página Web?

¿Se ha preguntado alguna vez cuando se actualizó por última vez la página Web que está visitando? Aquí tiene un gran truco de Internet Explorer para descubrirlo. En el sitio, escribimos `javascript: alert(document.lastModified)` en el campo de dirección del navegador y pulsamos **Intro**. Aparecerán la hora y fecha de la última actualización en una ventana emergente (ver siguiente imagen).

Recortar las entradas antiguas del autocompletar de IE

La función de autocompletar de Internet Explorer almacena lo que escribimos en los campos de dirección y formularios de las páginas Web. En lugar de introducir las mismas cosas una y otra vez, permitimos a IE completar los espacios en blanco o seleccionar entradas anteriores en un menú desplegable.

Lo que es fastidioso es recorrer una larga lista de entradas antiguas. A continuación explicamos cómo hacer limpieza y recorrer la lista más rápido:

❑ Cuando recorremos una lista con las entradas anteriores de un campo, podemos borrar cualquier entrada que no usemos. Colocamos el puntero del ratón sobre la entrada para seleccionarla y pulsamos la tecla **Supr**.

❑ De vez en cuando tendremos que hacer una limpieza mayor y eliminar toda la lista con entradas de formularios Web: Abrimos Internet Explorer, seleccionamos Herramientas>Opciones de Internet, seleccionamos la pestaña Contenido, seleccionamos **Autocompletar** y hacemos clic en el botón **Borrar formularios**.

❑ Escribimos la primera letra o dos de la entrada que queremos y esperamos un momento; la función autocompletar mostrará solamente las entradas que comienzan con esas letras.

El caso de la barra de estado desaparecida

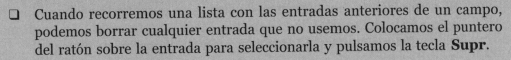

El problema: Me gusta tener la barra de estado en la parte inferior de la pantalla para que, cuando coloque el puntero sobre un vínculo, sepa a dónde lleva. Por alguna razón desconocida, la barra de estado desaparece en IE 6.0; a veces, cuando llego a una nueva página, otras, cuando abro otra sesión de Internet Explorer. Tengo que seguir regresando y seleccionando Ver>Barra de estado para que vuelva a aparecer. ¿Alguna sugerencia?

La solución: Es un fallo conocido en Internet Explorer (y, como están interrelacionados, de Windows Explorer). Hay una solución que se realiza en dos minutos y que hará que nunca volvamos a tener este problema (bueno, ¡hasta que Microsoft publique una nueva versión de Internet Explorer!).

1. Iniciamos Internet Explorer, asegurándonos de que sólo hay una sesión abierta. Hacemos clic en Ver y seleccionamos Barra de estado (si no está ya seleccionado) para hacer que aparezca.

2. Hacemos clic con el botón derecho en un punto vacío de la barra de herramientas de Internet Explorer y seleccionamos Bloquear la barra de herramientas (si no está ya seleccionado) para bloquear la barra de herramientas.

3. Manteniendo pulsada la tecla **Control** hacemos clic en el botón de cierre de Internet Explorer, la "**X**" de la esquina superior derecha de la ventana.

4. Abrimos Windows Explorer, hacemos clic en Ver y seleccionamos Barra de estado (si no está ya seleccionado).

5. Hacemos clic con el botón derecho en un punto vacío de la barra de herramientas de Internet Explorer y seleccionamos Bloquear la barra de herramientas (si no está ya seleccionado).

6. Hacemos clic en Herramientas>Opciones de carpeta>Ver y hacemos clic en el botón **Aplicar a todas las carpetas**. Hacemos clic en **Sí** para confirmar nuestra configuración y en **Aceptar** para cerrar el cuadro de diálogo.

7. Manteniendo pulsada la tecla **Control** hacemos clic en el botón de cierre de Internet Explorer.

8. Para comprobarlo, abrimos Internet Explorer, hacemos clic con el botón derecho del ratón en un vínculo y seleccionamos Abrir en una ventana nueva o Abrir enlace en una ventana nueva.

Enorgullezcámonos de combatir (y reparar) un fallo de Internet Explorer 6.0.

Reclamar nuestra página de inicio en Internet Explorer

¿Podría alguien decirme, por favor, por qué cada vez que actualizo Internet Explorer, cambia mi página de inicio por la de MSN y añade media docena de nuevos elementos a mi barra de vínculos? Nunca me voy a unir a ellos, ni voy a hacer clic en sus vínculos. Jamás. Afortunadamente, recuperar la página de inicio es fácil. Nos dirigimos a la página escogida para ello, seleccionamos Herramientas>Opciones de Internet y hacemos clic en el botón **Usar actual** de la pestaña General (a propósito, podemos librarnos de los entrometidos en la página de inicio haciendo clic en **Usar página en blanco**). ¿Los vínculos añadidos? Basta con abrir el menú Favoritos, hacer clic con el botón derecho del ratón en ellos y seleccionar Eliminar.

¡Hacer que Netscape bloquee las ventanas emergentes!

El problema: Me gusta la forma que tiene Netscape 7 de bloquear la mayoría de las ventanas emergentes. Por desgracia, lo importante es "la mayoría", porque sigo sufriendo las molestas ventanas emergentes de AOL, AIM e incluso el propio Netscape. ¡Vaya birria!

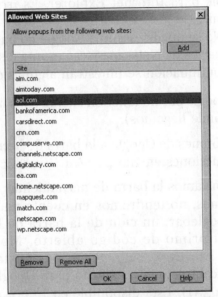

La solución: ¿No le encanta cuando un vendedor anuncia una gran función de su producto, pero por defecto la desactiva? Y en este caso, aunque cambiemos la configuración para eliminar las ventanas emergentes, los bribones nos dejan con una gran cantidad de excepciones (véase la figura 3.10). No es sorprendente; muchos de los sitios indultados son parte del grupo AOL/Time Warner. A continuación mostramos cómo librarnos realmente de las ventanas emergentes.

Figura 3.10. Netscape 7.2 hace un gran trabajo bloqueando ventanas emergentes de publicidad (excepto de compañías que parecen tener una relación con él).

Seleccionamos Edit>Preferences y ampliamos el elemento Privacy & security, a la izquierda. Hacemos clic en Popup Window Controls (Popup Windows en 7.1) y marcamos la casilla Suppress popups ("Block unrequested popup windows" en 7.1); a continuación, hacemos clic en el botón Exceptions ("Allowed Sites" en 7.1) para mostrar el cuadro de diálogo Allowed Web Sites. Hacemos clic en Remove All. Si hay algunos sitios de los que queremos aceptar ventanas emergentes, podemos añadirlas a la lista de excepciones. Hacemos clic en **OK** para cerrar cada cuadro de diálogo.

Reloj mundial pasatiempo

Cuando recibí un correo electrónico de alguien en Nueva Zelanda, me pregunté "¿Qué hora será allí?". En lugar de especular, acudo a TimeTicker (`http://www.timeticker.com`), un ingenioso, aunque muy útil, sitio que calcula la hora en cualquier lugar del mundo (Eh, una pregunta: si en Nueva Zelanda es mañana, ¿podría alguien decirme cómo ha ido la bolsa en los Estados Unidos hoy?).

Si Netscape puede, Google también

El problema: Soy un usuario de Netscape y estoy completamente seguro de que la barra de herramientas de Google sólo está disponible para Internet Explorer. Es irritante y quiero una solución.

La solución: No se puede discutir; Google no ha tenido en cuenta a los usuarios de Netscape y eso es una discriminación evidente. A continuación se muestran algunas opciones:

❏ Demandar a Google por no tener en cuenta a los usuarios de Netscape (y ver hasta dónde llegamos).

❏ Arrastrar los botones de Google a la barra de herramientas de Netscape (encontraremos instrucciones en `http://snipurl.com/google_buttons`).

❏ Si realmente ansiamos la barra de herramientas de Google y no nos conformaremos con menos, no tendremos en cuenta nada de lo dicho y simplemente instalamos Googlebar, un clon de la barra de herramientas de Google para Netscape y su primo de código abierto, Mozilla. Lo encontraremos en `googlebar.mozdev.org`. Si no nos gusta Googlebar, descargaremos GGSearch, un complemento externo para Google que funciona con Netscape (véase la figura 3.11). Está disponible en `http://snipurl.com/ggsearch`.

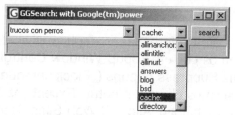

Figura 3.11. ¡Usuarios de Netscape, alegraos! Podemos acceder a una barra de Google que es tan buena como la original.

Devuélvanme Internet Explorer

El problema: He probado un nuevo navegador, no me gustó y lo desinstalé. Posteriormente, cuando hice clic en un vínculo en un mensaje de correo, este (ahora ausente) navegador intentó abrir el vínculo en lugar de Internet Explorer.

La solución: Esta confusión del navegador es habitual. Las buenas noticias son que la solución es sencilla. Para restablecer Internet Explorer como navegador predeterminado, abrimos el programa y hacemos clic en Herramientas>Opciones de Internet. Seleccionamos la pestaña Programas y buscamos la casilla Comprobar si Internet Explorer es el explorador predeterminado cerca de la parte inferior. Marcamos esta casilla, reiniciamos IE y con eso debería bastar.

Este truco podría no funcionar con intérpretes de comandos de Internet Explorer externos, como Maxthon (anteriormente MyIE2). Si es nuestro caso, podemos descargar SetBrowser de Jem Berkes, de `http://snipurl.com/setbrowser` (véase la figura 3.12). Es una utilidad gratuita que usa la fuerza bruta (en realidad, un valor del registro) para hacer que Internet Explorer sea el único.

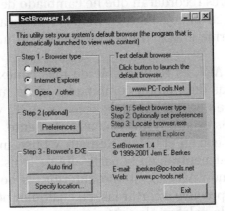

Figura 3.12. ¿Nuestro navegador favorito ya no es el predeterminado? Usando SetBrowser lo recuperaremos.

Conectarse a Net2Phone

El problema: Yo uso Netscape para navegar por Internet, no para hacer llamadas telefónicas a través de Internet. Pero Netscape tiene un botón **Net2Phone** en la barra de herramientas y un elemento Net2Phone en el menú de tareas, ocupando espacio.

La solución: Para eliminar un botón de la barra de herramientas en Netscape 6 ó 7, seleccionamos Edit>Preferences, hacemos clic en Navigator en la ventana Category y deseleccionamos la casilla Net2Phone de Select the buttons you want to see in the toolbars.

Si eliminamos el elemento de menú Net2Phone necesita más trabajo. En primer lugar, cerramos Netscape si está abierto. Acudimos a la carpeta de Netscape (quizás esté en `\Program Files\Netscape\Netscape 6`, aunque estemos usando Netscape 7), abrimos la carpeta `Chrome`, luego la carpeta `Overlayinfo`, luego la carpeta `Communicator` y, por último, la carpeta `Content`. Buscamos el archivo `overlayinfo.rdf` y hacemos una copia de seguridad por lo que pueda pasar. A continuación lo abrimos con Bloc de notas u otro editor de texto y buscamos la línea `chrome://net2phone/content/Net2PhoneTaskMenu.xul` y la borramos. Guardamos `overlayinfo.rdf` e iniciamos Netscape. La barra de herramientas ahora debería aparecer sin Net2Phone.

Conexiones AOL molestas

El problema: Llevo varios años con una cuenta de AOL e incluso cuando obtuve el moderno servicio de cable, la mantuve (principalmente porque nunca conseguiría que la mitad de mis familiares recordaran que he cambiado de dirección de correo electrónico). Pero en demasiadas ocasiones no puedo conectarme a AOL o me desconecto sin una razón aparente.

La solución: AOL es responsable de más conexiones rotas que todas las aerolíneas del mundo combinadas. Si la nuestra se cae frecuentemente, podemos probar con otro número de acceso a AOL, ya que AOL añadirá nuevas (y esperemos que más estables) líneas constantemente. Introducimos la palabra clave `Access`, hacemos clic en el botón **Search** y buscamos el código de zona. Los números nuevos se encuentran en la parte alta de la lista.

Si estamos usando AOL 7.0 o uno anterior, es hora de actualizarse. La versión 8.0 parece menos proclive a cortar las, en cualquier otro caso, estables conexiones a Internet. Usamos la palabra clave `Upgrade`.

Otras soluciones para la mayoría de fallos de conexión de AOL:

❏ **AOL intenta marcar cuando no debería:** Si tenemos una conexión por cable o ADSL, querremos que el programa AOL hable con el servicio mediante esa conexión, no a través del acceso telefónico. Pero el programa puede estar configurado todavía para marcar con nuestro viejo módem; o al menos intentarlo. Para conectar mediante la banda ancha, iniciamos AOL y hacemos clic en el botón **Setup** del cuadro de diálogo Sign On. A continuación, hacemos clic en el botón **Edit Numbers** y hacemos doble clic en el primer elemento de Numbers (Connections) for this Location. En el menú desplegable Connect using, seleccionamos TCP/IP; LAN or ISP (Internet Service Provider) o Broadband (High-Speed, Cable, DSL, or other ISP) o cualquier opción similar de nuestra versión. A continuación, nos aseguramos de que tenemos seleccionado Automatic Connection Script y seleccionamos nuestro tipo de conexión (cable o ADSL) en su menú. Hacemos clic dos veces en **OK** para regresar al menú principal y nos conectamos de la forma habitual.

❏ **AOL se desconecta debido a la inactividad:** Al programa AOL le gusta desconectar a los usuarios si pasa demasiado tiempo sin realizar ningún movimiento. Pero muchos usuarios quieren mantener la conexión y hay un grupo de utilidades que responderán a los fastidiosos mensajes de AOL y nos mantendrán conectados. Un ejemplo: Terminator, de TPA Software (`http://www.tpasoft.com`) se puede probar gratis o comprarlo por 10 $. Sólo recuerde que estas utilidades van contra los términos de servicio de AOL, de modo que los usamos bajo nuestra responsabilidad. Mejores soluciones: actualizar a AOL 8.0 ó 9.0, que tienen funciones de reconexión; o nos pasamos al acceso a Internet de banda ancha, que no se ve afectado por la "función" inactivo/autodesconexión.

❏ **La llamada en espera puede estropear una conexión telefónica:** Podemos marcar *70 en el teléfono antes de conectarnos, pero hay una solución más permanente: en el cuadro de diálogo AOL Sign On, hacemos clic en el botón **Setup**, y luego en el botón **Edit Numbers**. Seleccionamos cada número telefónico y hacemos doble clic en él. Marcamos la casilla Dial *70, to disable call waiting y hacemos clic en **OK** dos veces para volver. Iniciamos sesión de la forma habitual.

¿Todavía frustrados por los males de conexión? Probemos la función Computer Check-Up de AOL, que diagnostica y resuelve los problemas comunes. Usamos Keyword: Check-Up, hacemos clic en el vínculo No, continue to Computer Check-Up, hacemos clic en el botón **Check My Computer** y seguimos las instrucciones. Check-Up busca varios problemas de Internet y PC, por lo que no deberíamos sorprendernos si nos avisa de problemas informáticos que ni siquiera sabíamos que teníamos.

Evitar que AOL sobrecargue el disco duro

AOL a veces limpia obsesivamente su espacio de memoria en disco. Hay un parche gratuito que no sólo deshabilita esta "función" sino que también incrementa el rendimiento del disco duro. Podemos descargar AOLSpeed en `http://snipurl.com/aolspeed`.

¿Todavía tirándose de los pelos? AOL tiene toda una sección dedicada a los problemas de conexión y cómo resolverlos. `Keyword Connect` nos llevará allí.

Datos de formulario que se desvanecen

El problema: Paso una hora rellenando un enorme formulario en una página Web, sólo para que me digan, después de enviarlo, que falta un elemento. Cuando pulso el botón de retroceso del navegador ¡zap! todo se ha ido. Ahora tengo que empezar de cero.

La solución: En lugar de quejarnos, reparemos la configuración de la memoria caché del navegador para que almacene la información. En Internet Explorer, hacemos clic en Herramientas> Opciones de Internet, seleccionamos el botón **Configuración** de la pestaña General y marcamos Cada vez que se inicia Internet Explorer. En Netscape 6.0 y 7.0, hacemos clic en Editar>Preferencias, ampliamos Avanzadas y hacemos clic en Caché. Establecemos una memoria caché de, al menos, 1024 KB, y una memoria caché de disco de, al menos, 7680 KB. A continuación borramos las dos caché. Quizás tengamos que hacer clic en el botón de actualizar del navegador para ver los datos dinámicos de una página a la que volvemos.

¿Otra opción? Revisar el próximo cuadro adjunto "Rellenar automáticamente los formularios" y descubrir los placeres de RoboForm.

Omitir el registro

El problema: Realmente odio dar mi información personal en cada sitio de noticias que visito. No sólo invade mi privacidad (lo sé, puedo mentir), pero me irrita y requiere demasiado tiempo.

La solución: Dejando a un lado las consideraciones éticas sobre introducir información falsa (pausa para reír), no me preocupo más por estos temas. En su lugar, yo uso `BugMeNot.com`, una ingeniosa página Web que ofrece una base de datos sobre contraseñas e identidades de usuario válidas que podemos usar para visitar todo tipo de sitios que exigen registrarnos. En BugMeNot (`http://snipurl.`

com/BugMeNot), basta con introducir la dirección de un sitio (como `http://www.nytimes.com`) y hacer clic en el botón **Show Logins** y el sitio mostrará una identidad y una contraseña que podemos usar.

Rellenar automáticamente los formularios

Si rellenar formularios se nos hace pesado, debemos descargar AI RoboForms de Siber Systems, una herramienta gratuita para rellenar formularios sin la que nunca navego. Introducimos en RoboForm todos los datos vitales que podríamos necesitar para rellenar un formulario de una página Web, como nombre, dirección, números de teléfono, página Web, incluso números de tarjeta de crédito. A continuación, hacemos clic en el botón **Rellenar formularios** y el programa rellenará los espacios en blanco usando la información que hemos introducido. Si hacemos clic en una página Web desde la pantalla Passcard de RoboForm, enviará al navegador a ese sitio; si el sitio necesita que iniciemos una sesión, RoboForm lo hace por nosotros. RoboForm funciona con la mayoría de los navegadores, incluyendo Internet Explorer, Netscape 7, Firefox, Mozilla y AOL. Y no tenemos que preocuparnos por la seguridad: RoboForm está protegido mediante contraseña. Hay copias gratuitas en la página Web `http://www.anayamultimedia.com`.

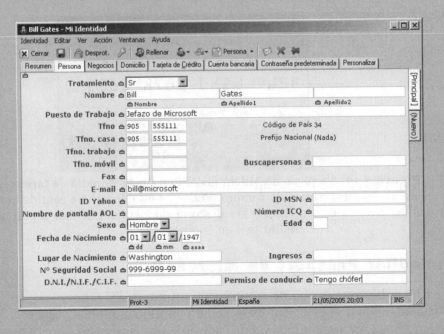

Truco

A veces, un sitio puede rechazar a varios usuarios que tratan de conectarse con la misma información. Que no cunda el pánico; `BugMeNot.com` a menudo tiene varias identidades y contraseñas entre las que elegir.

¿Comprar en Internet? Jugar sobre seguro

El problema: Quiero comprar en Internet, pero no importa lo segura que diga ser una página, todavía soy muy suspicaz a la hora de usar la tarjeta de crédito en Internet.

La solución: Si queremos comprar en Internet, podemos obtener un número de tarjeta de crédito de un solo uso. El número se genera instantáneamente y sirve para una cantidad y periodo de tiempo determinados. Funciona como una tarjeta de crédito normal; veremos el dinero cargado en nuestro próximo extracto bancario. ¿Queremos volver a usarlo? Vamos a la página Web y generamos otro número. Yo uso ShopSafe, de MBNA y se comenta que Citibank y los Discover Financial Services de Morgan Stanley se sumarán a este servicio. Quizás su compañía de tarjetas de crédito o su banco le ofrezcan un servicio gratuito similar. Podemos ver mi, intencionadamente caducada, tarjeta de ejemplo en la figura 3.13.

Shop Safe — MBNA Platinum Plus

You have generated a unique ShopSafe

ShopSafe Account Number

4264 6553 2876 6583

Limit	Valid Thru	CVV2
$1	01/02	

VISA

Name

STEVE BASS

Figura 3.13. ShopSafe de MBNA genera un nuevo número de tarjeta de crédito de un solo uso para cada compra. Podemos establecer una cantidad en dólares y una fecha de caducidad. Úsela si es desconfiado a la hora de usar un número de tarjeta de crédito real en Internet.

Aniquilar Passport de Microsoft

El problema: Acabo de comprarme un nuevo PC y no voy a abandonar el país. Entonces ¿cómo elimino el molesto icono que me pregunta si quiero adquirir un pasaporte?

La solución: Probablemente ya haya desaparecido (el molesto Passport account.net del Messenger aparece sólo las primeras veces que accedemos a Internet). Si todavía está ahí (o somos impacientes) hacemos clic en el mensaje de Passport y, cuando aparezca la ventana, seleccionamos **Cancelar**.

Mantener privados nuestros datos privados

Demasiados sitios Web me obligan a rellenar largos formularios con información que no quiero compartir. Yo uso un bookmarklet (sí, es una palabra real), un pequeño programa JavaScript que rellena cada campo con la palabra "anonymous". Es uno de las docenas de prácticos bookmarklet, como detener la música de una página Web, volver tres páginas atrás o hacer que la ventana pase a pantalla completa.

La instalación es muy rápida. Lo buscamos en `http://www.bookmarklets.com/tools/misc/index.phtml` y nos desplazamos al elemento AutoFill Anonymous. Hacemos clic con el botón derecho del ratón en el vínculo y lo añadimos a la lista de Favoritos o, mejor aún, arrastramos el vínculo a la barra de herramientas del navegador. Ahora podemos navegar. Cuando encontremos un sitio con un formulario que solicite información, hacemos clic en el botón de la barra de herramientas **AutoFill Anonymous** que hemos creado, y éste rellenará los espacios en blanco.

Un posible problema: este sistema se ha vuelto muy popular y la palabra "anonymous" se ha usado demasiado. Si usamos este truco en un sitio visitado por otros usuarios experimentados, quizás "anonymous" ya esté registrado.

La solución es sencilla. Cambiamos "anonymous" por otra palabra. Hacemos clic con el botón derecho en el bookmarklet AutoFill (bien en el botón que creamos en la barra de herramientas o en Favoritos) y hacemos clic en la pestaña del documento Web. En el campo URL: veremos una laaaaaaarga cadena que comienza con algo parecido a:

```
javascript:function%20ROIoiW(){var%20i=0,j,A='anonymous',D,
```

Basta con colocar el cursor en el campo y usar **Flecha derecha** para desplazarnos hacia abajo, hasta `'anonymous'` y cambiarlo por otra cosa, como `'anonymous66'`. Hacemos clic en el botón **OK** y ya está. Si queremos ver todo el código de este campo (con la modificación `'anonymous66'`) podemos acudir a `http://snipurl.com/anonm`.

El ordenador personal

Mejorar la velocidad de Internet

El problema: Por fin he conseguido una rápida conexión ADSL. Pero ¿sabes?, no es tan maravillosa. Las descargas siguen siendo lentas y la navegación a menudo es como la de una tortuga.

Aceleradores que ralentizan

Me pongo muy nervioso cada vez que un programa acelerador de Internet se ralentiza (o incluso evita que visite algunas páginas) La razón de esto es que muchos programas aceleradores modifican el archivo Hosts de nuestro PC, con lo que sustituye una dirección IP por el nombre de un sitio Web (el navegador puede acceder más rápido a una dirección IP que a un nombre). Si la dirección IP del sitio cambia, obtendremos un error al intentar acceder a la página.

Mi solución drástica: hacemos clic en Inicio>Buscar>Archivos y carpetas; hacemos clic en Todos los archivos y carpetas, en el campo Todo o parte del nombre del archivo, escribimos `hosts` y hacemos clic en el botón **Buscar**. Seleccionamos el archivo en el panel de búsquedas de resultado y lo borramos; Windows lo volverá a crear desde cero.

La solución: Varios factores pueden afectar al rendimiento de nuestra ADSL. Para comenzar, quizás estemos demasiado lejos de la central telefónica de la compañía (llamado CO); cuanto más lejos estemos, más baja será la velocidad. Incluso aunque estemos a una distancia correcta, el rendimiento puede variar debido a problemas con la calidad de la línea: los cables que van desde la CO hasta nuestro poste telefónico, desde el poste hasta nuestra casa y del cableado telefónico del interior de la casa. Al menos, podemos llamar a nuestro proveedor ADSL y hacer que inspeccione las líneas externas y, si es necesario (puede ser algo caro), el cableado del interior de la casa.

También puede ocurrir que tengamos interferencias. Debemos asegurarnos de que cualquier equipo que comparta la línea con el módem ADSL (como el teléfono o el fax) esté conectado a los filtros adecuados, que reducen las interferencias entre las llamadas de teléfono y las señales ADSL. De la misma forma, debemos tener alejado el módem ADSL de las fuentes de campos electromagnéticos, como teléfonos portátiles de entre 900MHz y 2,4GHz, alarmas, sistemas de telefonía digital y centralitas telefónicas.

¿Los bits siguen arrastrándose? Podemos mejorar la velocidad de la conexión a Internet modificando el registro. Una forma estupenda de mejorar la conexión (tanto telefónica como de banda ancha) es usando la utilidad gratuita CableNut (`http://snipurl.com/cablenut`) para depurar la configuración de Internet en el registro de Windows. Tras instalar CableNut, usamos su función de copia de seguridad del registro para asegurarnos. Una vez hecha la copia de seguridad, seleccionamos el perfil que concuerde con nuestra conexión a Internet, guardamos los valores y reiniciamos el PC. Yo he notado una mejora moderada en la velocidad de la ADSL de mi equipo con XP y una mejora importante cuando uso la conexión telefónica de mi PC con Windows 98.

Advertencia

Es importante seleccionar el perfil adecuado, de modo que antes deberíamos visitar `http://snipurl.com/cablenut_help` para leer el archivo de ayuda de CableNut.

Para encontrar más modificaciones, podemos revisar la guía para depurar la conexión de Cable Módem/ADSL de Navas (`http://snipurl.com/navas`).

Descargar más de dos archivos

El problema: Me volví loco e intenté descargar varios archivos a la vez de una página Web de freeware. No importa cuántos archivos intento descargar, Internet Explorer me limita a sólo dos a la vez. ¿Cómo puedo abrir este grifo?

La solución: Por alguna razón, IE nos limita por defecto a dos descargar simultáneas (una tontería, lo sé, especialmente si tenemos una conexión de alta velocidad).

Hay una modificación en el registro muy sencilla que incrementa el número de caudales de descarga de IE a 10. Aún mejor, no es necesario modificar el registro para que esto suceda. En su lugar, acudimos a `http://snipurl.com/xp_tweaks` y nos desplazamos a la línea 55. En la columna de la derecha, encontraremos un vínculo llamado Increase Internet Explorer Downloads to 10. Hacemos clic en este vínculo y ejecutamos el pequeño archivo `.vbs`. Si hemos actualizado a Service Pack 2, el archivo puede hacer que aparezca un mensaje de alerta de seguridad de Windows XP. No debería sorprendernos si el cortafuegos del ordenador o el antivirus también nos alertan; en la mayoría de los casos, tendremos una opción para permitir que la descarga continúe. Y no pasa nada por descargarla (es una modificación sin riesgo). Cuando hayamos terminado la modificación, reiniciamos Internet Explorer.

Desactivar Internet

Cuidado, niños y niñas, podemos provoca un desastre...
Iba a dejar que salieran del atolladero por su cuenta, pero mi editor vetó la idea. De modo que, tras causar el desastre, bastará con cerrar la sesión pulsando **Alt-F4**. Vea `http://snipurl.com/turnoff`.

Velocidades de módem

Aquí tenemos un ejemplo de lo que supone cambiar un módem telefónico de 56k por una conexión de banda ancha: `http://snipurl.com/fastmodem`.

La contraseña tras los asteriscos

El problema: He visitado una página Web que no había visto desde hace meses e Internet Explorer introdujo automáticamente mi contraseña en el campo adecuado. Me gustaría escribir la contraseña, por si acaso, pero no consigo recordarla. ¿Por qué Microsoft hace que sea tan difícil verla?

La solución: El diccionario Webster define contraseña como "una palabra secreta que se usa para poder entrar en un sitio o acceder a información", por lo que no me sorprende que nos sea difícil de recuperar. Pero es nuestra contraseña, de modo que podemos usar Asterisk Key, un programa gratuito que puede mostrarnos todas las contraseñas ocultas tras prácticamente cualquier fila de asteriscos. Úselo sabiamente, ¿de acuerdo? Está disponible en `http://www.anayamultimedia.com`.

Arreglar el tamaño de las letras del navegador

El problema: Cada página Web que visito tiene un tamaño de letra diferente: una es demasiado pequeña y la siguiente es demasiado grande. ¿Sería mucho pedir que mantuvieran el tamaño de la letra uniforme?

La solución: En Internet Explorer, seleccionamos Herramientas>Opciones de Internet; la pestaña General debería aparecer por defecto. Hacemos clic en el botón **Accesibilidad** (en la parte inferior del cuadro de diálogo) y seleccionamos Omitir estilos de fuentes especificados en páginas Web (las palabras exactas dependerán de la versión de Internet Explorer). En Netscape 6 y 7, seleccionamos Editar>Preferencias, ampliamos Apariencia y seleccionamos Fuentes y marcamos Utilizar mis fuentes predeterminadas, o deseleccionamos Permitir que los documentos utilicen otras fuentes, dependiendo de la versión que usemos.

Abrir Acrobat Reader por separado

El problema: Odio cuando intento leer un archivo PDF (Portable Document Format) en una página Web y Adobe Acrobat Reader insiste en abrirlo en mi navegador. Además, se carga un pequeño programa de Acrobat en memoria, robando los recursos del sistema. Aún mejor, este pequeño programa no se descarga cuando cierro el lector.

La solución: Es más fácil, más eficiente e igual de rápido abrir Acrobat Reader por separado. En primer lugar, iniciamos el programa lector desde el menú Inicio, seleccionamos Edición>Preferencias, seleccionamos Opciones (Internet en Acrobat 6.0) y deseleccionamos la casilla Mostrar PDF en explorador (véase la figura 3.14). A partir de ahora, cuando seleccionemos un archivo PDF mientras estamos navegando, veremos un cuadro para descargar el archivo. El lector se iniciará automáticamente cuando seleccionemos **Abrir**.

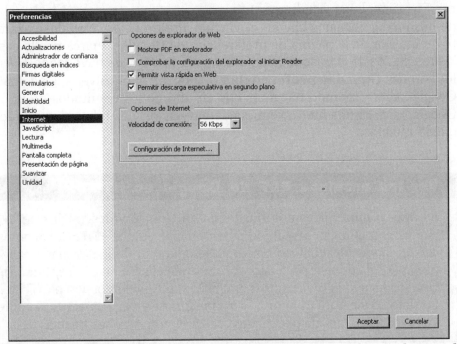

Figura 3.14. Podemos evitar que Acrobat Reader de Adobe se abra en el navegador con sólo unos clics.

Por otro lado, si usamos el lector integrado con el navegador, podemos descargar el pequeño programa tras cerrar el navegador: en Windows 98 y Me, pulsando **Control-Alt-Supr**, seleccionando Acrord32 y haciendo clic en **Finalizar tarea**. En Windows XP y Windows 2000, hacemos clic con el botón derecho del ratón en la barra de tareas, seleccionamos Administrador de tareas, seleccionamos la pestaña Procesos, seleccionamos Acrord32 y hacemos clic en el botón **Terminar proceso**.

Problemas con Google

Volver a donde empezamos con Google

El problema: Cuando realizo una búsqueda con Google y hago clic en un resultado, generalmente me lleva a otra página, luego a otra y así sucesivamente. Media hora más tarde he acabado y quiero volver a mi página de búsqueda original y volver a empezar, pero no la encuentro por ningún sitio (de acuerdo, puedo encontrarla en el historial de Internet Explorer, ¿pero quién necesita ese lío?).

La solución: Hay una forma mejor de hacerlo, y es fácil de preparar. En primer lugar, acudimos a`http://www.google.com`. A la derecha del campo de búsqueda, hacemos clic en el vínculo Preferencias. Nos desplazamos hasta la parte inferior de la página de preferencias de Google y marcamos la casilla Mostrar los resultados de la búsqueda en una nueva ventana de navegador. Hacemos clic en los botones **Guardar preferencias** y **Aceptar** para volver a la página de inicio de Google. Ahora, cuando hagamos clic en uno de los resultados de la búsqueda de Google, iniciará una nueva ventana de navegador, dejando los resultados de la búsqueda intactos.

Ver los archivos PDF de Google en HTML

Es muy común hacer una búsqueda en Google y descubrir que la página con el mejor resultado es un archivo Adobe PDF. Si hacemos clic en el vínculo PDF, se abrirá una copia de Adobe Acrobat Reader (una pérdida de tiempo si descubrimos que el sitio no es muy bueno). Una forma más rápida es usar el vínculo de Google Versión en HTML.

La vista no siempre es bonita, pero podemos ver rápidamente el contenido del archivo PDF antes de decidirnos a abrirlo con Acrobat Reader.

Un buen libro sobre Google

Si usamos Google, entonces Google: *The Missing Manual* (Pogue Press/O'Reilly) es una mina de oro. Aunque creía que conocía todos los entresijos de Google, me enseñó algunos trucos nuevos. Por ejemplo, si queremos un listado con los números de teléfono de las peluquerías de Altadena, California, escribimos phonebook: barber altadena CA (la palabra phonebook tiene que estar en minúsculas, pero la abreviatura del estado debe estar en mayúsculas). ¿Sólo necesitamos listados de negocios? Escribimos bphonebook. Otro método es usar el nuevo servicio Google Local (local.google.com). Basta con escribir lo que queremos (por ejemplo, concesionarios de coches) y dónde (Altadena, CA), hacemos clic en un botón y Google generará una precisa lista de resultados, junto con direcciones, números de teléfono, mapas y direcciones.

Rastrear términos de búsqueda en Google

El problema: A veces, cuando busco en Google y hago clic en un resultado, el término que buscaba no aparece en la página. Es frustrante.

La solución: He encontrado una solución que funciona la mitad de las veces: buscar en caché de Google. En la última línea de cada resultado de búsqueda de Google hay un vínculo En caché. Si hacemos clic en él aparecerá una copia más antigua de la página, que Google ha archivado. Es probable que encontremos ahí el término que estamos buscando para esta página (para encontrarlo, pulsamos **Control-F**, escribimos el término de búsqueda y hacemos clic en el botón **Buscar siguiente** o **Buscar**). Pero hay un truco. Si seguimos las instrucciones de "Volver a donde empezamos con Google", esperaremos que se abra una nueva ventana del navegador al hacer clic en el vínculo de caché. Pero, por motivos que sólo se comprenden en Googleville, no es así, independientemente de lo que haya en nuestras preferencias. Para abrir la página caché en una nueva ventana, mantenemos pulsada la tecla **Mayús** mientras hacemos clic en el vínculo de caché.

Obtener mejores resultados con el directorio de Google

El problema: A veces Google no es muy bueno buscando. ¿Quién quiere recorrer 2,2 millones de resultados? Tiene que haber un modo de acotar los resultados.

La solución: Si busco un sitio, principalmente por el término de la búsqueda (no uno que sólo lo menciona o que tiene un vínculo a él) uso Google Directorio. Basta con hacer clic en la pestaña Directorio que hay sobre el campo del término de búsqueda, introducir los términos de la forma habitual. También es más probable encontrar sitios creados por asociaciones y organizaciones oficiales y no sitios creados por fanáticos obsesivos (si esto es algo bueno, depende de la opinión de cada uno).

No participar en el directorio inverso de Google

En la mayoría de los sitios, una guía telefónica inversa nos cuesta dinero. En Google, es gratuito. Escribimos el código de zona y el número de teléfono (separados por un espacio) y es probable que no sólo obtengamos el nombre de la persona, sino también su dirección. Aunque es práctico, quizás consideremos que atenta contra nuestra intimidad. ¿Queremos que se nos elimine del directorio de Google? Hacemos clic en el icono del teléfono que hay junto a nuestro nombre. Si estamos en una zona residencial, nos desplazamos hacia abajo hasta el vínculo Click here (`http://www.google.com/help/pbremoval.html`), rellenamos el formulario en línea y lo enviamos; las empresas deben enviar una solicitud por escrito.

Un acceso directo a nuestras búsquedas favoritas

Si usamos a menudo una búsqueda sobre un tema específico en Google, por ejemplo, "Sitios relacionados con Microsoft" (está en `http://snipurl.com/google_ms`), podemos arrastrar el URL hasta la barra de herramientas de Internet Explorer para acceder a ella rápidamente.

Sea monolingüe en las búsquedas de Google

El problema: Busco un término común y obtengo trillones de resultados, la mitad de ellos en Urdu, Klingon o algún conjunto de caracteres que no puedo leer. ¿Cómo puedo evitar este galimatías?

La solución: De dos formas: temporalmente y permanentemente (más o menos). Aquí mostramos la solución temporal: hacemos clic en el vínculo Búsqueda Avanzada a la derecha del campo de búsqueda de Google, rellenamos los términos de búsqueda y, en el menú Producir páginas escritas en, seleccionamos nuestra lengua materna. A continuación, hacemos clic en el botón **Búsqueda en Google**. El inconveniente es que Google sólo buscará en parte de Internet, por lo que quizás nos perdamos algunas páginas que contengan la información que estamos buscando.

Pero la próxima vez que realicemos una búsqueda, Google seguirá buscando en páginas escritas en cualquier lengua. Si queremos que Google busque siempre en las páginas en un idioma determinado, tendremos que cambiar la página de preferencias de Google. Hacemos clic en el vínculo Preferencias de la página de inicio de Google. En la sección Idioma de búsqueda, seleccionamos Buscar sólo en los idiomas seleccionados y señalamos los idiomas en los que queremos que Google busque.

Mientras estamos allí, quizás queramos cambiar algunas otras preferencias. Por ejemplo, me gusta que Google muestre 50 resultados a la vez, en lugar de los habituales 10 (en la sección Número de resultados de la página), hacemos clic en la flecha o en el cuadro de lista, seleccionamos 50 y hacemos clic en **Guardar Preferencias**. El tiempo adicional que tarda en mostrar estos resultados en una página es una fracción del tiempo que tardaríamos en hacer clic en cinco páginas de resultados.

Noticias de Google a nuestro modo

El problema: En mi opinión, Google Noticias proporciona las noticias más actuales de Internet. Lo que no es lógico es que no se pueda personalizar la página de noticias. Por ejemplo, no me interesa la economía ni el deporte y no quiero verlos.

La solución: Desde luego, podemos hacerlo a nuestro modo:

1. Hacemos clic en el vínculo de la categoría (los encabezados de la parte superior izquierda de la página), como Espectáculos.

2. Arrastramos el URL del campo de dirección a un punto vacío de la barra de herramientas de Internet Explorer o lo añadimos a nuestros favoritos, o lo colocamos en la barra de herramientas.

Ahora podemos usar ese vínculo en lugar de la pestaña Noticias de Google para iniciar directamente nuestra sección favorita. Todavía tendremos acceso a las otras categorías que aparecen en el lado izquierdo de la página.

Dos problemas de Google sin solución

Nadie es perfecto, ni siquiera Google, el campeón de los motores de búsqueda. Les ahorraré tiempo, porque estos dos problemas no tienen solución.

❏ **Lo viejo vuelve a ser nuevo:** ¿Quiere encontrar sólo el contenido publicado en los últimos tres meses? Lo siento, no se puede. Aunque en la página de búsqueda avanzada podamos restringir los resultados a los últimos tres meses, seis meses o un año, Google sólo examina la fecha en que la página se actualizó, no la fecha en la que se publicó el material. De modo que la página puede haberse actualizado hace tres minutos, pero el artículo seguir teniendo cuatro años.

❏ **Sin noticias es malas noticias:** El resumen de un artículo sobre una noticia aparece en los resultados de la búsqueda, pero al hacer clic en el vínculo aparece una página que indica que el vínculo está roto, sin que haya forma de ver una copia anterior del artículo. ¿Una solución? Lo siento, no la hay; Google no almacena en caché los artículos sobre noticias.

Problemas con la mensajería instantánea

Hacer de AOL Instant Messenger un espacio sin publicidad

El problema: Llámenme abuelo de Internet, pero puedo recordar cuando en la red prácticamente no había publicidad. Ahora parece una carrera NASCAR y AOL Instant Messenger no es una excepción. Mi lista de amigos muestra un anuncio parpadeante que no hace más que ocupar espacio. Pero aún, ¡muchos de estos anuncios que adornan mi pantalla son del propio AOL!

La solución: Borrar la publicidad desde AIM forma parte del pasatiempo nacional (si escribimos **Eliminar publicidad** en AIM en el motor de búsqueda, tendremos vínculos a una gran cantidad de métodos, incluyendo trucos de cortafuegos, modificaciones en el archivo de configuración y herramientas. El problema es que muchas de estas técnicas son innecesariamente complicadas o son tan antiguas que no funcionan con la versión actual.

Mi eliminador de publicidad en AIM es DeadAIM de James Dennis, que funciona con AIM 4.8 y superiores. DeadAIM no sólo erradica la publicidad anuncios; también nos ofrece una serie de opciones para modificar el aspecto y funciones de AIM, incluyendo la posibilidad de registrar las sesiones de chat y hacer que las ventanas sean semitransparentes (dos funciones que me gustan del competidor de AIM, Trillian). DeadAIM no es freeware, pero casi: por 4,99 $ (que se puede pagar mediante PayPal), proporciona un gran rendimiento a nuestro dinero. Podemos descargar DeadAIM en `http://www.jdennis.net`.

Un negocio mejor es No Ads, de Freddy, para Yahoo! Messenger. No sólo podemos bloquear publicidad, sino que podemos sustituir parte del espacio de la publicidad. Descargaremos `noads.zip` desde `http://snipurl.com/noads`.

Luchar contra Messenger Service Ads

Messenger Service Ads, también conocido como DirectAds, es la última moda en publicidad no deseada. Los creadores de spam rastrean un rango de direcciones IP y si estamos dentro de ese rango, se nos envía publicidad. Messenger Service Ads aparece sobre todo en sistemas de banda ancha (cable o ADSL) y, cada vez más, en conexiones telefónicas. A pesar del nombre, las ventanas emergentes no tienen nada que ver con MSN Messenger u otro programa de  mensajería instantánea. Este programa lo han usado desde hace años los administradores de red para enviar estos mensajes a otras personas de una LAN. Si usamos Windows 95, 98 o Me, tranquilidad y felicidad; no disponemos de esta función. Pero si usamos Windows NT, 2000 o XP sin un cortafuegos, podremos ver la publicidad. Hay tres soluciones gratuitas y sencillas:

❏ Conseguir un cortafuegos gratuito. Es una locura usar un ordenador sin uno y, como me dijo un gurú "si recibimos publicidad de Messenger Service, es realmente un síntoma de un problema mayor, que se puede resolver fácilmente con un cortafuegos". Zone Labs ofrece ZoneAlarm, un cortafuegos que nos proporciona toda la protección que necesitamos. Encontraremos una copia en `http://snipurl.com/free_zonealarm`. Si no queremos un cortafuegos, podemos descargar Shoot The Messenger, la utilidad gratuita para eliminar la publicidad no deseada en Windows Messenger de Gibson Research Corporation, desde `http://snipurl.com/grc_1`. El sitio (`http://grc.com`) también ofrece una gran explicación sobre cómo se propaga la publicidad (y si tenemos curiosidad sobre quién genera esta publicidad, podemos leer IP-Direct Broadcasting en `http://snipurl.com/ip_broadcast`).

❏ Otra forma rápida de detener la publicidad: seleccionamos Inicio>Ejecutar, escribimos `services.msc` y pulsamos **Intro**. En el panel derecho, nos desplazamos hacia abajo, hacemos clic con el botón derecho del ratón en Messenger y seleccionamos Detener.

Bloquear las invitaciones de chat de la mensajería instantánea

El problema: Ya es bastante malo que mi cuñado siga molestándome con los mensajes instantáneos, pero estoy cansado de extraños que me envían mensajes con molestos vínculos a páginas "para adultos". A menudo me llegan dos o tres por hora cuando uso Instant Messenger de AOL e incluso más a través del Messenger de Microsoft. Es suficiente para hacer que apague toda la mensajería instantánea.

La solución: Yo solía recibir molestas invitaciones por chat hasta que cambié la configuración de mi mensajería instantánea para que bloquease todos los mensajes excepto los de las personas de mi lista de contactos. El inconveniente es que necesitaremos otro paso y añadir los nuevos contactos a la lista de "permitidos" o no bloqueados (o perder la oportunidad, si nuestro primo, perdido hace tiempo, intenta contactar con nosotros a través de la mensajería instantánea). Las siguientes instrucciones nos explican cómo cambiar la configuración de privacidad en varios clientes de mensajería:

❑ **MSN Messenger:** Seleccionamos Herramientas>Opciones y hacemos clic en la pestaña Privacidad. Seleccionamos Todos los demás en el panel Mi lista de exclusión y hacemos clic en **No admitir.**

❑ **Yahoo! Messenger:** Pulsamos **Control-Mayús-P**, seleccionamos Lista de ignorados en el panel Categoría, seleccionamos Ignorar a todos los que no estén en mi lista del Messenger y hacemos clic en **Aceptar**. A continuación, seleccionamos Libreta de direcciones>Añadir (o pulsamos **Control-Mayús-A**) y añadimos a las personas que realmente nos interesan.

❑ **AIM de AOL:** En la ventana Buddy List, seleccionamos el icono de preferencias o pulsamos **F3**, seleccionamos Privacy en el panel Category y seleccionamos Allow only users in my Buddy List (véase la figura 3.15).

❑ **Trillian:** En el tema predeterminado (Cordillera 2.1), hacemos clic en el botón que parece la Tierra, en la parte inferior izquierda de la ventana y seleccionamos Connection>Connection Manager. Tendremos que establecer las preferencias de chat para cada servicio que estemos usando en Trillian seleccionando el servicio y haciendo clic en Preferences. Trillian emula las opciones que encontraremos en el servicio de mensajería instantánea original (véase la figura 3.16).

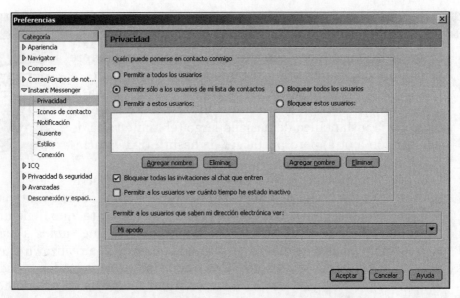

Figura 3.15. ¿Cansados de extraños parlanchines en programas de mensajería instantánea, molestándonos con peticiones absurdas? Bloqueémoslos usando el cuadro de diálogo Preferencias.

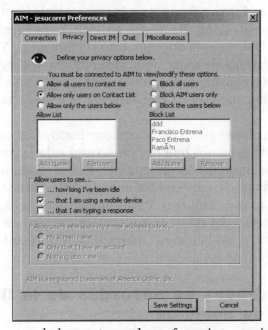

Figura 3.16. Trillian emula las ventanas de preferencias u opciones de AOL, Yahoo, MSN, IRC e IRQ.

Ser concisos con la conexión directa

La brevedad puede ser el alma del ingenio, pero no siempre es el alma de los mensajes instantáneos, especialmente si nos gusta cortar-y-pegar texto de páginas Web y enviarlo a los amigos. Pero si intentamos crear un mensaje de mensajería instantánea demasiado largo (el límite varía de una versión a otra, pero puede ser de hasta 1.024 caracteres) obtendremos un molesto mensaje de error.

Entonces descubrí que la función Direct Connect de AOL nos permite superar ese límite de longitud. Mientras estamos en una ventana de chat con nuestro amigo, hacemos clic en el icono de hablar (el que tiene un pequeño hombre AIM gesticulando). Si es la primera vez que vamos a hacer esto, aparecerá un cuadro de diálogo explicando que vamos a realizar una conexión directa; hacemos clic en el botón **Connect**. Una vez conectados (puede tardar algunos segundos), podremos enviar enormes mensajes en un momento.

Cuando AIM se queda más de lo deseado

El problema: Estoy a punto de comenzar a trabajar de verdad y quiero apagar AIM. Hago clic en la **X** para cerrar la ventana Buddy List, suponiendo que esto cerrará AIM. Y si no fuera un programa de mensajería instantánea, así sería. Pero lo único que consigo es minimizar AIM; sigo conectado y puedo recibir mensajes de cualquiera que advierta que estoy en línea.

La solución: En el menú de la ventana Buddy List, seleccionamos My AIM>Sign Off. A menos que hayamos cambiado la configuración predeterminada, obtendremos un mensaje preguntándonos si estamos seguros; hacemos clic en **Yes**. Ahora estamos desconectados, aunque AIM todavía está ejecutándose y en la barra de tareas, usando recursos. Para eliminarlo de la barra de tareas, hacemos clic con el botón derecho del ratón en su icono (el pequeño hombre de AIM) y seleccionamos Exit y Yes, si no habíamos marcado anteriormente la casilla Do not ask me this again.

Eliminar entradas no deseadas de la lista de la lista de nombres

El problema: ¿Alguna vez hemos escrito mal el nombre de AIM en la pantalla de inicio de sesión? El nombre mal escrito permanecerá y aparecerá cada vez que iniciemos AIM, recordándonos que no sabemos escribir a máquina.

AIM Today, eliminado mañana

Cada vez que me conecto a AOL Instant Messenger, insiste en abrir lentamente una ventana AIM Today con las últimas noticias sobre cantantes quinceañeros y artículos como "Cómo ser la estrella del ligue.". Si quisiera eso, habría renovado mi suscripción a SuperPop.

Para eliminar AIM Today (para siempre), pulsamos **F3** o seleccionamos My Aim>Edit Options>Edit Preferences, seleccionamos Sign On/O? en el panel Category y deseleccionamos Show AIM Today window at sign on. Veremos como perdemos dolorosamente el contacto con las idas y venidas de Britney Spears, pero es una carga con la que tendremos que vivir.

La solución: Éste es uno de los problemas que un paquete de software realmente inteligente debería ser capaz de solucionar. Si escribimos un nombre que no nos permite iniciar una sesión AIM, ¿por qué el programa se molesta en recordarlo? Pero al menos podemos eliminarlo a mano. En la ventana de inicio de sesión, abrimos el menú Screen Name y hacemos clic en el nombre que queremos eliminar. A continuación pulsamos **Supr**. Adiós al nombre mal escrito. Esto también funciona con otros nombres de pantalla que queramos enterrar (como el del tío Bernie, que usó el PC hace seis meses, sin pedir permiso).

Yahoo! Messenger incluye extras no deseados

El problema: Creía que estaba descargando e instalando Yahoo! Messenger. Y así era, pero también conseguí Yahoo! Experience (también conocido como Yahoo! Essentials), que por defecto instala en Internet Explorer una gran cantidad de botones y accesos directos relacionados con Yahoo y re-estructura las funciones de búsqueda de Internet Explorer para que nos lleve a Yahoo! ¿Cómo puedo librarme de esta "Experiencia"?

La solución: Si todavía no hemos instalado Yahoo! Messenger, librarnos de Yahoo! Experience es sencillo: en la pantalla de opciones de instalación, seleccionamos Instalar solamente Yahoo! Messenger.

Si instalamos Experience, librarnos de él será un trabajo de varios pasos. En primer lugar, abrimos el panel de control Agregar o quitar programas. Nos desplazamos hacia abajo y seleccionamos Yahoo! Companion; hacemos clic en el botón **Cambiar o quitar**. Usamos el mismo proceso para eliminar Yahoo! Internet Mail y Yahoo! Messenger Explorer Bar.

A continuación, deshacemos los cambios que Yahoo! realizó a las funciones de búsqueda de Internet Explorer. Si la barra de herramientas de Yahoo! no está abierta, pulsamos **Control-E**. Hacemos clic en el botón **Configuración** del panel de búsqueda de la barra de herramientas y, en el cuadro de diálogo, hacemos clic en **Actualizar**. A continuación, hacemos clic en Configuración de búsqueda automática y seleccionamos el proveedor de búsqueda que usábamos para las búsquedas en la barra de direcciones (donde escribíamos un signo de interrogación, un espacio y los términos de búsqueda) antes de instalar Yahoo! Messenger, y hacemos clic en **Aceptar**. Seleccionamos la interfaz de búsqueda que queremos (Search Assistant, un servicio de búsqueda o Search Companion) y cualquier configuración que sea necesaria, hacemos clic en **Aceptar**. Cerramos y volvemos a abrir Internet Explorer.

Por último, si queremos borrar las páginas favoritas (también llamados marcadores) que Yahoo! añadió, hacemos clic en Favoritos, hacemos clic con el botón derecho del ratón en cualquier elemento de Yahoo (como Mi Yahoo!) y seleccionamos **Eliminar**. Hacemos clic en **Sí** para arrojarlo a la papelera.

Transferencia de archivos con Windows Messenger

Windows Messenger tiene esta función que suena realmente bien y que nos permite enviar instantáneamente un archivo a otra persona. Podemos hacerlo mientras chateamos o podemos seleccionar Acciones>Enviar un archivo o una foto. No tenemos que enredarnos con adjuntar un archivo o enviar por correo electrónico un mensaje (admitámoslo: la mitad de las veces que enviamos un correo que se supone tiene un archivo adjunto, tenemos que enviar otro, un minuto  después, que dice "Lo siento, ¡esta vez me he acordado de adjuntar el archivo!"). No tenemos un límite al tamaño del archivo, impuesto por nuestro proveedor de correo o por el proveedor de correo del receptor. Y el recipiente no tiene que adivinar cómo guardar un archivo adjunto o rebuscar en un programa de correo que bloquea ciertos archivos adjuntos.

Sin embargo, enviar un archivo en Windows Messenger a veces no funciona. La transferencia probablemente se vea bloqueada por un cortafuegos, el nuestro o el del otro extremo. Windows Messenger usa los puertos del 6891 al 6900 para transferir archivos y, en la mayoría de los cortafuegos, estos puertos están cerrados por defecto (en realidad, Windows Messenger sólo usa un puerto para transferir un archivo, pero podemos transferir hasta 10 archivos simultáneamente abriendo todos los puertos de este rango).

La apertura de puertos se realiza de forma diferente en cada cortafuegos. Si estamos usando el cortafuegos incluido en Windows XP, seguiremos estos pasos:

1. Abrir el panel de control Conexiones de red.

2. Hacer clic con el botón derecho del ratón en la conexión a Internet y seleccionar Propiedades.

3. En la pestaña Avanzadas, hacemos clic en **Configuración** (si estamos conectados a Internet a través de otro ordenador usando Internet Connection Sharing, encontraremos el botón **Configuración** en la pestaña General).

4. En la pestaña Servicios, hacemos clic en el botón **Agregar**.

5. En el campo Descripción del servicio escribimos "Transferencia de archivo de Windows Messenger". En el siguiente campo, escribimos el nombre de nuestro ordenador. En los dos campos de puerto, escribimos 6891 y seleccionamos TCP.

Repetimos los dos últimos pasos seleccionando diferentes números de puerto en el rango 6891-6900, si queremos transmitir varios archivos simultáneamente.

Eliminar Messenger de Windows

El problema: Windows inicia Windows Messenger cada vez que ejecuto Outlook Express. ¡Me saca de mis casillas! ¿Puedo decidir cuándo ejecutar Messenger? O, si es necesario ¿puedo eliminarlo?

La solución: La respuesta a ambas cuestiones es sí. Existe una docena de formas de eliminar el programa, ninguna excelente; y no siempre con un cien por cien de acierto. Y, por supuesto, algunos usuarios no quieren expulsar a Messenger de sus PC; quieren iniciarlo de vez en cuando, pero no cada vez que inician Outlook Express. La solución general es WinMessControl, una utilidad práctica y gratuita disponible en la Web http://snipurl.com/WinMessControl.

Recuperar contraseñas de mensajería instantánea

Ahora si que la hemos hecho buena; hemos perdido la contraseña que nos daba acceso a nuestro programa de mensajería instantánea favorito. Aunque, estamos de suerte, porque MessenPass puede extraer las contraseñas codificadas almacenadas en nuestro PC para casi una docena de aplicaciones de mensajería instantánea, incluyendo AIM, Yahoo Messenger, MSN Messenger y Trillian. Podemos descargar el programa gratuito de http://snipurl.com/mspass. Y sí, MessenPass sólo funcionará para la persona que ha iniciado la sesión en el PC (ésos somos nosotros ¿verdad?), de modo que los curiosos no podrán obtener nuestra contraseña.

El uso del programa es muy sencillo; basta con seleccionar una de las siguientes opciones:

❑ **Disable Windows Messenger Completely:** Si seleccionamos esta opción, desactivamos por completo Windows Messenger y no podremos usarlo de ninguna manera. En pocas palabras, lo desinstalamos.

❑ **Enable Windows Messenger Without Interfering With Outlook Express:** Si seleccionamos este modo, Windows Messenger se habilita de forma simple. Está disponible en el menú, pero no se inicia cuando usamos Outlook Express.

❑ **Enable Windows Messenger Completely:** Esta opción devuelve Messenger a su (molesto) modo predeterminado.

Buenos modales en la mensajería instantánea

1. Sólo porque vea que estoy conectado, no significa que tengas que saludarme. Bastará con disfrutar del placer de saber que ambos estamos sentados juntos en el ciberespacio.

2. Sé que puedes escoger entre 3 millones de caras sonrientes diferentes. Intente no usarlas en una sesión de chat.

3. Cuando tengo que irme, sólo digo eso, "me tengo que ir", "hasta luego" o quizás "nos vemos". Es molesto cuando la gente no respeta eso. No se sienta obligado a contestar con "adiós".

4. Si tiene mucho que decir (y voy a tardar mucho en leerlo), póngalo en un correo electrónico.

5. ¿Ha intentado iniciar una conversación y ha recibido mi respuesta automática que dice "ocupado escribiendo" o "Salí a comer"? (Y nada de comentarios ingeniosos sobre que llevo años comiendo ¿de acuerdo?) Esto no es un contestador automático; no siga preguntando si estoy realmente ahí. No estoy. Si es algo realmente urgente, hable con mi contestador automático.

6. Quizás conozca algunas abreviaturas; YHV (ya he vuelto), HCD (hablaré contigo después) y QD (qué demonios), por ejemplo, pero algunas de ellas todavía se le resisten. Si no conoce el significado de algo, pregunte; es lo que yo hago.

7. Si tiene que abandonar la conversación para, por ejemplo, responder al teléfono o ir al baño, hágaselo saber a su interlocutor.

8. Si cometemos un error escribiendo, a menos que sea realmente grave, no pierda tiempo corrigiéndolo.

9. La mayoría de los programas nos permiten ver lo que está escribiendo la otra persona. Espere a que lo nos están escribiendo aparezca en pantalla antes de responder.

10. A continuación, una sorprendente revelación; no quiero entrar en un chat con otras dos personas. Pregúnteme antes de enviar la invitación, ¿de acuerdo?

11. Sé que a mi primo Judy no le gusta la mensajería instantánea. De modo que, aunque sepa que está conectada, nunca le molesto. Es una buena norma de buenos modales, ¿verdad, Judy?

12. Actualice su estado actual y respete el estado de otras personas (yo no siempre respeto esto).

13. Si esta hablando por mensajería instantánea conmigo, evite enviar un nuevo mensaje cada cinco minutos. Si creo que la conversación ha terminado, generalmente cierro el programa de mensajería instantánea.

4. Problemas con Microsoft Office

Si Windows es el rey de los problemas, Microsoft O?ce es la reina. En este capítulo, recorreremos las cosas extrañas que pueden suceder con la función de búsqueda de Word, fallos de diseño usando estilos y problemas de impresión. Conquistaremos al enemigo público n°1: la numeración de Word. También mostraremos estupendas soluciones, trucos bien escondidos de Microsoft y algunas de las mejores herramientas y utilidades disponibles para ayudarnos a hacer que Office funcione de forma más inteligente.

Problemas con Word

Un menú Favoritos para Word

El problema: La lista de documentos recientes de la parte inferior del menú Archivo proporciona una forma rápida de seleccionar un archivo. Hay cinco documentos determinados que tengo que usar muy a menudo; pero no tanto como para que estén siempre en esa lista.

La solución: Probablemente ya sepa que podemos incrementar el número de elementos recientes que aparecen en la parte inferior del menú Archivo (en caso contrario, lea el cuadro adjunto "Aumentar la lista", en este capítulo).

Si estamos buscando una solución mejor, Word la tiene. Podemos añadir un menú de trabajo a la barra de menú o a una barra de herramientas que almacene esos cinco documentos que siempre necesitamos. Funciona como el menú de páginas Web favoritas de Internet Explorer.

Yo uso el menú de trabajo continuamente (véase la figura 4.1). Por ejemplo, tengo un documento en el que apunto mis ideas y notas para columnas o libros; y siempre está disponible en el menú de trabajo. También resulta muy útil para guardar accesos directos a documentos de referencia en Internet. Y cuando tengo muchos proyectos y uno de esos documentos en los que estoy trabajando sigue desapareciendo del menú Archivo, lo añado al menú de trabajo.

Figura 4.1. Además de los accesos directos a los documentos que uso a menudo, he personalizado este menú de trabajo añadiendo un comando Eliminar menú de acceso directo para que sea más fácil eliminar los documentos desde el menú.

Aunque, antes de preparar esto, una advertencia: no preste a nadie este libro. Eliminar archivos desde el menú de trabajo es fantástico. Querrá tener estas instrucciones a mano.

1. Para crear un menú de trabajo, seleccionamos Herramientas>Personalizar y hacemos clic en la pestaña Comandos.

2. En el cuadro Categorías, nos desplazamos hacia abajo y seleccionamos Menús integrados.

3. En el cuadro Comandos, nos desplazamos hacia abajo y arrastramos Trabajo a la barra de menú o a una barra de tareas (véase la figura 4.2). Hacemos clic en el botón **Cerrar**.

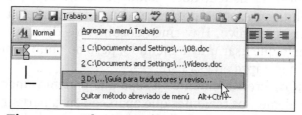

Figura 4.2. El menú Trabajo en funcionamiento.

Hasta aquí ha sido fácil, ¿verdad? Para añadir un nombre de documento al menú Trabajo, abrimos el documento y seleccionamos Trabajo>Agregar al menú Trabajo. Para abrir un documento del menú Trabajo, simplemente hacemos clic en Trabajo y seleccionamos el documento en la lista. Para eliminar el nombre de un documento del menú (es aquí donde empieza a complicarse), pulsamos **Control-Alt--** (usamos la tecla del signo menos que se encuentra junto a la tecla **:**, en la parte inferior del teclado, no el signo menos que hay en el teclado numérico), abrimos el menú Trabajo, colocamos el guión alargado sobre el nombre del documento que queremos eliminar y hacemos clic en él (véase la figura 4.3).

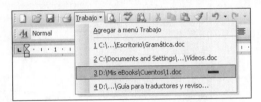

Figura 4.3. Para eliminar un elemento del menú Trabajo usamos una combinación de teclas desconocida hasta ahora.

Advertencia

El guión agrandado puede eliminar cualquier comando de menú en el que hagamos clic, no sólo los elementos del menú Trabajo. Si pulsamos esta combinación de teclas y cambiamos de opinión respecto a borrar un elemento, podemos pulsar **Esc**.

Con unos minutos más de trabajo, podremos omitir el truco de **Control-Alt-Guión**, añadiendo una opción para eliminar los documentos del menú de trabajo.

1. Seleccionamos Herramientas>Personalizar y hacemos clic en la pestaña Comandos.

2. En el cuadro Categorías, nos desplazamos hacia abajo y seleccionamos Todos los comandos (véase la figura 4.4).

3. En el cuadro Comandos, nos desplazamos hasta Herramientas>Personalizar>HerramPersonalEliminarTeclaMenú y lo arrastramos al menú Trabajo. Lo mantenemos un momento para que se abra el menú Trabajo y así soltarlo en el menú como segunda opción.

4. Para reducir el comando a Quitar método abreviado de menú y cambiar su tecla de acceso directo de **H** (de Herramientas) a **E** (de Eliminar), hacemos clic con el botón derecho del ratón en la nueva opción. En el cuadro de texto de la opción Nombre, usamos el ratón para seleccionar el texto entre el signo **&** y Quitar

método abreviado de menú, pulsamos **Supr** e **Intro** y hacemos clic en el botón **Cerrar** del cuadro de diálogo Personalizar.

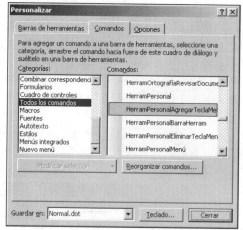

Figura 4.4. Tardaremos unos minutos en añadir la opción Quitar método abreviado de menú al menú Trabajo, pero comprobaremos que merece la pena si usamos a menudo este menú.

Aumentar la lista

Para ampliar la lista de los documentos abiertos recientemente, acudimos a Herramientas>Opciones, hacemos clic en la pestaña General y aumentamos el número de Archivos usados recientemente; el número máximo es nueve.

Cuando la función Buscar de Word no sabe ortografía

El problema: Cierto día, sin razón aparente, la función de búsqueda de Word comenzó a encontrar palabras incorrectas, como "en" cuando buscaba "uno" y "*pull*" cuando buscaba "pollo". ¿Qué sucede?

La solución: Parece que ha activado accidentalmente la función Suena como, que indica a Word que debe buscar palabras que tengan sonidos parecidos, pero que se escriben de forma diferente. Para solucionar el problema, seleccionamos Edición>Buscar o pulsamos **Control-B** para abrir el cuadro de diálogo Buscar y reemplazar, hacemos clic en el botón + y deseleccionamos la casilla de verificación Suena como (véase la figura 4.5).

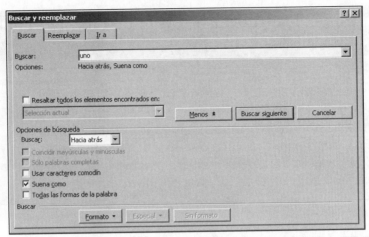

Figura 4.5. Deseleccionamos Suena como para que la función de búsqueda de Word deje de mostrarnos palabras cuyo sonido es similar, pero se escribe de forma diferente.

Tomar el control del formato

El problema: Tengo varias palabras que quiero poner en cursiva, esparcidas en un párrafo. Se supone que puedo cambiar todas las palabras a la vez, pero no consigo descubrir cómo y me haré viejo cambiando las palabras una a una.

La solución: Aquí tiene una solución sencilla: mantenga pulsada la tecla **Control** y seleccione las palabras, frases o párrafos. A continuación, cambie el formato de los elementos seleccionados por el que le parezca (véase la figura 4.6). (Recuerde que esto sólo funciona en Word 2002 y 2003.)

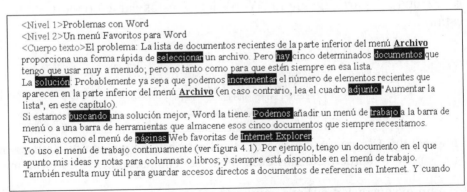

Figura 4.6. Mantenemos pulsada la tecla Control, seleccionamos las palabras que queremos cambiar y, seguimos manteniendo pulsada la tecla hasta que hayamos seleccionado todo lo que queramos. A continuación, hacemos clic en el botón Cursiva, en la barra de formato de Word o cambiamos el formato usando los otros controles de fuente de la barra de herramientas.

Gran acceso directo para poner en mayúsculas todas las palabras en Word

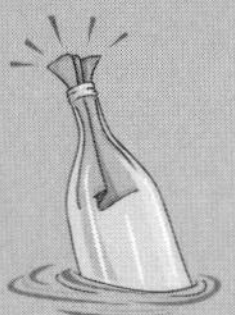

¿Queremos poner en letras mayúsculas letras, palabras o frases? Simplemente seleccionamos el texto y pulsamos **Mayús-F3**. Seleccionamos la frase u oración, y usamos el acceso directo (dependiendo de nuestra versión de Word) para alternar entre todas las letras en minúscula, todas en mayúscula, o siguiendo el orden normal de una oración (la primera letra de la primera palabra en mayúsculas) o letras de título (la primera letra de cada palabra en mayúsculas).

Eliminar líneas extrañas en Word

El problema: Cada vez que escribo un guión bajo (_) en un documento de Word 2000, 2002 o 2003, se convierte automáticamente en una sola línea horizontal gruesa. ¡Eso no es lo que quiero! ¿Es un fallo del programa?

La solución: Lo que para unos es un fallo del programa. es una función para Bill G. Básicamente, estamos sufriendo de la ambiciosa función de formato automático, que convierte ciertos caracteres repetidos en bordes. Cada vez que escribimos más de tres asteriscos, guiones, guiones bajos o signos igual seguidos, Word aplica a cada carácter o párrafo el estilo de borde (véase la figura 4.7). Hay una solución sencilla (casi diría gratificante). En Word 2002/2003, seleccionamos Herramientas>Opciones de Autocorrección, hacemos clic en la pestaña Autoformato mientras escribe y deseleccionamos la casilla Líneas de borde (en Word 2000, deseleccionamos la casilla Bordes). A partir de ahora, Word dejará estos caracteres especiales tal y como están.

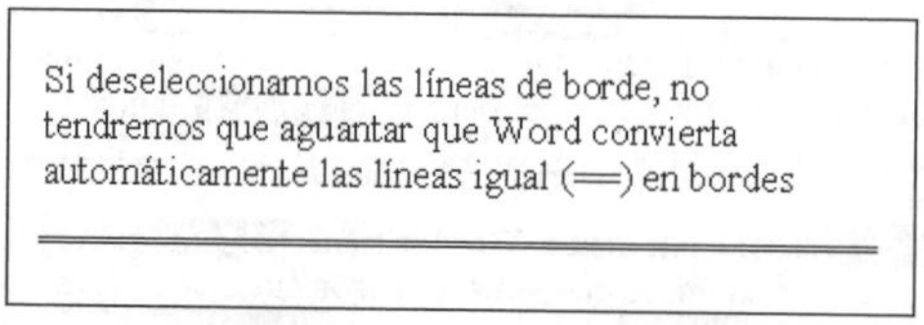

Si deseleccionamos las líneas de borde, no tendremos que aguantar que Word convierta automáticamente las líneas igual (═) en bordes

Figura 4.7. La supuesta función de Word convierte un puñado de símbolos igual en un molesto borde. Podemos desactivar este comportamiento en un momento.

A mí me gusta cómo Word convierte estos caracteres en bordes. Pero también, de vez en cuando, quiero que Word deje de hacerlo. El truco: pulsar la combinación de teclas mágica (**Control-Z**), justo después de que Word cree el borde y *presto*, el borde se desvanece y vuelve a convertirse en caracteres normales.

Pegar el texto del correo electrónico, no los espacios en blanco

El problema: ¿Hay alguna forma de recortar una parte de espacio en blanco que aparece en el lado izquierdo de un documento cuando corto y pego un mensaje de correo electrónico?

La solución: Ya lo creo, basta con usar el modo de selección de columna de Word. Colocamos el cursor en la parte superior del párrafo y mantenemos pulsada la tecla **Alt**. Arrastramos el ratón hacia abajo y a la derecha para ajustar el tamaño de la zona (veremos un cuadrado o rectángulo negro) y soltamos el botón del ratón cuando hayamos seleccionado lo que queremos. Pulsamos la tecla **Supr** y decimos *bye bye* a lo que sobra (véase la figura 4.8).

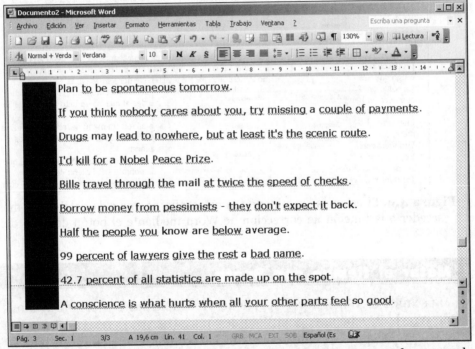

Figura 4.8. Mientras mantenemos pulsada la tecla Alt, arrastramos el cursor sobre la zona que queremos eliminar.

Comprobar la ortografía de una palabra cada vez (y eliminar los subrayados rojos)

El problema: Estoy escribiendo felizmente en Word y observo un error de ortografía. De modo que llevo el cursor hasta la palabra y pulso **F7** para usar el corrector ortográfico

de Word. Identifica el error, lo corrijo y (aquí es cuando empiezo a refunfuñar), Word insiste en revisar la ortografía de todo el documento.

La solución: No debemos usar la función de revisión ortográfica y gramática a menos que realmente queramos revisar todo el documento. Es mejor hacer clic con el botón derecho del ratón en la palabra mal escrita (véase la figura 4.9). Word nos permite revisar palabras individualmente (e incluso nos permite añadirlas al diccionario de autocorrección). A propósito, ¿odia esas líneas zigzagueantes? Si le molestan, revise el cuadro adjunto "Eliminar los garabatos rojos del corrector" para aprender a eliminarlas.

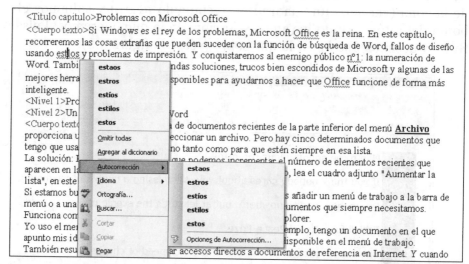

Figura 4.9. Si estamos examinando la ortografía de una sola palabra, es más sencillo acceder a la función de corrección de Word mediante el botón derecho del ratón.

Matar el tiempo con Snarg

¿Buscando algo qué hacer aparte de preocuparnos por el subrayado de Word? Pruebe la página Web de Snarg (`http://snipurl.com/ snarg`). Después de que aparezcan las primeras imágenes en pantalla, hacemos clic en el pequeño símbolo de la libra de la derecha y hacemos clic en el vínculo squeee o framina (para salir de cualquiera de ellos, basta con cerrar la ventana). Pista: mover el puntero del ratón y hacer clic en todos lados hasta que aparezcan patrones, o hasta que nuestra pareja aparezca y nos pregunte cómo va el trabajo.

Eliminar los garabatos rojos del corrector

¿Consideramos que los subrayados zigzagueantes rojos, que indican nuestra escasa capacidad para escribir a máquina, algo molestos? En ese caso, acudimos a Herramientas> Opciones, seleccionamos la pestaña Ortografía y gramática y deseleccionamos la casilla Revisar ortografía mientras escribe.

Hacer copias de nuestras autocorrecciones

El problema: He acumulado ocho años de entradas de autocorrección en Word. ¿Cómo puedo guardarlas como un archivo, para tenerlas a salvo y para transferirlas a la copia de Word de mi portátil?

La solución: Microsoft dispone de un modo de transferir un archivo de autocorrección a otro PC, pero guarda esa función bien escondida en su página Web.

❑ Si usamos Word 2000, debemos conseguir una copia gratuita de Word 2000 Supplemental Macros, `Macros9.dot`, de Microsoft, que contiene una herramienta para la copia de seguridad de la autocorrección (véase la figura 4.10), en `http://www.anayamultimedia.com`. Descargamos `Macros.exe` de esa página, hacemos doble clic en el archivo y seguimos sus indicaciones

(`Macros9.dot` debería instalarse en `C:\Archivos de programa\Microsoft Office\Office\Samples` o `C:\Samples`. En caso contrario, realizamos una búsqueda de `Macros9.dot` usando el explorador de Windows.) Para usar la macro, abrimos Word, seleccionamos Archivo>Abrir y cambiamos Tipo de archivo, en el menú emergente de la parte inferior del cuadro de diálogo, a Plantillas de documentos (*.dot). Seleccionamos `Macros9.dot` y hacemos clic en el botón **Abrir**. En el cuadro de diálogo Advertencia de seguridad, marcamos la casilla Confiar siempre en las macros de este editor y hacemos clic en **Habilitar macros**. Para ejecutar la copia de seguridad de la macro, hacemos clic en **Sample Macros**, en el pequeño cuadro de macros y seleccionamos AutoCorrect Utility. Hacemos clic en el botón **Backup** y ya podemos continuar con nuestro trabajo (véase la figura 4.11).

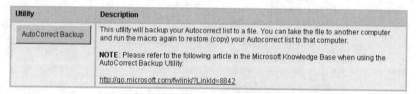

Figura 4.10. Para guardar las entradas de autocorrección, abrimos support.dot y hacemos clic en el botón AutoCorrect Backup, en la parte inferior de la página, para que aparezca la herramienta AutoCorrect Utility.

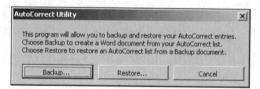

Figura 4.11. La herramienta AutoCorrect Utility nos permite guardar o recuperar fácilmente las entradas de autocorrección.

❑ Si usamos Word 2002 o 2003, es probable que el archivo que necesitamos ya esté en nuestro PC. Usamos la función de búsqueda de Windows para buscar `support.dot`.

Si no está en nuestro PC, podemos instalarlo mediante la herramienta de Agregar o quitar programas del panel de control:

1. En primer lugar, cerramos todas las aplicaciones de Office.

2. A continuación, abrimos Agregar o quitar programas en el panel de control, hacemos clic en la pestaña Instalar o desinstalar (en Windows 98 o Me) o en el botón **Agregar o quitar programas** de la parte superior izquierda (en Windows 2000 o XP) y seleccionamos la entrada para Office XP (o Word).

3. A continuación, hacemos clic en **Instalar o desinstalar** (98 y Me) o en el botón **Cambiar** (2000 y XP). (Lo sé, es pesado, pero la recompensa será grande.) Seleccionamos Agregar o quitar funciones (véase la figura 4.12), hacemos clic en el botón **Siguiente**, buscamos y ampliamos la entrada de Microsoft Office Word y Asistentes y plantillas.

Figura 4.12. Seleccionamos Agregar o quitar funciones para instalar más plantilla de Word, incluyendo support.dot, el archivo que necesitamos para ejecutar la utilidad de copia de seguridad del archivo de autocorrección.

4. Hacemos clic en el pequeño triángulo de Más plantillas y macros, seleccionamos Ejecutar desde Mi PC y hacemos clic en **Actualizar** (véase la figura 4.13).

5. Una vez que hemos instalado `support.dot`, lo buscamos, lo ejecutamos y seguimos las instrucciones explicadas anteriormente.

Si queremos quedarnos ciegos leyendo la larga explicación de Microsoft sobre el funcionamiento de la herramienta de copia de seguridad de autocorrección, la encontraremos en `http://snipurl.com/autocorrect_howto`.

Engañar a la autocorrección de Word

El problema: Cuando creo una entrada de autocorrección, como "del" por "DeltaTree", el texto completo aparece cada vez que escribo "**del**" al principio de cualquier palabra. ¿Cómo puedo evitarlo?.

La solución: Coloque una "**x**" delante de cualquier abreviatura que cree en la autocorrección para evitar que expanda las palabras completas que considere abreviaturas. Por ejemplo, "xat" se amplía a "Altadena" y "xmd" se convierte en "Maryland", pero si escribimos "MD" o "at", no se tienen en cuenta (véase la figura 4.14).

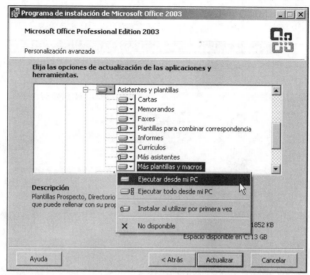

Figura 4.13. En Asistentes y plantillas, hacemos clic en el icono de unidad que hay junto a Más plantillas y macros y seleccionamos Ejecutar desde Mi PC.

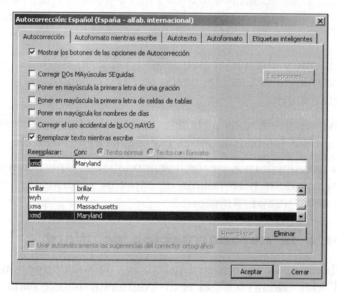

Figura 4.14. Si añadimos la letra "x" delante de cualquier abreviatura que creemos, evitaremos que la autocorrección amplíe palabras completas que parecen abreviaturas.

Desactivar el corrector ortográfico de Word y usar As-U-Type

El corrector ortográfico Word funciona bien, pero he encontrado algo mucho mejor: el programa de Fanix Software, As-U-Type, por 49,95 $. Desperdiciar dinero en una función que ya está incluida en Word (demonios, en la mayoría de los procesadores de texto) puede parecer una locura, pero las funciones de As-U-Type mejoran casi todo lo que hago con un ordenador.

La función de autocorrección de As-U-Type no se preocupa de lo que hago; corrige instantáneamente los errores ortográficos en cualquier sitio en el que escriba palabras: salas de chat, formularios Web, foros de Internet, aplicaciones de contabilidad y los cuadros de diálogo de cualquier programa.

Algunos de los trucos de As-U-Type son parecidos a las funciones de autocorrección de Word. Por ejemplo, cuando escribo frenéticamente a un kilómetro por minuto, As-U-Type corrige todas las palabras que tienen dos letras iniciales mayúsculas en lugar de una.

As-U-Type corrige errores independientemente de donde escribamos (en salas de chat, cuadros de diálogo e incluso Word). Tardaremos unos minutos en corregir los errores y, a partir de ese momento, As-U-Type corregirá automáticamente los errores ortográficos.

Puede convertir determinadas secuencias de letras en frases, de modo que cuando envío un correo electrónico a mi editor, sólo tengo que escribir las palabras "lta" para decirle "Llego tarde otra vez, pero tuvimos un terremoto de grado 7,5 y el conductor de un camión de 18 ruedas perdió el control, chocó contra mi oficina y arrolló mi PC" (a propósito, As-U-Type importa la lista de autocorrección de Word. Encontraremos los detalles en http://snipurl.com/asutype_export.

Si usamos la autocorrección de Word, lo desactivaremos cuando usemos As-U-Type, para evitar conflictos).

As-U-Type es tan inteligente que no sólo puede encontrar los errores habituales (por ejemplo, escribir "envaido" en lugar de "enviado"), pero también errores increíbles. ¿Un ejemplo? Gracias a As-U-Type, podemos olvidarnos de avergonzarnos escribiendo "abergonzado", "averrgonzado", "avregonazdo", o cualquiera de las otras variantes de As-U-Type corregidas anteriormente (en las figuras veremos ejemplos de mis increíbles faltas ortográficas). Podemos probar As-U-Type descargándolo de `http://www.anayamultimedia.com`.

¿De cuántas formas podemos escribir "avergonzado"? Soy disléxico, por lo que creo que tengo el récord.

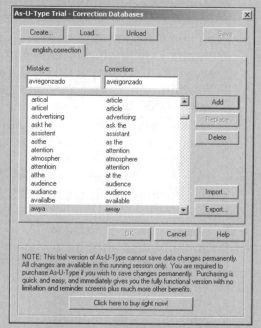

Librarnos del diccionario de Word

Una de mis utilidades favoritas es WordWeb, una combinación gratuita de diccionario de sinónimos y diccionario que sobrepasa enormemente al de Word. WordWeb puede buscar antónimos, además de sinónimos, y también enumera las palabras similares y comprueba si se puede usar la palabra como nombre, verbo, adjetivo o adverbio. Podemos conseguir una copia de la utilidad gratuita en `http://www.anayamultimedia.com`. Podemos instalar WordWeb como una herramienta independiente para, por ejemplo, escribir un correo, o como una barra de herramientas de Word. Encontraremos instrucciones en la sección Unsupported Extras de la página Web de WordWeb, en `http://snipurl.com/wordweb_word`.

Llegar antes con marcadores

El problema: Mayús-F5 nos permite pasar al punto anterior revisado en un documento Word, pero es una forma poco efectiva de desplazarme en un documento de más de 10 páginas. He probado añadir asteriscos al documento y pasar a ellos usando la función de búsqueda, pero no es una gran solución.

La solución: Usar marcadores.

Para añadir un marcador a cualquier parte de un documento:

1. Colocamos el cursor en el punto en el que queramos el marcador (y sí, podemos crear un acceso directo a una sola selección).

2. Seleccionamos Insertar>Marcador, escribimos el nombre del marcador y hacemos clic en el botón **Agregar** (también podemos pulsar **Control-Mayús-F5** para introducir un nuevo marcador o pasar a uno existente).

Para encontrar un marcador:

1. Pulsamos **F5** para abrir el cuadro de diálogo Buscar y reemplazar con la pestaña Ir a, seleccionada.

2. Si conocemos el nombre del marcador, basta con escribirlo y pulsar **Intro**, omitiendo la selección de página predeterminada.

Truco

Usamos **Control-Mayús-F5** para establecer un marcador o ir a un marcador existente.

Si tenemos que seleccionar el nombre de una lista, seleccionamos Marcador en el menú desplegable Ir a y, en el menú desplegable Nombre del marcador, seleccionamos el marcador. Hacemos clic en el botón **Ir a** o pulsar **Intro**, y se nos transportará inmediatamente al marcador.

Truco

No debemos comenzar el nombre con un número o usar espacios en el nombre (Microsoft es inflexible respecto a esto). Pero podemos usar un guión bajo, como en último_capítulo.

El ordenador personal

Recordar los métodos abreviados de teclado de Word

El problema: Sé que Word tiene un millón de métodos abreviados de teclado y casi nunca puedo recordarlos. ¿Hay algún truco para aprenderlos sin recurrir a (¡gasp!) escribirlos en un papel?

La solución: Si tenemos problemas recordando qué hacen ciertas combinaciones de teclado en Word, el propio programa puede ayudarnos. En todas las versiones, desde Word 2000, basta con seleccionar Herramientas>Personalizar, hacer clic en la pestaña Barras de herramientas, seleccionar Mostrar teclas de función y hacer clic en **Cerrar**. Ahora, cuando mantengamos pulsada la tecla **Alt**, **Mayús** o **Control**, individualmente o en combinación, cambiará la barra de tareas Mostrar teclas de función de la parte inferior de la pantalla, mostrando las funciones. Podemos hacer clic en cualquier elemento de la barra de tareas para ejecutarlo (véase la figura 4.15). Si la barra de herramientas ocupa demasiado espacio, arrastramos la barra vertical que hay en el extremo izquierdo a cualquier parte de la página.

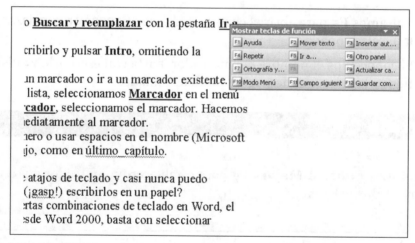

Figura 4.15. Si no podemos recordar el millón de métodos abreviados de teclado de Word, podemos conseguir una chuleta.

Saltar rápidamente a las carpetas favoritas en Office

El problema: Sé cómo cambiar los cinco elementos favoritos que hay a la izquierda en un cuadro de diálogo Archivo>Abrir en casi cualquier aplicación de Windows. ¿Hay alguna forma de hacer lo mismo con los cuadros de diálogo Archivo y Abrir de Office?

La solución: Comenzando en Office XP, podemos añadir hasta 256 elementos a la barra Mis direcciones, el panel de la izquierda en los cuadros de diálogo Abrir y Guardar como (y no, no he añadido 256 elementos a la barra Mis direcciones; 13 entradas es más que suficiente. Véase la figura 4.16). Estos elementos son tremendamente útiles para desplazarnos a carpetas a las que accedemos a menudo; también podemos agregar, eliminar y cambiar el nombre de elementos en un momento.

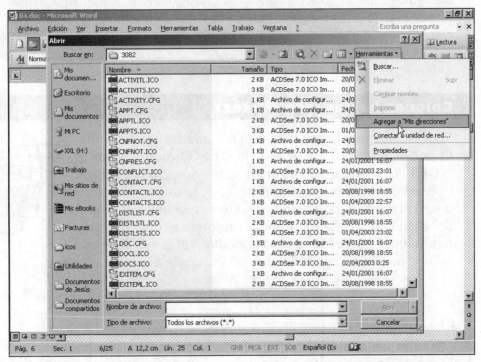

Figura 4.16. Si no estamos usando (y personalizando) la práctica barra Buscar en, nos estamos perdiendo algo bueno.

Para añadir un elemento a la barra Mis direcciones:

1. Seleccionamos Archivo>Abrir en cualquier programa de Office (o seleccionamos Archivo>Guardar como y realizamos los siguientes pasos).

2. En el cuadro de diálogo Abrir, seleccionamos el elemento (una carpeta, archivo o incluso unidad) que queremos añadir al panel de contenidos.

3. En la lista Buscar en, hacemos clic en, por ejemplo, Mis documentos.

4. En el panel de contenidos, hacemos clic en Mis documentos recientes.

5. En el cuadro de diálogo Abrir, lo añadimos a la barra Mis direcciones seleccionando Herramientas>Agregar a Mis direcciones.

Los elementos que no podemos cambiar

No podemos cambiar el nombre o eliminar los elementos predeterminados de Office XP y 2003 (Historial, Escritorio, Mis documentos, Favoritos, Mis sitios de red y Mis documentos recientes) a menos que queramos realizar una complicada modificación en el registro. ¿Una forma más sencilla? Apartarlos de la vista. Solamente hacemos clic con el botón derecho del ratón en un elemento y seleccionamos Subir o Bajar.

Colocar barras con Pizzazz

Si queremos una forma más rápida y mucho más sencilla de personalizar la barra de Mis sitios de Office, consigamos WOPR Places Bar Customizer en `http://snipurl.com/placesbar`. Garantizado, cuesta 15 $, pero desplazarnos a las carpetas es rapidísimo y podemos cambiar el icono del elemento (vea la figura para comprobar cómo he configurado mi barra Mis sitios). Las diferentes versiones de WOPR funcionan con todos los Office, desde 2000 hasta 2003.

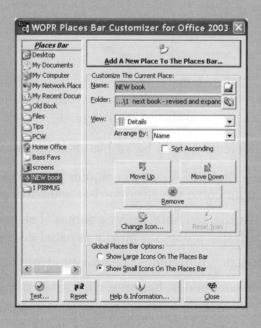

Abrir archivos Word, todos seguidos

El problema: A menudo tengo 10 documentos Word abiertos y desplazarme entre ellos no es divertido. Puedo usar la estúpida función de Word Ventana>Organizar todo o ir al menú Ventana y seleccionar allí los documentos. Pero tiene que haber una solución mejor.

La solución: Probablemente ya conozca la función de Windows XP Agrupar los botones similares de la barra de tareas (en caso contrario, hacemos clic con el botón derecho del ratón en el botón **Inicio**, seleccionamos Propiedades, hacemos clic en la pestaña Barra de tareas y marcamos la casilla Agrupar los botones similares de la barra de tareas). Word carece de una función lógica equivalente, pero la plantilla gratuita DocuBar puede alinear todos los documentos abiertos en una sola barra horizontal, de modo que puedo desplazarme entre varios documentos con un sólo clic (véase la figura 4.17). Con otro clic, podemos hacer que los documentos se muestren en mosaico o se vuelvan a mostrar normalmente. ¿Queremos ocultar DocuBar? Hacemos clic en un botón añadido a la barra de herramientas de Word y desaparece.

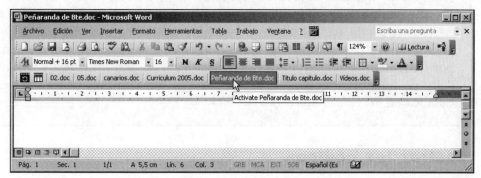

Figura 4.17. DocuBar es un complemento gratuito de Word que nos proporciona lo que no proporciona Word (una forma sencilla de abrirnos camino a través de varios documentos abiertos).

Instalar DocuBar es muy sencillo. En primer lugar, descargamos el archivo `.dot` de `http://snipurl.com/docubar`.

1. Copiamos la plantilla a nuestro directorio de inicio de Word.

2. Para descubrir cuál es el directorio de inicio de Word, seleccionamos Herramientas>Opciones (en Word) y seleccionamos la pestaña Ubicación de archivos. Miramos la línea Inicio para ver qué carpeta usamos. Seleccionamos la línea de inicio y hacemos clic en el botón **Modificar** si no podemos ver toda la ruta (probablemente sea `C:\Documents and Settings\<nombre_usuario>\Datos de programa\Microsoft\Word\Startup`).

3. Si no vemos DocuBar tras iniciar Word, tendremos que copiar el archivo `.dot` en `C:\Archivos de programa\Microsoft Office\Office\Startup`.

La próxima vez que abramos Word, DocuBar estará esperando a trabajar para nosotros.

Copiando WOPR

Woody's Office POWER Pack (WOPR) de Woody Leonhard es un conjunto de complementos esenciales para Word y Office que llevan en mi caja de herramientas desde hace casi una década. Con los años, he visto como muchas de las funciones de WOPR terminaban en Word.

Por ejemplo, cuando Microsoft "tomó prestada" la revisión ortográfica haciendo clic con el botón derecho del ratón, el mapa del documento y la barra de herramientas Contar palabras de versiones anteriores de WOPR, Woody simplemente añadió más herramientas indispensables a su siguiente versión de WOPR. Hay versiones de WOPR desde Office 95 hasta 2003 y todas cuestan 29,95 $. Entre las casi 30 herramientas de WOPR hay una potente, herramienta configurable para imprimir sobres personalizados; QuickMarks, una forma rápida de desplazarnos por documentos muy grandes; y Fix Line Breaks, una utilidad que elimina los salto de línea de archivos ASCII Text importados. Encontraremos todos los detalles en `http://snipurl.com/wopr2003`.

Mostrar los códigos

El problema: Word, en todas las versiones, insertan fuentes ocultas, comandos extraños y Dios sabe qué otras cosas en mi documento. Si corto y pego de un documento a otro, los atributos del texto pegado suelen cambiar. La fuente es Times New Roman de 12 puntos, pero cuando copio una sección en otro archivo, pasa a ser Arial de 10 puntos.

La solución: Apuesto a que es frustrante, especialmente si conocemos Reveal Codes de WordPerfect, la superfunción que nos permite ver cada resto de formato en un documento. Es una herramienta indispensable para encontrar problemas de formato extraños o insignificantes, que pueden convertir partes de un documento en un galimatías. Para divertirnos, podemos probar Formato>Mostrar formato, el intento a medio hacer de una función de Microsoft en Word 2002 XP. Decepcionante, ¿verdad?

Revise lo que el complemento de CrossEyes de Levit & Jones y se sorprenderá (revise la figura 4.18 para ver lo que hace CrossEyes). El programa de 49,99 $ nos lleva detrás del telón de Word. Hacemos clic en el icono de CrossEyes de la barra de herramientas de Word para dividir en dos la pantalla horizontalmente; el documento superior, contiene el texto y el inferior contiene los códigos de formato. Veremos tablas, códigos de campo y todos los formatos de carácter, párrafo y estilo. Las dos ventanas funcionan conjuntamente: movemos el cursor en cualquiera de ellas y veremos la correspondiente acción en la otra.

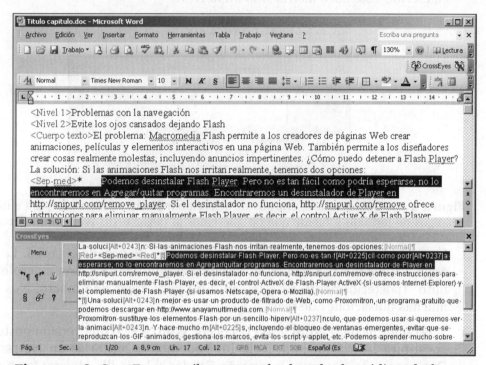

Figura 4.18. CrossEyes es milagroso revelando todos los códigos de formato característicos de Word. A diferencia del triste Mostrar formato de Word, CrossEyes retira el telón y nos muestra todos los pequeños detalles.

CrossEyes nos permite hacer más que simplemente ver el formato. Podemos extirpar los formatos problemáticos de la ventana que muestra el código, o copiarlo y pegarlo para aplicar el formato a otra parte del documento. Incluso podemos introducir texto o editarlo en la ventana de código. CrossEyes es algo caro, pero es vital para los usuarios expertos de Word. Funciona con las versiones desde Word 97 a Word XP y, con Windows 95 y superiores. Hay una versión de prueba en la Web `http://www.anayamultimedia.com`.

Pegar texto, no formato

El problema: A menudo capturo texto o el URL de una Web y lo pego en un documento Word. Cuando lo pego sólo quiero el texto, no toda la morralla de formato de la página.

La solución: No hay una, ni dos, sino tres formas ingeniosas de solventar lo que considero uno de los mayores problemas de Word:

❑ La forma menos elegante, pero completamente efectiva es insertar el texto usando Edición>Pegado especial y haciendo clic en Texto sin formato, como muestra la figura 4.19. Pegaremos el sin ningún formato. Este truco es muy práctico y, sin él, escribir este libro habría sido un horror.

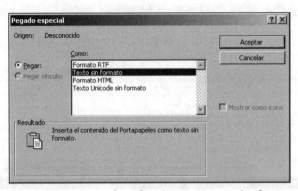

Figura 4.19. Debemos asegurarnos de seleccionar Texto sin formato para eliminar los códigos de formato y fuente que no queremos al pegar texto Web en un documento.

❑ Un método más ingenioso es crear una macro de pegado especial. La mía está asignada a **Alt-F1**. Examine el recuadro adjunto "Crear una macro en un minuto" (posteriormente en este capítulo) para crear una macro. Nos ahorrará muchas pulsaciones de tecla.

❑ Si estamos usando Word 2002 (es decir, Word XP) o una versión posterior, nos encantará las opciones de pegado. Podemos habilitarlas en Herramientas> Opciones: seleccionamos la pestaña Edición y la casilla Mostrar los botones de las opciones de Pegar. Ahora, cada vez que peguemos (mediante **Control-V**, con el botón derecho del ratón o arrastrando el texto) aparecerá un pequeño botón de portapapeles (cuidado: si seguimos escribiendo, el botón desaparecerá). Haciendo clic en el botón podremos decidir mantener el formato original del texto, que concuerde con el texto de destino o pegar solamente el texto (véase la figura 4.20). Incluso podemos aplicar un estilo.

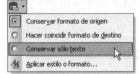

Figura 4.20. Las opciones de pegado de Word son una herramienta estupenda que sólo está disponible a partir de Word XP. Podemos aprovecharla para convertir datos llenos de fuentes y HTML en texto simple.

Dentro de una macro

Quizás no esté familiarizado con las macros. ¿Quiere ver una fotografía extraña que muestra como funciona una macro? Claro que quiere: `http://snipurl.com/neat_macro`.

Pegar sólo texto con un solo paso

La función de pegado especial de Word es estupenda, pero se limita a Word. Yo estoy constantemente tomando texto de mensajes de correo, páginas Web y archivos `readme.txt`, y luego pegándolo en otras aplicaciones. *No problem*, amigos. La solución al estilo Word es PureText de Steve Miller, que nos libra del equipaje que traen consigo (restos de formato y código HTML). Tras copiar el texto en el portapapeles, hacemos clic en el icono PureText de la barra de tareas y tenemos texto perfectamente limpio para pegar. Aún mejor, podemos configurar una tecla del programa, como **Tecla Windows-V**, para que convierta y pegue el texto. Encontraremos una copia en `http://www.anayamultimedia.com`.

El modo rápido de introducir texto de prueba

¿Alguna vez ha intentado rellenar una página de Word con texto de prueba? Probablemente no, peo es un gran huevo de Pascua (una función oculta) que podemos usar para entretener a los amigos. El truco funciona con las versiones de Word desde 97 hasta 2003, pero debemos marcar la casilla Reemplazar texto mientras escribe en Herramientas>Autocorrección (Opciones de Autocorrección en Word 2002) para que funcione.

1. Abrimos un nuevo documento y escribimos `=rand()` en una línea diferente.

2. Pulsamos **Intro** y vemos cómo aparece el texto.

3. Cambiamos las líneas de texto añadiendo números; por ejemplo, `=rand(15,22)` o `=rand(50,50)`.

Pasemos unos minutos preguntándonos qué significa esto y qué nos importa e inmediatamente, enviémoslo a un amigo.

Buscar más rápido sin el cuadro de diálogo

El problema: Estoy usando la función de búsqueda de Word, examinando un enorme documento, intentando ver dónde he usado la palabra "Windows". Pero el cuadro de diálogo Buscar y reemplazar de Word sigue tapando la parte del documento que quiero ver.

La solución: Eso solía ocurrirme a mí también, hasta que encontré los botones **Búsqueda anterior** y **Búsqueda anterior** de Word. Comenzamos una búsqueda de la forma habitual: abrimos el cuadro de diálogo Buscar y reemplazar mediante Edición>Buscar (o mediante **Control-B**), escribimos la palabra o frase que queremos encontrar y pulsamos **Intro**. Cerramos el cuadro de diálogo Buscar y reemplazar con **Esc** y nos dirigimos a los dobles triángulos que hay en la parte inferior de la barra de desplazamiento vertical (véase la figura 4.21). Hacemos clic en los de la parte inferior para buscar hacia delante en el documento: el icono de la parte superior busca hacia atrás. **Control-Av Pág** y **Control-Re Pág** cumplen la misma función.

Figura 4.21. Hacemos clic en los dobles triángulos superior e inferior para repetir una búsqueda de palabra o frase anterior sin abrir el cuadro de diálogo Buscar y reemplazar.

Desactivar los hipervínculos automáticos

El problema: Cuando escribo un URL o dirección de correo electrónico en un documento, Word automáticamente crea un hipervínculo. Sé que a muchas personas les gusta esta función, pero ¿no podría, por defecto, no crear el hipervínculo?

Hipervínculos al descubierto

Si tenemos que ver rápidamente un URL insertado, pulsamos **Alt-F9**, que antepone {HYPERLINK a todos los URL.

La solución: En Word, hacemos clic en Formato>Autoformato y hacemos clic en el botón **Opciones**. En Reemplazar, deseleccionamos Rutas de red e Internet por hipervínculos. Hacemos clic en **Aceptar** y luego en **Cerrar** o **Cancelar** (a menos que queramos dar formato automático al documento).

Truco

También podemos desactivar la función de hipervínculo en WordPerfect. Hacemos clic en Herramientas>Corrección rápida, seleccionamos la pestaña SpeedLinks, y deseleccionamos la casilla Format words as hyperlinks when you type them.

Crear una macro en un minuto

Las macros de Word pueden capturar (y reproducir) una combinación de pulsaciones de tecla y comandos realizados mediante el ratón, automatizando cualquier número de tareas pesadas. El modo más rápido de crear una macro es hacer que Word grabe lo que hacemos:

1. Seleccionamos Herramientas>Macro> Grabar nueva macro. En el cuadro de diálogo Grabar macro, escribimos un nombre para la macro en el campo Nombre de macro (sin usar espacios).

2. Asignamos la macro que vamos a grabar a un botón de la barra de herramientas o, en este ejemplo, a una combinación de teclas. En este último caso, hacemos clic en el botón **Teclado** y pulsamos las teclas que queremos usar. Si la combinación de teclas ya está asignada, aparecerá un aviso; a menos que queramos tener otro gran problema con Word, usaremos otra combinación de teclas diferente.

3. Hacemos clic en **Aceptar**. El cuadro de diálogo Grabar macro desaparece y, aparecerá un botón para detener la grabación. El grabador de macros registra los clics del ratón y las teclas que pulsamos. Hacemos clic en el botón **Detener grabación** cuando hayamos terminado y las pulsaciones de tecla y clic de ratón (pero no los movimientos del ratón) se guardarán para la posteridad.

Evitar la navegación sin darnos cuenta

El problema: Mi jefe me envía documentos Word llenos de URL. Parecen texto normal excepto que es azul y subrayado y, cuando hago clic en uno sin darme cuenta, Word se convierte en una especie de navegador, añade elementos a la barra de herramientas y me lleva a la página Web.

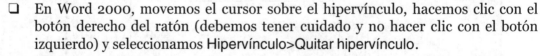

La solución: Hay dos formas de librarnos de los molestos hipervínculos:

❑ En Word 2000, movemos el cursor sobre el hipervínculo, hacemos clic con el botón derecho del ratón (debemos tener cuidado y no hacer clic con el botón izquierdo) y seleccionamos Hipervínculo>Quitar hipervínculo.

❑ Lo mismo funciona en Word 2002 y posteriores. Pero pruebe el siguiente truco en su lugar. Abrimos Herramientas>Opciones, hacemos clic en la pestaña **Edición** y marcamos la casilla Utilizar CTRL + Clic del mouse para seguir hipervínculo (véase la figura 4.22). Si hacemos **Control-clic** en un URL, Word se conectará a Internet y buscará la página Web. Si sólo hacemos clic en un URL no sucederá nada. Cuando la casilla de verificación no está seleccionada, tenemos el antiguo comportamiento molesto.

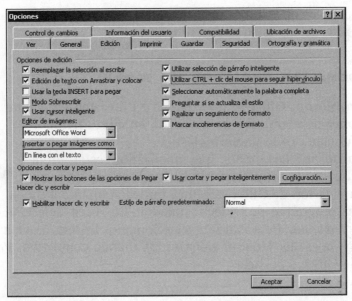

Figura 4.22. Si marcamos la casilla Utilizar CTRL + Clic del mouse para seguir hipervínculo, podremos ver los URL en un documento Word, pero no Word no se convertirá en un navegador si hacemos clic en uno.

Impresión inteligente con macros

El problema: A veces quiero imprimir sólo la página que estoy viendo; otras veces, quiero imprimir sólo algunas líneas que he seleccionado en esa página, como una lista de la compra. Pero en cualquier caso, Word imprime todo el documento cuando hago clic en el icono de la impresora que hay en la barra de herramientas.

La solución: Crear una macro para cada tarea. Las instrucciones paso a paso se encuentran en el cuadro adjunto "Crear una macro en un minuto" (anteriormente en este capítulo) que nos enseñará a hacerlo en menos de, aproximadamente, un minuto. Llamamos a las macros "A_ImpPag" y "A_ImpSel", para que nos sea más fácil encontrarlas posteriormente. Cuando creemos las macros, asignamos sus propios botones de barra de herramientas. Aquí explicamos cómo:

1. Hacemos clic con el botón derecho en una zona vacía de una barra de herramientas en Word, seleccionamos Personalizar y hacemos clic en la pestaña Comandos.

2. En la lista de Categorías, hacemos clic en Macros, buscamos las dos macros en la lista Comandos (¿comprende por qué era tan importante usar esos nombres?) y las arrastramos (una cada vez) a la barra de herramientas. Debemos

asegurarnos de soltar la macro en la zona activa de la barra de herramientas; si no lo hacemos, no se creará ningún botón.

Ver todas las opciones de menú

El problema: Office 2000 y Office XP insisten en ocultar las opciones de menú que no he usado en cierto tiempo. Lo llaman función. Yo lo llamo molestia.

La solución: Los menús "personalizados" están predeterminados en Office, pero si cambiamos esa configuración en una aplicación de Office, afectará inmediatamente a todos los demás programas de Office instalados. En Word, seleccionamos Herramientas>Personalizar, seleccionamos la pestaña Opciones y marcamos la casilla Mostrar siempre los menús completos. *Voilà*: ya no hay más menús de Office a la carta.

Los secretos de la velocidad de Word al descubierto

Mientras estamos jugando con la parte inferior de la barra de desplazamiento, hacemos clic en el botón redondo **Seleccionar objeto de búsqueda** entre los dobles triángulos. Ese clic abre nuevas formas interesantes de desplazarnos temporalmente a través del documento. Por ejemplo, mientras escribía este libro hice clic en el icono Examinar por títulos (fila inferior, tercer icono por la derecha) para recorrer el título de cada problema. Posteriormente, pude encontrar las preguntas sobre problemas de mi editor usando **Examinar por comentarios** (fila superior, tercer icono por la derecha).

Cancelar

Establecer nuestra vista preferida de una vez por todas

El problema: Word siempre abre los documentos en vista normal, pero yo prefiero la vista previa (en Word 2002, Vista de diseño de impresión).

La solución: Podemos alternar entre vistas mediante combinaciones de teclas: **Control-Alt-P** nos lleva a la vista de vista previa o de diseño de impresión y **Control-Alt-N** nos devuelve a la vista normal. Yo he fijado la vista que más me gusta editando normal.dot (la plantilla global de Word) como se indica a continuación:

1. Cerramos Word y usamos Inicio>Buscar>Archivos o carpetas para encontrar para localizar `normal.dot` en el disco duro. Hacemos clic con el botón derecho en él (o en el nombre de archivo adecuado, si encontramos más de uno) y seleccionamos Abrir carpeta contenedora.

2. Hacemos una copia de seguridad del archivo `normal.dot` original. Mantenemos pulsada la tecla **Control**, arrastramos `normal.dot` a un espacio vacío de la misma carpeta y soltamos el botón del ratón. El archivo se llamará `Copia de normal.dot`. Pulsamos **F2** y llamamos a la copia `default.dot`.

3. Hacemos clic con el botón derecho en `normal.dot` y seleccionamos Abrir; no debemos hacer clic en el archivo, porque eso abrirá un nuevo documento.

4. Realizamos todas las modificaciones que queramos: cambiar las fuentes, eliminar elementos de la barra de herramientas o incluso itachán!, hacemos que la vista predeterminada sea la vista previa.

5. Guardamos `normal.dot` y lo cerramos.

La próxima vez que abramos Word, el programa tendrá nuestra nueva configuración.

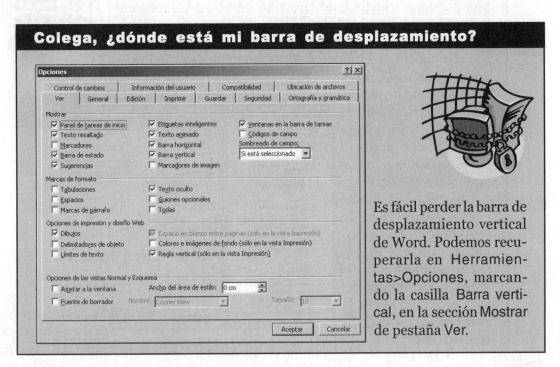

Es fácil perder la barra de desplazamiento vertical de Word. Podemos recuperarla en Herramientas>Opciones, marcando la casilla Barra vertical, en la sección Mostrar de pestaña Ver.

Zoom en Word y Excel

El problema: A menudo un amigo, que establece fuentes de 10 puntos para ahorrar espacio en su monitor de 15 pulgadas, me deja documentos Word. En mi moderno monitor LCD, las letras parecen minúsculas. Por supuesto, también sucede lo contrario: cuando abre mis documentos Word, las fuentes son enormes. ¿Cuál es la solución?

La solución: La barra de herramientas estándar de Word (y Excel) tiene un cuadro de zoom con un valor porcentual. Basta con incrementar o reducir el número para ampliar o reducir la vista a nuestro gusto. Una forma más rápida: pulsar la tecla **Control** mientras hacemos girar la rueda del ratón hacia delante (para ampliar la vista) o hacia atrás (para reducir la vista). Este truco no cambia realmente el tamaño de la letra, sólo su apariencia en pantalla. A propósito, si la combinación **Control**-rueda de ratón no funciona, quizás necesitemos cambiar una configuración existente, como la velocidad o la aceleración del puntero. Actualizar el controlador del ratón también servirá.

Ver los entresijos del software

Escondido dentro de Windows está Información del sistema, una estupenda herramienta de diagnóstico que me ayuda a desentrañar millones de detalles sobre mi PC. Por ejemplo, puedo revisar la configuración de Word y saber qué conversores de archivo tengo instalados; también puedo ver una amplia lista de los recursos de hardware del sistema y sus componentes. El menú Información del sistema me proporciona acceso a otras cinco herramientas de diagnóstico, entre las que se incluyen Dr. Watson y Diagnósticos de red. La herramienta también nos permite acceder rápidamente a la restauración del sistema de Win XP. Puede encontrarse escondido en Windows (seleccionamos Inicio>Programas> Herramientas del sistema>Información del sistema), pero Word lo abre con sólo usar **Control-Alt-F1**.

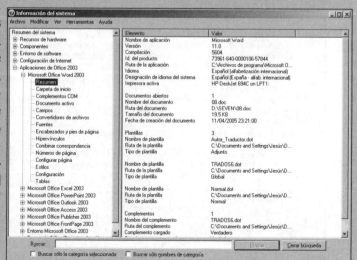

Hacer que los documentos de Office sean privados

El problema: Envié un documento Word a un compañero de trabajo y me quedé sorprendido cuando, de alguna forma, descubrió qué, otra persona había editado el archivo. ¿Cómo lo descubrió?

La solución: ¡Paranoicos de la privacidad, tomad nota! Cuando guardamos un documento Word, Excel o PowerPoint, todo tipo de información personal que lo acompaña (dependiendo de nuestra versión de Office): etiquetas inteligentes, texto oculto, una lista de todas las personas que han trabajado en el documento, durante cuánto tiempo y, mucho más. Por ejemplo, abrimos un documento Word y seleccionamos Archivo>Propiedades y revisamos las pestañas. Da miedo ¿verdad?

Las buenas noticias son que podemos hacer que los documentos Word, Excel y PowerPoint XP y 2003 sean más pequeños y seguros eliminando la información oculta, gracias al complemento gratuito Remove Hidden Data de Microsoft, que encontraremos en `http://snipurl.com/Office_data`. Debemos cerrar todas las aplicaciones de Office antes de instalar la herramienta y, cuando volvamos a iniciarlas, veremos una nueva entrada en el menú Archivo, a un tercio de altura: Remove Hidden Data. Tendremos que ejecutar este complemento en cada archivo y en cada aplicación. La herramienta crea un nuevo documento, de modo que el original queda a salvo. Sin embargo, hay que tener cuidado. Si abrimos y editamos este nuevo documento, tendremos que volver a ejecutar la herramienta Remove Hidden Data.

Truco rápido para la privacidad en Word

Para guardar archivos Word XP y 2003 sin nuestros cambios, comentarios y datos personales, seleccionamos Herramientas>Opciones, seleccionamos la pestaña Seguridad y nos aseguramos de que las casillas Avisar antes de imprimir, guardar o enviar un archivo que contenga cambios marcados o comentarios y Al guardar, quitar la información personal de las propiedades del archivo. Hay que destacar que esta opción no elimina tanta información oculta como el complemento Remove Hidden Data de Microsoft, pero es mucho más rápido.

Algo anormal en Normal.dot

El problema: Cuando creo un nuevo documento en blanco, espero que esté en blanco. Pero al hacer clic en el botón Nuevo documento en blanco de la barra de herramientas (que es igual que seleccionar Archivo>Nuevo y seleccionar

Documento en blanco) a veces se abre un nuevo documento que ya contiene texto o gráficos. ¿Qué es eso? ¿De dónde viene?

La solución: Cuando pedimos crear un nuevo documento en blanco, Word crea un nuevo documento basándose en el archivo de plantilla `normal.dot`. Una plantilla puede contener texto y gráficos (muchas plantillas incluyen elementos comunes, como membretes, texto básico de contratos, etc.). Una plantilla también puede incluir macros. La causa más probable de nuestras desdichas es algo en el archivo `normal.dot`.

Pero espere, ¡hay más! Podemos configurar Word para cargar una o más "plantillas globales" (plantillas que se cargan siempre, como `normal.dot`). Estas plantillas pueden contener texto, gráficos, estilos, macros, botones de barra de herramientas... ya se imagina.

La solución rápida es iniciar Word usando el comando Ejecutar (seleccionamos Inicio>Ejecutar). Iniciamos Word con el comando `winword /a`, que hace que se inicie con un nuevo documento, realmente en blanco. No se cargan las plantillas globales (ni siquiera `normal.dot`).

Nueva forma de hablar

Necesitamos ayuda para escribir frases rápidas que nos hagan parecer un experto en comercio electrónico? ¿O quizás tengamos que escribir un informe sin sentido repleto de tonterías sobre la nueva economía? Basta con usar el Web Economy BS Generator en `http://snipurl.com/BS_generator`.

Una solución más duradera es limpiar (o volver a crear) el archivo `normal.dot` y eliminar todas las plantillas globales. En primer lugar, buscamos el archivo `normal.dot`, que está oculto en la carpeta Documents and Settings. Hacemos clic con el botón derecho del ratón en él, seleccionamos Abrir, borramos todo lo que no queramos y lo guardamos. Una alternativa más sencilla es simplemente cambiar el nombre de `normal.dot` (por ejemplo, a `xnormal.dot` o `normal.xdot`). La próxima vez que iniciemos Word, creará un nuevo `normal.dot` limpio.

Para eliminar las plantillas globales, iniciamos Word y seleccionamos Herramientas>Plantillas y complementos. En la lista de plantillas globales, seleccionamos cada elemento y hacemos clic en **Quitar** (si el botón **Quitar** está desactivado, el elemento seleccionado se encuentra en la carpeta `\Documents and Settings%UserProfile%\Application Data\Microsoft\Word\Startup`; la única forma de eliminar estos elementos es quitarlos de esa carpeta).

Una vista mejor del diseño de impresión

El problema: Me gusta la vista de diseño de impresión de Word, pero el espacio entre la parte inferior de una página y la parte superior de la siguiente es considerable, y una buena parte del espacio de pantalla se desperdicia. No deja mucho espacio para admirar mi ingeniosa prosa.

La solución: Si tenemos Word 2002 o Word 2003, hacemos clic en la zona gris que hay entre las dos páginas mientras estamos en la vista de diseño de página. Los encabezados, pies de página, márgenes y espacios grises entre las dos páginas del documento desaparecerán y serán sustituidas por una simple línea negra. Todavía estamos en vista de diseño, pero con mucho más material útil visible, como muestra la figura 4.23.

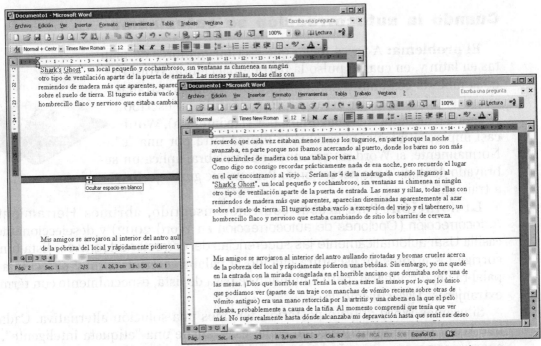

Figura 4.23. Haciendo clic entre las páginas se comprime todo el espacio entre márgenes en una sola línea.

Pantalla completa al frente

Otra forma de usar mejor el tamaño completo de la pantalla (y esto funciona en todas las versiones de Word) es seleccionar Ver>Pantalla completa. Tardaremos cierto tiempo en acostumbrarnos a esta vista porque la barra de menú, todas las barras de herramientas (excepto la barra Pantalla completa flotante, que contiene una sola opción, Cerrar pantalla completa) y las barras de desplazamiento, desaparecerán, dejando casi toda la pantalla para el documento. Mientras estamos en la vista de pantalla completa, podemos acceder a los comandos de menú desde el teclado o moviendo el puntero del ratón a la parte superior de la pantalla. Para salir de la vista de pantalla completa, basta con pulsar **Esc**.

Para recuperar la vista completa de diseño de página (lo que tendremos que hacer si estamos editando los encabezados y pies de página, por ejemplo), hacemos clic en la vista que separa las páginas. Cuando guardemos el documento, la configuración de diseño de la última página (completa o reducida) se guardará junto al documento. Podemos cambiar esta la configuración predeterminada de esta función visitando Herramientas>Opciones, haciendo clic en la pestaña Ver y seleccionando o deseleccionando la casilla Espacio en blanco entre páginas.

Cuando la autocorrección se entusiasma

El problema: A veces tengo que escribir nombres de plantas en latín y, en cuanto pulso la barra espaciadora, Word tiene la molesta costumbre de cambiar estas palabras extrañas sin ni siquiera una advertencia. Por ejemplo, si escribo "Purshia tridentata" (es chagúnari, por si le interesa), Word casi imperceptiblemente cambia la última letra por una "e". Normalmente, si Word no reconoce una palabra, aplica un subrayado dentado y me parece bien. Pero no me gustan estos cambios a traición.

La solución: Para acabar con este sinsentido, abrimos Herramientas>Autocorrección (Opciones de autocorrección en Word 2002) y deseleccionamos la casilla Usar automáticamente las sugerencias del corrector ortográfico. Esta función corrige los errores de escritura cuando la palabra escrita es muy parecida a una palabra del diccionario, pero a menudo se pasa de lista, especialmente con términos extranjeros. Desactivémosla.

Si usamos Word 2002 o posterior, tenemos una solución alternativa. Cada vez que Word realice una corrección como esas, añade una "etiqueta inteligente", que aparece como una pequeña barra azul debajo de la palabra cuando mantenemos el puntero sobre la palabra. Si hacemos clic en la barra azul, aparecerá un pequeño menú (como muestra la figura 4.24), que nos permite corregir la "corrección" o indicar a Word que deje de cambiar una determinada palabra (si cambiamos de opinión posteriormente, seleccionamos Herramientas>Opciones de autocorrección, hacemos clic en el botón **Excepciones** y en la pestaña Otras correcciones, eliminamos las palabras que queremos que Word corrija).

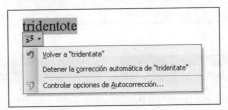

Figura 4.24. Si conseguimos atrapar a Word en el momento de cambiar indebidamente una palabra, podemos hacer clic en la pestaña inteligente para refrenarlo un poco.

El misterioso cuadro de diálogo Guardar cambios

Cada vez que abro un documento sólo para imprimirlo, al cerrarlo, Word me pregunta si quiero guardar los cambios. ¡Pero yo no he hecho cambios! ¿Qué pasa?

Word nos pregunta si queremos guardar los cambios, incluso si él ha realizado los cambios, no nosotros. Lo que ocurre es que Word actualiza los campos del documento ante de imprimirlo.

Un campo es un código que es sustituido por texto. Los campos suelen usarse para imprimir el número de cada página, para imprimir una fecha y muchos otros elementos que pueden cambiar. El simple acto de actualizar los campos cuenta como un cambio, incluso aunque no se realice ningún cambio; de ahí que nos recuerde guardar el documento antes de cerrarlo.

El modo más sencillo de evitar el problema es asegurarnos de que el documento no contiene campos; una solución muy poco práctica para muchos documentos. Podemos probar en Herramientas>Opciones, haciendo clic en la pestaña Imprimir y deseleccionando la casilla Actualizar campos; esto debería evitar que Word actualizase los campos antes de imprimir (y por tanto, el documento no cambiará), pero según mi experiencia, esto no siempre funciona. Podríamos eliminar el cuadro de diálogo de guardar cambios de varias formas, pero podría ser muy peligroso ya que también podríamos descartar los cambios que queríamos guardar.

¿La moraleja? Acostumbrarnos a ello.

Ha nacido una estrella

Si tenemos nostalgia de los antiguos procesadores de palabras, podemos revisar A Potted History of WordStar, en `http://snipurl.com/wordstar`.

Pensar de forma original

Visual Thesaurus es una forma fascinante y sorprendente de descubrir el significado y relaciones de las palabras. Escribimos una palabra en el cuadro de texto (pruebe con la palabra "change" o "process") y espere mientras se acaba rápidamente el plazo que tenía estipulado. Véalo en `http://snipurl.com/thinkmap`.

Eliminar texto sin confirmar

El problema: Odio los programas que son tan cuidadosos que piden que confirmemos cada pequeño cambio, supuestamente para protegerme de mí mismo. La única vez que quiero ver "¿Está seguro S/N?" es cuando estoy a punto de realizar algo verdaderamente drástico e irreversible. Algo que, desde luego, no se aplica a eliminar texto en Word, una acción que puede deshacerse fácilmente. Pero de repente, ahora Word se niega a borrar el texto subrayado si no pulso **S** cuando aparece su molesta pregunta (véase la figura 4.25). ¿Qué ocurre?

Figura 4.25. ¿Word nos pide confirmación incluso cuando sencillamente borramos texto? Hemos activado por accidente Ayuda para usuarios de WordPerfect.

La solución: Word está imitando a WordPerfect. En algunas versiones de WordPerfect, si seleccionamos texto y pulsamos **Supr**, WordPerfect nos pregunta si queremos borrar el bloque. Microsoft Word imita este comportamiento cuando el usuario activa Ayuda para usuarios de WordPerfect. Es fácil activarlo sin querer e igual de fácil repararlo: seleccionamos Herramientas>Opciones, hacemos clic en la pestaña General y deseleccionamos la casilla Ayuda para usuarios de WordPerfect.

Una solución para el extraño listado numérico de Word

El problema: La mayoría de las veces, la función de numeración automática de Word funciona estupendamente. Escribo algunos párrafos, los selecciono y hacemos clic en el botón **Numeración** de la barra de herramientas. Aún más sencillo, comienzo la lista escribiendo un número antes del primer elemento y Word, de forma mágica, comienza a aplicar números a los siguientes párrafos. Pero en muchas ocasiones, Word se enfrenta a retos numéricos, teniendo en cuenta que, de hecho, es un procesador de texto y no una hoja de cálculo.

Por ejemplo, si tengo un párrafo sin numerar entre dos párrafos numerados, Word numerará los siguientes párrafos en la secuencia adecuada, pero a veces vuelve a comenzar por 1. Si un documento contiene más de una lista numerada, sucede lo mismo: las siguientes listas a veces toman la numeración del final de la lista anterior. Lo peor de todo es que la numeración a veces cambia espontáneamente. Todo parece correcto y la próxima vez que abro el documento, mi lista comienza por el 6. ¡Aaaargh!

La solución: Hay que reconocérselo a Microsoft; los fallos con la numeración de Word 2002 son menos que en versiones anteriores. Pero siguen sucediendo y evito usar la función de numeración automática siempre que puedo porque no confío en ella. Todavía creo listas numeradas, pero uso un contador mucho más fiable: el campo Seq (secuencia). Aquí explicamos cómo:

1. Al principio del primer elemento numerado, pulsamos **Control-F9** para insertar un código de campo vacío, que parecen dos llaves.

2. Entre las llaves, escribimos `SEQ numlist \r1` (el último carácter es el número uno y especifica el número por el que comienza la lista).

Nota

Si damos a los números y al punto un tipo de letra y color diferentes del resto del texto de un elemento con números antes de crear entradas de autocorrección, Word mantendrá ese formato como parte de la definición de entrada de autocorrección. Esto hace que sea sencillo tener automáticamente, por ejemplo, números en negrita.

---

3. Hacemos clic fuera de las llaves, a la derecha, escribimos un punto, pulsamos **Tab** y escribimos el texto del primer elemento. Pulsamos **Intro** para comenzar con el siguiente elemento.

4. Al principio del siguiente elemento, pulsamos **Control-F9** y escribimos SEQ numlist \n entre las llaves. Hacemos clic fuera de las llaves, escribimos un punto, pulsamos **Tab** y seguimos escribiendo.

De acuerdo, sé que parece muy complicado, y si lo hacemos a mano, como se ha explicado anteriormente, es demasiado complejo. Pero si convertimos estos dos códigos de campo en elementos de autocorrección, crear listas numeradas será muy sencillo. Aquí explicamos cómo:

1. Si vemos los códigos de campo (el texto extraño que hay entre las llaves) en lugar de números, pulsamos **Alt-F9**, lo que alterna la vista entre los códigos de campo y los resultados de campo (un resultado de campo es lo que se muestra en lugar del código de campo).

2. Seleccionamos el número "1", el punto y el carácter de tabulación que le sigue.

3. Seleccionamos Herramientas>Autocorrección (Opciones de autocorrección en Word 2002).

4. En el cuadro Reemplazar, escribimos **1]**. Junto a Con, seleccionamos Texto con formato. Después hacemos clic en **Aceptar**.

5. En el documento, seleccionamos el número "2", el punto y el carácter de tabulación.

6. Seleccionamos Herramientas>Autocorrección (Opciones de autocorrección en Word 2002).

7. En el cuadro Reemplazar, escribimos **n]**. Junto a Con, seleccionamos Texto con formato. Después hacemos clic en **Aceptar**.

Tras crear estas dos entradas de autocorrección, que ahora estarán disponibles cada vez que usemos Word, crear listas numeradas será sencillo. Sólo tendremos que acordarnos de tres cosas:

❑ Al principio del primer elemento de la lista, escribimos **1]** seguido de un espacio. Cuando pulsemos la barra espaciadora, Word sustituirá el texto por la entrada de autocorrección: un código de campo que muestra el número 1 seguido de un punto y una tabulación.

❑ Al principio de los siguientes elementos de la lista, escribimos **n]** seguido por un espacio. Word introducirá el número adecuado de la secuencia.

❑ Podemos añadir, eliminar y mover elementos en cualquier momento, pero los resultados de campo no cambiarán automáticamente. Si los números mostrados no son correctos, pulsamos **Control-A** para seleccionarlos todos y luego pulsamos **F9** para actualizar los campos.

Tres formas para librarnos de las tablas

El problema: Para borrar algo de un documento Word, lo seleccionamos y pulsamos **Supr**, ¿de acuerdo? Esto funciona con casi todo pero, de forma molesta, no para las tablas. Si seleccionamos una tabla y pulsamos **Supr**, Word borra el contenido de la tabla, pero deja la tabla vacía en el documento.

Lectura suprema de la mente

Le encantará Flash Mind Reader, y pasará horas intentando averiguar cómo lo hace (http://flashpsychic.com).

La solución: Ofrezco no una, ni dos, sino tres soluciones sencillas. Elija la que más le gusta:

❏ Colocamos el cursor en cualquier parte de la tabla y seleccionamos Tabla>Eliminar>Tabla.

❏ Incluimos la tabla como parte de una selección mayor, aunque sea un único carácter o una marca de párrafo vacía antes o después de la tabla. A continuación pulsamos **Supr**.

❏ Seleccionamos la tabla y pulsamos **Mayús-Supr**. Hay varias formas rápidas de seleccionar toda la tabla. Si el cursor está en la tabla, pulsamos **Alt-Mayús-5** del teclado numérico. O podemos colocar el puntero del ratón a la izquierda de la primera fila de la tabla y, cuando apunte hacia la derecha, arrastrar el puntero hacia abajo, seleccionando las filas de la tabla. Si estamos usando Word 2000 o uno posterior, podemos simplemente hacer clic en el "asidero para mover la tabla" (el cuadrado con las cuatro flechas que aparece en la esquina superior izquierda cuando movemos el puntero del ratón sobre la tabla).

Dar a Clippy sus papeles de despido (de verdad)

El problema: Cuando uso el sistema de ayuda de Office, a menudo me aparece Clippit (también llamado Clippy), el clip que habla y parece un gusano. ¿Cómo puedo librarme de él para siempre?

La solución: Cambiarnos a WordPerfect. O sugerir a Clippy que se suicide. O suicidarnos nosotros: Clippy puede ayudar (véase la figura 4.26). Sólo estaba bromeando. Podemos librarnos de Clippy con unos clics:

❏ Si todavía usamos Office 97, Clippy y sus amigos se encuentran en la carpeta `\Archivos de programa\Microsoft Office\Office\Actors`. La forma más rápida de eliminarlos es simplemente cambiando el nombre de esa carpeta (por ejemplo, a `Sin Actores`).

❏ Si tenemos Office XP o 2000, abrimos el panel de control y hacemos doble clic en Agregar o quitar programas.

En Windows XP, Me o 2000, seleccionamos Microsoft Office u otro programa específico de Office en la lista Programas actualmente instalados y hacemos clic en el botón Cambiar. Hacemos clic en el botón Agregar o quitar funciones, ampliamos el elemento Funciones compartidas de Office, seleccionamos Ayudante de Office y luego No disponible. Confirmamos nuestras elecciones y salimos. En Windows 98, seleccionamos el elemento Office o una aplicación específica de la pestaña Instalar o desinstalar. A continuación seguimos el asistente para eliminar el ayudante (quizás se llame "Clippit"); cambiamos su configuración a No disponible (el asistente quizás nos pida el CD-ROM de Office; espero que sepa dónde lo tiene mejor que yo el mío).

Figura 4.26. La humorística fotografía de David Deckert sobre la muerte de Clippy.

Organigrama de la resolución de un problema

Es un organigrama para la resolución de un problema en el lugar de trabajo. Es ideal si su jefe se parece al de Dilbert. Véalo en la página Web `http://snipurl.com/flow_chart`.

Problemas con Excel

Pegar mejor las tablas con Excel

El problema: Copio y pego enormes tablas de programas y estadísticas deportivas de páginas Web en Word, casi siempre sin éxito. Word no parece importar correctamente las tablas y nunca tienen el aspecto adecuado.

La solución: Ni siquiera piense en usar Word. Excel es la herramienta principal para gestionar tablas. Aquí explicamos cómo:

1. Seleccionamos y copiamos la información de la página Web (véase la figura 4.27).

Thoroughbred Poll: Week 15

Week 15 of the 2003 NTRA Thoroughbred Poll conducted by the National Thoroughbred Racing Association(NTRA), covering racing performances through **June 8.** Rankings based on the votes of Thoroughbred media on 10-9-8-7-6-5-4-3-2-1 basis with first-place votes in parentheses, 2003 record and total points. A-S: Age-Sex, Sex: C-colt, G-gelding, H-horse, F-filly, M-mare.

	Horse	A-S	St-1-2-3	Pts	Pvs
1.	Azeri (16)	4-F	2-2-0-0	206	1
2.	Mineshaft	4-C	5-4-1-0	166	3
3.	Medaglia d'Oro (3)	4-C	2-2-0-0	163	4
4.	Empire Maker (2)	3-C	5-3-2-0	154	9
5.	Funny Cide (2)	3-G	6-2-2-1	134	2
6.	Aldebaran	5-H	4-3-1-0	109	6
7.	Milwaukee Brew	6-H	2-1-1-0	83	5
8.	Congaree	5-H	5-3-1-0	60	7
9.	Harlan's Holiday	4-H	2-2-1-0	56	8
10.	Denon	5-H	2-1-1-0	32	-

Figura 4.27. Si nos gustan las carreras de caballos, reconoceremos esta tabla. Copiamos la sección de la tabla que queremos exportar a Excel.

2. En Excel, hacemos clic con el botón derecho del ratón en la celda en la que queremos que empiece la tabla.

3. Seleccionamos Pegado especial y (ésta es la parte importante) seleccionamos HTML.

4. Los datos se colocarán sin problemas en las celdas para formar una tabla perfecta. Mientras los datos todavía están seleccionados, seleccionamos Formato>Autoformato y podremos probar durante horas para encontrar un estilo de mostrar los datos (véase la figura 4.28).

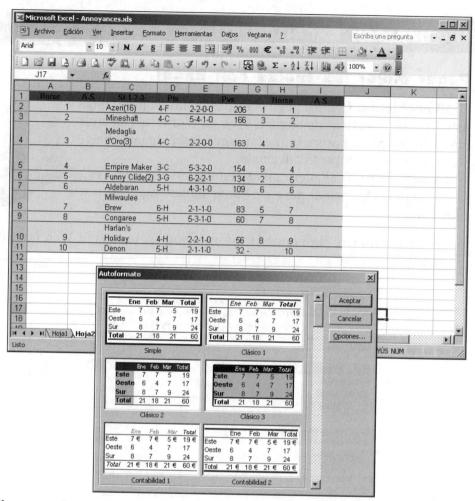

Figura 4.28. Superior: La tabla de la página Web se copia sin problemas en Excel usando el formato HTML del "Pegado especial". Inferior: Usamos la herramienta Autoformato de Excel para modificar la tabla de modo que tenga una buena apariencia.

Introducir datos aburridos automáticamente

El problema: A veces tengo que introducir muchos datos repetitivos en una hoja de datos. A veces es una columna de números iguales; otras veces es una fila de números o fechas que aumentan. A menudo tengo que hacerlo en toda una fila, como cuando tengo una serie de datos en la parte superior de cada columna.

La solución: Probablemente le suene la función de autorrelleno de Excel, que está diseñada para librarnos del aburrimiento de introducir datos repetitivos. Pero apuesto a que no ha usado muchas de las funciones que hacen que sea una herramienta realmente útil y práctica. Aquí mostramos algunas de las cosas que podemos hacer con el autorrelleno:

❑ Seleccionamos una sola celda con un valor numérico. Colocamos el puntero del ratón en el controlador de relleno (el pequeño cuadro negro que hay en la esquina inferior derecha del indicador de celda activa, véase la figura 4.29). Arrastramos en la dirección en la que queremos repetir los datos.

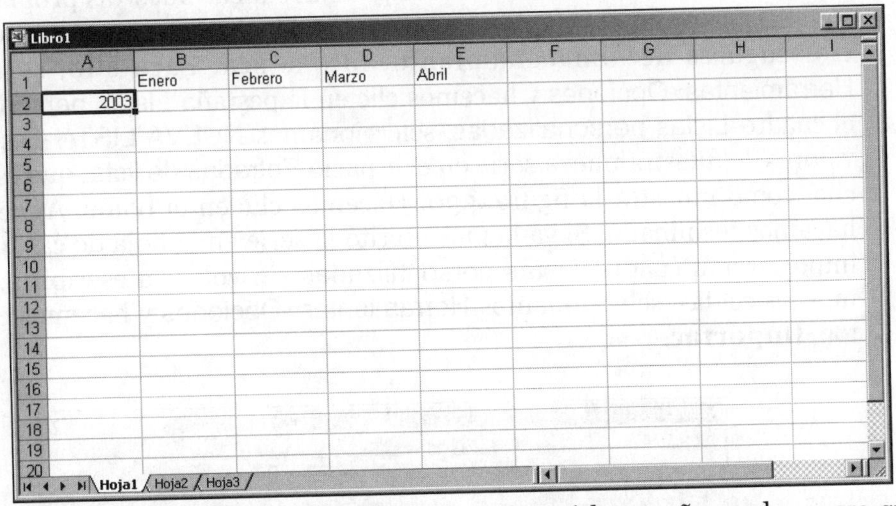

Figura 4.29. Arrastrando el controlador de relleno (el pequeño cuadro negro que hay en la esquina inferior derecha de la celda activa) hacia abajo, repetiremos un valor o lo incrementaremos, dependiendo de si estamos pulsando Control mientras arrastramos.

A medida que arrastramos, un mensaje de ayuda nos muestra el valor que se colocará en cada celda a medida que pasamos por encima de ella. Excel intenta adivinar si queremos repetir los datos (poner el mismo valor en cada celda) o insertar una serie (incrementar en uno el valor de cada celda, si arrastramos hacia abajo, a la derecha o reducirlo, si estamos arrastrando hacia arriba o la izquierda) y a veces no acierta. Si eso sucede, mantenemos pulsada la tecla **Control** antes de soltar el ratón del botón para dejar de arrastrar; si Excel creía que queríamos repetir datos, cambiará a repetir series y viceversa.

Si estamos usando Excel 2002 o posterior, podemos alternar entre repetir datos y series, incluso después de terminar de arrastrar: hacemos clic en la pequeña casilla Opciones de autorrelleno que aparecerá junto a la última celda rellenada y seleccionamos Copiar celdas o Rellenar serie.

❑ Podemos introducir una serie que aumente o reduzca en incrementos superiores a uno. Por ejemplo, si queremos crear una serie con incrementos de cinco, introducimos los dos primeros valores de la serie. Seleccionamos las dos celdas y arrastramos el controlador de relleno.

El ordenador personal

❑ Excel puede insertar una serie de nombres de mes o de día. Basta con introducir el primer valor que queremos (por ejemplo, Enero o lunes) y arrastrar. Excel rellenará las celdas sobre las que arrastremos con los sucesivos meses o días. Mientras lo hace, Excel mantiene el estilo que usamos en la primera celda; si abreviamos el nombre del mes o del día, Excel abreviará los que cree.

Por defecto, las únicas series de texto que genera Excel son los meses, los días y sus abreviaturas de tres letras. Pero podemos crear nuestras propias series personalizadas como el orden de los planetas del sistema solar, una lista de nuestros lugares de almacenamiento, lo que sea. Para ello, seleccionamos Herramientas>Opciones y hacemos clic en la pestaña Listas personalizadas. En el cuadro Listas personalizadas, seleccionamos NUEVA LISTA y escribimos los valores de nuestra nueva serie en el espacio Entradas de lista, que está a la derecha, como muestra la figura 4.30. Hacemos clic en el botón **Agregar** cuando hayamos terminado. Si ya hemos escrito la serie en la hoja de cálculo, podemos importarla al cuadro Listas personalizadas sin volver a escribirla; seleccionamos las celdas, seleccionamos Herramientas>Opciones y hacemos clic en el botón **Importar**.

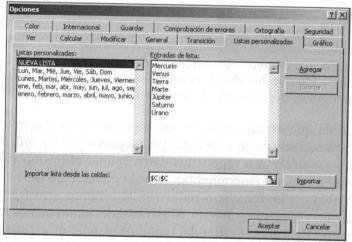

Figura 4.30. Excel sólo incluye unas pocas listas predefinidas, pero podemos crear series personalizadas simplemente escribiendo los valores, como una secuencia de planetas.

❑ ¿No le gusta arrastrar? Entonces esto le va a encantar: hacer doble clic en el controlador de relleno. Si hay valores en una columna adyacente, Excel rellenará las celdas hacia abajo hasta que llegue a una celda sin un valor en la columna adyacente.

❑ Si todavía no hemos encontrado nuestro relleno, hay más: seleccionamos una celda con un valor y seleccionamos Edición>Rellenar>Series. Encontraremos todo tipo de opciones para crear series con progresiones mucho más complejas.

Truco

Para insertar un salto de línea en una celda, pulsamos **Alt-Intro**.

Permítame contar los días

El problema: Sé que se pueden hacer cálculos de fechas en Excel, tanto calcular el retraso en pagar el plazo del coche o ver cuánto hace desde mi último corte de pelo. Es muy fácil determinar el número de días entre dos fechas; basta con restar una de la otra. Pero cuando lo hago, ¡el resultado es otra fecha! ¿Uh?

La solución: En una hoja de cálculo en blanco, pruebe este pequeño ejercicio, que le mostrará su edad en días:

1. En la celda A1, introducimos nuestra fecha de nacimiento con el formato DD/ MM/AAAA.

2. En la celda B1, introducimos la fórmula `=AHORA()` para mostrar la fecha actual.

3. En la celda C1, introducimos la fórmula `=b1-a1`.

Observaremos que el resultado de la fórmula de C1 es otra fecha, que parece no tener relación con ninguna de las primeras fechas. ¿Qué pasa?

Cuando introducimos una fórmula, Excel compara el formato de los datos para la fórmula. Esto funciona bien, cuando estamos haciendo cálculos con euros o porcentajes; el resultado aparece con el formato que queremos. Pero en nuestro ejemplo, Excel da al resultado de la fórmula (un número de días) el formato de fecha. La solución es sencilla: seleccionar la celda con el resultado y su formato (C1 en nuestro ejemplo) y seleccionamos Formato>Celdas o pulsamos **Control-1**. En la pestaña Número, seleccionamos General en el cuadro Categoría y hacemos clic en **Aceptar**. Ahora se mostrará nuestra edad (en días) como un número entero muy alto. Hmmm, creo que me gustaba más el resultado de antes de arreglar el problema.

Proteger las fórmulas de un borrado accidental

El problema: Una hoja de cálculo cuidadosamente elaborada podría estar llena de fórmulas que calculan todo tipo de cosas importantes. Pero si el resultado de la fórmula es cero o nada (dependiendo del formato de la celda), la celda que contiene la fórmula parecerá que está en blanco, sin uso, vacía, carente de datos (y dispuesta para que pongamos otra cosa en su lugar). Y en demasiadas ocasiones hacemos eso; escribimos algo o lo copiamos en esa celda, eliminando la fórmula que estaba allí. Incluso cuando el resultado de la fórmula es visible, es demasiado fácil asumir que es un valor normal, escrito y sobrescribirlo.

La solución: Excel tiene varias funciones que evitan que nosotros u otra persona estropeemos la hoja de cálculo. El primer método ha estado disponible en casi cada programa de hoja de cálculo desde VisiCalc (para los más jóvenes, esa primaria hoja de cálculo era la aplicación por la que se vendían ordenadores, que contribuyó a la aceptación generalizada de los ordenadores personales), pero muchos usuarios de hojas de cálculo no lo conocen. Aquí mostramos cómo usarlo:

1. Seleccionamos las celdas que no tienen fórmulas ni información fija que queramos conservar. Mantenemos pulsada la tecla **Control** para hacer selecciones múltiples.

2. Seleccionamos Formato>Celdas, hacemos clic en la pestaña Proteger, deseleccionamos la casilla Bloqueada y hacemos clic en **Aceptar**. Esto indica a Excel que estas celdas se pueden editar. Pero Excel utiliza esta restricción cuando protegemos la hoja de cálculo, lo que haremos en el siguiente paso.

3. Seleccionamos Herramientas>Proteger>Proteger hoja. Podemos introducir una contraseña si queremos, pero no es necesario. Si escribimos una contraseña, no será necesaria para introducir datos en las celdas desbloqueadas. Pero la necesitaremos si queremos desproteger la hoja de cálculo para realizar cambios en las celdas bloqueadas. Hacemos clic en **Aceptar** cuando hayamos terminado.

Ya podemos introducir cualquier cosa en las celdas desbloqueadas, pero si intentamos cambiar el contenido de una celda bloqueada, Excel mostrará un mensaje de error. Si tenemos que cambiar estas celdas, seleccionamos Herramientas>Proteger>Desproteger hoja; tendremos que escribir la contraseña si especificamos una anteriormente. Si estamos usando Excel 2002 o 2003, tendremos otra opción, más potente, para proteger parte de la hoja de cálculo de cambios accidentales o malintencionados. Incluso podemos imponer diferentes restricciones para los diferentes usuarios de cada parte de la hoja de cálculo:

1. Seleccionamos Herramientas>Proteger>Permitir que los usuarios modifiquen rangos, a continuación hacemos clic en **Nuevo**.

2. En la casilla Título, escribimos un nombre con significado para una celda o un rango de celdas en los que queremos permitir que se introduzcan datos (es decir, las celdas que no tienen fórmulas ni información fija que queremos proteger).

3. En el campo Correspondiente a las celdas, escribimos un rango de celdas o hacemos clic en el botón de rango del extremo derecho, que nos permite selec-

cionar el rango en la hora de cálculo. Cuando hayamos terminado de seleccionar el rango, hacemos clic en el cuadro de nuevo (si seleccionamos primero las celdas, como en la primera solución, esos nombres de celda ya estarán en el cuadro Correspondiente a las celdas).

4. En el cuadro Contraseña del rango, escribimos una contraseña, hacemos clic en **Aceptar**, confirmamos la contraseña y volvemos a hacer clic en **Aceptar**.

5. De nuevo en el cuadro de diálogo Permitir que los usuarios modifiquen rangos, hacemos clic en el botón **Proteger hoja**. A continuación hacemos clic en **Aceptar**.

Cuando intentamos introducir datos fuera del rango (o rangos) que especificamos, Excel mostrará un mensaje de error y evitará que realicemos cambios. Cuando intentamos introducir datos dentro del rango que especificamos, Excel nos pedirá la contraseña; la escribimos una vez y podremos seguir introduciendo datos. Podemos evitar que nos pida la contraseña de dos formas:

❑ No especificando una contraseña.

❑ En el cuadro de diálogo Permitir que los usuarios modifiquen rangos, seleccionamos un rango, hacemos clic en el botón **Permisos** y especificamos qué usuarios pueden editar el rango. Cuando uno de estos usuarios inicia una sesión y abre la hoja de cálculo, Excel permitirá al usuario editar las celdas del rango especificado sin preguntar la contraseña.

Para deshabilitar o modificar este tipo de protección, seleccionamos Herramientas>Proteger>Desproteger hoja.

Protegernos de nosotros mismos

El problema: He protegido mi hoja de cálculo para que no pudiera borrar accidentalmente las fórmulas y otras entradas. Desafortunadamente, cuando introduzco datos no siempre presto atención y termino escribiendo valores erróneos en las celdas. Entonces Excel proporciona respuestas incorrectas, lo que me lleva a tomar decisiones estúpidas que provocan mi ruina financiera. ¿Cómo puedo evitarlo?

La solución: Excel puede forzarnos a introducir sólo datos adecuados en determinadas celdas. Para habilitar estas restricciones:

1. Seleccionamos la celda (o celdas) en las que sólo debe aceptarse un tipo de entrada.

2. Seleccionamos Datos>Validación. En la pestaña Configuración, podemos seleccionar Número entero (enteros), Decimal (números reales), Lista (una lista definida de entradas permitidas, que podemos mostrar a los usuarios como lista

emergente), Fecha, Hora, Longitud del texto o Personalizada (nos permite usar fórmulas para calcular los valores aceptables).

Cuando las contraseñas no son protección

Especificar una contraseña con Herramientas>Proteger no evitará que los curiosos vean nuestra hoja y obtengan nuestra información supersecreta; el objetivo de esta función es evitar que se puedan cambiar datos. Para mantener un archivo alejado de los ojos curiosos, usaremos el comando Archivo>Guardar como, que tiene una función bien oculta que puede exigir que un usuario proporcione una contraseña para poder abrir el archivo. En el cuadro de diálogo Guardar como, hacemos clic en Herramientas>Opciones generales y establecemos las contraseñas para abrir y modificar una hoja de cálculo. Incluso con las opciones de codificación avanzada, disponibles en Excel 2002 y 2003, no confíe en este método si necesita absoluta protección. Con tiempo suficiente y herramientas para descubrir claves, fácilmente obtenibles en Internet, cualquiera que tenga acceso al archivo podrá, con tiempo, entrar en él. ¿No me cree? Un día protegeremos un archivo Excel con contraseña y la olvidaremos. Molesto, sí, pero por el precio de una descarga (y si nos gusta, de un donativo para el autor) hay una forma de conseguirla. Pruebe Excel Password Remover en `http://www.anayamultimedia.com`.

3. Introducimos valores en los cuadros restantes, que variarán dependiendo de nuestra selección en el menú desplegable. Véase la figura 4.31.

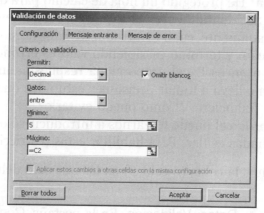

Figura 4.31. Podemos introducir valores absolutos (como se muestra en la casilla Mínimo), referencias a celdas (como muestra la casilla Máximo) o fórmulas.

4. (Opcional) En la pestaña Mensaje entrante, podemos introducir un mensaje de texto que aparezca cuando seleccionemos una celda con restricciones de validación de datos.

5. En la pestaña Mensaje de error, introducimos un mensaje que aparece cuando realizamos una entrada que no cumple los criterios especificados para la celda (si no introducimos un texto, Excel mostrará un mensaje predeterminado).

El menú Estilo muestra tres iconos. Nuestra selección en este caso afecta más que al icono que aparecerá en el cuadro del mensaje de error:

❑ Si seleccionamos Límite, el cuadro de mensaje incluirá los botones **Reintentar** y **Cancelar**. Podemos volver a intentarlo tantas veces como queramos, pero Excel no aceptará un rango que no se ajuste al rango prescrito.

❑ Si seleccionamos Advertencia, el cuadro de mensaje incluirá los botones **Sí**, **No** y **Cancelar**. Hacer clic en **No** es igual que hacer clic en el **Reintentar** de la casilla Límite; nos ofrece otra oportunidad de introducir un valor válido. Sin embargo, si hacemos clic en **Sí**, indicaremos a Excel que debe aceptar el valor fuera de rango que proporcionamos.

❑ Si seleccionamos Información, el cuadro de mensaje incluirá los botones **Aceptar** y **Cancelar**. Hacer clic en **Aceptar** es como hacer clic en el **Sí** de la casilla Advertencia: acepta el valor no válido.

Si deseleccionamos la casilla Mostrar mensaje de error si se introducen datos no válidos de la pestaña Mensaje de error, pensaríamos que Excel rechazaría cualquier dato introducido que no se ajustara a las restricciones. En su lugar, Excel no tiene en cuenta la condición y acepta cualquier entrada, deshabilitando este comando. ¡Vaya!

Modo rápido de calcular sumas parciales

El problema: A menudo, cuando trabajo con una hoja de cálculo, necesito un cálculo rápido. A veces quiero sumar todos los números de una columna, pero muchas veces sólo quiero sumar algunos valores. Claro, con Excel, podría crear una fórmula que calculase casi cualquier cosa, ¡pero tiene que haber una forma más sencilla!

La solución: Excel puede sumar números seleccionados y realizar otras funciones comunes en el acto y ni siquiera tenemos que usar fórmulas. En primer lugar, nos aseguramos de que la barra de estado esté visible (es donde aparecerán las respuestas). Seleccionamos Herramientas>Opciones y, en la pestaña Ver, nos aseguramos de que barra de estado esté seleccionado.

A continuación, seleccionamos los números que queremos sumar. Podemos seleccionar un solo rango de celdas adyacentes o podemos seleccionar celdas separadas manteniendo pulsada la tecla **Control** mientras hacemos clic en cada celda (también podemos ampliar un rango manteniendo pulsada la tecla **Mayús** mientras hacemos clic. Practique un poco con **Control**, **Mayús** y haciendo clic y podrá seleccionar cualquier combinación de teclas).

La suma de las celdas seleccionadas aparecerá en la barra de estado, junto a Suma=. Si no aparece, hacemos clic con el botón derecho en la barra de estado y seleccionamos Suma. Hacer clic con el botón derecho del ratón también muestra los otros resultados que pueden aparecer en la barra de estado:

❑ **Promedio:** Muestra la media (promedio) de las celdas seleccionadas.

❑ **Cuenta:** Muestra el número de celdas que no están en blanco de la selección.

❑ **Cuenta núm:** Muestra el número de valores numéricos de la selección.

❑ **Máx:** Muestra el valor numérico más alto (máximo) de la selección.

❑ **Min:** Muestra el valor numérico más bajo (mínimo) de la selección.

❑ **Suma:** Muestra la suma de valores numéricos de la selección

Recuperar el autofiltro en las hojas protegidas

El autofiltro es una de las funciones más ingeniosas de Excel. Si tenemos muchos datos en una hoja de cálculo dispuestos como una base de datos (es decir, tenemos encabezados de columna con nuestros datos debajo, un registro por fila), podemos seleccionar Datos>Filtro>Autofiltro. Añade una flecha junto a cada encabezado de columna. A partir de aquí, podremos filtrar la base de datos para que sólo se muestren algunos registros (filas), como en la figura. Es mucho más sencillo que intentar aprender a usar Access, ¿verdad?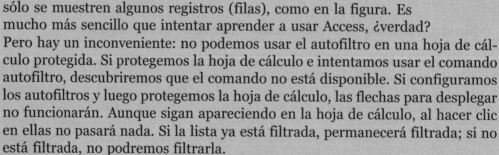

Pero hay un inconveniente: no podemos usar el autofiltro en una hoja de cálculo protegida. Si protegemos la hoja de cálculo e intentamos usar el comando autofiltro, descubriremos que el comando no está disponible. Si configuramos los autofiltros y luego protegemos la hoja de cálculo, las flechas para desplegar no funcionarán. Aunque sigan apareciendo en la hoja de cálculo, al hacer clic en ellas no pasará nada. Si la lista ya está filtrada, permanecerá filtrada; si no está filtrada, no podremos filtrarla.

Si usamos Excel 2000 o una versión anterior, no tenemos suerte. Tendremos que escoger entre protección o filtrado. Pero si usamos Excel 2002, podemos usar el autofiltro en una hoja protegida. Aquí explicamos cómo hacerlo:

1. Seleccionamos Herramientas>Proteger>Proteger hoja (si la hoja ya está protegida, antes debemos seleccionar Herramientas>Proteger>Desproteger hoja).

2. En el cuadro de diálogo Proteger hoja, nos desplazamos hacia abajo hasta encontrar la casilla de verificación Usar Autofiltro y la seleccionamos. Después hacemos clic en **Aceptar**.

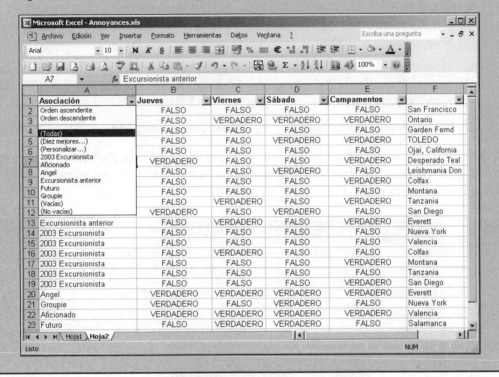

Columnas y filas se intercambian

El problema: A veces, tras configurar los encabezados de columna y los nombres de fila y comenzar a introducir datos, me doy cuenta de que la disposición no es la correcta. Los encabezados de columna deberían ser los nombres de fila y los nombres de fila deberían ser los encabezados de columna. La perspectiva de volver a escribir o cortar y pegar o arrastrar para recolocarlo todo es horrible.

La solución: Que no cunda el pánico. Excel tiene la estupenda habilidad de copiar un conjunto de celdas verticales y pegarlas horizontalmente y viceversa. Y es fácil hacerlo si sabemos dónde se encuentra esta función.

1. Seleccionamos las celdas que queremos girar. No debemos seleccionar las celdas de más de 256 filas; puestas de lado, la selección debe entrar en el límite de 256 columnas de Excel (desde A a IV). Además, no podemos pegar el rango que estamos copiando, por lo que quizás prefiramos pegarlo en una nueva hoja.

Para trasladarnos a una nueva hoja rápidamente, pulsamos **Control-Fin** y luego **Control-Mayús-Inicio** para seleccionar todas las celdas que hemos usado.

2. Copiamos los datos seleccionados pulsando **Control-C**, haciendo clic en el botón **Copiar** o hacemos clic con el botón derecho del ratón en la selección y seleccionamos Copiar.

3. Hacemos clic con el botón derecho en la celda de destino (la celda de la esquina superior izquierda del rango en el que queremos colocar los datos) y seleccionamos Pegado especial.

4. Seleccionamos Transponer y hacemos clic en **Aceptar**.

Cada fila de la zona seleccionada se convierte en una columna en la nueva zona, con la primera fila (superior) convirtiéndose en la primera columna (más a la izquierda) de la zona de destino, como muestra la figura 4.32.

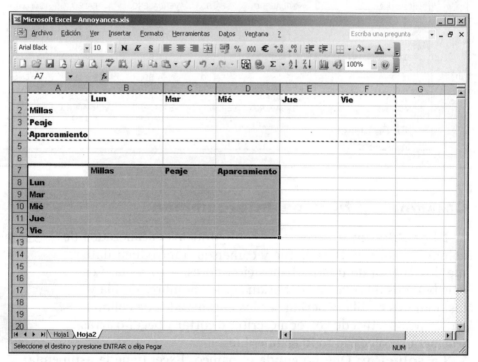

Figura 4.32. Seleccionar las celdas A1:F4 y usar Pegado especial con la opción Transponer en la celda A6 convertirá las filas en columnas con sólo unos clics.

El infierno de los hipervínculos de Excel

El problema: Almacenar hipervínculos en las hojas Excel es horrible; continuamente hago clic en uno por accidente e inicio el navegador. ¿Cómo puedo seleccionar el contenido de una celda que contiene un hipervínculo?

La solución: La forma rápida y efectiva de seleccionar una celda en Excel 2000, 2002 ó 2003, sin activar el vínculo que contiene, es hacer clic en la celda y mantener pulsado el botón del ratón hasta que el cursor se convierte en un signo más y luego lo soltamos. La celda estará seleccionada y el navegador permanecerá cerrado. Ahora podremos realizar las tareas habituales con la celda, como mover el contenido de la celda a otra ubicación.

Por otro lado, si queremos eliminar un vínculo, hacemos clic con el botón derecho del ratón en él y seleccionamos Hipervínculo>Quitar hipervínculo. Si nunca, jamás, queremos volver a ver un hipervínculo en Excel 2002 y 2003, cuando introduzcamos una dirección de Internet en una celda, hagamos que el programa deje de convertirlas automáticamente: seleccionamos Herramientas>Opciones de autocorrección, hacemos clic en la pestaña Autoformato mientras escribe y deseleccionamos la casilla Rutas de red e Internet por hipervínculos.

Escribir una lista en Excel

El problema: Cuando escribo texto en una celda de Excel, por ejemplo, para una etiqueta o un encabezado, el texto aparece como una sola línea larga. En realidad me gustaría escribir una breve lista, con entradas numeradas en líneas separadas. ¿Puede hacerse?

La solución: ¿Qué? ¿No le gusta una línea de texto de un kilómetro? Pruebe este truco: hacemos clic en la celda en la que queremos que aparezca el texto, introducimos el texto deseado y pulsamos **Alt-Intro** cada vez que queramos que una frase comience en una nueva línea (escribir **Alt-Intro** básicamente introducimos un salto de línea en la celda). Cuando terminemos de escribir, pulsamos la tecla **Intro** para cerrar la celda (véase la figura 4.33).

Alternativas a Intro en Excel

El problema: El funcionamiento de la tecla **Intro** en Excel me está volviendo loco. Quiero que me lleve a una celda que está a la derecha pero siempre me lleva una celda por debajo en la misma columna.

La solución: Tras realizar una pequeña investigación, he descubierto que podemos hacer que la tecla **Intro** mueva el cursor a cualquier celda adyacente (arriba, abajo, izquierda, derecha, o incluso que no lo mueva). Para cambiar la configuración de la tecla **Intro**, hacemos clic en Herramientas>Opciones, hacemos clic en la pestaña Modificar y acudimos al menú desplegable Dirección. O deseleccionamos Mover selección después de ENTRAR para seguir en la misma celda activa cuando usemos **Intro**.

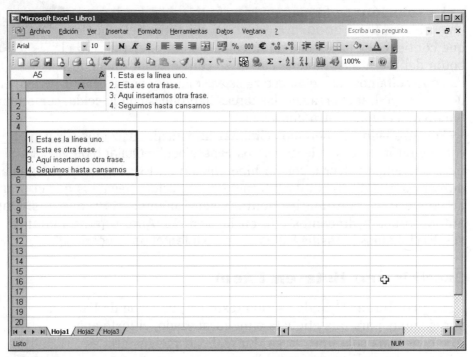

Figura 4.33. ¿Queremos escribir una breve lista en una celda? Alt-Intro es la combinación de teclas mágica que nos permitirá hacerlo.

La sociedad para la conservación de la hoja de cálculo

El problema: Cuando creo un nuevo libro en blanco, Excel crea tres hojas de cálculo en blanco, llamadas **Hoja1**, **Hoja2** y **Hoja3**. La mayoría de los libros rápidos que creo sólo usan una hoja y, si necesito más hojas, puedo añadirlas fácilmente. De modo que, ¿por qué Microsoft siempre abarrota mi disco duro con hojas de cálculo que no necesito?

La solución: No puedo responder a la última pregunta, pero puedo ofrecer una solución. Abrimos Herramientas>Opciones y hacemos clic en la pestaña General. En el campo Número de hojas en nuevo libro escogemos el número de hojas que queremos en cada nuevo libro creado. Yo he configurado el mío para que cree 1, para este cuadro aceptar valores de hasta 255.

Truco

¿Cansado de usar el ratón para pasar a otra hoja de trabajo? Podemos usar **Control-Re Pág** y **Control-Av Pág** para desplazarnos por ellas.

Como he llamado su atención sobre estas pestañas de la parte inferior del libro, aquí tenemos algunas cosas que podemos hacer con ellas:

❏ **Cambiar el nombre por algo con más significado que "Hoja1":** Hacemos doble clic en la pestaña o hacemos clic con el botón derecho del ratón en ella y seleccionamos Cambiar nombre.

❏ **Crear una o más hojas de cálculo en el mismo libro:** Hacemos clic con el botón derecho del ratón en la pestaña de la hoja junto a la que queremos crear una nueva (si queremos insertar más de una hoja, mantenemos pulsada la tecla **Mayús** y hacemos clic en otra hoja para seleccionar las dos hojas y todas las hojas que hay entre ellas). Seleccionamos Insertar y **Aceptar** para aceptar la selección de hoja predeterminada. Aparecerá un número de hojas igual al número seleccionado.

❏ **Cambiar el orden de las pestañas:** Podemos reorganizar las pestañas o mover o copiar las pestañas seleccionadas a otro libro. Seleccionamos la primera pestaña, mantenemos pulsado **Control** y hacemos clic en las otras hojas, en caso de haberlas. Hacemos clic con el botón derecho en una pestaña seleccionada, seleccionamos Mover o copiar y respondemos al cuadro de diálogo como deseemos. También podemos arrastrar una pestaña a una nueva ubicación; atentos al triángulo negro que apunta hacia abajo.

❏ **Aplicar un color a una o más pestañas (sólo Excel 2002 y 2003):** Hacemos clic con el botón derecho del ratón en las pestañas, seleccionamos Color de etiqueta, escogemos un color de la paleta y hacemos clic en **Aceptar**.

❏ **Imprimir varias hojas de cálculo:** Seleccionamos las pestañas (usando **Mayús** y **Control**) y, en el cuadro de diálogo Imprimir, nos aseguramos de seleccionar Hojas activas.

Por último, aquí tenemos un truco realmente bueno que puede acelerar la entrada de datos e impresionar a nuestros amigos:

❏ **Introducir datos o aplicar formato a varias hojas de cálculo simultáneamente:** Seleccionamos varias pestañas. Las entradas que hagamos y el formato que apliquemos afectarán a todas las hojas (activas). Este truco hace que sea muy rápido cambiar el formato de todas las hojas de cálculo de un libro si, por ejemplo, queremos cambiar su apariencia.

Problemas con Powerpoint

Buen aspecto en blanco y negro

El problema: Mis presentaciones de PowerPoint en color parecen impresionantes en la pantalla. Pero cuando las imprimo en mi fiel impresora láser monocolor, sinceramente, parecen horrorosas. Mis vivos colores se convierten en repulsivos grises que apenas puedo diferenciar.

La solución: Pedirle al jefe que compre una impresora láser de color. Y cuando el viejo avaro termine de reírse en nuestra cara, podemos probar una solución más barata: las amplias funciones de PowerPoint para hacer que las impresiones en escala de grises tengan buen aspecto. Funcionan bien; sólo están apartadas para que no las encontremos por accidente.

Si estamos usando PowerPoint 2002, encontraremos estas funciones seleccionando Ver>Color o escala de grises>Escala de grises. Aparecerá una pequeña ventana flotante con, al menos, menos de nueve opciones de impresión en escala de grises; seleccionamos uno y veremos exactamente el aspecto de nuestra impresión. Por ejemplo, si el problema se debe al texto claro sobre fondo oscuro, la configuración Invertir escala de grises hará maravillas. Cuando la presentación parezca más "presentable", hacemos clic en el botón **Cerrar vista en escala de grises**, y volveremos a nuestra viva pantalla en Technicolor.

El mérito para quién lo merece: PowerPoint a menudo hace un trabajo perfecto para adivinar las opciones de escala de grises, por lo que debemos probar la impresión predeterminada antes de modificar las características de la escala de grises.

Encontraremos un problema relacionado si tenemos una impresora color, pero queremos imprimir en escala de grises (una opción inteligente si queremos distribuir fotocopias en blanco y negro de lo que imprimamos): sólo porque estemos en el modo de escala de grises en la pantalla no significa que PowerPoint vaya a imprimir en tonos grises. Cuando imprimamos, debemos asegurarnos de que hemos seleccionado Escala de grises en la sección Color/Blanco y negro del cuadro de diálogo Imprimir.

Cuando el autoformato estropea las cosas

El problema: Cuando pego o inserto gráficos en una diapositiva, los demás elementos se mueven a un lado. Mi cuidadosamente organizada diapositiva se convierte en algo que ofende a la vista y deshacer el daño requiere mucho tiempo.

La solución: PowerPoint está intentando recolocar los elementos para dejar sitio a un nuevo objeto. Desactivemos esta función (que por alguna extraña razón, está en Herramientas>Opciones de autocorrección. Hacemos clic en la pestaña Autoformato mientras escribe, aunque esta molestia no sucede cuando escribimos) y deseleccionamos la casilla Diseño automático a los diseños insertados. Hacemos clic en **Aceptar** y nuestros diseños PowerPoint se quedarán en su sitio.

Otra cosa: PowerPoint 2002 nos permite dejar activada esta función y deshacerla cuando queramos. Tras recolocar una diapositiva, aparecerá un pequeño icono con un rayo debajo del elemento pegado; hacemos clic en él y seleccionamos Deshacer diseño automático. Los elementos de la diapositiva volverán a sus lugares originales.

Poner a dieta las presentaciones

El problema: Si sus presentaciones PowerPoint son como las mías, tienen un problema de peso. Mis diapositivas son demasiado grandes como para entrar en un disquete y enviarlas por correo electrónico tarda eones (cuando consigo enviarlas).

La solución: El tamaño de archivo puede aumentar cuando añadimos a la presentación algo diferente de texto plano y colores sencillos (y no estoy hablando de enormes clips de vídeo; una fotografía o dos pueden aumentar enormemente el paquete, y comprimir el archivo en un archivo zip tampoco será de gran ayuda).

Las buenas noticias son que varios trucos pueden reducir estas diapositivas. El primero es muy sencillo: abrimos la presentación y seleccionamos Archivo>Guardar como. A menos que tengamos una razón específica para guardar la presentación en un formato diferente del predeterminado, nos aseguramos de que el menú desplegable Guardar como tipo indica Presentación (*.ppt), en lugar de una variante como PowerPoint 95 (*.ppt). A continuación hacemos clic en **Guardar**. Esto debería reducir el archivo en, al menos, algunos kilobytes (en algunos casos, ha reducido mis presentaciones en un 90 por ciento). Toma ésta, Jenny Craig.

¿Todavía demasiado grande? Seleccionamos cualquier imagen en nuestra presentación, después acudimos a Formato>Imagen y hacemos clic en el botón **Comprimir**. En la sección Aplicar a, seleccionamos Todas las imágenes del documento; en Cambiar resolución, seleccionamos En Web o pantalla (si vamos a imprimir las diapositivas) o De impresión (si vamos a imprimirlas y la calidad de imagen es esencial). Hacemos clic en **Aceptar**; si recibimos un mensaje de advertencia sobre la reducción de calidad de las imágenes, hacemos clic en el botón **Aplicar**. Después guardamos la presentación. Dependiendo de la resolución original de las imágenes, este truco puede hacer maravillas (curiosamente, puede incrementar el tamaño de la presentación de diapositivas si la resolución de imágenes era originalmente muy baja, por lo que es recomendable guardar la versión original, por si acaso).

Prestar atención a PowerPoint

El problema: Tengo que crear una presentación PowerPoint que contiene muchas imágenes. No me apetece demasiado, porque PowerPoint te obliga a insertar imágenes de una en una. ¿Hay alguna forma de insertar imágenes en masa?

La solución: Si usamos PowerPoint 2002 o 2003, podemos añadir montones de imágenes a la vez a una presentación, si las almacenamos antes en el álbum de fotografías de PowerPoint. En primer lugar, iniciamos PowerPoint pero no cargamos ninguna presentación (quizás tengamos que iniciar una presentación en blanco, después pulsamos **Control-F4** para eliminarla). Hacemos clic en Insertar> Imagen>Nuevo álbum de fotografías, seleccionamos Archivo o disco, nos desplazamos a la carpeta y seleccionamos todas las imágenes que queremos importar. Pulsamos **Control-E** y hacemos clic en **Insertar** para seleccionar todas las fotografías (véase la figura 4.34). En el cuadro de diálogo Álbum de fotografías, seleccionamos todas las imágenes del panel Imágenes del álbum y hacemos clic en **Crear** (véase la figura 4.35). Todas las imágenes estarán ahora en un nuevo álbum PowerPoint. Cuando posteriormente creemos una presentación, podremos importar rápidamente varias imágenes simplemente arrastrándolas desde el álbum a la presentación.

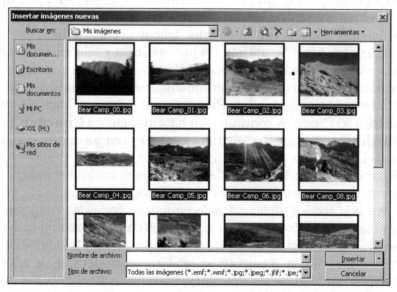

Figura 4.34. Para insertar muchas imágenes es una presentación, antes debemos importarlas a un álbum de fotografías PowerPoint.

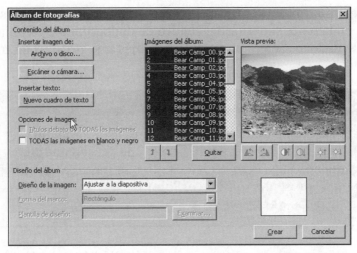

Figura 4.35. Seleccionamos todas las imágenes y hacemos clic en el botón Crear, y obtendremos un nuevo álbum de fotografías PowerPoint.

Arreglar el cuadro de diálogo Abrir de PowerPoint

El problema: Cuando selecciono Archivo>Abrir en PowerPoint, veo un panel a la derecha con muestras de PowerPoint. ¿Por qué? También me he dado cuenta de que los directorios y archivos están en orden inverso. ¿Cómo puedo hacer que estén ordenados de la A a la Z?

La solución: Ah, es el viejo problema "sé lo que es mejor para ti" de PowerPoint. Por defecto, los PowerPoint del 2000 al 2003 se abren en modo de vista preliminar, mostrando los nombres de carpeta y archivo a la izquierda y una vista previa a la derecha (véase la figura 4.36).

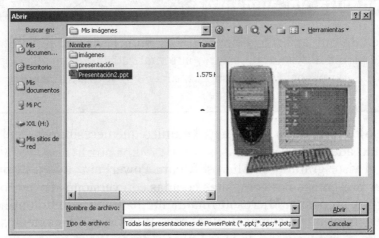

Figura 4.36. ¿Molesto por el modo de vista previa de PP? Podemos cambiarlo si hacemos clic en un botón de este cuadro de diálogo.

Para eliminar la vista previa, hacemos clic en el icono Vistas (el segundo por la derecha, en la parte superior del cuadro de diálogo). Esto cambiará la (buf) vista del cuadro de diálogo. Seleccionamos la que más nos guste (a mí me gusta Detalles).

Gettysburg en PowerPoint

No es el único que tiene que aguantar pesadas y aburridas (y molestas) presentaciones PowerPoint. Tengo una prueba que demuestra que ya sucedía en 1863. Pero no hace falta que me crea; prepárese a dormitar en la presentación PowerPoint de Gettysburg, en `http://snipurl.com/getty`.

Para cambiar la ordenación a ordenación alfabética de la A a la Z (pero sólo en PowerPoint 2002 y 2003), miramos el campo Nombre del cuadro de diálogo, sobre la lista de carpetas y nombres de archivos. Hacemos clic en la flecha que apunta hacia abajo, a la derecha de Nombre, para cambiar el orden. Esta configuración debería mantenerse la próxima vez que seleccionemos Abrir.

Ver archivos PowerPoint sin PowerPoint

El problema: A veces recibo archivos PowerPoint de compañeros de trabajo. No dispongo de Microsoft Office, de modo que soy la única persona del grupo que no puede ver estos archivos. ¿Hay alguna forma de verlos sin comprar Office?

¿Necesita un aumento?

Antes de entrar en la oficina de su jefe, revise la presentación PowerPoint "Revisión de salario automatizada". Le enseñará valiosas técnicas de negociación (`http://snipurl.com/salary2`).

La solución: Claro que la hay. Lo único que necesitamos es el saludo secreto (y el vínculo adecuado). Vayamos a `http://snipurl.com/PP_Viewer` y descargamos el visor gratuito de Microsoft para PowerPoint 2003. El programa nos permite ver presentaciones completas creadas con versiones PowerPoint desde 97 hasta 2003. A propósito, Microsoft finalmente ha publicado una utilidad que nos permite ver, imprimir y copiar documentos Word si no disponemos de una copia de Word. Es el primer visor de Word nuevo desde Word 97. Lo encontraremos en la Web `http://snipurl.com/word_view`.

Ver y editar en PowerPoint

Usar la función de presentación de diapositivas de PowerPoint es una forma práctica de hacernos una idea de lo que va a ver nuestra audiencia. Editar las diapositivas mientras las vemos no es tan práctico. El truco está en usar la opción imagen a imagen de PowerPoint. Pulsamos la tecla **Control** mientras hacemos clic en el icono Presentación a partir de la diapositiva actual, en la esquina inferior izquierda de PowerPoint (es el quinto icono desde la izquierda y, evidentemente, parece una pantalla).

Veremos una presentación de diapositivas en miniatura en la esquina superior izquierda de la pantalla, mientas PowerPoint (y sus funciones de edición) aparecen en segundo plano. Si hacemos clic en cualquier parte de PowerPoint podremos editar la presentación y si hacemos clic en el botón **Reanudar presentación** nos mostrará el aspecto que tendrá nuestra edición (véase la siguiente imagen).

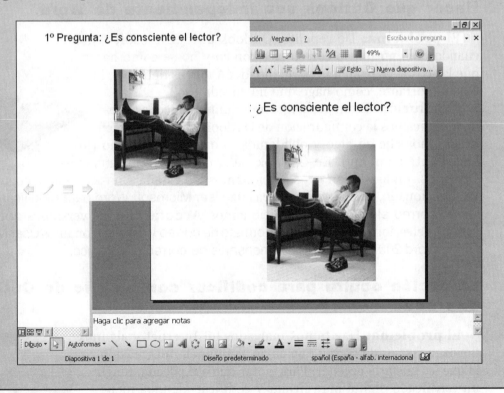

El ordenador personal

Movimientos de imagen precisos en PowerPoint

El problema: Estoy intentando ajustar la ubicación de una imagen en una presentación, pero lo único que consigo son bruscos pequeños movimientos al mover el ratón. ¿Es mi ratón, PowerPoint, o mi temblorosa mano?

La solución: No es usted ni su ratón. Es la forma que tiene PowerPoint (de hecho, todos los productos Office) de mover imágenes. Cuando movemos o cambiamos de tamaño una imagen, el ratón viaja en pequeños movimientos cada vez mayores. Si mantenemos pulsada la tecla **Alt** mientras movemos el ratón, podremos realizar ajustes con precisión infinitesimal. ¿Estupendo, verdad? De hecho, el truco sirve para todos los productos de Office.

Problemas con Outlook y Outlook Express

Hacer que Outlook sea independiente de Word

El problema: De repente, Outlook abre Microsoft Word cuando creo un nuevo correo electrónico y no sé cómo hacer que las cosas vuelvan a la normalidad. ¿A qué es debido y, lo más importante, cómo hago que no suceda eso?

La solución: Es un problema muy común. Sucede cuando modificamos la configuración de Outlook, sin darnos cuenta hacemos clic en algo y olvidamos lo que hemos hecho (lo hago continuamente). En Outlook, seleccionamos Herramientas> Opciones. En la versión 97, seleccionamos la pestaña Correo electrónico si no está ya seleccionado, desmarcamos la casilla Usar Microsoft Word para modificar mensajes de correo electrónico y seleccionamos **Aceptar**. En las versiones 2000 y XP (2002), seleccionamos la pestaña Formato de correo y deseleccionamos Usar Microsoft Office Word 2003 para modificar mensajes de correo electrónico.

La opción oculta para codificar con un clic de Outlook Express

El problema: Hay tantos malvados en Internet y algunos de los mensajes de correo que envío, contienen información a la que les gustaría acceder. Para evitar que eso suceda, tengo un certificado digital para firmar y codificar algunos mensajes. Pero los botones para firmar y cifrar no aparecen en la barra de herramientas de Outlook Express, por lo que no puedo firmar o codificar un mensaje con un solo clic.

La solución: Podemos hacer que estos botones aparezcan en la barra de herramientas del mensaje, pero no en la barra de herramientas de la ventana principal de Outlook Express.

Los botones **Firmar** y **Cifrar** aparecen por defecto en la barra de herramientas de la ventana de edición del mensaje (en la que creamos un nuevo mensaje o un comentario para un grupo de noticias, reenviar mensajes o responder a un mensaje). Si los botones no aparecen en la ventana, podemos hacer lo siguiente:

❑ Asegurarnos de que la barra de tareas no está partida porque la ventana es demasiado estrecha para mostrar todos los botones. Si aparece un símbolo >> en el extremo derecho de la barra de herramientas, tendremos que hacer más ancha la ventana o hacer clic en >> para mostrar los botones que no cabían, como muestra la figura 4.37.

❑ Si los botones no se encuentran realmente en la barra de herramientas, hacemos clic con el botón derecho del ratón en la barra de herramientas y seleccionamos Personalizar. Deberíamos poder agregar, eliminar o recolocar los botones para que se ajusten a nuestras necesidades.

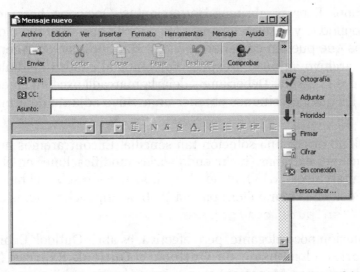

Figura 4.37. Los botones Firmar y Cifrar (y algunos otros que no sabía que estaban ahí) suelen aparecer cuando hacemos clic en el símbolo >>.

Volver a adjuntar los archivos adjuntos separados

El problema: Cuando recibo un mensaje con un archivo adjunto, Outlook y Outlook Express se niegan a dejarme guardar o abrir el archivo adjunto.

La solución: Es una medida de seguridad. La inmensa mayoría de virus se distribuyen mediante archivos adjuntos

de correo electrónico y hay muchas personas que, inconscientemente, han causado un daño incalculable a sus ordenadores y los ordenadores de sus amigos abriendo archivos adjuntos que no deberían haber abierto. Microsoft cerró esa puerta acertadamente. El problema es que es difícil trabajar con archivos adjuntos que sabemos que son seguros.

La primera solución es, por desgracia, un cambio en la forma de vida. Informar a nuestros amigos que ya no aceptamos archivos ejecutables ni otro tipo de archivos peligrosos. Pedirles que compriman con zip todos los archivos antes de enviárnoslos, que tiene la ventaja añadida de crear archivos adjuntos más pequeños. Outlook y Outlook Express aceptan tranquilamente archivos `.zip` (seguimos siendo responsables de comprobar que los archivos dentro del archivo zip no tiene virus, antes de abrirlos. Debemos asegurarnos de que nuestro antivirus está actualizado y convenientemente configurado para examinar los archivos adjuntos y los otros archivos al abrirlos).

Por supuesto, algunos de nuestros amigos serán demasiado obstinados para hacer caso de nuestra petición (o no sabrán cómo crear archivos zip). En ese caso tendremos las siguientes opciones:

❏ En Outlook Express, abrimos Herramientas>Opciones, hacemos clic en la pestaña Seguridad y deseleccionamos No permitir que se abran o guarden archivos adjuntos que puedan contener un virus. Hacemos clic en **Aceptar** y recuperamos el archivo adjunto. Después volvemos al cuadro de diálogo Opciones y marcamos la casilla. Deberíamos dejarla marcada excepto en esas raras ocasiones en las que necesitamos obtener un archivo adjunto determinado. Confíe en mí.

❏ Outlook no ofrece una solución tan sencilla. Encontraremos una gran cantidad de soluciones extrañas (incluyendo varias modificaciones en el registro e incluso editar archivos `.dll`), utilidades e información sobre el bloqueo de adjuntos de Outlook en la maravillosa página Web de Slipstick Systems en la página Web `http://snipurl.com/getexe`.

Una solución poco elegante, pero efectiva, es abrir Outlook Express (si, Express) e importar el mensaje de Outlook a Outlook Express (seleccionamos Archivo>Importar>Mensajes). A continuación, deshabilitamos el bloqueo de archivos adjuntos en Outlook Express como se explicó anteriormente.

Si tenemos que recibir muchas veces archivos adjuntos, la mejor solución es Attachment Options de Ken Slovak, que podemos descargar de `http://www.anayamultimedia.com`. Attachment Options añade una nueva pestaña al cuadro de diálogo Opciones de Outlook que nos permite controlar la forma en la que Outlook accede a los archivos adjuntos.

Dos clientes de correo, una lista de contactos

El problema: Outlook Express 5 y Outlook 2000 pueden compartir una sola carpeta Contactos para que pueda gestionar todos mis contactos en un sólo sitio. Es una función fantástica, pero ha desaparecido en Outlook Express 6 y Outlook 2002.

La solución: Para aquellos que todavía usan Outlook Express 5 y Outlook 2000 (o Outlook 98), permítanme explicar antes cómo configurar esto. En primer lugar, abrimos la libreta de direcciones haciendo clic en el botón **Direcciones** de la barra de herramientas de Outlook Express y seleccionamos Ayuda>Acerca de Libreta de direcciones. Si el cuadro de diálogo no muestra una ruta a un archivo .wab, ya estamos compartiendo nuestra carpeta de contactos con Outlook. Enhorabuena. Si no tenemos configurada el compartir la carpeta, podemos usar el cuadro de diálogo Herramientas>Opciones de Outlook Express. Hay varias limitaciones:

❑ Debemos usar Outlook Express 5.0 o 5.5.

❑ Debemos usar Outlook 98 o Outlook 2000 y debe estar configurada en modo Sólo correo de Internet. Para saber cómo, seleccionamos Ayuda>Acerca de Libreta de direcciones. La línea que hay sobre el aviso de copyright indica el modo en el que está Outlook (Grupo de trabajo corporativo, Sólo correo de Internet o Sin correo electrónico.

❑ Sólo podemos usar la carpeta de contactos del archivo Personal Folders (.pst) del perfil predeterminado.

❑ No podemos usar contactos compartidos con varias identidades en Outlook Express.

Aunque compartir contactos ya no está permitido en Outlook 2002 ni Outlook Express 6 y se ha eliminado del cuadro de diálogo Opciones, está disponible editando el registro con un editor. Aquí explicamos cómo:

1. En el editor del registro, nos dirigimos a la clave `HKEY_CURRENT_USER\Software\Microsoft\WAB\WAB4`.

2. Si no existe un valor llamado UseOutlook, seleccionamos Edición>Nuevo>Valor DWORD. Llamamos al nuevo valor `UseOutlook` (Si necesita ayuda para usar el registro y el editor del registro, revise "Qué es el registro", en el capítulo 2.)

3. Hacemos doble clic en el valor `UseOutlook` y cambiamos su información de valor a **1**.

Con la información de valor a 1, Outlook Express ya no usará un archivo .wab con el libro de direcciones de Windows; en su lugar usa la carpeta de contactos de Outlook. Si posteriormente queremos deshabilitar el compartir los contactos, borramos el valor `UseOutlook` o le asignamos el valor 0.

El correo electrónico es para el correo electrónico

El problema: Outlook 2002 muestra una barra de dirección junto a los botones **Ir a**, **Detener** y **Actualizar** en su ventana principal, como podemos ver en la figura 4.38. Esto convierte Outlook en un rudimentario navegador Web y, de hecho, podemos mostrar páginas Web en la ventana de Outlook. Pero yo no la uso y, toma un espacio considerable. Se puede cambiar su tamaño, por lo que la arrastro hacia un lado para hacerla lo más pequeña posible (mini-problema: no podemos librarnos de la palabra "Dirección"). Pero la siguiente vez que iniciemos Outlook, la barra de dirección volverá a tener su tamaño completo. ¿Cómo puedo librarme de ella para siempre?

La solución: Resulta que Outlook no recuerda el tamaño de la barra de dirección (hasta cierto punto). Si arrastramos el controlador de tamaño (la pequeña barra vertical de la izquierda) para que la barra de dirección ocupe sólo la mitad del espacio original, la barra de dirección permanecerá reducida la próxima vez que abramos Outlook. Pero si arrastramos el controlador de tamaño completamente hacia la derecha (o hacemos doble clic en él) para que tenga un tamaño mínimo, volverá a su feo tamaño completo la próxima vez que iniciemos Outlook.

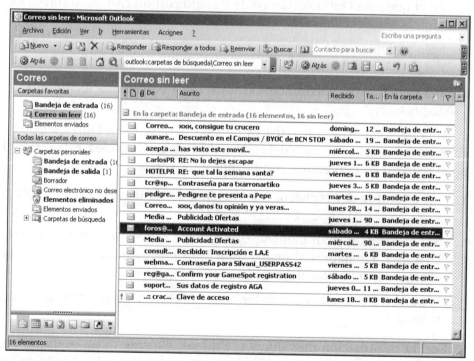

Figura 4.38. ¿Cansado de la inútil barra de dirección? Podemos librarnos de ella (casi).

Esto es lo que ocurre: Outlook almacena el tamaño de la barra de dirección en el registro cuando cerramos Outlook y vuelve a utilizar ese tamaño la próxima vez que iniciemos el programa. Si lo arrastramos completamente a la derecha, Outlook almacenará el tamaño como 0 (muy lógico). Cuando reiniciamos Outlook, malinterpreta el 0 y asume que queremos la anchura completa (187). Podemos arreglar la estupidez de Microsoft de dos formas:

❏ Cambiamos el tamaño de la barra de dirección dejándola casi en su tamaño mínimo, pero sin arrastrar completamente hacia la derecha.

❏ Para conseguir el tamaño mínimo que Outlook pueda recordar, abrimos el editor del registro y nos dirigimos a la clave `HKEY_CURRENT_USER\Software\Microsoft\Office\10.0\Outlook\Options`. Hacemos doble clic en el valor AddressBarWidth y asignamos el valor **1**.

Un ingenioso organizador de Outlook

El problema: Soy un adicto al correo electrónico; puedo recibir fácilmente más de cien correos electrónicos cada día y tengo un archivo de más de 10.000 mensajes. Mi queja: Outlook es muy malo cuando se trata de buscar y organizar todo este material.

La solución: Podría sugerir un programa de 12 pasos para su adicción, pero no importa; consiga 40 $ y obtenga una copia de Nelson Email Organizar, de Caelo. NEO organiza, cataloga e indexa al máximo el correo electrónico, sin modificar los mensajes. Como resultado, podemos realizar sofisticadas (y rápidas) búsquedas y guardarlas; redirigir automáticamente el correo según el remitente, el tipo de correo, la fecha, etc.; dar prioridad al correo; y mucho más. La integración con Outlook es perfecta (podemos alternar entre los dos programas haciendo clic en un botón). Otra ventaja: NEO funciona con Windows 9x y posteriores y Outlook 97 y posteriores. Por desgracia, no es compatible con Outlook Express. Sospecho que muchas de las funciones de NEO aparecerán en un futuro en Outlook. Hasta entonces, podemos descargar una versión de prueba de 30 días de `http://www.anayamultimedia.com`.

El complemento de Outlook no desaparece

El problema: He probado un complemento para Microsoft Outlook XP y he decidido desinstalarlo. Pero la maldita cosa no desaparece. ¡Cada vez que ejecuto Outlook, obtengo un mensaje de error que indica que Outlook no puede instalar o cargar el complemento! (véase la figura 4.39).

Figura 4.39. Éste es el molesto error que recibo cada vez que inicio Outlook.

La solución: Parece que ha quedado atrapado con un complemento que no sabe cuándo dejarlo. Aquí explicamos cómo dar a esta molestia los papeles del despido. Abrimos Outlook y seleccionamos Herramientas>Opciones, hacemos clic en la pestaña Otros y en botón **Opciones avanzadas**. Hacemos clic en el botón **Complementos**; en el cuadro de diálogo que aparecerá, deseleccionamos el complemento y hacemos clic en **Aceptar**, y luego en **Aceptar** dos veces más (véase la figura 4.40). Si el programa no aparece aquí, volvemos al cuadro de diálogo Opciones avanzadas y hacemos clic en el botón **Opciones COM**, seleccionamos el complemento y hacemos clic en el botón **Quitar**.

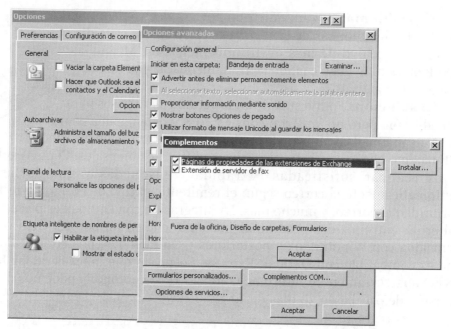

Figura 4.40. Los complementos de Outlook pueden quedarse hasta mucho después de decidir que no queremos seguir usándolos (o tras desinstalarlos), lo que hace que aparezca un molesto mensaje de error.

Un pasatiempo virtual

Si se parece a mí, le encantarán los pasatiempos de Internet. Aquí tiene uno que le hará desperdiciar fácilmente una hora. Haga clic en cualquiera de los vínculos de Bewitched. Si es incansable, acuda directamente a whirligig y haga clic con el ratón durante un rato (`http://snipurl.com/whirligig`).

Nota

¿Alguna vez se ha preguntado qué archivos de Outlook son los más importantes para guardarlos? No se preocupe. La utilidad Personal Folders Backup de Microsoft hace que guardar los archivos .pst más importantes de Outlook 2000 y 2002 sea prácticamente automático. Microsoft Office Download Center ofrece esta estupenda herramienta gratuita en `http://www.anayamultimedia.com`.

El misterio de autocompletar de Outlook

El problema: Cuando comienzo a escribir una dirección de correo en el campo Para o CC de Outlook, a primera dirección de la lista emergente es una entrada obsoleta. La dirección que quiero usar es la que está debajo de ella. No sólo no puedo omitir la primera dirección, ¡no puedo librarme de ella porque no está en mi lista de contactos! ¿Cómo llegó allí y cómo puedo librarme de ella?

La solución: ¡Es un problema frustrante con una solución sencilla! Es víctima de la función de autocompletar de Outlook: Outlook registra todo lo que hemos escrito en los campos Para o CC, esperando que queramos usarlo algún otro día, pero no se guardan en ninguna libreta de direcciones. Cuando escribamos las primeras letras en el campo de dirección y aparezca el nombre antiguo, pulsamos **Flecha arriba** o **Flecha abajo** para seleccionarlo, después pulsamos **Supr**.

Búsquedas rapidísimas en Outlook

El problema: He actualizado a Outlook 2003. Me gustan las nuevas funciones, pero la búsqueda sigue siendo lenta. Y todavía no se puede buscar en los archivos adjuntos.

La solución: No se preocupe más. Necesita Lookout (un nombre acertado), un complemento que es una de las mejores herramientas de productividad para Outlook. Podemos

buscar dentro de casi cualquier archivo de la unidad, incluyendo hojas de cálculo, documentos Word, Favoritos, archivos HTML y sí, archivos adjuntos. Podemos buscar de varias formas, usando operadores boléanos, como Steve +Bass -guitarra. Pruebe con palabras clave especiales ("semana pasada" y "ayer", por ejemplo) para restringir la búsqueda a todo lo creado la semana pasada o ayer, o podemos buscar sólo correo electrónico que tenga archivos adjuntos (podemos ver a Lookout en acción en la figura 4.41). Si hacemos clic en un resultado iniciaremos la aplicación asociada al archivo. Las búsquedas son realmente rápidas porque Lookout usa un índice para encontrar archivos. Sin embargo, recorrer el disco duro y crear el índice inicial puede tardar unos minutos, o incluso horas, dependiendo del número de archivos del PC y la velocidad del equipo.

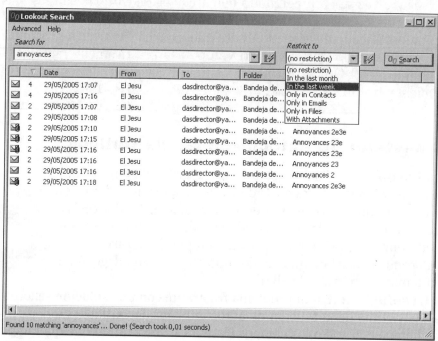

Figura 4.41. Lookout es un complemento indispensable para los usuarios de Outlook. Puede realizar búsquedas rapidísimas de media docena de formas diferentes, desde el correo electrónico y los contactos hasta documentos Word y hojas de cálculo.

Y esto es lo sorprendente: solía ser un producto comercial que costaba 40 $. Pero ahora que Microsoft ha comprado la compañía (querían usarlo en su página de MSN), es gratuito. Desafortunadamente, Lookout no funcionará sin Outlook (versiones 2000, XP o 2003), pero si pasamos la mayor parte del día con Outlook abierto, realmente tendremos que descargar esta valiosa herramienta. Podemos descargar una copia en `http://snipurl.com/lookoutsoft` o `http://snipurl.com/outlook_lookout`.

Recordarme crear un aviso

El problema: No sé cómo podía pasar antes de tener un ordenador y Outlook para recordarme cada cita, plazo y tarea que me gustaría perderme. Muestra un amistoso aviso justo a tiempo para pensar una excusa para no ir. Pero a veces Outlook se olvida de mostrar los avisos ¡o los muestra horas después del momento en el que tenían que haber aparecido!

La solución: Si no aparecen los avisos, probablemente los hayamos deshabilitado. En Outlook, seleccionamos Herramientas> Opciones. En Outlook 97, hacemos clic en la pestaña Avisos y nos aseguramos de que esté seleccionado Mostrar el aviso. En Outlook 2000 y posteriores, hacemos clic en la pestaña Otros, luego en los botones **Opciones avanzadas** y **Opciones de aviso**. Nos aseguramos de que esté marcada la casilla Mostrar el aviso. Si el aviso funciona de forma esporádica, la base de datos de Outlook necesita un aviso de la persona al mando.

1. Cerramos Outlook.

2. Hacemos clic en el botón **Inicio** y seleccionamos Ejecutar.

3. En el cuadro de diálogo Ejecutar, escribimos **outlook /cleanreminders** y hacemos clic en **Aceptar**.

Outlook eliminará todos su avisos y buscará nuestras citas, tareas y marcas de seguimiento para volver a crear la lista de avisos en la base de datos.

Imprimir desde la lista de contactos de Outlook

¿Queremos imprimir sobres o etiquetas directamente desde la lista de contactos de Outlook? Podemos usar Aladdins Envelopes & Labels, una ingeniosa herramienta que nos permite hacer lo que debería hacer Outlook (seleccionar uno o varios contactos, seleccionar un sobre o el tamaño de etiqueta que usemos, e imprimir). Es así de simple. Aladdins Envelopes & Labels almacena hasta 20 formatos de etiqueta y 10 estilos de sobre, ideal para un sobre con nuestra dirección de remite personal, otro con el nombre de nuestra empresa y otro con, por ejemplo, un logotipo. ¿El inconveniente? Por 39,95 $, Aladdin Envelopes & Labels no es barato y no funciona con Outlook Express. Hay una versión gratuita de prueba en http://www.anayamultimedia.com.

Alternativas en el formato de fecha

En lugar de escribir una fecha límite para una tarea en Outlook 2000 o 2002, podemos introducir una descripción, como "último viernes del mes". Outlook lo convertirá automáticamente a un formato numérico. Pruebe algunas: "Primer lunes de Marzo", "dentro de 30 días ", "dentro de dos meses " o "Cinco de Mayo".

Quiero mis citas en negrita

El problema: Con una mirada a Outlook, sé qué días tengo citas porque esos días se muestran en negrita (o al menos así debería ser). Pero Outlook no parece marcar mis días de más trabajo en negrita. ¿Cuál es la solución?

La solución: Como el problema anterior, éste exige que limpiemos la casa:

1. Cerrar Outlook.

2. Hacemos clic en el botón **Inicio** y seleccionamos Ejecutar.

3. En el cuadro de diálogo **Ejecutar**, escribimos **outlook /cleanfreebusy** and hacemos clic en **Aceptar**.

Outlook volverá a crear la lista de días ocupados y los mostrará correctamente en negrita en el calendario mensual.

Un hogar mejor para nuestros documentos

El problema: Los productos de Microsoft Office tienen una relación amorosa con la carpeta Mis documentos. ¿Cómo puedo hacer que almacenen los archivos dónde yo quiero?

La solución: Hay varias formas de evitar la obsesión de Microsoft por enviarlo todo a Mis documentos.

1. Windows Me nos permite cambiar el nombre de la carpeta y Windows 2000 y XP nos permite seleccionar otra ubicación en la que guardar los documentos cuando escogemos Mis documentos:

   a. Cerramos Microsoft Office y cualquier otro programa de edición.

   b. Hacemos clic con el botón derecho en Mis documentos (en el escritorio de Windows, en el explorador de Windows o en una ventana de carpeta, o en el menú **Inicio**) y seleccionamos Propiedades.

c. En Windows Me, seleccionamos el nombre del cuadro de texto de la parte superior de la pestaña General y cambiamos el nombre de la carpeta. En 2000 y XP, en el campo Destino, cambiamos la ubicación existente (probablemente `C:\Documents and Settings\nombre de usuario\Mis documentos`) por el lugar en el que queramos guardar las cosas. Por ejemplo, para trabajar en este libro, seleccioné `C:\problemas\documentos`.

d. Hacemos clic en **Aceptar**. Si volvemos a cambiar de idea, podemos volver a la ubicación predeterminada cambiando el nombre de la carpeta (Windows Me) o siguiendo los pasos anteriores y haciendo clic en el botón **Restaurar valores predeterminados** (Windows 2000 y XP).

2. En aplicaciones Microsoft Office 2000 y XP, podemos cambiar fácilmente la carpeta predeterminada para los cuadros de diálogo Guardar y Abrir.

❏ En Word, seleccionamos Herramientas>Opciones, hacemos clic en la pestaña Ubicación de archivos y asignamos las ubicaciones que queramos.

❏ En Excel y Access, seleccionamos Herramientas>Opciones, vamos a la pestaña General y editamos el campo Ubicación predeterminada de archivos.

❏ En PowerPoint, seleccionamos Herramientas>Opciones, hacemos clic en la pestaña Guardar y editamos el campo Ubicación predeterminada de archivos.

3. Si usamos Office 2000, existe una herramienta de Microsoft que nos permite añadir lugares personalizados a los cuadros de diálogo Office, incluyendo Abrir y Guardar como. La herramienta nos permite editar las cinco ubicaciones disponibles en el panel de la izquierda y, si seleccionamos iconos pequeños, podemos incluir hasta 10 ubicaciones definidas por el usuario. El archivo que necesitamos es `places.exe` y está disponible en `http://www.anayamultimedia.com`. Hay que resaltar que, cuando descarguemos el archivo, notaremos que Microsoft incluye una herramienta para extracción de archivos automática. Lo importante es leer atentamente el archivo `readme.doc`; nos indica exactamente cómo instalar la utilidad *places*.

La compañía de mudanzas de Windows

Windows nos preguntará si queremos mover todos los archivos de Mis documentos a la nueva ubicación. No debemos apresurarnos en esta decisión; por ahora, respondamos negativamente. Podremos mover posteriormente los archivos usando el explorador de Windows.

Mover documentos

¿Desea mover todos los documentos de su anterior ubicación a la nueva ubicación que ha elegido?

Ubicación anterior: D:\
Ubicación nueva: C:\Documents and Settings\Jesús\Escritorio\icos

Sí   No

5. Problemas con el explorador de Windows

Si alguna vez ha enterrado un archivo en la Carpeta de la Tumba de lo desconocido y luego ha necesitado una hora a la búsqueda del tesoro para encontrarlo, sabe lo que es que te fastidie el explorador de Windows. Un enorme disco de 200 GB es estupendo mientras guardamos tranquilamente los archivos, pero es una pesadilla a la hora de volver a encontrarlos. Es como comprarse un castillo con 47 habitaciones: un sueño hecho realidad, hasta que no nos acordamos de dónde dejamos las gafas.

Con más de 100.000 archivos y carpetas en mi ordenador, he desarrollado una gran cantidad de soluciones para muchos de los problemas con el explorador. También explicaré algunas utilidades gratuitas de gestión de archivos y dos magníficas alternativas al explorador de Windows.

Quitar las animaciones de búsqueda

El problema: Odiaba a Clippy y me enseñó a librarme de él [ver "Dar a Clippy sus papeles de despido (de verdad)" en el capítulo 4]. ¿Qué tal eliminar las molestas animaciones de la función de búsqueda en XP?

La solución: ¡Fuera animaciones! En el explorador de Windows, pulsamos **F3** y echamos el último vistazo a la estúpida animación. Hacemos clic en el vínculo Cambiar preferencias que hay en la parte inferior del panel de búsqueda, hacemos clic en Sin un personaje animado en pantalla y decimos *good bye* a la criatura.

Truco

Aquí tiene un extraño truco que nos permitirá ahorrar tiempo: si pulsamos **F3** en el escritorio de Windows, iremos directamente al panel de búsqueda. ¿Por qué? Pregúntele a Bill.

Un acceso directo a los documentos más recientes

El problema: Documentos recientes del menú Inicio es una forma práctica de recuperar rápidamente los archivos en los que estoy trabajando. Pero la lista está limitada a sólo 15 documentos.

La solución: Con una rápida solución, podremos acceder a muchos más archivos usados recientemente. El truco es colocar en el escritorio un acceso directo a la carpeta secreta que registra los archivos recientemente abiertos. Nos desplazamos a la carpeta Documentos recientes (su ubicación varía dependiendo de la versión y configuración de Windows; suele estar en C:\Documents and Settings\nombre de usuario\Documentos recientes en XP y 2000 y en C:\Windows\Recent o C:\Windows\Profiles\nombre de usuario\Recent en 98 y Me). Tras encontrarlo, hacemos clic con el botón derecho del ratón y lo arrastramos al escritorio, soltamos el botón del ratón y seleccionamos Crear iconos de acceso directo aquí en el menú para crear un acceso directo. Hacemos doble clic en esta carpeta y tendremos una lista enorme de los documentos abiertos últimamente, en los últimos meses. Sólo tenemos que hacer doble clic en el archivo que queramos para abrirlo.

Como en cualquier carpeta, podemos personalizarla como más nos plazca. Yo he borrado vínculos rotos y archivos a los que probablemente no vuelva a acceder. También podemos ordenar los elementos por nombre o fecha haciendo clic en sus respectivos encabezados.

Acceso rápido a Mi PC

El problema: Cada vez que inicio el explorador de Windows, me lleva a Mis documentos. Llámeme anticuado, pero me gustaba más cuando el explorador de Windows abría Mi PC.

La solución: Si queremos abrir el explorador de Windows con Mi PC seleccionado y el panel de carpetas en el lado izquierdo, y si tenemos un teclado Windows (es decir, un teclado con la tecla con el logotipo de Windows), basta con pulsar **Tecla Windows-E**.

Embellecer iconos

¿Cansado de ver los mismos iconos de carpeta Windows, aburridos y sin vida? Animémoslos con Change Icon, una gran herramienta gratuita que nos permitirá hacerlo. Los coloridos iconos hacen que sea mucho más fácil encontrar las carpetas por temas. Por ejemplo, he cambiado el icono de mi carpeta "Capítulos de libro" por un juego de llaves y la carpeta "Fotografías" ahora parece una cámara; útil para ver carpetas cuando estamos rebuscando en el árbol de carpetas. Encontraremos una copia en `http://www.anayamultimedia.com`.

Una carpeta, muchos sitios

El problema: ¿Hay alguna forma de acceder a una carpeta más rápidamente? ¿O para abrir automáticamente una determinada carpeta en el explorador de Windows?

La solución: Ya lo creo. Las posibilidades son:

❑ Si queremos abrir una carpeta (cualquier carpeta) desde el menú Inicio, basta con arrastrar el icono de la carpeta del explorador de Windows al botón **Inicio**. Sin soltar el botón del ratón, esperamos hasta que aparezca el menú y lo arrastramos a la posición que queramos en el menú. Una gruesa barra negra indica dónde aparecerá el vínculo cuando soltemos el botón del ratón. Podemos arrastrar la carpeta desde casi cualquier sitio que podamos ver, como una ventana del explorador de Windows, la barra de direcciones del explorador de Windows (arrastramos el icono de la carpeta), un cuadro de diálogo Abrir o Guardar, etc.

❑ Si queremos abrir una carpeta en el explorador haciendo clic en un botón de la barra de herramientas de inicio rápido, arrastramos la carpeta a la barra de herramientas de inicio rápido.

❑ Si queremos abrir una carpeta desde un acceso directo del escritorio, hacemos clic con el botón derecho del ratón en la carpeta y la arrastramos al escritorio, lo soltamos y seleccionamos Crear iconos de acceso directo aquí.

Advertencia

Si arrastramos la carpeta con el botón izquierdo del ratón, como hicimos para crear acceso directos en el menú Inicio o de inicio rápido, Windows mueve la carpeta y su contenido al escritorio en lugar de crear un acceso directo.

Cuando un acceso directo en el explorador no es suficiente

El problema: Trabajo siempre con las mismas seis carpetas y lo que realmente quiero es una forma de seleccionar qué carpeta abrir antes de iniciar el explorador de Windows.

La solución: ¡Es una función tan útil (y obvia), que no me extraña que Microsoft no la haya incluido! Hasta que lo haga, tendremos que crear un acceso directo para cada carpeta que queramos abrir con el explorador de Windows.

En primer lugar, creamos un acceso directo en el menú Inicio, barra de herramientas de inicio rápido o escritorio de la carpeta que queremos (como se explicó anteriormente en "Una carpeta, muchos sitios"). Hacemos clic con el botón derecho en el acceso directo a la carpeta y seleccionamos Propiedades. En la pestaña Acceso directo, editamos el contenido del campo Destino insertando `explorer /e,` (incluyendo la coma) delante del nombre de la carpeta (véase la figura 5.1). El parámetro `/e` obliga al explorador de Windows a abrirlo con la vista del explorador, en lugar de con la vista de "abrir" (queremos que aparezca el árbol de carpetas).

Por ejemplo, la línea de destino podría parecerse a lo siguiente:

```
explorer /e, "C:\ documentos and Settings\Steve\Mis documentos\Birding"
```

Podemos sustituir la ruta entre las comillas por cualquier ubicación de carpeta, como en:

```
explorer /e, "C:\incoming\downloads"
```

Si queremos que el explorador de Windows señale a un archivo específico cuando se inicia, lo único que tenemos que hacer es añadir /select, (no olvide la coma) después de /e, seguido por la ruta y el nombre de archivo, como en:

```
explorer /e,/select, "C:\incoming\downloads\annoyance.jpg"
```

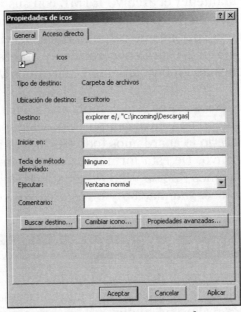

Figura 5.1. Podemos crear un acceso directo que abra una determinada carpeta en el explorador de Windows. ¿Tenemos más de una carpeta favorita? Creemos otro acceso directo.

Guardar archivos del Bloc de notas sin la extensión .txt

El Bloc de notas insiste en guardar archivos con una extensión .txt. Es bastante irritante si usamos el Bloc de notas para crear algún archivo HTML.

La solución es realmente sencilla (una vez que se conoce el secreto).

Cuando guardamos el archivo, basta con poner el nombre del archivo entre comillas en el campo Guardar como, como en "duh.html".

Desconectar las páginas Web guardadas

El problema: Cuando guardamos una página Web en Internet Explorer, guarda el texto y el código HTML de la página en un archivo y almacena los archivos complementarios, como imágenes, en una carpeta. Por ejemplo, si guardamos una página llamada Roni's Journal, también obtendremos una subcarpeta llamada Roni's Journal_files. Es lo que me fastidia: si muevo o borro la carpeta con los archivos complementarios, el explorador de Windows también mueve o borra el archivo HTML principal y viceversa. El archivo HTML y la carpeta con los archivos parecen estar inexorablemente conectadas.

La solución: Mantener el archivo HTML con sus archivos complementarios es bueno. Pero podemos usarlos por separado. En el explorador de Windows, seleccionamos Herramientas>Opciones de carpeta. Hacemos clic en la pestaña Ver, nos desplazamos hacia abajo en la lista Configuración avanzada hasta la sección Administración de pares de páginas Web y carpetas y marcamos Muestra y archiva el par como un archivo único.

A propósito, podemos evitar esta complicada solución. En Internet Explorer, seleccionamos Guardar como y en el campo Tipo, seleccionamos Archivo Web, archivo único (*.mht). Al hacerlo lo guardamos todo (texto, gráfico, todas la estructura general) en un solo archivo. De esta forma, los componentes de la página no podrán separarse. Seleccionamos Página Web Page, sólo HTML (*.htm, *.html) si no necesitamos todos los gráficos, animación y otros archivos complementarios.

Usar las casillas Sólo lectura para carpetas

Haciendo clic con el botón derecho del ratón en una carpeta, seleccionamos Propiedades y conseguiremos una gran cantidad de información (el número de archivos que contiene la carpeta, el espacio que ocupa en el disco y datos similares). En la sección Atributos de ese cuadro de diálogo, también observaremos una casilla Sólo lectura. Pensará "¡Hurrah! Por fin puedo hacer que una carpeta sea de sólo lectura y evitar que la gente modifique mis archivos".

Pero podemos hacer clic en esa casilla de hasta ponernos azules y siempre que volvamos al cuadro de diálogo Propiedades, la casilla aparecerá con un tono gris (o, en algunos sistemas, verde) que indica una "condición indeterminada". ¿Qué sucede? Un diseño de interfaz caprichoso y un análisis negligente, eso sucede.

Cada vez que abrimos el cuadro de diálogo Propiedades de una carpeta, Windows siempre duda en los atributos porque no comprueba el estado de sólo lectura de todos los archivos de la carpeta. Pero no importa, la conclusión es que no podemos hacer que una carpeta sólo sea para lectura. Cuando marcamos esa casilla Sólo lectura, estamos haciendo que todos los archivos de la carpeta sean de sólo lectura, pero no la carpeta. Es una función que también puede ser útil, pero Microsoft podría habernos proporcionado mejores pistas sobre lo que está sucediendo. Observe que marcar la casilla Sólo lectura sólo hará que los archivos que están actualmente en la carpeta sean de sólo lectura; los archivos que añadamos posteriormente no se verán afectados.

Deshágase de Windows Explorer: dos alternativas ingeniosas

No creo que Microsoft preste demasiada atención al explorador de Windows. Las "nuevas" funciones que la compañía incorpora con cada nueva versión de Windows son, invariablemente copias aprovechadas de herramientas shareware o freeware existentes. Yo sugiero abandonar el explorador de Windows y escoger ExplorerPlus o Total Commander. En mi humilde opinión, ExplorerPlus de Novatix, es el mejor sustituto del explorador de Windows del mundo. Observe la figura siguiente para ver lo estupendo que es abrir dos paneles de archivos y arrastrar archivos entre las carpetas. Sólo eso vale el precio de admisión.

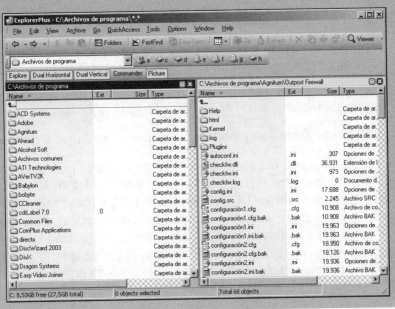

Otras funciones incluyen:

❑ **Paneles múltiples:** Podemos abrir vistas laterales, paneles arriba y abajo o, como el explorador de Windows, que no haya paneles.

❑ **Diseño:** Yo uso paneles dobles para ver dos carpetas que uso frecuentemente (los archivos para este libro y para la columna "Home Office"). A continuación guardo el diseño para poder volver instantáneamente a esas dos carpetas. Tengo varios diseños para la carpeta del grupo de usuarios, para mis archivos de programa y otros casos. Puedo alternar instantáneamente entre los diseños haciendo clic en una pestaña que está justo debajo de la barra de herramientas de ExplorerPlus. Esto, amigos, es magnífico.

❑ **Herramientas de gestión de archivos:** Podemos copiar y mover archivos rápidamente, cambiar el nombre de varios archivos, añadir notas a archivos específicos, cambiar el color de los iconos de carpeta y sincronizar archivos y carpetas.

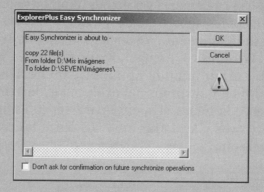

❑ **Visores:** El visor integrado nos permite tener una vista previa de casi cualquier archivo, documento, archivo multimedia o imagen.

❑ **Búsqueda rápida:** Nos permite guardar búsquedas, hacer vista previa de los archivos encontrados y buscar dentro de archivos Zip.

❑ **FTP:** Un cliente integrado para transferir archivos a un servidor Web.

Y si somos usuarios informáticos experimentados, apreciaremos la capacidad de ExplorerPlus para emular a Norton Commander o Xtree Gold, dos antiguos gestores de archivos DOS (seleccionando Options>Preferences>Keyboard). A propósito, a diferencia de su predecesor, PowerDesk Pro, ExplorerPlus no tiene fallos. Podemos descargar una versión de prueba de ExplorerPlus en http://snipurl.com/explus_trial. Una vez que lo probemos, querremos comprarlo por sólo 35 $ (por un CD) o 30 $ (por descarga).

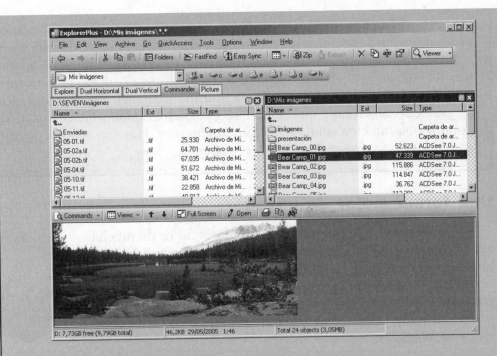

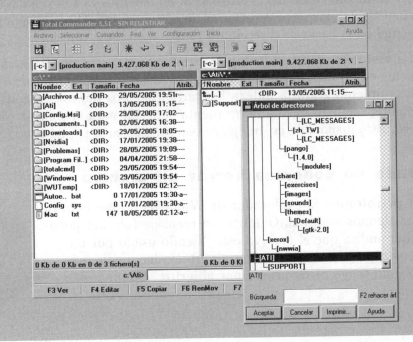

Total Commander está pisando los talones de ExplorerPlus. Como ExplorerPlus, por 34 $ Total Commander es un gestor de archivos de doble panel muy configurable y que tiene incontables opciones, la mayoría de las cuales están disponibles mediante los más de 60 métodos abreviados de teclado.

Me gusta el árbol de directorios, una forma práctica de desplazarnos a lo largo de un disco duro enorme y la función para cambiar el nombre de varios archivos es la más potente que he visto. El divisor de archivos integrado (para copiar un solo archivo en dos o más discos) es estupendo, como la herramienta para combinar archivos (que vuelve a unir los archivos). El programa incluye un gestor de descargas y un cliente FTP integrado, rápido y fácil de usar. Total Commander también emula a Norton Commander. Hay una versión de prueba en `http://www.anayamultimedia.com`.

Una forma mejor de navegar

El problema: El explorador de Windows no es de mucha ayuda cuando estoy sumergido (y completamente perdido) en una carpeta enterrada en mi disco duro. Me siento como si necesitara un mapa de carreteras, algo que no ofrece el explorador.

La solución: Hay formas de navegar mejor con el explorador de Windows.

❑ **La vista Barra de título:** Seleccionamos Herramientas>Opciones de carpeta, hacemos clic en la pestaña Ver y marcamos la casilla Mostrar la ruta completa en la barra de título. En la figura 5.2 (superior), veremos cómo lo hace.

❑ **La vista Barra de direcciones:** Si no tenemos ya a la vista la barra de direcciones, seleccionamos Ver>Barras de herramientas. Ahora veremos la subcarpeta actual en la barra de direcciones (véase figura 5.2, inferior).

❑ **La vista de utilidad independiente:** Si tenemos una gran cantidad de carpetas enterradas profundamente, podemos probar Fast Directory Finder. Esta herramienta gratuita indexa las carpetas y nos permite encontrarlas rápidamente; también es una herramienta superior para encontrar carpetas en una red. Está disponible en `http://www.anayamultimedia.com`.

Cuando no podemos borrar un archivo

El problema: El explorador de Windows no me permite borrar algunos archivos. Obtengo un mensaje (oh, tan poco útil) que indica que el archivo está "siendo usado por otra persona o programa" (véase figura 5.3). No hay nadie más cerca y no tengo otros programas abiertos. ¿Alguna idea brillante?

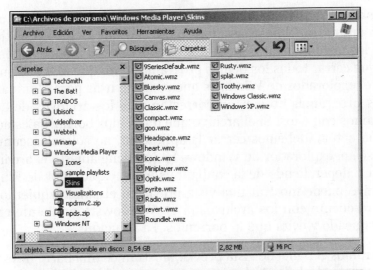

Figura 5.2. Superior: Si estamos en lo más profundo del disco duro, una rápida mirada a la barra de menú nos mostrará exactamente dónde nos encontramos. Inferior: Quizás prefiramos usar la barra de direcciones del explorador para ver dónde estamos y para desplazarnos por el disco duro.

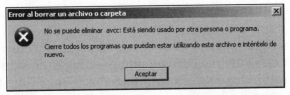

Figura 5.3. ¿Obtiene este mensaje cuando intenta eliminar un archivo .avi? Yo también.

La solución: Para evitar que un programa sobrescriba un archivo en uso por otro programa, muchos programas "bloquean" los archivos que tienen abiertos para que no los pueda borrar o modificar otro programa. Puedo soportarlo. Pero a veces tengo que cerrar todos los demás programas para que lo único que se esté ejecutando sea el explorador de Windows que pensaba usar para eliminar el archivo (Nota: algunos programas no cierran correctamente los archivos de documento cuando terminamos con ellos. Si el archivo que queremos borrar ha estado abierto durante la sesión actual, debemos cerrar la aplicación, no sólo el documento.) Pero fíjese: quizás sea el explorador de Windows lo que tiene abierto el archivo.

Eso es: dependiendo de la configuración del explorador de Windows, seleccionar un archivo puede mostrar una vista previa en el panel izquierdo (esto es especialmente frecuente con los archivos .avi). Windows tontamente cree que el archivo está bloqueado y evita que lo borremos. La solución:

❑ Cerramos el panel de vista previa. Mostramos una barra de explorador diferente (como la de búsqueda o carpetas) o, más drásticamente, seleccionamos Herramientas>Opciones de carpeta y. en la pestaña General, seleccionamos Utilizar las carpetas clásicas de Windows. Después seleccionamos el archivo y lo borramos.

❑ Abrimos una ventana de comandos, cerramos el explorador de Windows y borramos el archivo usando el comando del.

Truco

Una forma sencilla de abrir una ventana de comandos en la ventana en uso es usar el PowerToy, Open Command Window Here de Microsoft, que podemos descargar de la Web http://www.anayamultimedia.com.

¿Todavía no hemos podido eliminar ese archivo? Salimos de Windows y lo reiniciamos (esto debería eliminar cualquier bloqueo del teclado). Otro truco que podemos probar es borrar la carpeta que contiene el archivo que queremos borrar (por supuesto, deberemos mover todos los archivos que no queremos borrar a otra carpeta o, si es posible, mover el archivo que queremos borrar a otra carpeta antes de borrarla).

Si Windows sigue negándose a borrar el archivo, reiniciamos el ordenador para que use una interfaz de línea de comandos en lugar de Windows. Si estamos usando Windows Me o Windows 98, arrancamos desde un disquete de arranque DOS, que podemos crear cuando damos formato a un disquete. Un disco de arranque también nos dará acceso a los archivos de Windows XP o Windows 2000, siempre que estén en una unidad con formato FAT. Pero los PC con XP y Windows 2000 suelen usar NTFS, y en este caso, un disquete de arranque DOS no funcionará. Para acceder a los archivos de una unidad con formato NTFS, podemos usar la consola de recuperación. La ayuda Online de Windows aportará información sobre su uso. En el explorador de Windows, seleccionamos Ayuda y soporte técnico y escribimos "consola de recuperación" en el campo de búsqueda. Observe que, por defecto, está configurado para que no tengamos acceso a muchos archivos por razones de seguridad.

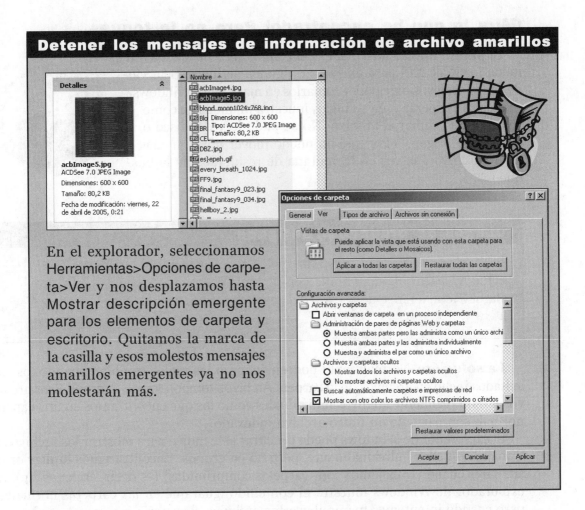

Detener los mensajes de información de archivo amarillos

En el explorador, seleccionamos Herramientas>Opciones de carpeta>Ver y nos desplazamos hasta Mostrar descripción emergente para los elementos de carpeta y escritorio. Quitamos la marca de la casilla y esos molestos mensajes amarillos emergentes ya no nos molestarán más.

Hacer que el explorador sea a prueba de cuelgues

El problema: Ya es bastante malo que mis bonitos programas se cuelguen, ¡pero ahora el explorador de Windows se está colgando repentinamente!

La solución: Podríamos pensar que el explorador de Windows sería más estable, pero lo he visto colgarse en muchas ocasiones. Una posible causa es un archivo corrupto en la carpeta que está intentando mostrar. Pasamos a la vista de lista. Intentar mostrar un archivo corrupto como vista en miniatura puede hacer que el explorador se vuelva loco.

También hay una peculiaridad que hace que el explorador se cuelgue en algunas configuraciones de Windows 2000. Para librarnos de este fallo determinado podemos instalar Service Pack 3 (o posteriores).

¡Mira lo que he encontrado! Pero no lo toques..

El problema: El otro día, usé el comando de búsqueda (en el menú Inicio de XP) para encontrar algunos archivos. Seleccioné varios archivos para poder copiarlos en masa. Pero Windows se niega a cooperar y, en su lugar, muestra un mensaje como "No se pudo copiar el archivo. No se pudo leer del disco o archivo de origen." ¿Por qué no puedo mover o borrar más de un archivo a la vez en la ventana de resultados de la búsqueda?

Juegos de ordenador antiguos

Probablemente ya tenga bastante de los problemas por el momento. ¿Qué tal pasar algunas horas con algunos estupendos juegos como Battle Tank, un ingenioso éxito del pasado? (`http://snipurl.com/Tank`).

La solución: Normalmente podremos, pero las reglas cambian cuando los resultados incluyen archivos de la carpeta Archivos temporales de Internet. Esos archivos no son realmente archivos individuales como los que encontramos en una capeta normal; son parte de un único archivo indexado.

El explorador de Windows puede descifrar este índice para mostrar los archivos y trabajar con ellos individualmente, pero no en grupos. Encontraremos limitaciones similares cuando trabajemos con "carpetas comprimidas" (es decir, archivos zip). El explorador de Windows muestra el contenido igual que en las carpetas normales, pero cuando intentemos manipular estos archivos, descubriremos que hay algo extraño.

Copiar rutas de archivo

El problema: A menudo quiero copiar la ruta y el nombre de una carpeta para poder insertarlo en un mensaje de correo electrónico o guardar un archivo en un determinado punto. ¿Por qué tiene que ser tan difícil?

La solución: Es más sencillo de lo que parece. Abrimos el explorador de Windows, nos dirigimos a la carpeta, seleccionamos la ruta en la barra de direcciones de la parte superior y pulsamos **Control-C**. *Voilà*, la tenemos en el portapapeles. ¿No podemos ver la barra de direcciones? Seleccionamos Ver>Barras de herramientas>Barra de direcciones.

Ensanchar el horizonte de las búsquedas de Windows

El problema: Cuando el disco contiene millones de archivos, es casi imposible recordar dónde hemos puesto cada cosa o incluso cómo se llama el archivo. Por eso busco un determinado texto en los archivos. Aún así, ¡a veces Windows no puede encontrar mi archivo!

La solución: El problema es que Windows XP no busca todos los archivos, sólo ciertos tipos (basándose en la extensión del archivo). La versión original de Windows XP sólo podía buscar en archivos de Microsoft Office, páginas HTML y algunos otros tipos. Al instalar Service Pack 1 para Windows XP añadimos "componentes de filtro" para docenas de archivos individuales, por lo que ése debería ser nuestro primer movimiento si nos molesta demasiado este problema.

Si queremos buscar un tipo de archivo en el que XP no suele buscar, debemos agregar un extraño valor al registro. El artículo 309173 de la Microsoft Knowledge Base, en `http://snipurl.com/ms_309173` explica los detalles.

Una solución integral será indicar a Windows que busque en todos los tipos de archivo, independientemente de su extensión (véase la figura 5.4). Esto hará que las búsquedas sean más lentas, pero encontrarán archivos que no encontraría de otra forma. Aquí explicamos cómo:

1. Hacemos clic con el botón derecho del ratón en Mi PC (en el escritorio, en el menú Inicio o en una ventana del explorador de Windows) y seleccionamos Administrar.

2. En la consola en árbol del panel izquierdo, ampliamos el elemento Servicios y aplicaciones.

3. Hacemos clic con el botón derecho del ratón en Servicio de Index Server y seleccionamos Propiedades.

4. En la pestaña Generación, marcamos la casilla Indizar archivos con extensiones desconocidas, seleccionamos **Aceptar** y cerramos la ventana Administración de equipos.

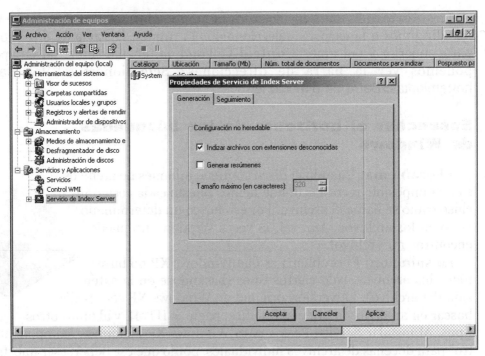

Figura 5.4. Así obligamos a Windows a buscar todo tipo de archivos, independientemente de su extensión.

Misteriosas extensiones de archivo desveladas

Si tenemos que descubrir qué significa esa extraña extensión de archivo, podemos examinar a fondo The File Extension Source, una excelente Web con casi un trillón de extensiones: `http://snipurl.com/file_ext`.

Búsqueda más rápida excluyendo los archivos comprimidos con Zip

El problema: Por otro lado, la búsqueda puede ser demasiado agresiva en sus búsquedas. Yo archivo los documentos antiguos en archivos zip. La búsqueda examina todos mis archivos zip, desenterrando una gran cantidad de material antiguo, archivado e irrelevante. Archivo los archivos antiguos para que no se incluyan en las búsquedas. ¿Hay una solución para esto?

La solución: Windows XP, como probablemente ya sepa, se ha asociado con la extensión de archivos `.zip` y llama a esos archivos "carpetas comprimidas". Esto casi siempre es un añadido, ya que funcionan como una carpeta normal (podemos añadir, eliminar y usar sus archivos). Para aumentar la ilusión de que los archivos zip son carpetas comprimidas, Windows busca en ellos por defecto. La única forma de evitarlo es separar los archivos zip de Windows, de la siguiente forma:

1. Seleccionamos Inicio>Ejecutar y escribimos: **regsvr32 /u %systemroot%\ system32\zipfldr.dll**.

2. Reiniciamos el ordenador.

Esto nos dejará sin la integración con zip. Podemos rehabilitarla usando el mismo comando sin `/u`.

Gestionar archivos comprimidos en zip

El problema: Estoy usando Windows 98 y casi nunca tengo que usar archivos zip, por lo que no tengo que preocuparme de herramientas independientes como WinZip o FreeZip. Pero ¿qué hago cuando encuentro un archivo zip ocasional?

La solución: Podría actualizarnos a Windows XP (que tiene una herramienta de descompresión de archivos zip integrada). Pero si insistimos en seguir con Windows 98, podemos usar ExplorerPlus (un sustituto del explorador de Windows) para cuando tengamos que comprimir y descomprimir; incluso la versión gratuita hace un trabajo estupendo. Con ExplorerPlus, hay dos formas de hacerlo:

❑ Si queremos extraer el archivo (o archivos) a la misma carpeta en la que está el archivo zip, hacemos clic con el botón derecho del ratón en el archivo zip y seleccionamos ExplorerPlus (véase la figura 5.5).

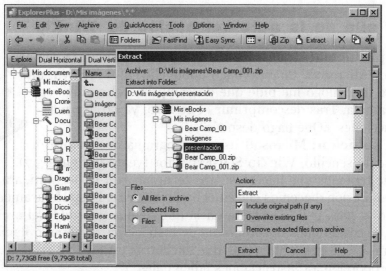

Figura 5.5. Usando ExplorerPlus, podemos extraer archivos comprimidos en zip a la misma carpeta que contiene el archivo zip con muy pocos clics.

❑ Con ExplorerPlus mostrando dos paneles abiertos, uno junto al otro, basta con arrastrar el archivo zip al panel opuesto, soltar el botón del ratón y seleccionar Extract Here (véase la figura 5.6). Podemos descargar una versión de prueba de ExplorerPlus de `http://snipurl.com/explus_trial`.

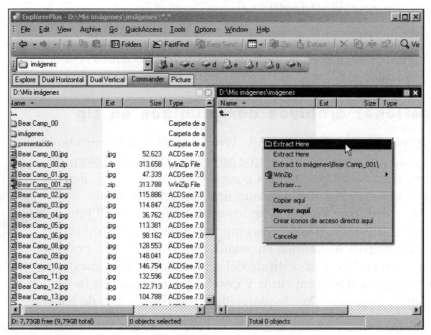

Figura 5.6. Usando ExplorerPlus con dos paneles abiertos es muy fácil extraer archivos comprimidos.

Más allá de la auto-extracción de WinZip

El problema: He descargado una gran utilidad de la página Web de Microsoft. Cuando hago doble clic en el archivo, un cuadro de diálogo me pide que descomprima el archivo en una carpeta. Tras descomprimir el archivo, ya no hay más instrucciones. ¿Qué hago después?

La solución: Microsoft usa un programa descompresor realmente sencillo, WinZip Self-Extractor (véase la figura 5.7). Lo que tenemos que hacer es: tras terminar con la herramienta de descompresión, hacemos clic en el botón **Cerrar**. Después usamos el explorador de Windows para ir a la carpeta en la que hemos guardado el archivo. En algunos casos, necesitaremos un programa de instalación, a menudo llamado `Setup.exe`; en otras ocasiones, tendremos que encontrar un archivo readme.txt o readme.doc que proporcionará instrucciones adicionales.

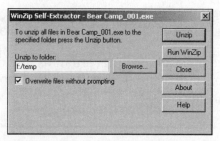

Figura 5.7. WinZip Self-Extractor no es el programa más inteligente. Tras terminar de descomprimir el archivo, seleccionamos Cerrar.

ZIPPITY DOO-DAH

Muchas personas confían plenamente en WinZip, el rey de los gestores de archivos zip y por una buena razón. WinZip puede abrir y archivar 18 tipos de archivo diferentes, incluyendo LZH, ARJ, ARC, CAB, TAR y muchos más. La versión gratuita de prueba nos hace una buena demostración del talento de WinZip; el registro cuesta 29 $. Si le parece demasiado, pruebe el gratuito FreeZip. No es tan bonito como WinZip, pero hace el mismo trabajo. Podemos obtener una copia de ambos programas en `http://www.anayamultimedia.com`.

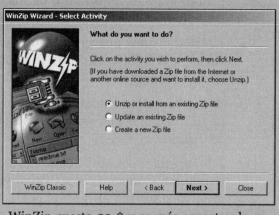

FreeZip no tiene tanto glamour, pero controla los archivos zip correctamente y es gratuito.

WinZip cuesta 29 $ y es más espectacular y, para los principiantes, el asistente es una gran ventaja.

> **Truco**
>
> Cree una carpeta cuyo nombre recordamos (la mía se llama Descargas) y descomprimimos todos nuestros archivos en ella para que sea más fácil encontrarla.

Cambiar el nombre a varios archivos

El problema: He comprado una cámara digital y todas las fotografías que realizo tienen nombres parecidos, como `pic0001.jpg`, `pic0002.jpg`, etc. ¿Puede el explorador de Windows cambiar el nombre a más de un archivo a la vez? Uso Windows 98.

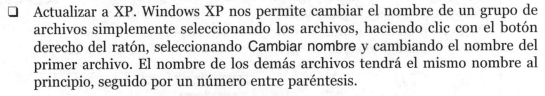

La solución: Si insiste en seguir con Windows 98 en lugar de actualizar a XP, seguiremos con una versión (más) tonta del explorador de Windows. Aquí tenemos algunas alternativas:

❑ Actualizar a XP. Windows XP nos permite cambiar el nombre de un grupo de archivos simplemente seleccionando los archivos, haciendo clic con el botón derecho del ratón, seleccionando Cambiar nombre y cambiando el nombre del primer archivo. El nombre de los demás archivos tendrá el mismo nombre al principio, seguido por un número entre paréntesis.

❑ RJHExtensions nos proporciona una forma sencilla de cambiar el nombre de varios archivos, además de la posibilidad de dividir y codificar archivos. Esta herramienta gratuita está disponible en `http://www.anayamultimedia.com`.

❑ Si tenemos conocimientos técnicos, nos encantará Bulk Rename Utility (véase la figura 5.8). Podemos descargar una copia gratuita de `http://www.anayamultimedia.com`.

❑ FileTargets no es muy bueno para cambiar el nombre de archivos, pero es estupendo para mover o copiar archivos rápidamente o para copiar el nombre de archivo y su ruta al portapapeles. Podemos descargar una versión gratuita en `http://www.anayamultimedia.com` (véase la figura 5.9).

Devuélvanme mis asociaciones de archivos

El problema: He instalado un nuevo reproductor de MP3 y misteriosamente, ha pasado a ocuparse de todos mis archivos multimedia (vídeo, archivos WAV, música) e incluso las fotografías. ¡Eso sí que es un problema!

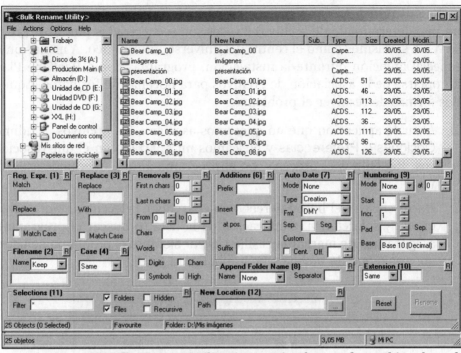

Figura 5.8. Bulk Rename Utility tiene varias formas de cambiar el nombre de archivos y carpetas.

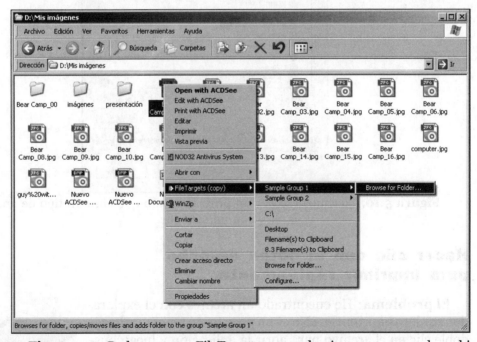

Figura 5.9. Podemos usar FileTargets para seleccionar un grupo de archivos y copiarlos en las carpetas que usemos más a menudo.

La solución: Las asociaciones de archivos (el programa que queremos que abra un tipo determinado de archivo) a veces son secuestradas por otros programas, que se ven a sí mismos como el centro del universo informático. A menos que prestemos especial atención durante la instalación, programas como RealOne Player pueden apropiarse de la asociación de archivos para docenas de formatos. Aquí explicamos dos formas de resolver el problema:

❑ Abrir la aplicación que no queremos asociar a los archivos, acudimos al menú Opciones o Preferencias y buscamos un apartado en el que disociar los archivos. Repetimos el proceso con el programa al que queramos asociar los archivos.

❑ Hacer clic con el botón derecho en el archivo, seleccionar Abrir con>Elegir programa y seleccionar la aplicación de la lista (o buscar el programa). Debemos asegurarnos de marcar la casilla Utilizar siempre el programa seleccionado para abrir este tipo de archivos (véase la figura 5.10).

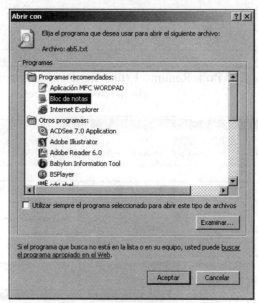

Figura 5.10. Podemos escoger un programa para que abra un tipo de archivos con un solo clic.

Hacer clic con el botón derecho para imprimir rápidamente

El problema: He encontrado un archivo con el explorador y quiero imprimirlo. ¿No es un poco tonto tener que hacer doble clic en el archivo para abrir la aplicación y luego buscar el comando Imprimir, sólo para imprimir el archivo?

La solución: Tiene razón, hay una forma mejor de hacerlo, pero los chicos de Redmond no lo hacen tan obvio. La forma más rápida de imprimir un documento, independientemente de la aplicación, es permitir al explorador de Windows hacer todo el trabajo. Hacemos clic con el botón derecho del ratón en el archivo y seleccionamos Imprimir. El explorador abrirá el programa asociado a esa extensión de archivo y emitirá el comando de impresión. Además, el explorador es muy ordenado y cerrará la aplicación cuando haya terminado.

Ayudante para la asociación de archivos

Windows 98 no tiene tantas opciones como XP. Hasta que actualicemos, aquí tenemos dos programas que nos ayudarán con las asociaciones de archivos:

❏ OpenExpert nos permite seleccionar qué programas usar al vuelo. De esta forma, cuando queramos abrir un archivo de imagen, podemos seleccionar un visor de archivos o un editor de imágenes. Lo mismo se aplica para decidir entre, por ejemplo, Netscape e Internet Explorer para ver una página HTML. La herramienta es fácil de usar (hacemos clic con el botón derecho del ratón en un archivo, seleccionamos Abrir con y seleccionar el programa. OpenExpert es gratuito para su uso doméstico (si lo usamos de forma comercial, la cuota es de 20 $ por usuario, menos los descuentos, desde el 20%) y está disponible en la Web http://www.anayamultimedia.com.

❏ ChangeExt es otro complemento gratuito para el explorador de Windows que muestra los detalles sobre un archivo cuando hacemos clic con el botón derecho del ratón en él. Aparte de controlar las extensiones de archivos, puede copiar el nombre y ruta de un archivo en el portapapeles. Lo encontraremos en http://www.anayamultimedia.com.

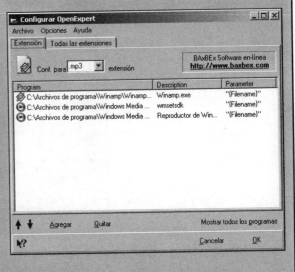

El ordenador personal

Notas rápidas en Windows

El problema: Necesito una forma rápida, al vuelo, de almacenar notas con los archivos (y no quiero tener que usar una utilidad, gratuita o de pago).

La solución: Lo tengo. La función de anotación de archivos de Windows está lejos de ser perfecta, pero es una forma rápida y sencilla de añadir notas a archivos importantes. En el explorador de Windows, hacemos clic con el botón derecho del ratón en el archivo y seleccionamos Propiedades (o seleccionamos el archivo y pulsamos **Alt-Intro**). Seleccionamos la pestaña Resumen (Windows XP) o Personalizar (las demás versiones de Windows) y escribimos la nota en el campo Comentarios (véase la figura 5.11). Curiosamente, esta opción no está disponible para algunos tipos de archivo, incluidos algunos formatos de vídeo (si no vemos campos en blanco en la pestaña Resumen, podemos hacer clic en el botón **Vista sencilla** de la esquina inferior derecha). A partir de ahora, cuando enviemos un archivo, las notas viajarán con él. Para leer las notas, seguimos los mismos pasos para que aparezca la pestaña Resumen y el campo Comentarios.

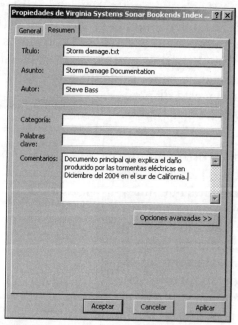

Figura 5.11. Añadimos notas a casi cualquier archivo y permanecerán con el archivo allá donde vaya (o a quien se lo enviemos).

Notas rápidas con Keynote

Si nos gusta la idea de "Notas rápidas en Windows", no nos importa usar un programa independiente y necesitamos algo un poco más útil, probemos KeyNote (no confundir con el programa de presentación Keynote de Apple). Este pequeño es una agenda con esteroides: tiene una libreta con pestañas, un organizador y un administrador de información personal. Yo lo uso como cuaderno de apuntes para escribir rápidamente notas e ideas en lugar de abrir Word. Podemos descargar esta herramienta gratuita en http://snipurl.com/keynote.

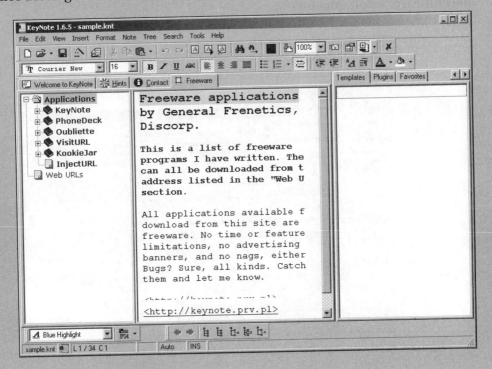

Codificar archivo para mejorar la seguridad

El problema: Me enfadé mucho cuando encontré a un compañero de trabajo mirando mi carpeta en mi ordenador. ¿Hay alguna forma de proteger mis archivos, aparte de almacenar los archivos en un disco extraíble que pueda guardar bajo llave en un cajón o poner una trampa en mi PC?

La solución: Muchas personas comparten su ordenador con otras personas de vez en cuando, bien con un miembro de la familia o un compañero de trabajo, por lo que merece la pena codificar todos los archivos delicados para mantener alejados a los curiosos. Hay varias formas de hacerlo.

En Windows XP Pro y 2000 (con discos con formato NTFS), abrimos el explorador de Windows y hacemos clic con el botón derecho del ratón en la carpeta que queremos codificar. Seleccionamos Propiedades, seleccionamos la pestaña General, hacemos clic en el botón **Opciones avanzadas** y marcamos la casilla Cifrar contenido para proteger datos (véase la figura 5.12). Hacemos clic en **Aceptar** dos veces y el contenido de la carpeta estará bien protegido, sólo disponible para aquéllos que tengan la información de acceso. Todos los archivos que movamos posteriormente a esa carpeta también se codificarán; si sacamos el archivo de la carpeta, se decodificará automáticamente.

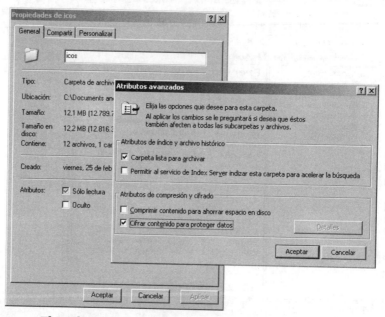

Figura 5.12. El explorador tiene una forma integrada para codificar archivos.

Si usamos Windows Me o 98, podemos visitar `http://snipurl.com/ Cryptainer` y obtenemos una copia de la utilidad gratuita Cryptainer LE. Esta práctica herramienta crea una unidad virtual oculta y codificada (véase la figura 5.13). Una forma más ingeniosa de mantener nuestra información alejada de ojos curiosos es iniciar el ordenador insertando un dispositivo USB especial que funciona como la llave de un coche. Un producto destacable de esta categoría, que a menudo recibe el nombre de llave electrónica, es ControlKey de Griffin Technologies. Una vez configurado, sólo una persona con una ControlKey podrá arrancar el ordenador. No sólo eso, sino que podremos hacer que determinados archivos y carpetas no estén disponibles para algunos usuarios, o limitar el acceso de los niños a Internet, la mensajería instantánea o casi cualquier aplicación. El dispositivo, de 60 $, es pequeño y se parece mucho a un *pendrive* USB (véase la figura 5.14). Podemos examinarlos en `http://www.controlkey.com`.

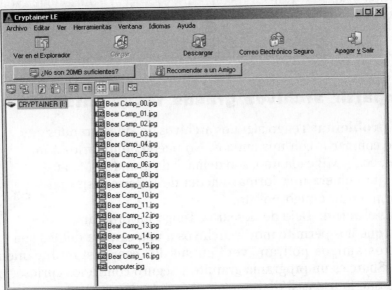

Figura 5.13. ¿Queremos mantener los archivos y carpetas alejados de ojos curiosos? Cryptainer LE, gratuito, puede crear una unidad oculta, disponible sólo para nosotros.

Figura 5.14. ControlKey puede bloquear un ordenador portátil o de sobremesa (o sólo algunas partes, como el acceso a Internet o la mensajería instantánea).

ControlKey es flexible y el software incluido en el artefacto nos permite indicar qué ocurre cuando quitamos la llave: puede bloquear el PC, ponerlo en modo de hibernación o simplemente, bloquear el acceso a Internet. ControlKey también evita que los *hackers* arranquen el sistema en modo a prueba de fallos y se apoderen de él.

Truco

ControlKey sólo funciona con Windows XP y sólo puede bloquear archivos y carpetas en unidades con formato NTFS.

Compartir archivos grande fácilmente

El problema: Tengo algunos archivos de vídeo grandes que quiero compartir con mis amigos. No puedo adjuntarlos a un correo; con 5 MB cada uno, son demasiado grandes. Me gustaría que hubiera una forma sencilla de hacerlo, especialmente para mi amigo novato.

La solución: Deje de desearlo. Tengo un programa estupendo que nos permite mover archivos a una carpeta del PC que nuestros amigos podrán "ver" en sus PC casi instantáneamente. FolderShare es un programa gratuito y seguro contra los curiosos que es tan conveniente que lo uso casi diariamente (véase la figura 5.15).

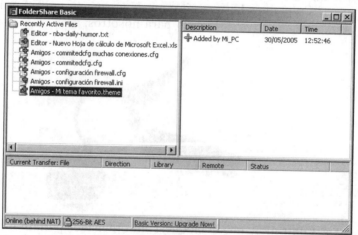

Figura 5.15. Éste es el aspecto de FolderShare en mi ordenador (las bibliotecas compartidas para mi editor de O'Reilly, otro archivo compartido para los amigos de PC World y uno más para mis amigos que comparten archivos ilegales). Podemos ver quién accede a la biblioteca Judy_Transfer en el panel derecho.

Funciona así: invitamos a alguien a compartir una colección de archivos llamada biblioteca, todos guardados dentro de una carpeta normal. Nuestro amigo tendrá que descargarse una pequeña aplicación que le permitirá "conectarse" a la biblioteca. A continuación, asocia una carpeta del ordenador a la biblioteca y descarga cualquiera de los archivos de la biblioteca a su equipo arrastrando en el explorador de Windows.

Dependiendo de cómo configuremos FolderShare, podemos hacer que un archivo remoto en la biblioteca de un amigo aparezca automáticamente en nuestra carpeta FolderShare. La alternativa (y ésta es perfecta si usamos conexión telefónica) es hacer que aparezca un indicador, que nos recuerde que tenemos que ir a un sitio y descargar el archivo. No hay que preocuparse, sólo los archivos de la carpeta FolderShare están disponibles para los demás; las otras carpetas están a salvo de los ojos curiosos. Otro problema de seguridad del que no tendremos que preocuparnos: todas las transferencias de archivos están autentificadas mediante los certificados de clave RSA y codificados mediante AES (Advanced Encryption Standard) por SSL (Secure Sockets Layer). FolderShare es una forma ideal de no usar el correo electrónico ni servidores FTP cuando compartimos archivos grandes. La versión gratuita de FolderShare permite poner en cola tres archivos para descargar. Podemos trabajar con hasta 100 bibliotecas, cada una de ellas puede tener hasta 3.000 archivos (el tamaño máximo de cualquier archivo es de 2 GB). Por 4,50 $ por mes, tenemos la posibilidad de sincronizar automáticamente los archivos en varios ordenadores. Visite `http://snipurl.com/foldershare2` para descargar su copia.

Una vista en miniatura para los archivos adjuntos

El problema: Estoy intentando adjuntar una imagen (un archivo JPG, en realidad) a un correo electrónico. Cuando abro el cuadro de diálogo, me encuentro con una larga lista de extraños nombres de archivos. Recorrer todos los archivos e intentar descubrir cuál es la imagen por su nombre de archivo es una locura. ¿Por qué no puedo ver la imagen?

La solución: Es tan simple, que se va a reír (yo lo hice porque era algo que a mí también me desconcertaba). Cuando abrimos el cuadro de diálogo, basta con cambiar la vista que tengamos (probablemente Detalles o Iconos) por Vistas en miniatura (véase la figura 5.16).

Todos los thumbs.db

El problema: Acláreme este misterio. ¿Qué son esos archivos `Thumbs.db` que han empezado a aparecer en muchas de las carpetas de Mi PC?

La solución: Parecen peligrosos, lo sé, pero son archivos benignos. Windows los genera cada vez que abrimos una carpeta y usamos la vista en miniatura. Podemos borrarlos si nos molestan, aunque Windows volverá a crearlos la próxima vez que usemos la vista en miniatura. Si estamos obsesionados con mantener estos archivos fuera de nuestro PC, podemos desactivar las vistas en miniatura; con un PC rápido, a Windows casi no le costará leer los archivos en la vista en miniatura de la carpeta.

Figura 5.16. ¿Quiere ver los archivos antes de adjuntarlos a un correo electrónico? Basta con seleccionar la opción Vistas en miniatura del explorador.

La última escapada

Mi mejor actuación en Escape (`http://snipurl.com/dodgeit`), un juego difícil y muy molesto, fue de 9 segundos. Probablemente podría hacerlo mejor con los ojos cerrados. Pronto descubrirá que tocar el marco negro hará que el juego finalice. [Nota del editor: es muy adictivo. He pasado toda la tarde jugando y no he editado nada.]

En el panel de control, seleccionamos Opciones de carpeta y hacemos clic en la pestaña Ver. Nos desplazamos hacia abajo, marcamos No alojar en caché las vistas en miniatura y hacemos clic en **Aceptar**. A propósito, podríamos obtener un error de documento ilegal si usamos FrontPage de Microsoft y existe un archivo `Thumbs.db` en una carpeta de una página Web que estemos editando. La solución es librarnos del archivo `.db` de la página Web.

6. Problemas con la música, vídeo y CD

¿Recuerda los viejos tiempos, cuando veíamos los vídeos en la televisión y escuchábamos música en la radio? ¡Era tan del siglo XX!

Hoy en día, casi cualquier ordenador puede reproducir archivos de sonido y vídeo, y muchos ofrecen la posibilidad de grabar nuestros propios CD y DVD. Pero un gran poder conlleva una gran irritabilidad.

Hay un laberinto de formatos de archivo, un rebaño de reproductores y muchas complicaciones con la grabación de discos.

Este capítulo muestra algunos de los mayores problemas con los archivos multimedia en un PC. Y ¡eh!, si nos frustra realmente, ¿por qué no desempolvar el televisor y el reproductor de CD, y usarlos en lugar del ordenador?

Problemas con la música y el vídeo

Escuchar toda la música al mismo volumen

El problema: Tengo una gran cantidad de MP3 que he extraído de mi colección de CD de música. El problema es que la fanfarria de Copeland suena tan alto que me hace saltar de la silla y en la siguiente canción *Take Five* de Dave Brubecks suena demasiado bajo. ¿Puedo imponer el mismo volumen a todos los cortes?

La solución: El truco es ajustar (o normalizar) el nivel de sonido mientras extraemos el MP3 al disco, y muchos programas de extracción de audio ofrecen esa función. El problema es qué hacer después de haberlo extraído:

❑ Windows Media Player de Microsoft resuelve el problema normalizando el volumen mientras reproduce la música. Busque en Ver>Mejoras>Nivelación automática del volumen y encadenado.

❑ Si queremos solucionar permanentemente el problema, necesitaremos MP3Gain, una herramienta gratuita (y muy útil) que analiza y normaliza los niveles de sonido de cada uno de nuestros archivos MP3. Encontraremos una copia en `http://www.anayamultimedia.com`.

Reproducir archivos de sonido rápida y fácilmente

El problema: Tengo una gran colección de archivos de sonido que uso en mi programa de correo electrónico para avisarme de la llegada de correo electrónico de diferentes personas. Cuando quiero seleccionar un archivo de sonido, no quiero iniciar ese programa superpesado (Windows Media Player) para hacer una vista previa de un pequeño archivo.

La solución: Para archivos de sonido pequeños, use un reproductor pequeño: WavPlay. Basta con iniciarlo y dirigirnos a la carpeta que tiene los archivos de sonido (véase la figura 6.1). WavPlay incluso nos permite configurar cinco carpetas preestablecidas para examinar rápidamente determinadas carpetas. Hay una copia de WavPlay en la Web `http://www.anayamultimedia.com`.

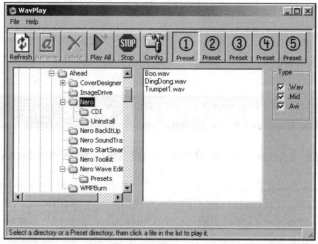

Figura 6.1. En lugar de desperdiciar tiempo iniciando Windows Media Player, use WavPlay, una utilidad gratuita dedicada a reproducir archivos de sonido.

iPod ❤ PC

El problema: Quiero un iPod, pero no quiero comprarme un Mac para poder usarlo. ¡Eso sí que es un problema!

La solución: ¿Un usuario de PC pensando en un iPod? ¡Oh, el horror! Bueno, la verdad es que el iPod de Apple puede hacer que muchos usuarios de PC han considerado pasarse al lado oscuro. Si es su caso, examine XPlay, una curiosa utilidad de 22 $ que nos permite gestionar y descargar archivos MP3 a un iPod mediante FireWire o una conexión USB. Entre otras cosas, XPlay nos permite usar el explorador para arrastrar archivos hacia y desde un iPod, sincroniza automáticamente la colección de música del PC con la del iPod y mucho más. XPlay funciona con Windows 98SE y posteriores; encontraremos una versión de prueba en `http://snipurl.com/xplay2`.

Desactivar la publicidad del centro de mensajes de RealOne

El problema: Odio el centro de mensajes del reproductor multimedia RealOne. Esta ventana de publicidad se queda en la barra de tareas de Windows, ralentizando mi PC y haciendo que aparezca al azar molesta publicidad, avisos y supuestas noticias (incluso cuando RealOne no se está ejecutando). ¿Cómo me libro de este poltergeist digital?

La solución: Si buscamos la salvación en la página de Real, no llegaremos muy lejos. Indica, con cara seria, que el centro de mensajes no puede desactivarse. Sin embargo, nos indica cómo podemos evitar que aparezcan cuando RealOne no está ejecutándose. En RealOne Player, seleccionamos Herramientas>Preferencias. En la ventana Categoría, ampliamos Servicios automáticos, en Centro de mensajes, deseleccionamos la casilla Buscar nuevos mensajes y hacemos clic en **Aceptar**.

Pero si apreciamos nuestra cordura, es mejor librarnos del centro de mensajes, incluso cuando RealOne está ejecutándose. No encontraremos este truco en la página Web de Real. De modo que aquí lo tiene: en primer lugar, hacemos que aparezca el administrador de tareas de Windows (en Windows XP, pulsamos **Control-Alt-Supr** y hacemos clic en la pestaña Procesos). Buscamos un proceso llamado `realsched.exe` o `evntsvc.exe`; lo seleccionamos y hacemos clic en el botón **Terminar proceso**.

A continuación, eliminamos el mismo archivo de la carpeta `Update_OB` de Real. Acudimos a `\Archivos de programa\Archivos comunes\Real\Update_OB` y de nuevo, buscamos un archivo llamado `realsche.exe` o `evntsvc.exe`. Borramos ese archivo y habremos erradicado el centro de mensajes (y habremos conseguido que el molesto RealOne sea un poco menos molesto).

Mercadotecnia inteligente

Este tipo es (casi) un genio del marketing. Se le ha visto en todo Internet. Que mala suerte que no aparezca el prefijo en la furgoneta, ¿verdad? `Http://snurl.com/plumbtruck`.

Librarnos bien de RealPlayer

El problema: El reproductor multimedia RealPlayer añade demasiados iconos al escritorio y constantemente me pregunta si quiero cambiar la asociación de mis archivos multimedia. RealPlayer también muestra una gran cantidad de publicidad y mensajes emergentes, y mi cortafuegos constantemente me avisa de que RealPlayer está intentando llamar a su casa. ¿Puedo librarme de él y seguir reproduciendo música y vídeo con el formato de RealPlayer?

La solución: Es fácil librarnos de RealPlayer (y del igualmente insistente reproductor de vídeo QuickTime, de Apple) y sustituirlo por una aplicación completamente gratuita y que hace el mismo trabajo. Bueno, casi.

Pero antes, una renuncia de responsabilidades. Los productos que voy a mencionar consiguen usar un caudal de datos de vídeo o audio la mayoría de las veces pero, desafortunadamente, el cien por cien de las veces no y, desde luego, no con archivos RealPlayer o QuickTime en caudal de todos los sitios que visitemos. Si somos auténticos aficionados a RealPlayer y tenemos que tenerlo, podemos pasar al siguiente cuadro adjunto "Bienvenido de nuevo a (un especial) RealPlayer". Teniendo todo esto en cuenta, desinstalamos RealPlayer y QuickTime mediante el panel de control Agregar o quitar programas de Windows. Después descargamos Real Alternative, que reproduce archivos RealAudio y RealMedia, y tiene complementos para Internet Explorer, Opera, Netscape y Mozilla, de modo que podremos reproducir música y vídeo directamente de Internet. Está disponible en `http://snipurl.com/alt_realplayer`. QuickTime Alternative se encuentra en `http://snipurl.com/quickplayer`.

Si queremos algo más sofisticado para reproducir archivos RealPlayer (y MP3), podemos probar el gratuito JetAudio en `http://snipurl.com/jetaudio`.

A propósito, si desinstalar e instalar todas estas aplicaciones hace que nuestras asociaciones de archivos se vuelvan locas (y puede ocurrir, porque estamos desinstalando Real), tendremos que leer "Devuélvanme mis asociaciones de archivos", en el capítulo 5 y ver los trucos para volver a asociar nuestros programas reproductores con los tipos de archivo adecuados.

Los iconos de RealOne son un problema real

El problema: Casi todos mis principales problemas son con RealOne Player de RealNetworks. Es irritante que RealOne sazone mi PC con iconos en el escritorio y vínculos en el navegador. El programa también me saca de quicio cuando me ofrece confusas opciones para asociar los archivos de audio y vídeo. ¡Rápido, mis pastillas para la presión sanguínea!

La solución: Si estamos instalado RealOne desde cero, hay que prestar especial atención a cada pantalla de instalación. Seleccionamos siempre la instalación personalizada para conseguir más opciones. En las pantallas Ubicación de instalación y Configuración del escritorio, desmarcamos las ubicaciones que no consideremos esenciales (yo deselecciono todas; de todos modos sé que terminará apareciendo un icono de RealOne en el menú Inicio). En la pantalla Reproductor predeterminado, seleccionamos **Avanzado**, recorremos las diferentes opciones y seleccionamos cuidadosamente cuáles de los 14 tipos de archivos de audio y vídeo queremos asociar a RealOne.

Bienvenido de nuevo a (un especial) RealPlayer

Hay una versión especial de RealPlayer 10 que no tiene spyware ni adware, nunca nos molesta y no ensucia el sistema con iconos. Además, la versión tiene todas las funciones; sólo carece de esas molestias. Se encuentra en una página perfectamente legal, pero pocas personas saben que el RealPlayer que se ofrece allí es diferente. Y me gustaría que fuera así porque, una vez que se corra la voz, las cosas pueden cambiar. De modo que considérelo un privilegio para los compradores de este libro y guárdelo para sí.

Se encuentra en el sitio de BBC Radio en `http://snipurl.com/cool_realplayer`. La historia no oficial, según nuestra fuente, es que el contrato de la BBC impide que puedan "bombardear a sus espectadores con asquerosa publicidad de compañías americanas al azar", de modo que para que la BBC pueda emitir en Internet mediante el formato Real, Real tuvo que crear un reproductor sin publicidad. Sea cierto o no, tenemos una versión de RealPlayer, con toda su gloria, sin los problemas.

Cuando instalemos RealPlayer, sólo habrá una molestia, pero es pequeña y se soluciona fácilmente. RealPlayer sigue intentando añadir una entrada al registro porque quiere buscar actualizaciones cada vez que se arranque el sistema. Si no queremos que lo haga, hacemos clic en Herramientas>Preferencias, abrimos Servicios automáticos, a la izquierda y seleccionamos Actualización automática. Quitamos la marca de de las casilla Descargar e instalar automáticamente las actualizaciones importantes y hacemos clic en **Aceptar**. Si queremos buscar actualizaciones de forma manual, basta con hacer clic en Ayuda>Acerca de RealPlayer y pulsar el botón **Buscar actualizaciones**. Mientras se instala RealPlayer, se nos ofrecerán algunas opciones, todas fáciles de entender. La primera es un sorprendentemente amable cuadro de diálogo que nos pregunta dónde queremos que aparezcan los iconos de RealPlayer.

El otro problema de la instalación es el cuadro de diálogo Reproductor predeterminado. RealPlayer asigna automáticamente las extensiones que más apropiadas para él, como los archivos .RA y .RAM de RealPlayer. Está bien. Pero también trata de abarcar otros archivos de audio y vídeo, como MP3, CD, MPEG y AVI.

Mi consejo es seguir asignando a nuestros reproductores anteriores estos formatos que no pertenecen a Real. Deseleccionamos todas las casillas para asegurarnos de que

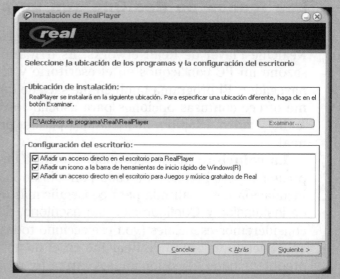

A diferencia de la mayoría de las instalaciones de RealPlayer, esta versión especial de la BBC es extraordinariamente educada y nos pregunta educadamente si y, dónde queremos colocar los iconos.

Cuando instalamos esta versión especial de RealPlayer, encontraremos marcadas todas las casillas de asociación de archivos. Que no le confundan, desmarcamos todas las casillas y viviremos felices para siempre.

RealPlayer sólo reproduzca un archivo RealPlayer. Para ver qué está asignado a esos archivos (y ver de qué intenta apropiarse RealPlayer) hacemos clic en el botón **Avanzado**. Si hay archivos que queramos asignar a RealPlayer, podemos modificar ese aspecto aquí.

Cuando aparezca el antepenúltimo cuadro de diálogo pidiéndonos registrarnos con RealPlayer, hacemos clic en **Cancelar** y, en el siguiente cuadro de diálogo, seleccionamos **Salir**. Si algún empleado de RealPlayer le llama la atención, dígale que Bass dijo que no pasaba nada por no registrarse.

¿Ya tenemos RealOne (o RealPlayer) en el PC? Eliminemos todos los iconos de programa excepto los que usamos más a menudo, como el del escritorio. A continuación, eliminamos el acceso directo a RealOne de la barra de tareas (no lo necesitamos, ya que el reproductor se inicia automáticamente cuando abrimos el archivo asociado).

Evitar que RealPlayer se inicie automáticamente

El problema: Cada vez que inicio Windows, aparece un icono de RealPlayer en la barra de tareas y se niega a irse. ¿Cómo puedo librarme de este invitado no deseado?

La solución: El problema va más allá de un icono en la barra de tareas. Incluso si nos libramos del programa que inicia ese icono, RealPlayer aparecerá, sin avisar, con molestos mensajes.

Aquí hay varios culpables. Uno es un pequeño programa que constantemente busca actualizaciones en la página Web de Real. Otro pequeño programa, llamado centro de mensajes, constantemente busca mensajes en la página de Real(a menudo molestos mensajes publicitarios) y muestra estos mensajes queramos o no.

Para eliminar la molestia que supone el centro de mensajes, abrimos RealPlayer y seleccionamos Herramientas>Preferencias. Hacemos clic en Servicios automáticos en el panel que hay a la izquierda y luego en el botón **Configurar centro de mensajes** a la derecha, en la pantalla que aparecerá (véase la figura 6.2), quitamos la marca de la casilla Buscar nuevos mensajes. Hacemos clic en **Aceptar** y cerramos la pantalla del centro de mensajes que aparece sin razón. Volvemos a hacer clic en **Aceptar** cuando aparezca la pantalla Preferencias.

Para indicar a RealPlayer que deje de buscar actualizaciones automáticas, seguimos los mismos pasos que anteriormente. Pero esta vez, hacemos doble clic en Servicios automáticos y hacemos clic en el elemento Actualización automática que hay debajo. Después, a la derecha, deseleccionamos la casilla Descargar e instalar automáticamente las actualizaciones importantes y hacemos clic en **Aceptar**.

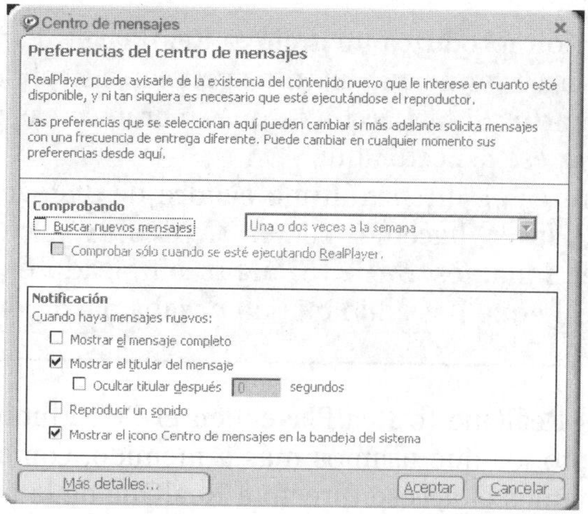

Figura 6.2. Eliminamos la molestia principal de RealPlayer indicándole que no busque nuevos mensajes en el centro de mensajes.

Llevar la música a cualquier parte

El problema: Quiero llevar mi colección casera de MP3 al trabajo. He grabado algunos CD para llevarlos a la oficina pero con toda esta estupenda tecnología, tiene que haber algo mejor que acarrear todos estos CD.

La solución: Existe. Podemos usar AjooBlast Server de Load Chime Software, un pequeño programa de acceso remoto, gratuito y estupendo que nos permite escuchar la música de nuestro PC doméstico (o del equipo de un amigo) desde cualquier PC del mundo. AjooBlast es un programa pequeño y totalmente seguro (sólo se accede a las carpetas que nosotros permitimos y no se pueden descargar los archivos; sólo es para escucharlos. El único inconveniente es que si estamos usando un router, tendremos que abrir el puerto 8080. Podemos descargar AjooBlast de `http://www.anayamultimedia.com`.

Nota

Windows Media Player y todos los otros reproductores multimedia que he probado son enormes. Lo que realmente quiero es escuchar algo de Brubeck mientras trabajo (no quiero luchar con brillantes temas y deslumbrantes visualizaciones en mi cara). Por eso recomiendo TrayPlay de Chime, un pequeño reproductor sin funciones superfluas. Tiene todos los controles que necesito, incluyendo reproducción aleatoria y volumen. TrayPlay es una herramienta gratuita que se sitúa en la barra de tareas, por lo que no ocupa espacio en la barra de herramientas. Está disponible en `http://www.anayamultimedia.com`.

Hacer que Winamp sea mucho más grande

El problema: En un mundo de reproductores multimedia hinchados, el venerable Winamp de Nullsoft sigue siendo el campeón, en parte porque es muy ligero y pequeño. Aunque, si me preguntan, es demasiado pequeño; su ventana predeterminada es tan pequeña que hace que me duelan mis viejos ojos. Quizás deberían llamarlo "Bizcamp".

La solución: Hacer clic en el menú de control de Winamp (el pequeño signo + de la esquina superior izquierda), seleccionamos Scaling y seleccionamos un tamaño por encima de 100 por cien. Si apreciamos nuestra vista, probemos con 200 por cien.

El icono de volumen perdido

El problema: No sé que he hecho, pero el icono de volumen de mi barra de tareas ha desaparecido. ¿Cómo puedo hacer que vuelva?

La solución: En XP, abrimos el panel de control Dispositivos de sonido y audio. En la pestaña Volumen, marcamos la casilla Colocar un icono de volumen en la barra de tareas, hacemos clic en **Aplicar** y hacemos clic en **Aceptar**. Para versiones anteriores de Windows, abrimos el panel de control Sonidos y multimedia (Me y 2000) o Multimedia (98). En la pestaña Sonidos (Me y 2000) o en la pestaña Audio (98), marcamos la casilla Mostrar el control de volumen en la barra de tareas y hacemos clic en **Aceptar**. El icono del altavoz volverá a aparecer en la barra de tareas.

Configuración del control de volumen obstinado

¿Ya está marcada la casilla Mostrar el control de volumen en la barra de tareas? Quitamos la marca de la casilla, hacemos clic en **Aplicar**, volvemos a marcar la casilla y hacemos clic en **Aceptar**.

Demasiado/no suficiente volumen

El problema: El volumen de los altavoces de mi PC sube y baja continuamente, dependiendo de lo que esté sonando. Cuando el volumen es el adecuado para la música, los avisos de sistema de Windows me hacen saltar de la silla. Paso

demasiado tiempo modificando el volumen del altavoz. Hace que quiera volver a mi vieja gramola.

La solución: ¿Ha considerado la posibilidad de usar auriculares? En serio, es difícil que todos los sonidos que salen del PC tengan el volumen adecuado. Un par de consejos:

1. Abrir la herramienta Control de reproducción de Windows. Haremos que aparezca haciendo clic en el icono del altavoz, en la barra de tareas. Si no aparece el icono del altavoz, encontraremos ayuda para mostrarlo en "El icono de volumen perdido".

2. En la herramienta Control de volumen, observaremos que hay controles deslizantes para diferentes tipos de sonido: archivos WAV, reproductor de CD, Línea de entrada (como un micrófono), etc. Movemos el control de volumen maestro (el controlador que está más a la izquierda) unas muescas por debajo del nivel superior. Después ajustamos el control de volumen de Onda y CD de audio al 50 por cien. No debemos preocuparnos por los otros controles deslizantes; para la mayoría de los usuarios, éstos son los únicos controladores de los que nos tenemos que preocupar. El control de volumen es el volumen maestro y reemplaza a todos los controles. Onda controla prácticamente el sonido de todo el equipo, incluyendo la música que reproducimos desde el disco duro, la música que escuchamos de Internet y los molestos sonidos de error de Windows. CD Audio controla los sonidos, generalmente música, de los reproductores de CD y DVD.

3. A continuación, querremos ir a cada aplicación que normalmente usemos para reproducir sonidos (Windows Media Player para archivos WAV, Musicmatch para CD, etc.) y ajustamos el volumen de cada aplicación. Observe que el control de volumen de algunos reproductores (por ejemplo, Media Jukebox) está vinculado al control de volumen de Windows, por lo que este truco no funcionará tan bien como nos gustaría.

¿No le interesa tanta modificación? Pruebe estas alternativas:

❑ Si estamos preparados para llevar el control de volumen al siguiente nivel (y estamos dispuestos a gastar 15 $) podemos probar ToggleVOLUME. Esta ingeniosa utilidad es una estupenda alternativa a cualquier cosa que Windows nos ofrezca para controlar el volumen del PC. Podemos reajustar el volumen de forma dinámica pulsando la tecla **Control** mientras movemos la rueda del ratón (véase la figura 6.3). Con él, también he configurado la tecla **F11** para silenciar el sonido y he reprogramado el teclado numérico para varios volúmenes preestablecidos. Podemos conseguir una versión de prueba de ToggleVOLUME en `http://snipurl.com/togglevolume`.

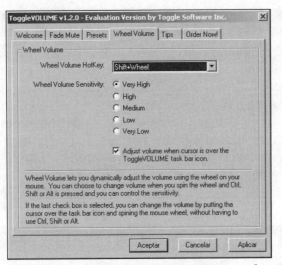

Figura 6.3. Depurar la forma en que ToggleVOLUME usa el ratón para controlar el volumen es muy rápido.

❑ ¿Queremos algo similar a ToggleVolume que no nos cueste dinero? Echemos un vistazo a Volumouse de Nir Soler (véase la figura 6.4). Es una potente herramienta que nos permite crear reglas sobre cómo la rueda del ratón cambia el volumen del sonido de componentes específicos, como el micrófono, los auriculares o la línea de entrada. Está disponible en `http:// snipurl.com/ volumouse`.

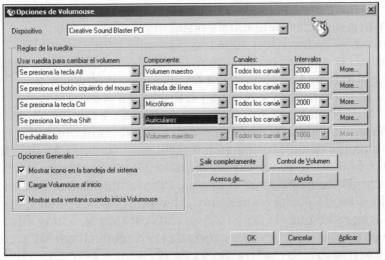

Figura 6.4. Volumouse lleva el control del volumen a otro nivel, dándonos la capacidad de ajustar el volumen del micrófono, auriculares y otros componentes de audio con un sólo giro de la rueda del ratón.

Nota

Si controlar el sonido del PC mediante software nos parece complicado, podemos conseguir un nuevo teclado con controles de volumen integrados. Por ejemplo, Media Keyboard de Logitech, por 29,95 $ (`http://snipurl.com/MediaKeyboard`) inicia reproductores de audio y vídeo pulsando un botón, nos permite controlar el volumen con un movimiento y mucho más. Si preferimos algo de Microsoft, quizás nos interese su Digital Media Keyboard Pro, por 26 $ (`http://snipurl.com/MS_keyboards`).

Control de volumen en el escritorio

¿Quiere colocar el icono de volumen en el escritorio de Windows? No podemos arrastrarlo desde la barra de tareas. En su lugar, abrimos el explorador de Windows, buscamos el archivo `sndvol32.exe` (probablemente se encuentre en la carpeta `\Windows\system32`) y lo arrastramos al escritorio.

Reparar automáticamente las etiquetas MP3

El problema: He descargado varios cientos de archivos MP3 en los últimos días, pero sus etiquetas MP3 están mezcladas. La mayoría no tienen número de pista, ni el artista o categoría correctos. Podría pasar semanas poniendo etiquetas correctas. ¿Hay alguna forma automatizada de hacerlo?

La solución: Las etiquetas a las que hace referencia se llaman etiquetas ID3 y contienen información sobre las canciones MP3 (título, artista, álbum, género, etc.). Es la información que vemos cuando reproducimos canciones o reunimos bibliotecas en reproductores como Musicmatch Jukebox o Windows Media Player. Cuando extraemos la música de un CD en formato MP3, el software de extracción también crea automáticamente estas etiquetas. Pero la música que descargamos de Internet ha sido extraída por personas muy diferentes, usando muchos programas diferentes. Eso significa que el etiquetado de cada canción será muy diferente, o incorrecto, o incluso puede que falte. La mayoría de los reproductores MP3, editores de sonido y programas de extracción/grabación de discos nos permiten cambiar manualmente estas etiquetas. Por ejemplo, en Windows Media Player, hacemos clic con el botón derecho del ratón en un archivo, seleccionamos Editor de etiquetas avanzado y podremos editar las etiquetas del archivo (véase la figura 6.5). Pero hacerlo a mano, para cientos de archivos, es una locura.

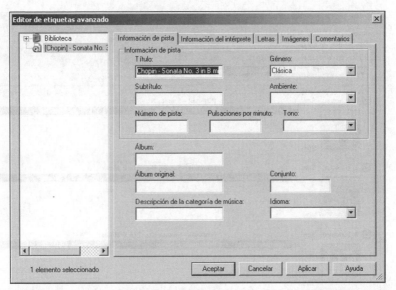

Figura 6.5. Editar la etiqueta de información en Windows Media Player puede ser un proceso laborioso.

Nota

¿Qué ocurre si no tenemos (o no queremos usar) Musicmatch Jukebox? La solución: el gratuito MP3 Book Helper, disponible en `http://snipurl.com/B_Helper`. Igual que con la función Super Tagging de Musicmatch Jukebox, esta utilidad revisa una base de datos para encontrar las etiquetas ID3 adecuadas para nuestros archivos y nos permite aplicarlas a series de archivos.

Para automatizar el proceso, podemos usar Musicmatch Jukebox, en la Web `http://snipurl.com/MMatch`. La función Super Tagging de Musicmatch Jukebox puede rotular series de archivos de una vez. No sólo eso, sino que también revisará una base de datos de música en Internet, confirmará cuáles deberían ser las etiquetas y aplica las etiquetas correctas al archivo automáticamente. Para usar esta función, iniciamos Musicmatch y seleccionamos los archivos que queremos etiquetar (véase la figura 6.6). Después hacemos clic con el botón derecho del ratón en ellos y seleccionamos Super Tagging>Buscar etiquetas. Musicmatch comprobará su base de datos en Internet y mostrará las etiquetas correctas para las pistas. Marcamos las pistas en las que queremos usar las etiquetas, hacemos clic en el botón **Aceptar etiquetas seleccionadas** y hemos terminado.

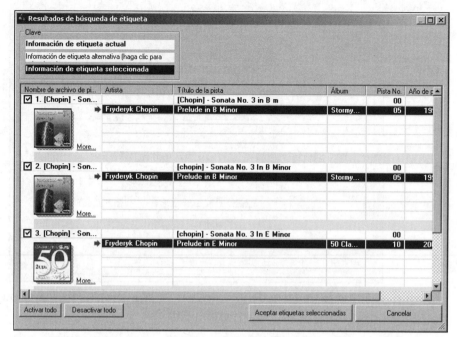

Nombre de archivo de pi...	Artista	Título de la pista	Álbum	Pista No.	Año de p
☑ 1. [Chopin] - Son...		[Chopin] - Sonata No. 3 in B m		00	
	Fryderyk Chopin	Prelude in B Minor	Stormy...	05	19
More...					
☑ 2. [Chopin] - Son...		[chopin] - Sonata No. 3 In B Minor		00	
	Fryderyk Chopin	Prelude in B Minor	Stormy...	05	19
More...					
☑ 3. [Chopin] - Son...		[chopin] - Sonata No. 3 In E Minor		00	
	Fryderyk Chopin	Prelude in E Minor	50 Cla...	10	20
More...					

Figura 6.6. Super Tagging no sólo automatiza el proceso de etiquetar los archivos de música sino que también se asegura de que las etiquetas sean precisas.

Enviar MP3 al equipo de música de forma inalámbrica

El problema: Cada vez que hago un viaje largo en coche, intento conectar mi reproductor Creative MP3 al reproductor de cassette del coche mediante un adaptador. Demasiado frecuentemente el aparato se atasca en el conducto de la cinta. Es tan frustrante que he dejado de llevarme el reproductor de MP3 en los viajes.

La solución: Yo solía tener el mismo problema. Después comencé a usar AudioBUG de Aerielle, a la venta por 40 $. Este pequeño dispositivo (parece un pequeño ratón) transmite datos desde el reproductor de MP3 (o cualquier dispositivo con un conector estándar de 3,5 mm.) directamente a la radio FM. Transmite en una de cuatro frecuencias FM: 88.1, 88.3, 88.5 y 88.7 MHz. Podemos usar AudioBUG con cualquier radio FM, incluyendo el equipo estéreo doméstico. Encontraremos más información en http://snipurl.com/audiobug.

Grabar sonido de cualquier fuente

El problema: Escucho todo tipo de audio por Internet (música y programas de radio) mediante RealPlayer y Windows Media Player. Pero no sé como guardar este audio en el disco.

Enviar el sonido de Internet al reproductor de MP3

Si no queremos complicarnos grabando audio con Total Recorder, hay otra opción. Por una cuota, una compañía llamada Audible nos permite escuchar versiones digitales de libros, programas de radio y periódicos (mi esposa carga su reproductor Audible-ready con los programas de radio "Fresh Air" y "This American Life" antes de ir al trabajo por la mañana).

Podemos descargar contenido y escucharlo en nuestro PC o portátil, pero la mayoría prefieren escucharlo con un reproductor, en el coche o en el gimnasio. Podemos usar cualquiera de los reproductores MP3 de Audible-ready, incluyendo Pocket PC, iPod, PDA Palm, reproductores Rio y los que vende Audible (visite `http://snipurl.com/audible`).

La solución: No se lo va a creer, pero no quieren que guardemos estos archivos. Pero a pesar de lo que quieran, no voy a hablarle de Total Recorder, un programa baratísimo que nos permite capturar cualquier cosa que podamos escuchar por los altavoces del PC y guardarlo como WAV, MP3 u otra media docena de formatos de audio. El programa no es complicado de usar, aunque necesitaremos modificar temporalmente la configuración de sonido del equipo (el programa nos guiará a lo largo del proceso). Con Total Recorder, puedo capturar entrevistas de radio (Fresh Air, de la National Public Radio, por ejemplo) para volver a escucharlas en mi reproductor MP3 (véase la figura 6.7). La versión estándar de 12 $ es ideal para la mayoría de las cosas que querremos grabar de Internet. Si queremos programarlo todo (desde abrir la página Web de la NPR al iniciarse y comenzar a grabar automáticamente) necesitaremos la versión Pro, por 36 $. Podemos probar el programa descargándolo de `http://www.anayamultimedia.com`.

Otra herramienta que conviene tener en cuenta es Super Mp3 Recorder de Admiresoft (`http://snipurl.com/spr_mp3`), que captura audio de Internet y lo guarda en formato MP3 y WAV. Es shareware y podemos probarlo gratis, pero si nos gusta, al final tendremos que pagar los 19,94 $ de la versión Standar o los 29,95 $ de la versión Professional, que nos permite editar sonido puede comenzar a grabar a horas preestablecidas. RipCast Streaming Audio Ripper (`http://snipurl.com/ripcast`) es un programa similar, pero está diseñado para funcionar con servidores SHOUTcast que entregan archivos MP3 en caudal, por lo que no funcionará con todos los formatos de audio en caudal. Es shareware y podemos probarlo gratis, pero si seguimos usándolo, se considera que debemos pagar 17,95 $.

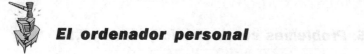
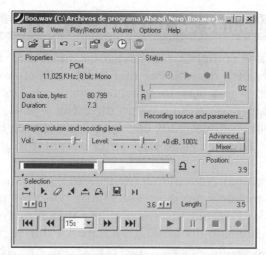

Figura 6.7. Truquemos esa entrada de audio. Con Total Recorder, por 12 $, podemos guardar cualquier cosa que escuchemos por los altavoces del PC.

Capturar y reproducir vídeo en caudal de Internet

El problema: Total Recorder parece estupendo. ¿Pero qué hay de guardar vídeo de Internet y animaciones Shockwave para poder reproducirlas después, cuando no esté conectado? Windows Media Player no tiene esta opción, ni RealOne.

La solución: La mayoría de los archivos de vídeo y Shockwave (es decir, Flash) se guardan (aunque temporalmente) automáticamente en el disco duro mientras los reproducimos con el reproductor multimedia. Esto significa que podemos buscarlos, cambiar su nombre y guardar los archivos para reproducirlos posteriormente. Aquí indicamos cómo:

1. En primer lugar, determinamos la extensión del archivo de vídeo. Mientras se reproduce el vídeo o Flash, el nombre del archivo suele aparecer en la barra de título del reproductor. O podemos buscar en el disco duro todos los archivos con esa extensión de vídeo. Aquí explicamos cómo:

   a. Para abrir la barra de búsqueda de Windows, seleccionamos Inicio>Buscar>Archivos o carpetas.

   b. En el campo de búsqueda, introducimos las siguientes cadenas con extensiones de nombre de archivo de vídeo:

   `*.avi, *.mpg, *.mpeg, *.asf, *.mov, *.rm, *.wmv`

   Añadimos `*.swf` si también queremos buscar animaciones Shockwave/Flash.

c. El truco es encontrar el vídeo y los archivos de animación Shockwave justo después de reproducirlos (en otras palabras, no hay que cerrar el reproductor). De modo que tenemos que buscar por fecha, buscando sólo archivos actuales.

Nota

Cuando se graba un vídeo y se guarda en el disco, el metraje original crea un archivo enorme. Para poder gestionar el vídeo (que se pueda descargar en una cantidad de tiempo aceptable o se pueda almacenar en un espacio mínimo) debemos reducir su tamaño o comprimirlo. En el otro extremo, antes de ver el vídeo en el PC, hay que descomprimirlo. Los vídeos se comprimen con un programa llamado códec (que significa compresor/descompresor). Dos codecs populares Two popular codecs son MPEG y QuickTime (ver el cuadro adjunto "Descifrar el error 'No se encontró el códec'")

Encontrar los archivos de Internet ocultos en el PC

A veces, cuando bajamos archivos de música o vídeo en caudal a nuestro PC, Windows guarda automáticamente estos archivos en la caché de Internet, que suele encontrarse en `C:\Documents and Settings\<nombre>\Local Settings\Temporary Internet Files`, donde `<nombre>` es el nombre de nuestra cuenta en XP. Abrimos el explorador de Windows, examinamos la carpeta y buscamos archivos en MP3, MPG, MOV, AVI, SWF y otros formatos multimedia. Hay que tener en cuenta que esto se rige por ensayo y error. Por lo general no encontraremos archivos RealPlayer, pero casi siempre encontraremos archivos de película Flash (SWF) y, a menudo, MP3 y MPG. Sin embargo, antes de empezar a rebuscar, conviene guardar nuestro trabajo (mover los archivos de esta caché puede hacer que el explorador se cuelgue).

---

2. Cuando encontramos el archivo (probablemente esté en la memoria caché del navegador, generalmente en `\Documents and Settings\<nombre>\Local Settings\Temporary Internet Files`), lo guardamos con un nuevo nombre en una nueva ubicación. Tras guardarlo, abrimos el archivo haciendo doble clic en él.

Descifrar el error 'No se encontró el códec'

¿Hemos intentado reproducir un vídeo, sólo para que se nos informe bruscamente de que no tenemos el códec adecuado? El primer paso es usar GSpot, una herramienta gratuita que analiza el vídeo y determina qué códec necesita. GSpot está disponible en `http://www.anayamultimedia.com`. Tras saber qué códec necesitamos, nos dirigimos a una de estas páginas Web, todas con una magnífica colección de codecs:

❑ **MovieCodec.com:** `http://www.moviecodec.com` (la mejor de todas).

❑ **La lista de definiciones FOURCC:** `http://snipurl.com/codecs`.

❑ **Codec Corner:** `http://snipurl.com/codec_corner`.

Dividirlos y unirlos

El problema: Las personas que cuelgan vídeos en Internet suelen dividirlos en varios archivos individuales. Eso hace que sea más fácil colgarlos y descargarlos, pero también significa ver cada archivo por separado. ¿Hay alguna forma sencilla de unirlos?

La solución: No temáis, autores, hay una forma de ver el vídeo todo de una vez. AVI/MPEG/RM/WMV Joiner, de Boilsoft, por 20 $, y AVI/MPEG/ASF/WMV Splitter, por 25 $ pueden unir los segmentos para crear un único archivo unificado. Ambas utilidades necesitan pocos conocimientos para manejarlos (incluso un novato del vídeo puede hacer que funcione bien la primera vez). Simplemente añadimos los archivos que queremos unir y hacemos clic en un botón. Y al revés, para dividir un archivo grande, basta con encontrarlo, escoger un tamaño de archivo (o escoger porciones determinadas del vídeo) y hacer clic en un botón. Simple, ¿verdad? Podemos descargar versiones de prueba de los programas en `http://snipurl.com/boilsoft`.

Guárdelo ahora, reprodúzcalo más tarde

Si uno de los vídeos que queremos descargar comienza a reproducirse instantáneamente (porque hemos hecho doble clic en él), deténgalo inmediatamente. En Internet Explorer y Netscape, hacemos clic con el botón derecho del ratón en el vínculo y seleccionamos Guardar como para guardar el vídeo en el disco.

DivX marca una gran diferencia

DivX es un códec relativamente nuevo (basado en MPEG-4) que puede comprimir enormes archivos de vídeo, haciendo que se puedan descargar más rápidamente. Podemos conseguir una versión gratuita de DivX en `http://www.anayamultimedia.com`. Durante la instalación, en el cuadro de diálogo Select Components, quitamos la marca de DivX Player si ya tenemos un reproductor de vídeo en el PC.

Conversiones de vídeo inteligentes

¿Queremos ver archivos RealMedia y AVI en el reproductor de DVD? Con el conversor adecuado de Boilsoft podemos hacer eso y muchas más cosas. Encontraremos RM Converter y AVI to VCD/SVCD/DVD Converter, de Boilsoft, en `http://snipurl.com/boil_soft`.

Capturar y reproducir vídeo en caudal de Internet II

El problema: He buscado en la carpeta `\Temporary Internet Files` como sugirió, pero no puedo encontrar algunos de los vídeos que veo en Internet. Tiene que haber una forma de capturar vídeo en caudal de Internet, ¿verdad?

La solución: Consiga Easy Video Capture, de VideoCap, en `http://snipurl.com/vidcap` (hay una versión de prueba gratuita; el paquete completo cuesta 29,95 $). No sólo graba vídeo en caudal sino que también captura cualquier cosa que aparezca en pantalla (una forma estupenda de crear vídeos de formación). El programa guarda vídeo en formato AVI, por lo que si queremos capturar vídeo en otro formato, necesitaremos una copia de AVI MPEG Video Converter, en `http://snipurl.com/vidconv`.

Problemas con iTunes

La quiebra de iTunes

El problema: He instalado iTunes (`http://snipurl. com/tunes`) y configurado una cuenta con mi tarjeta de crédito, de forma que mi hija (que está loca por la música) pueda descargar música legalmente. Aunque no está quebran-

tando las leyes de propiedad intelectual, desde luego está quebrantando mi cuenta bancaria. ¿Hay alguna forma de que pueda controlar la cantidad de música que compra, sin que tenga que pedirme permiso cada vez que quiera descargar una canción?

La solución: La mejor solución es configurar una paga mensual de música. A continuación indicamos cómo hacerlo:

1. En iTunes, hacemos clic en Music Store y, en la parte superior derecha de la pantalla, hacemos clic en nuestra cuenta.

2. Iniciamos una sesión con nuestra cuenta, si no lo hemos hecho todavía.

3. En la pantalla que aparecerá, hacemos clic en Setup Allowance; en la siguiente pantalla, seleccionamos la cantidad de la paga y rellenamos el nombre de cuenta de Apple de la persona para la que estamos creando la paga (véase la figura 6.8). Si no existe ninguna, seleccionamos Create an Apple Account for Recipient y creamos una nueva cuenta.

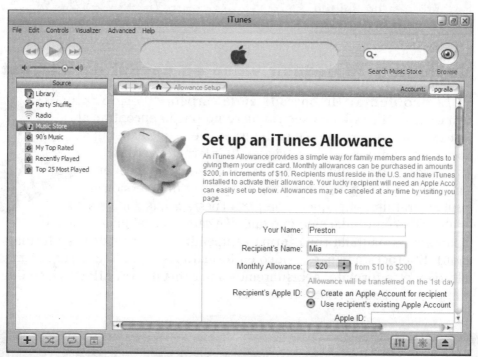

Figura 6.8. Asegúrese de que sus hijos no rompen la hucha del banco creando una paga mensual en iTunes.

4. A partir de ahora, cuando su hija use su cuenta, podrá gastarse, como máximo, la cantidad que hemos establecido para ella. También verá cuánto dinero le queda en la cuenta. Si no se gasta todo el dinero en un mes dado (¡no hay muchas posibilidades!), el resto se añadirá a la paga del próximo mes.

Mover la colección de iTunes a un nuevo PC

El problema: Tengo varios gigabytes de archivos de música en iTunes y acabo de comprar un nuevo PC. Aunque me fuera en ello la vida, no consigo descubrir cómo pasarlos desde mi viejo PC al nuevo.

La solución: No nos pongamos nerviosos; es fácil:

1. Copiamos los archivos a varios CD o a un solo DVD. Debemos asegurarnos de copiarlos y no grabarlos como pistas de audio CD. Encontraremos los archivos de iTunes en la carpeta Mi música.

2. Iniciamos iTunes en el nuevo PC. Seleccionamos Edit>Preferences, hacemos clic en la pestaña Advanced y marcamos la casilla Copy files to iTunes Music folder when adding to library si no está ya marcada (véase la figura 6.9).

3. Ponemos el CD o DVD en la unidad de CD del nuevo PC. Arrastramos las carpetas de canciones desde el CD o DVD al icono de la biblioteca en la ventana iTunes. Las carpetas y todas las canciones se copiarán en iTunes (en iTunes, también podemos seleccionar File>Add to Library para copiarlos).

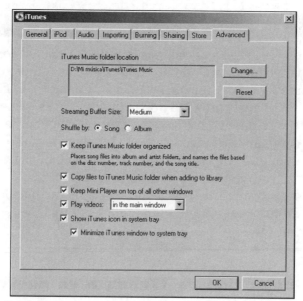

Figura 6.9. Cuando importamos música desde otro PC a iTunes, debemos asegurarnos de que la casilla Copy files to iTunes Music folder está marcada.

¡Hacer copia de seguridad de iTunes!

El problema: Mi sistema se estropeó y se llevó toda la música que había comprado en la tienda de iTunes. ¿Me devolverá Apple mis canciones?

Nota

A menudo me acusan de ofrece vínculos que son demasiado cerebrales [Nota del editor: ¡Ja!]. Eso, por supuesto, no es verdad. Witness Squares2 es un juego Flash que se maneja haciendo clic con el ratón (`http://snipurl.com/blacksheep`). El truco es pasar el cursor sólo sobre los cuadrados negros, nunca sobre los rojos (advertencia: baje el volumen del ordenador).

La solución: Por desgracia, las noticias no son buenas. Según un experto de iTunes, la política de Apple es que los usuarios siempre deben hacer copias de seguridad de sus compras. Una vez perdidas, están perdidas. No es muy diferente a comprar un CD en la tienda local y pedir que nos lo devuelvan si nos lo roban.

Podemos hacer copias de seguridad de iTunes en el disco duro, CD, DVD o cualquier otro medio. Encontraremos más información en `http://snipurl.com/iTunes_backup`.

Detener los ruidos y chasquidos de iTunes

El problema: Acabo de importar más de una docena de archivos de música a iTunes desde un CD de audio y ahora, todas las pistas tienen ruidos y chasquidos. ¿Es la forma que tiene iTunes de obligarme a comprar música en Internet?

La solución: No. iTunes sólo hace un mal trabajo a la hora de copiar música de CD de audio. Elimine todos los archivos de música que haya importado, porque no podrá repararlos. Seleccione iTunes>Preferences>Importing y marque la casilla Use error correction when reading Audio CDs. El problema debería desaparecer, aunque descubriremos que ahora tardamos más en importar la música de un CD.

No puedo compartir música entre ordenadores con iTunes

El problema: Tengo dos ordenadores, ambos con iTunes instalado. Pero cada vez que intento compartir música entre ellos, obtengo el mensaje de error "The shared music library is not compatible with this version of iTunes". ¿Qué pasa?

La solución: Los ordenadores tienen versiones diferentes de iTunes. Actualícelos con la última versión y estará todo arreglado.

Truco

Sólo podemos compartir música con otro PC si está en nuestra red y si iTunes se está ejecutando en ambos ordenadores.

Títulos de canción desordenados en iTunes

El problema: Uso varios programas diferentes para extraer música. Cuando importo música a iTunes, todos los títulos aparecen desordenados. Ahora mi colección de música parece que está en swahili, pero mi música no es swahili.

La solución: El problema es que los programas de extracción almacenan etiquetas ID3 de forma diferente a iTunes. Para solucionar el problema, abrimos la biblioteca de música de iTunes y seleccionamos todas las canciones con los títulos desordenados. Después seleccionamos Advanced>Convert ID3 Tags. En el cuadro de diálogo que aparecerá, marcamos la casilla Reverse Unicode y hacemos clic en **OK** (véase la figura 6.10). Los títulos de canción deberían aparecer correctamente.

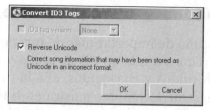

Figura 6.10. ¿No queremos que los títulos de canción parezcan estar escritos en swahili? Usemos este cuadro de diálogo para repararlos.

Problemas con Windows Media Player

Windows Media Player no copia música al reproductor de MP3

El problema: He extraído la música de un CD usando Windows Media Player y ahora no puedo copiarlo en mi reproductor MP3 portátil. ¿Qué ocurre?

La solución: Por defecto, Windows Media Player usa un método draconiano para acabar con las violaciones de los derechos de autor. Protege automáticamente los archivos y sólo nos permite copiarlos a otros dispositivos o a un CD si pagamos por ellos, incluso si hemos extraído la música de nuestros propios CD. Hay una sencilla solución: desactivar la protección de la copia. Seleccionamos Herramientas>Opciones, hacemos clic en la pestaña Copiar música desde CD y quitamos la marca de la casilla Proteger música.

> **Truco**
>
> Si tenemos una versión antigua de Windows Media Player, en lugar de seleccionar Herramientas>Opciones, hacemos clic en la pestaña Reproductor y quitamos la marca de Adquirir licencias automáticamente.

Las barras de herramientas que desaparecen de Windows Media Player

El problema: Casi me da vergüenza preguntar, pero ¿dónde demonios está la barra de menú de Windows Media Player?

La solución: En la que parece ser una de las peores elecciones de diseño de todos los tiempos (sólo tras Microsoft Bob, claro), la barra de menú de Windows Media Player suele estar oculta a la vista. Para hacer que aparezca, movemos el puntero del ratón a la parte superior de la ventana del reproductor y *voila*; aparecerá. Movemos el ratón de esa posición y desaparecerá. Si creemos que este comportamiento es desconcertante, podemos hacer que la barra de menú aparezca siempre. Hacemos clic en el pequeño botón con dos flechas que se encuentra en la esquina superior izquierda de la ventana del reproductor y la barra de menú aparecerá y se quedará ahí. Podemos volver a hacer clic en el botón para ocultarla.

¿Por qué no se reproduce mi vídeo?

El problema: Me molesta tanto que alguien me envíe un vídeo divertido y no pueda verlo. ¿Por qué Windows Media Player no sabe qué hacer con estos vídeos?

La solución: Tener el formato de archivo adecuado ejecutándose en el reproductor multimedia adecuado a la velocidad correcta, es una maravilla tecnológica. Pero demasiadas veces el reproductor de vídeo dice "¡Eh, esa es una película de Apple, amigo! Desaparece de mi vista", o palabras parecidas.

Hay dos soluciones. La primera es sencilla: olvidarlo. Probablemente el vídeo sea aburrido o algo que no nos gustaría que viera nuestra pareja. Pero si tiene que ver el vídeo, respire hondo:

1. Abrimos Windows Media Player. Buscamos Herramientas>Opciones, hacemos clic en la pestaña Reproductor y nos aseguramos de que la casilla Descargar los códecs automáticamente tenga una marca. Después probamos a reproducir el vídeo de nuevo. Hay muchos formatos de vídeo digital diferentes y se necesita un códec de reproducción diferente para cada uno. Probablemente nos falta el que necesitamos.

2. ¿Seguimos sin poder verlo? La siguiente mejor opción es asegurarnos de disponer de la última versión de Windows Media Player (Version 10). Podemos descargarla de `http://snipurl.com/mswmp`.

3. También podemos probar un reproductor multimedia alternativo, como RealOne Player de Real, que podemos descargar de `http://snipurl.com/free_real`.

4. Si estamos usando Windows 98, Me o 2000, y Windows Media Player 7.1 no puede hacerse cargo del vídeo misterioso, podemos probar el método de la fuerza bruta. Los controladores de bajo nivel que se encuentran bajo Windows Media Player Version 8 son parte de un subsistema llamado DirectX, que quizás pueda reconocer nuestro vídeo. Podemos instalar DirectX 8.1b en Windows 98, Me o 2000; si seguimos con Windows 95, necesitaremos DirectX 8.0 Runtime. Encontraremos ambos en `http://snipurl.com/directx`.

Dejar que ZoneAlarm haga su trabajo

Cada vez que Windows Media Player intenta acceder a Internet, ZoneAlarm nos avisa de ello con un molesto cuadro. Podemos estar tentados de indicar a ZoneAlarm que deje tranquilo a WMP marcando la casilla Remember this answer next time I use this program en el aviso de ZoneAlarm. Pero no lo recomiendo.

ZoneAlarm está haciendo el trabajo que le hemos pedido que haga: buscar cualquier comunicación sospechosa entrante o saliente. Windows Media Player es un programa especialmente entrometido; quiere proporcionar portadas de discos para los MP3 que están sonando (bueno), pero también usa números identificativos para intercambiar información sobre nosotros con otras páginas Web (no tan bueno). De modo que va a ser muy pesado, pero si queremos mantener la privacidad, recomiendo permitir a Windows Media Player acceder a Internet sólo en algunos casos. Si WMP va a conseguir un vídeo que hemos solicitado, perfecto, dejémosle trabajar. Pero si sólo aparece por su cuenta, recomiendo hacer que ZoneAlarm lo bloquee.

Si no tenemos ZoneAlarm, podemos descargar la versión gratuita de Zone Labs desde `http://www.anayamultimedia.com`.

Reproducir vídeos sin el navegador Web

El problema: Cuando estoy reproduciendo un archivo de vídeo, como una película corta o un vídeo de música, es muy común, con Window Media Player, que el navegador aparezca y me lleve a un sitio que no quería visitar. ¿Cómo puedo eliminar esta "función"?

La solución: Es víctima de la temida secuencia de comandos HTML que suele estar insertada en archivos de Windows Media. Hay una compleja modificación del registro para desactivar esta secuencia de comandos y está explicada en un artículo de la Microsoft Knowledge Base. Pero la solución es más abrumadora que la molestia (puede verlo por usted mismo: `http://snipurl.com/wmp_scriptfix`). Una forma más rápida y sencilla es usar WMPopKill de Brett Bartholomew, una pequeña utilidad que funciona como un interruptor con Media Player. Para usar la herramienta, necesitaremos parchear Media Player; WMPopKill automáticamente intentará conseguir el parche. Podemos obtener WMPopKill en `http://www.anayamultimedia.com`.

El cortafuegos que gritó "Que viene el lobo"

Podemos hacer que ZoneAlarm, de Zone Labs, deje de acosarnos con molestos (e irrelevantes) avisos bajando el umbral de aviso del cortafuegos. Todavía nos avisará cada vez que un programa intente acceder a Internet sin nuestro permiso.

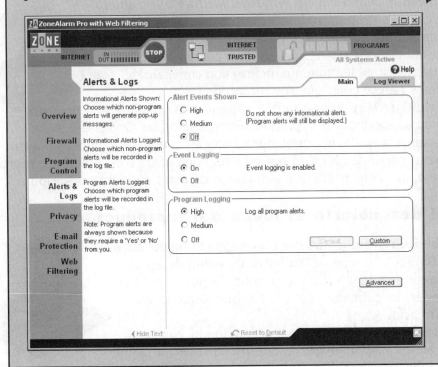

Añadir extracción a Windows Media Player

El problema: MP3 es el formato de música digital más popular del planeta, pero Windows Media Player 9 no puede extraer canciones en formato MP3.

La solución: Evidentemente, podríamos cambiarnos a otro reproductor multimedia como... oh, casi cualquier otro. Pero si somos aficionados a Windows Media Player y podemos gastarnos diez dólares, podemos añadir extracción en MP3 al reproductor de Microsoft. Seleccionamos Herramientas>Complementos>Descargar complementos. En la ventana del navegador que aparecerá, hacemos clic en MP3 Creation Plug-ins. Ahí podremos comprar y descargar MP3 PowerEncoder de Cyberlink (desde http://snipurl.com/powerencoder),

MP3 XPack de InterVideo (desde `http://snipurl.com/xpack`) o CinePlayer MP3 Creation Pack de Sonic Solutions (desde `http://snipurl.com/cineplayer`). Cada uno de estos complementos cuesta 10 $ y proporciona a WMP la capacidad de extraer archivos en MP3.

Iniciar le reproductor desde donde lo dejamos

El problema: Cuando inicio Windows Media Player, quiero que aparezcan mis propios archivos multimedia. Pero el programa carga automáticamente la guía multimedia (también conocida como `WindowsMedia.com`), una página Web de Microsoft que se carga lentamente incluso con conexión de banda ancha y parece creer que soy un fan de Cher.

La solución: Hay una sencilla solución. Acudimos a Herramientas>Opciones. En la pestaña Reproductor, en Opciones, deseleccionamos la casilla Iniciar el reproductor en la guía multimedia y hacemos clic en **Aceptar**. A partir de ahora, el reproductor comenzará con el modo de reproducción en curso, que comenzará desde donde lo dejamos en la última sesión.

Dejar al descubierto el menú del reproductor

El problema: Windows Media Player generalmente hace lo que necesito. Pero de repente, su barra de menú desaparece, excepto cuando mantengo el puntero sobre la posición en la que solía estar. Es suficiente para hacer que saque la gramola del armario.

La solución: ¿Ve ese pequeño botón redondo, con las flechas hacia arriba y hacia abajo, en la esquina superior izquierda del reproductor? Probablemente haya hecho clic en él sin darse cuenta; vuelva a hacer clic en él y la barra de menú reaparecerá. También podemos mantener el puntero allí para hacer que aparezca la barra de menú y hacer clic en Ver>Opciones de la barra de menús>Mostrar la barra de menús. Si prefiere usar el teclado, use **Control-M** y **Control-Mayús-M** para mostrar y ocultar la barra de menús.

Un aspecto antiguo para un nuevo reproductor

El problema: Estoy usando una nueva versión de Windows Media Player pero no necesito realmente sus oropeles, como la capacidad de modificar su apariencia con diferentes motivos visuales. En realidad, si lo pienso bien, suelo preferir lo práctico y funcional.

La solución: Curiosamente, podemos usar la función de personalización del aspecto para Windows Media Player para hacer que el programa imite la apariencia que tenía anteriormente. En modo completo, hacemos clic en Selector de máscara de la barra de tareas en la barra de tareas que aparecerá a la izquierda en Media Player (si la barra de tareas está oculta, seleccionamos Ver>Opciones de la barra de menús>Mostrar la barra de menús). En la lista de máscaras del panel izquierdo, seleccionamos Classic y hacemos clic en el botón **Aplicar máscara**. Listo, WMP vuelve a parecerse al antiguo.

Problemas con QuickTime

Eliminar el icono de QuickTime

El problema: Cada vez que inicio mi PC, aparece un pequeño icono de QuickTime en la barra de tareas. No importa lo que haga, ¡no puedo librarme de esa cosa!

La solución: Hacemos clic con el botón derecho del ratón en el icono y seleccionamos QuickTime Preferences>Browser Plug-In. Quitamos la marca de la casilla QuickTime system tray icon y cerramos el cuadro de diálogo. El icono no volverá a aparecer.

Las supercookies de Windows Media Player suponen una amenaza para la privacidad

Me enfadé mucho cuando descubrí que Windows Media Player usa un identificador único para intercambiar información sobre mí con otras páginas Web. La información probablemente sea benigna, como mi edad, salario, plan de pensiones e inclinaciones sexuales (es broma, espero), pero preferiría que el programa no compartiera eso con nadie.

Mientras estamos en la pestaña adecuada, quitamos la marca de la casilla "Deseo ayudar a Microsoft.", en la zona de Programa de mejora de la experiencia de clientes. Si no lo hacemos, se enviará información a Microsoft sobre el uso que hacemos de Windows Media Player. Microsoft naturalmente alega que la información sólo se usa en conjunto, pero si es un obseso de la privacidad, quite la marca de la casilla.

Hay una forma sencilla y rápida de desactivar el seguimiento mediante superCookies. Abrimos Windows Media Player; a continuación, dependiendo de nuestra versión del reproductor, seleccionamos Herramientas>Opciones o Ver>Opciones, seleccionamos la pestaña Privacidad o la pestaña Reproductor, quitamos la marca de la casilla Permitir que los sitios asignen un nombre exclu-sivo al reproductor o de Enviar Id. único del Reproductor a proveedores de con-tenido y hacemos clic en **Aceptar** (véase la figura). Si tenemos curiosidad y queremos aprender más sobre las SuperCookies, examine la página Web sobre privacidad de Richard M. Smith en `http://snipurl.com/supercookie_details`. Sin embargo, es más divertido ver una SuperCookie en acción, en `http://snipurl.com/supercookie_demo`.

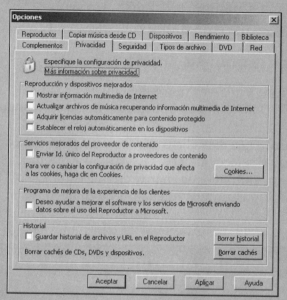

Detenga inmediatamente a las SuperCookies quitando la marca de Enviar Id. único del Reproductor a proveedores de contenido.

Sin embargo, aunque el icono no aparezca, QuickTime seguirá cargando un pe-queño programa llamado `qttask.exe` cada vez que reiniciemos. Para librarnos de esta plaga, abrimos la utilidad de configuración del sistema. Seleccionamos Inicio>Ejecutar y escribimos `msconfig` en el cuadro Abrir:. Seleccionamos la pesta-ña Inicio, quitamos la marca que hay junto a qttask, hacemos clic en **Aceptar** y luego en **Reiniciar** o **Salir sin reiniciar**, según sea conveniente. En teoría, esto debería evitar que este persistente parásito se cargue al inicio. Y lo hace. Pero la próxima vez que iniciemos QuickTime, el programa diligentemente deshará nues-tro cambio y qttask.exe se cargará al inicio. No es necesario molestarnos en borrar la clave del registro adecuada; cuando QuickTime se vuelva a ejecutar, volverá a crear esa clave.

¿La solución permanente? Cambiar el nombre o borrar el archivo `qttask.exe`. QuickTime funciona perfectamente sin él. Lo encontraremos en el directorio `C:\Archivos de programa\quicktime`, a menos que hayamos instalado QuickTime en otra parte.

El incansable mensaje de error de QuickTime

El problema: Cada vez que abro QuickTime, obtengo el mensaje de error "No Disk, Please Insert Disk In Drive D", no importa lo que haga. ¡Haga que se vaya!

La solución: Probablemente haya visto hace poco una película QuickTime que estaba en un CD o DVD y QuickTime está buscando el disco cuando se inicia. Para librarnos del mensaje de error, iniciamos QuickTime, seleccionamos File>Open Recent>Clear Menu y confirmamos nuestra opción.

QuickTime no reproduce correctamente con el navegador

El problema: He instalado QuickTime, pero cada vez que visito una página Web con una película QuickTime, en lugar de ver la película en el navegador, veo un logotipo roto de QuickTime. ¿Por qué este programa no reproduce películas?

La solución: Hemos desinstalado QuickTime pero no el control ActiveX necesario para reproducir películas directamente desde el navegador. Para solucionarlo, acudimos a `http://snipurl. com/qtime`. Aparecerá un cuadro de diálogo, preguntándonos si queremos instalar el control ActiveX de QuickTime. Aceptamos y el control se instalará en el PC. A partir de ahora, podremos ver las películas QuickTime desde el navegador.

Nota

Cuando desinstalamos QuickTime, quizás obtengamos un mensaje de error diciendo que un archivo de QuickTime está en uso y así, el programa no puede eliminarse. ¿El problema? Hemos dejado una ventana del panel de control abierta. Cerramos la ventana del panel de control y desinstalamos QuickTime. Esta vez, debería irse sin protestar.

¡QuickTime, deja de molestar!

El problema: Cada vez que ejecuto QuickTime, me pregunta si quiero actualizar a QuickTime Pro. No, no, ¡mil veces no! ¿Puedes oírme ahora? ¿Cómo puedo desactivarlo?

La solución: La última versión de QuickTime parece haberse librado de esta molestia, por lo que mi mejor consejo es descargar e instalar la última versión del reproductor gratuito (no el profesional). Un truco para aquellos que todavía usan una versión antigua: cambiar la hora del reloj del sistema varios años hacia el futuro, ejecutamos QuickTime y, cuando aparezca el mensaje de actualización, le indicamos que queremos que nos avise posteriormente. Después salimos de QuickTime y volvemos a poner la hora correcta en el reloj del sistema. Los usuarios han confirmado que esto desactiva el aviso de actualización.

La música suena como un viejo disco de vinilo

El problema: Cuando reproduzco música con QuickTime, suena como un viejo disco de vinilo. ¿Es una función o un fallo?

La solución: Ninguno de los dos; es una configuración extraña. Abrimos el reproductor QuickTime y seleccionamos Edit>Preferences>QuickTime Settings. En el cuadro de diálogo, seleccionamos Sound Out en el menú desplegable superior; en el menú desplegable Choose a device for playback, seleccionamos waveOut. En el menú desplegable Rate, usamos 44.100 kHz y seleccionamos los botones de opción 16 bit y Stereo que hay debajo de ese menú (véase la figura 6.11).

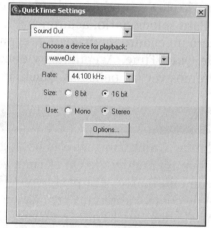

Figura 6.11. Si el audio de QuickTime suena como un viejo vinilo, esta configuración debería resolver el problema.

Reproducir QuickTime sin QuickTime

El problema: Por fin me he hartado de QuickTime. Mensajes de error interminables, programas que se cargan de fondo sin avisarme. No necesito todas estas molestias. ¿No hay una forma de ver películas QuickTime sin usar realmente QuickTime?

La solución: Sí, es un complemento gratuito para Internet Explorer, Opera, Netscape y Mozilla. Desinstalamos QuickTime usando el panel de control Agregar o quitar programas. Después conseguimos QuickTime Alternative de la página Web `http://snipurl.com/qt_alt`. Un gran añadido: el complemento también permite al navegador reproducir los archivos QuickTime insertados en páginas Web.

Problemas con CD y DVD

Sacar CD cuando el ordenador está apagado

El problema: Mi grabadora de CD se niega a expulsar un disco. ¿Debo recurrir a usar el truco del clip?

La solución: No necesariamente. Reiniciamos Windows. Durante el arranque, pulsamos el botón de expulsión y la unidad debería abrirse. Si no se abre, apagamos el PC y lo volvemos a iniciar, tocamos el botón de expulsar de la unidad de CD, cogemos el disco de bandeja (incluso si la bandeja está todavía abriéndose) y volvemos a cerrar la bandeja. En cuanto esté completamente cerrada, pulsamos el botón de encendido del PC para apagarlo.

Usar CD de 74 minutos cuando se comparten discos

El problema: Llevo años usando felizmente CD-R grabables de 74 minutos/650 MB. Pero los nuevos discos de 80 minutos/ 700 MB tienen el mismo precio, por lo que he probado algunos. El único problema es que algunos de mis amigos se quejan de que sus unidades de CD no pueden leer los discos.

La solución: No es culpa suya: es de sus tacaños amigos y sus viejas unidades de CD. Los CD-R almacenan datos en una superficie en espiral que comienza en la parte interna del disco y se abre paso hasta el borde externo del CD. El láser de la unidad debe seguir la espiral para leer o escribir los datos. La espiral de datos de un disco de 80 minutos está enrollada más ajustadamente que la de un disco de 70 minutos y las unidades de CD antiguas no pueden ajustar los cabezales de su láser para leerlos.

No hay una forma sencilla de saber si las unidades de CD de nuestros amigos pueden leer medios de 80 minutos; hasta que lo intenten y no puedan. ¿Lo mejor? Si vamos a compartir algún CD con nuestros amigos, seguir con los de 74 minutos. O decir a nuestros amigos que se compren una nueva unidad de CD. O conseguir nuevos amigos.

Empujar o no empujar

¿Recuerda su primer reproductor de CD? Yo sí, y nunca olvidaré al encargado de la tienda diciendo que no era recomendable empujar la bandeja del CD-ROM para cerrarla, que debía usar siempre el botón.

Sin embargo, muchas veces he empujado la bandeja de mi PC para cerrarla, sin ningún efecto negativo aparente. Pero quería estar seguro. De modo que pregunté a los técnicos de dos compañías de unidades de CD.

El tipo de Plextor dijo que las bandejas de todas las unidades Plextor pueden cerrarse con un ligero empujón, pero que la compañía no recomienda esa práctica. El motivo es que la fuerza es un término relativo. Empujar ligeramente la bandeja hará que se cierre, pero empujar la bandeja demasiado fuerte puede atascar el mecanismo, estropeando la unidad.

Por otro lado, el tipo de Sony dijo que podemos empujar la bandeja o usar el botón. "Empujar no tiene un efecto a largo plazo en la fiabilidad de nuestras unidades ya que están diseñadas para poder usarse de ambos modos".

¿Yo? Yo empujo.

Solución con suministros de oficina

Si el botón de expulsar de la unidad de CD se estropea, podemos apagar el PC y buscar un clip. Lo enderezamos y, cuidadosamente, introducimos esta sofisticada herramienta tecnológica en el pequeño agujero del panel frontal de la unidad. Esto obligará manualmente a la unidad a abrirse.

Grabar CD, pero guardar las etiquetas

El problema: A mi hija de seis años le encanta escuchar CD de música. Está bien, pero también disfruta dejándolos caer, arañándolos y arrojando los discos de 15 $ al perro. De modo que he hecho duplicados, he ocultado los CD originales y la dejo estropear las copias. La cuestión es, ¿debo usar etiquetas con estas copias?

La solución: En una palabra: no.

Hay disponible una gran cantidad de artefactos que hacen etiquetas con un aspecto genial, pero una etiqueta puede dañar un CD-R e incluso estropear la unidad. Con el tiempo, la etiqueta puede despegarse (o su hija puede despegarla), quitando las capas protectoras del disco y distorsionando la capa reflectante que

6. Problemas con la música, vídeo y CD

contiene los datos y la música (véase la figura 6.12). Si la etiqueta (y sí, debemos usar las circulares) no está justamente en el centro, el disco se tambaleará mientras gira, haciendo que el disco sea ilegible. Peor aún, si la etiqueta se despega mientras el disco está girando, la unidad podría quedar inservible.

Figura 6.12. Las etiquetas de CD pueden dañar (incluso despegar) la importantísima capa reflectante de un disco. No las use.

Mi consejo: etiquetar el disco en su anillo interno con un marcador de punta blanda. De esta forma no tendremos que preocuparnos de que la tinta pueda comerse la capa protectora del disco.

Etiquetas permanentes para CD y DVD

Si tenemos dinero, podemos etiquetar directamente (y con seguridad) los CD y DVD con una impresora que dispone de una función especial para el trabajo. Stylus Photo 900, por 200 $ y Stylus Photo 960, por 390 $, de Epson, imprimen texto e imágenes directamente en los CD y DVD. Ambos modelos sostienen el disco en una pequeña bandeja que se desliza al interior de la impresora. La Epson 900 se alimenta desde la parte trasera, un diseño bastante molesto, mientras que la 960 nos permite deslizar el disco desde el frontal.

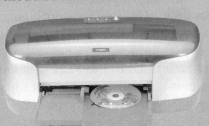

Ambas impresoras tienen un rendimiento excelente (podemos leer su análisis para PC

349

World en `http://snipurl.com/epson900_review`), pero hay un inconveniente: debemos comprar CD y DVD especialmente revestidos con una "Superficie imprimible por chorro de tinta". Los CD especiales cuestan medio dólar más que los normales; los DVD con revestimiento varían entre los 3 \$y los
7 \$ más, dependiendo de la marca.

La grabadora de CD funciona bien y mal

El problema: ¿Qué tal esto como irritante? Algunos días
mi grabadora de CD USB externa (que está conectada a mi
PC mediante una tarjeta USB/FireWire añadida) funciona
perfectamente, pero otras veces mi PC no reconoce la maldita cosa. Y yo que creía que la grabadora iba a estar quemando,
no yo.

La solución: Tranquilícese, amigo, la ayuda está aquí. Cada vez que cualquier
dispositivo externo aparece y desaparece, debemos comprobar las conexiones habituales. Debemos asegurarnos de que la unidad está correctamente conectada al adaptador de corriente y que el adaptador está correctamente enchufado al enchufe de la
pared (no hay que intentar alimentar al dispositivo a través del cable USB). Nos
aseguramos de que estamos usando el cable de datos proporcionado y/o recomendado por el fabricante, que no tiene nudos o cortes y que está firmemente conectada
en ambos extremos (en el conector adecuado de la unidad y en el conector y tarjeta
adecuados del PC). ¿Todavía actúa de forma extraña? Conecte la unidad a un puerto USB diferente de la tarjeta (mientras estamos allí, probemos todos los puertos
USB con otro dispositivo USB. Si funciona bien, es probable que la unidad tenga un
problema.) ¿No hay mejoras? Consigamos otro cable USB y probémoslo. ¿Sigue
estropeado? Abramos el PC y asegurémonos de que la tarjeta USB/FireWire está
bien conectada en su ranura. Si lo está, movámosla a otra ranura (pero no cerca del
adaptador de vídeo AGP, ya que eso podría producir problemas en la placa madre).
Volvemos a conectarlo todo, reiniciamos el sistema y vemos cómo funciona. ¿Sigue
inestable? Conseguimos otra tarjeta USB/Firewire y vemos si eso funciona.

Uno de los pasos anteriores debería detener el problema al momento. Si no lo
hace (y suponiendo que la tarjeta USB/FireWire y la grabadora de CD estén bien
mecánica y eléctricamente) quizás tengamos una incompatibilidad con el software
o el firmware. Seguimos los siguientes pasos de uno en uno y comprobamos que la
unidad funciona fiablemente. En primer lugar, comprobamos la documentación (y
si es necesario, nos ponemos en contacto con el fabricante) y nos aseguramos de
que la unidad, el software de grabación, la tarjeta USB/FireWire y la versión de
Windows son compatibles entre sí. Descargamos e instalamos cualquier nuevo controlador para la grabadora de CD o la tarjeta. ¿Seguimos con problemas? Instalamos cualquier actualización importante para la tarjeta y la unidad. Si estos pasos no
resuelven nuestro problema, busquemos cualquier servicio técnico cualificado.

Contenido del CD sin el CD

El problema: Odio tener que llevar todos los CD de software cuando viajo con el portátil. Especialmente molestos son los juegos, que se niegan a funcionar si no se cargan desde el CD.

La solución: Game Drive, de Farstone, es una utilidad de 30 $ que guarda imágenes de CD comprimidas en el disco duro. Podemos hacer que ejecuten muchos juegos (y casi todo el resto de contenido de un CD) sin el disco físico. Podemos cargar hasta 22 CD (limitado por el espacio disponible en el disco duro). Además, los discos duros son más rápidos que las unidades de CD, por lo que los juegos se ejecutarán más rápido. Encontraremos una versión gratuita de prueba en `http://snipurl.com/gamedrive`.

Comprobar el disco antes de grabarlo

El problema: He grabado varios archivos importantísimos en un CD y quiero asegurare por partida doble (o triple) de que se han copiado correctamente. Pero mi programa de grabación de CD no comprueba la existencia de archivos corruptos ni otros posibles problemas.

La solución: Tengo la póliza de seguros que necesita. Es CDCheck y cumple lo que promete. Úselo para realizar comprobaciones de legibilidad, comparaciones binarias y comprobaciones de la creación de archivo CRC. Es estupendo para cualquier archivo que grabemos en CD y especialmente para los valiosos CD de copia de seguridad (véase la figura 6.13.) La herramienta compara los archivos del CD con los originales del disco duro e incluso puede, en algunos casos, recuperar archivos dañados. La utilidad es gratuita (y con todo lo que hace, es bastante increíble). Encontraremos una copia en la Web `http://www.anayamultimedia.com`.

Una grapadora virtual

Para esto sirve lo multimedia. Seleccionamos un modelo clásico o algo más moderno y brillante. Cuando nos cansemos de hacer clic, comprobamos la galería y vemos una fascinante película de una grapadora sin grapas (`http://snipurl.com/staple`).

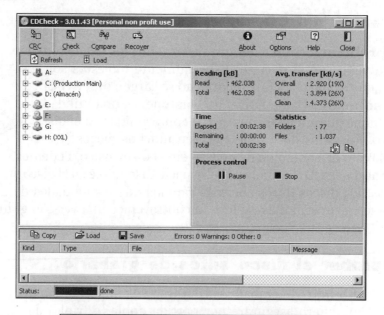

Figura 6.13. Superior: CDCheck examinando un disco. Inferior: El CD tiene un certificado de salud excelente. Si se produce un error, el archivo de ayuda de CDCheck explica qué le ocurre al disco y qué podemos hacer.

Leer y modificar archivos de sólo lectura

El problema: He copiado varios archivos de imagen a un CD-R para almacenarlos a largo plazo, pero cuando los he vuelto a copiar en mi disco duro para editarlo, mi programa de edición fotográfica vetó la idea, indicando que no se me permitía modificarlos. ¿Qué ocurre?

La solución: CD-R es un medio en el que sólo se puede escribir una vez (no se pueden modificar los archivos grabados en el disco) por lo que el software de grabación naturalmente asigna a cada archivo el atributo de "sólo lectura". Si copiamos un archivo desde el CD al disco duro, ese atributo seguirá igual. Para desbloquear el archivo, podemos probar estas dos soluciones:

❑ En el explorador de Windows, buscamos el archivo en el disco duro, hacemos clic con el botón derecho del ratón en él, seleccionamos Propiedades y quitamos la marca del la casilla Sólo lectura. Si tenemos que modificar muchos archivos, mantenemos pulsada la tecla **Control** mientras hacemos clic en los archivos que queramos, hacemos clic con el botón derecho del ratón, seleccionamos Propiedades y quitamos la marca de Sólo lectura (véase la figura 6.14).

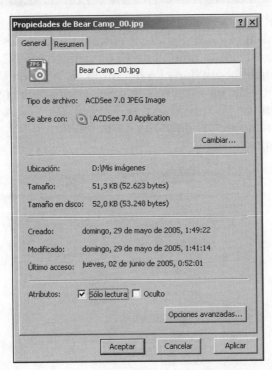

Figura 6.14. Quitamos la marca de la casilla Sólo lectura de cada archivo para poder modificarlo.

❑ Una forma más rápida y elegante es mediante CROA de David Crowell, una herramienta gratuita. Hacemos clic con el botón derecho del ratón en una carpeta y seleccionamos Clear Read-Only Attributes (CROA) (véase la figura 6.15). Encontraremos una copia en `http://www.anayamultimedia.com`.

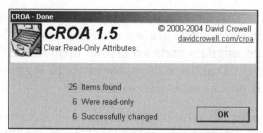

Figura 6.15. Dejemos que CROA haga el trabajo sucio y cambie automáticamente los atributos de sólo lectura de todos los archivos de una carpeta.

Mantener la unidad de CD cerrada tras grabar

Windows XP piensa por sí mismo. Tras grabar un CD, insiste en expulsar el disco. Podemos eliminar esta molestia y evitar el desgaste de la unidad de CD. Abrimos Mi PC, hacemos clic con el botón derecho del ratón en la unidad CD-RW y hacemos clic en Propiedades. Seleccionamos la pestaña Grabación y quitamos la marca de Expulsar automáticamente el CD después de la grabación (véase la siguiente figura).

Conversiones de archivo de audio rápidas

El problema: Abrir una pesada aplicación como Easy CD Creator, de Roxio, para convertir un sólo archivo MP3 o WAV es excesivo. ¿Hay alguna forma más rápida?

La solución: Una forma más rápida y sencilla es usar dBpowerAMP Music Converter (dMC), una práctica herramienta gratuita que realiza conversiones WAV a MP3 (y viceversa). Hacemos clic con el botón derecho en un archivo de música en el explorador de Windows y aparecerá un pequeño icono (véase la figura 6.16, superior). Hacemos clic en Mp3 o Wave y el menú de dMC nos permitirá cambiar la carpeta de extracción y cambiar el nombre del archivo convertido (véase la figura 6.16, inferior). El programa está disponible en `http://www.anayamultimedia.com`.

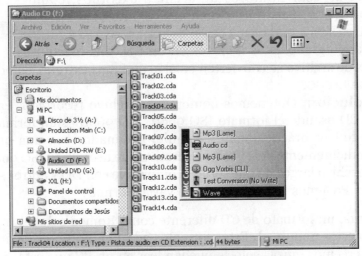

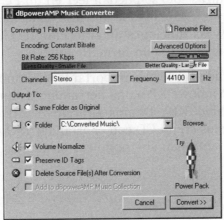

Figura 6.16. Superior: Seleccionamos el archivo del CD de música que queremos convertir. Inferior: Iniciamos dBPower Music Converter y vemos cómo hace la conversión.

Crear listas de MP3 rápidas

El problema: Quiero una lista de varios MP3 y enviar la lista a un amigo como mensaje de texto, pero no sé cómo hacerlo.

La solución: Es fácil si usamos PrintFolder 1.2, una utilidad gratuita cuya única función es guardar o imprimir rápidamente una lista de archivos de cualquier carpeta. Está disponible en `http://www.anayamultimedia.com`.

Mantener los nombres de archivo largos

El problema: Desde que apareciera Windows 95, me he liberado de la antigua limitación de los nombres de archivo. En lugar de usar nombres de archivo extraños, como `ITIN1094.DOC`, puedo usar nombres como `Itinerario para el viaje a Sudamérica en octubre en 1994.doc`. Pero cuando grabo estos archivos en un CD, mis ingeniosos nombres de archivo se convierten en algo aún más extraño, como `ITINER~1.DOC`.

La solución: Obtenemos nombres de archivo recortados cada vez que grabamos un CD usando el formato ISO 9660. ISO 9660 es un formato de CD estándar que puede leer prácticamente cualquier ordenador con una unidad de CD-ROM (independientemente del sistema operativo que use). Pero ISO 9660 no admite nombres de archivo largos, lo que sería incompatible con DOS y otros sistemas operativos antiguos. Podemos solventar esto de varias formas:

❑ Usando un formato de CD diferente como Romeo o Joliet (no, no me he inventado estos nombres). Estos formatos admiten nombres de archivo, pero los CD que creemos quizás sólo se puedan leer en un PC que esté ejecutando Windows 95 o posterior y en Mac. Para la mayoría de las personas, no es una gran limitación (si usamos las funciones de grabación de CD integradas en Windows XP, ya estamos grabando CD en formato Joliet).

❑ Si la compatibilidad es lo más importante, podemos usar WinZip, "carpetas comprimidas" en Windows XP o una herramienta similar para comprimir los archivos en un archivo .ZIP. Damos al archivo .ZIP un nombre de archivo 8.3 y luego lo grabamos en un CD con el estándar ISO 9660. Los archivos dentro del archivo .ZIP mantienen sus nombres originales completos y la estructura de carpetas.

Programas de grabación de CD populares

❑ **BlindWrite:** Prueba gratuita; 34,99 $ para seguir usándolo. `http://www.blindwrite.com`.

❑ **FireBurner:** Prueba gratuita; 32,95 $ para seguir usándolo. `http://www.fireburner.com`.

❑ **Ahead Nero Burning ROM:** Prueba gratuita; 69,99 $ para seguir usándolo. `http://www.ahead.de`.

❑ **Easy Media Creator 7:** 79,95 $. `http://www.roxio.com`.

❑ **CDRWin:** Prueba gratuita; 34,95 $ para seguir usándolo. `http://www.goldenhawk.com`.

Grabar un CD útil a partir de un archivo ISO

El problema: He descargado un trailer de una película en formato ISO y lo he copiado a un CD-R. Pero no consigo que se reproduzca.

La solución: No podemos copiar un archivo ISO en un disco y esperar que su contenido se convierta por arte de magia en un CD reproducible. Debemos restablecer la imagen al CD, que es muy diferente de copiar archivos al CD.

En primer lugar, necesitamos un programa que pueda grabar imágenes ISO al CD. Los dos mejores para esto son Nero Burning ROM y Easy CD Creator de Roxio. Aquí mostramos una guía paso a paso para usar Nero Burning ROM (estas instrucciones también sirven para archivos `.CUE` y `.BIN`):

1. Iniciamos Nero, seleccionamos Archivo>Grabador>Grabar imagen, seleccionamos la imagen ISO y hacemos clic en el botón **Abrir** (véase la figura 6.17).

2. Aparecerá el cuadro de diálogo Grabar compilación (véase la figura 6.18). Ahora, preste atención al siguiente paso o sólo añadiremos otro posavasos a la colección. Si estamos grabando un ISO de datos o un CD de instalación de Windows, no importa la velocidad de grabación que seleccionemos. Sin embargo, deberemos seleccionar el método de escritura Disc-At-Once o Disc-At-Once/96.

Si estamos grabando un ISO video CD, debemos seleccionar la velocidad de grabación más lenta que podamos; el método de escritura debería ser Disc-At-Once (el motivo es que DAO graba todo el disco, desde el principio al final, de una pasada, asegurándose de que podamos resolver la codificación LipCrypt de la imagen ISO).

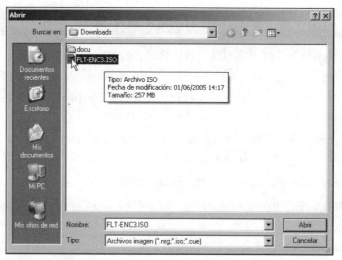

Figura 6.17. El cuadro de diálogo Abrir nos permite seleccionar el archivo de imagen ISO.

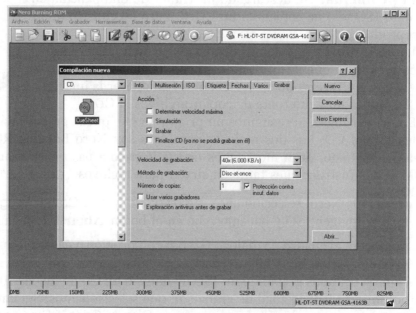

Figura 6.18. El cuadro de diálogo Grabar compilación con la velocidad máxima seleccionada y la opción Disc-At-Once.

Mirar dentro de los archivos ISO

El problema: Tengo una imagen ISO que contiene algunos archivos que necesito. ¿Por qué no puedo extraer los que quiero? ¿Y qué hay de añadir archivos después de crear un archivo ISO?

La solución: Los archivos ISO están comprimidos, de forma parecida a los archivos .zip, lo que hace que sea complicado trabajar con ellos. Las buenas noticias son que hay algunas herramientas que pueden ver el contenido de un archivo ISO o permitirnos añadir elementos al ISO (véase la figura 6.19). Cuatro de las aplicaciones más populares son:

❏ **WinISO:** Prueba gratuita; 30 $ para seguir usándolo. `http://www.winiso.com`.

❏ **WinImage:** Prueba gratuita; 30 $ para seguir usándolo. `http://www.winimage.com`.

❏ **IsoBuster:** Gratuito; 25,95 para registrarse. `http://www.smart-projects.net/isobuster`.

❏ **Undisker:** Prueba gratuita; 40,44 $ para seguir usándolo. `http://www.undisker.com`.

WinISO e IsoBuster también nos permiten ver el contenido de otros archivos de imagen, como los archivos `.NRG` de Nero, archivo `.IMG` de CloneCD y archivos `.CUE/.BIN`.

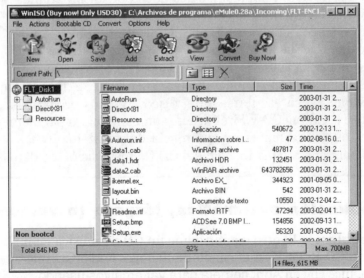

Figura 6.19. WinISO muestra los archivos ISO como si estuviéramos viendo un CD con el explorador de Windows. Con este tipo de utilidad, podremos añadir, actualizar o borrar el contenido de un archivo ISO.

El ordenador personal

Encontrar archivos .BIN invisibles

El problema: Tengo archivos `.BIN` y `.CUE` en la misma carpeta, pero mi programa grabador de CD no puede ver el archivo `.BIN`. ¿Por qué no?

La solución: Es probable que hayamos movido estos archivos en algún momento. El archivo `.CUE` probablemente siga señalando al lugar en el que solía estar el archivo `.BIN`.

Por ejemplo, si el archivo `.CUE` contiene:

```
FILE  "f:\video\LukeAndLaura\image-name.BIN"  BINARY
TRACK  1  MODE2/2352
INDEX  1  00:00:00
```

indica al programa de grabación de CD que el archivo `.BIN` se encuentra en la unidad `F:`, en la carpeta `\video\LukeAndLaura` (para ver el contenido de un archivo `.CUE`, podemos abrirlo con el bloc de notas o cualquier editor de texto).

Podemos cambiar la ruta del archivo `.CUE` o, incluso más fácil, eliminar la información de ruta del archivo `.CUE` (dejando `FILE "nombre de la imagen.BIN" BINARY` en este ejemplo).

Formatos .CUE, .BIN y .ISO

Los programas de grabación de CD usan varios formatos, especialmente `.ISO` y, en menor grado, `.CUE` y `.BIN` (`.CUE` y `.BIN` se hicieron populares hace años por un programa: CDRWin. Necesitamos los archivos `.BIN` y `.CUE` para grabar una imagen de disco.) El archivo `.CUE`, también conocido como CueSheet, contiene la información de disposición de pistas para Video CD, Super Video CD u otros datos de la información de disposición de pistas. El archivo `.BIN` contiene los datos reales que deben escribirse en el disco. Muchos programas (incluidos Nero, BlindWrite, CloneCD y FireBurner) son completa o parcialmente compatibles con estos dos formatos. A diferencia del formato `.BIN`/`.CUE`, un archivo `.ISO` contiene toda la imagen del CD (la disposición de datos y los datos).

Reproducción automática, lárgate (o vuelve)

El problema: El otro día introduje un CD de música en mi unidad de CD-ROM y en el cuado de diálogo Audio CD que apareció, hice clic en Abrir carpeta para ver archivos usando Explorador de Windows. Pero después, estúpidamente, hice clic en Realizar siempre la acción seleccionada. Ahora, cada

vez que introduzco un CD, aparece este estúpido cuadro de diálogo. ¿Cómo puedo deshacer esto?

La solución: Para restablecer la reproducción automática de Windows, abrimos Mi PC, hacemos clic con el botón derecho del ratón en la unidad de CD, seleccionamos Propiedades, hacemos clic en la pestaña Reproducción automática y hacemos clic en el botón Restaurar valores predeterminados (véase la figura 6.20). Si no aparece la pestaña Reproducción automática en XP o 2000, cerramos el cuadro Propiedades, hacemos clic en Inicio>Ejecutar, escribimos `services.msc` en el cuadro Abrir y pulsamos **Intro**. Nos desplazamos hacia abajo y hacemos doble clic en el elemento Detección de hardware shell y en la lista desplegable Tipo de inicio, seleccionamos Automático. Hacemos clic en el botón **Iniciar** o **Reanudar**, hacemos clic en **Aceptar** y salimos de la ventana Servicios. El cuadro de diálogo Propiedades de la unidad de CD también incluye opciones de reproducción automática para imágenes, archivos de vídeo y otro contenido del CD; también es nuestra oportunidad para restablecer sus valores predeterminados (véase la figura 6.21).

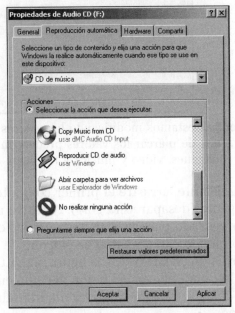

Figura 6.20. Hacemos clic en el botón Restaurar valores predeterminados para devolver los valores de la reproducción automática a su estado normal.

No, no quiero grabar el CD ahora

El problema: Cuando comencé a grabar CD por primera vez, abría el explorador de Windows, seleccionaba algunos archivos del panel de archivos y los soltaba en el icono de la unidad grabadora de CD. Después hacía clic en ese pequeño mensaje emergente que decía "Hay archivos pendientes para grabar en el CD" y, en la ventana que aparecía, hacía clic en el vínculo Grabar estos archivos en un CD del panel Tareas de grabación de CD. Pero ¿qué ocurre si no quiero grabar el CD inmediatamente porque quiero añadir más archivos posteriormente y, luego grabarlos todos a la vez?

Figura 6.21. Mientras estamos modificando los valores de reproducción automática, debemos asegurarnos de marcar los valores predeterminados para los archivos de imágenes, vídeo y música y los otros elementos.

La solución: Adelante, arrastre el primer conjunto de archivos y no haga caso del mensaje emergente (desaparecerá solo). Arrastre más archivos según le parezca. Cuando esté preparado para grabar, abra Mi PC o el explorador de Windows, haga clic con el botón derecho del ratón en el icono de la unidad de CD y seleccione Grabar estos archivos en un CD (véase la figura 6.22). O, para ver el panel Tareas de grabación de CD, hacemos clic con el botón derecho en el icono de la unidad de CD y seleccionamos Abrir. Si queremos borrar algún archivo, seleccionamos Eliminar archivos temporales.

A propósito, no debemos preocuparnos por borrar estos archivos después de grabarlos en un CD. Estaremos borrando copias de los archivos (no los originales) que están en la zona de almacenamiento temporal de XP. De hecho, podemos visitar la carpeta C:\Archivos y programas\nombre de usuario\Local Settings\ Application Data\Microsoft\CD Burning para ver si alguno de los archivos antiguos está todavía allí, ocupando espacio en el disco duro.

ADDANDADDADDADD

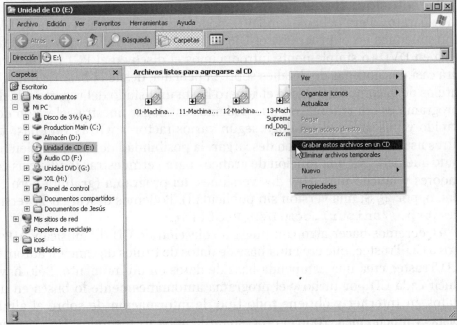

Figura 6.22. Windows no facilita el grabar archivos en un CD después de cerrar el asistente para grabación de CD. Hagámoslo usando el explorador de Windows.

¿DVD+R o DVD-R?

El problema: Acabo de comprar una unidad DVD±R/±RW para grabar películas en DVD. ¿Debería comprar DVD+R o DVD-R? El precio por el paquete de 10 es casi el mismo.

La solución: Depende de qué tipo sea más compatible con su equipo de reproducción. Revise el manual o compruebe la página Web del fabricante. La alternativa es comprar un disco de cada tipo, grabar el mismo vídeo en ambos discos y usarlos en los reproductores DVD y unidades de DVD-ROM. El disco que se reproduzca en más dispositivos es el que debemos usar. Si no hay diferencias, compre los más baratos.

Organizar DVD y CD de música

El problema: Mi colección de CD de música y películas en DVD ha aumentado exponencialmente y Windows Media Player no es muy bueno para catalogarlos. Quiero organizar estos discos y poder buscarlos, de modo que pueda seleccionar la canción o película adecuadas para mi estado de ánimo.

La solución: Hay dos grandes programas de catalogación que son gratuitos o muy baratos. Para películas en DVD, podemos conseguir una copia de DVD Profiler. Introducimos en el programa el UPC (Código universal del producto) de una película en DVD (o simplemente introducimos el disco en el PC) y el programa obtendrá casi dos docenas de detalles sobre la película, desde la base de datos de 150.000 títulos de la compañía, desde el género hasta un listado del reparto o la duración. El programa es tan automático que podemos catalogar nuestra colección de DVD muy rápido y buscar en el catálogo según varios factores. Otras ventajas: informes de otros usuarios que se pueden descargar, la posibilidad de saber a quién hemos prestado qué película, una función de gráficos para ver nuestras tendencias como espectadores y mucho más. Hay dos versiones del programa (gratuita pero con publicidad o, por 25 $, una versión sin publicidad). Podemos descargar la versión gratuita de `http://snipurl.com/DVD_Profiler`.

¿Queremos hacer algo con nuestra colección de CD de música y MP3? Pasémonos a CD Trustee, que crea una base de datos de títulos de canción automáticamente. CD Trustee crea una estupenda base de datos en un momento: Sólo hay que introducir cada CD por turno y el programa automáticamente lo busca en una base de datos en Internet y obtiene todo tipo de información de sobre el álbum, artista, pistas y mucho más. Todo el proceso tarda unos 10 segundos. Una vez que hayamos creado el catálogo y esté funcionando, podremos hacer búsquedas por canción, artista, compositor o título de CD (véase la figura 6.23). El programa también puede imprimir etiquetas de CD, carátulas y libretos. CD Trustee cuesta 39,95 $ y hay una versión de prueba, de uso limitado, disponible: `http://snipurl.com/cd_trustee`.

Una utilidad similar, pero no tan amplia, es CDmax. El producto es gratuito, pero si nos gusta, podemos donar 15 $ al creador. Pruébelo en `http://snipurl.com/CDmax`.

¿Es PC Friendly necesario?

El problema: Alquilé una película en DVD para ver en mi PC. Pero cuando he intentado verla, apareció la instalación de InterActual PC Friendly. ¿Realmente necesito InterActual? Y si no, ¿qué puedo hacer para evitar que se inicie?

La solución: Podemos decir no cuando aparezca la pantalla de apertura de InterActual y reproducir el DVD. Pero nos perderemos todo el hermoso contenido del DVD-ROM (las funciones extra que ha incluido el estudio, como la conexión Web, juegos adicionales y comentarios extra). Si instalamos PC Friendly y no queremos llenar el disco duro, basta con eliminarlo tras ver el DVD; usamos Agregar o quitar programas del panel de control de Windows.

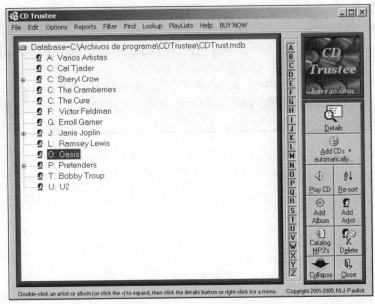

Figura 6.23. CD Trustee hace un trabajo fenomenal para catalogar CD de música y darnos acceso rápido al que queremos reproducir.

Abróchese el cinturón

Aquí tiene el vídeo de uno de mis vuelos (guiño, guiño) desde Anchorage a Nome: `http://snipurl.com/hownottoland` (el vínculo descargará un archivo de vídeo Windows Media comprimido).

Tomar un descanso recursivo

¿Necesita un descanso y sólo quiere descansar la vista? Pruebe ver "Recursive" en `http://snipurl.com/swirl`. ¿Se pregunta cómo se ha hecho? El creador ha sido lo bastante amable como para proporcionar su método `http://snipurl.com/swirl_howto`.

Problema con DVD InterActual

Si usamos PC el reproductor de DVD Friendly de InterActual con Windows XP, quizás descubramos que la galería fotográfica u otras funciones no funcionan. Microsoft dispone de un parche que lo solucionará rápidamente; ver `http://www.anayamultimedia.com`.

7. Problemas con el hardware

¿El monitor parpadea, el cable módem hace ruidos o la impresora lo emborrona todo? Apuesto a que le ha molestado el teclado y el teléfono móvil. Tengo docenas de formas de eliminar estas fuentes de irritación, más un puñado de trucos adicionales que se ocupan de problemas que ni siquiera sabía que tenía.

Las maravillas de reiniciar el módem

El problema: He pasado un par de frustrantes horas intentando descubrir por qué mi conexión ADSL no puede acceder a Internet. He comprobado mi conexión con varias utilidades, reconfigurado mi bloqueador de ventanas emergentes así como la publicidad, también he modificado la configuración TCP/IP de Windows y llamado al servicio técnico; sigo sin conexión.

La solución: Un sencillo reinicio de dos minutos del módem ADSL o cable, puede ser lo único que haga falta para volver a estar conectados. Lo misterioso es por qué no existe una herramienta de diagnóstico que nos indique que es el momento de reiniciar el dispositivo de acceso a Internet. Hasta que esa herramienta mágica llegue, aquí mostramos algunos pasos que podemos seguir:

❑ Si usamos ADSL y no podemos conectarnos, esperemos un poco; el módem debería intentar volver a sincronizarse. Si esto falla, cerramos la aplicación de marcado ADSL, volvemos a iniciarla y vemos si se realiza la conexión. ¿Seguimos sin conexión? Salimos de la aplicación de marcado, apagamos el módem, esperamos varios minutos y volvemos a encenderlo. Si esto no funciona, tendremos que llamar a nuestro proveedor de servicios de Internet.

❑ Si tenemos problemas con la conexión a Internet por cable, antes debemos asegurarnos de que no hay un corte de línea. Si la televisión por cable muestra estática, sabremos que el acceso a Internet por cable no funciona.

❑ A continuación, debemos comprobar todos los componentes, desde el módem a los cables o a la energía eléctrica. ¿Seguimos comatosos? Apagamos (o desenchufamos) el módem durante unos minutos y volvemos a encenderlo. Observamos qué luces se encienden y permanecen encendidas y cuáles no (el servicio técnico quizás quiera saberlo). Si todo se enciende, deberíamos poder conectarnos a Internet. Si no es así, quizás (dependiendo del sistema) tengamos que apagar el módem, desconectarlo del cable coaxial durante unos minutos y volver a conectarlo todo. Si ello falla, tendremos que llamar a la compañía de cable.

Ayuda con las conexiones telefónicas lentas

❑ Es probable que podamos mejorar nuestra conexión por módem telefónico probando un marcador diferente u otro número de acceso.

❑ Si nuestro proveedor de servicios de Internet es pequeño, quizás tenga números telefónicos diferentes para los módem de 56 Kbps. Debemos asegurarnos de llamar al número correcto.

❑ Un cable telefónico de más de tres metros desde el módem a la clavija telefónica afectará al rendimiento: cuanto más largo sea el cable, más débil será la señal.

❑ Para ver más trucos, revise `http://www.56K.com`.

El milagroso aerosol WiFi

Incrementa el rendimiento de la conexión en un 100 por cien; ¡¡¡consiga ya WiFi Speed Spray!!! Si usamos cualquier producto inalámbrico, querremos probar WiFi Speed Spray. Este asombroso producto acelera cualquier producto inalámbrico. Cómprelo ahora mientras queden existencias (`http://snipurl.com/wifi_spray`).

Ayuda en Internet para módems ADSL y cable

Examine estas páginas Web para obtener detalles sobre todo lo concerniente a ADSL y cable módem:

❑ **BroadbandReports:** Un sitio de amplios recursos, con docenas de vínculos a otras páginas Web sobre ADSL y cable, análisis de proveedores y valiosos trucos para su uso (`http://www.broadbandreports.com`).

❑ **Everything DSL:** ¿Sé pregunta qué es mejor, ADSL o cable módem? ¿Preocupado por los *hackers* que puedan entrar en su PC? Este sitio responde a éstas y otras preguntas candentes (`http://www.everythingdsl.com`).

❑ **Cable Modem Help:** El nombre lo dice todo; es un excelente recurso con una amplia lista de proveedores estadounidenses de cable, ayuda para conectar la cuenta AOL al cable e incluso trucos para solucionar problemas (`http://www.cablemodemhelp.com`).

❑ **Cable Modem Info:** Es un estupendo recurso si buscamos un proveedor de Internet en nuestra zona o si ya disponemos de cable módem y queremos ayuda para compartirlo, podemos visitar esta página (`http://www.cablemodeminfo.com`).

Devolver la velocidad al ADSL

El problema: Tengo acceso a ADSL en mi oficina doméstica y, hasta hace unas semanas, era realmente rápido. Ahora se arrastra; las páginas Web aparecen lentamente y los archivos tardan una eternidad en descargarse. Probé todos los trucos para aumentar la velocidad que conozco, incluso reiniciar el módem y el router ADSL, sin ningún resultado.

La solución: Lo mismo me ocurría a mí (mí línea ADSL perdía la velocidad). No era nada que yo (o usted) hiciera mal. Era mi estúpido proveedor de servicios de Internet. Mi router está configurado para usar las direcciones de servidores de nombre de dominio (DNS) proporcionadas por mi proveedor de servicios de Internet (véase la figura 7.1). El problema era que mi proveedor de servicios de Internet cambió las direcciones DNS pero no informó a los clientes. Las antiguas direcciones DNS funcionaban, pero las nuevas funcionaban mejor. Debemos llamar a nuestro proveedor de servicios de Internet, preguntar al servicio técnico si han cambiado las direcciones DNS y pedir ayuda para hacer los cambios necesarios.

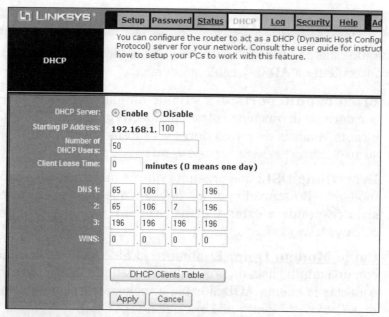

Figura 7.1. Cambiar la configuración de DNS en un router Linksys desde la página de configuración DHCP. La mayoría de los routers tiene páginas similares en las que podemos cambiar la configuración DNS.

Energía ininterrumpida para el PC

El problema: Todos los veranos sé que voy a tener que enfrentarme a peligrosos apagones. No me importa apagar el ordenador cuando está a punto de llegar el apagón, pero sólo nos proporcionan una hora aproximada, a veces en un intervalo de cuatro horas.

La solución: Invertir en una fuente de energía continua, un artefacto que es un seguro barato cuando la corriente desaparece. Un UPS sólo es una gran batería que mantiene el PC en funcionamiento el tiempo suficiente para poder apagar el PC correctamente. Un pequeño UPS cuesta aproximadamente 40$ y mantiene activo el sistema durante unos 5 minutos; mi APCC BackUPS ES 725, de 100 $, mantiene mi PC activo durante 10 minutos. La mayoría de los UPS también "acondicionan" la línea (eliminando los picos y las caídas) y funcionan como protectores contra las subidas de tensión. Encontraremos el tamaño del UPS que necesitamos en la página Web de APCC, `http://snipurl.com/apcc_sizer`.

Mantener la conexión de banda ancha al máximo de revoluciones

❑ **Usar grapas de ferrita:** Las conexiones ADSL, cable e incluso telefónicas pueden ralentizarse debido a interferencias de radio frecuencia. Estos pequeños cubos que se colocan alrededor del cable de datos del módem y de la línea eléctrica reducen las interferencias de radio frecuencia. Si los hemos tirado porque no sabíamos lo que eran, podemos conseguir un nuevo conjunto en casi cualquier tienda de suministros electrónicos por menos de 5$.

❑ **Conseguir un microfiltro:** Los usuarios de ADSL podrían notar estática, zumbidos o ruido en la línea telefónica. Si el módem ADSL módem y el teléfono usan un divisor de línea, podemos llamar a nuestro proveedor de servicios de Internet y conseguir un microfiltro, que reduce las interferencias entre nuestro teléfono y el módem ADSL. Los dispositivos de localización de la oficina pueden emitir ondas de radiofrecuencia, ralentizando la línea ADSL. Aislemos el módem de las lámparas halógenas, teléfonos portátiles entre 900 MHz y 2,4 GHz, sistemas de seguridad y dispositivos similares. Si ya tenemos un filtro instalado, pero seguimos teniendo ruidos, pidamos un nuevo filtro al proveedor de servicios de Internet.

❑ **Sustituir el cableado:** Si nuestro hogar u oficina están en un edificio antiguo, el cable de cobre puede ser viejo, quebradizo y estar deshilachado. Esto afectará a la línea ADSL y, en menor grado, a las conexiones telefónicas. Pidamos a nuestra compañía que cambie en cableado interno (pero debemos estar dispuestos a pagar un dineral). El mismo consejo se aplica para el cableado coaxial de nuestro cable módem.

Tirar del enchufe

Lo que desde luego no queremos que ocurra cuando llevamos a reparar el portátil: `http://snipurl.com/pulltheplug`. [Aviso: es un clip de vídeo.]

Administrar varios transformadores de corriente voluminosos

El problema: Los ingenieros que diseñaron los transformadores de corriente para los portátiles y PDA deberían ser condenados a 20 golpes con un libro de geometría. ¡Algunos transformadores casi pesan más que el dispositivo que alimentan!

La solución: Éste es uno de los problemas principales para mí. Yo compré el protector de corriente Professional SurgeArrest de APC, por 45 $ (visite `http://snipurl.com/apc_surge`); tiene ocho tomas, tres de las cuales están lo suficientemente separadas para aceptar la mayoría de los transformadores de corriente. El SurgeMaster de Belkin tiene diez entradas (visite `http://snipurl.com/belkin_surge`), cuatro de las cuales pueden albergar cuatro transformadores grandes. Como tengo más de cuatro transformadores grandes, he comprado un alargador en parrilla vertical, diseñado para una mesa de taller. Tiene ocho entradas en sus 1,2 metros, cada uno separado 15 centímetros del otro.

Podemos aprovechar toda la toma de SurgeArrest o SurgeMaster usando los alargadores inteligentes de Cables Unlimited. El primero es un alargador corto, de 30 centímetros de largo. El otro es un alargador corto con un conector en "**Y**", para que podamos conectar dos aparatos a una sola toma (véase la figura 7.2). Ambos productos cuestan menos de 9 $ y están disponibles en `http://snipurl.com/short_ext`.

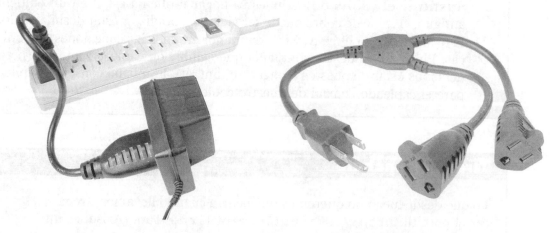

Figura 7.2. Derecha: Usemos completamente nuestro alargador usando Power Strip Liberator, un corto alargador de Cables Unlimited. Izquierda: Podemos derrotar al sistema conectando dos transformadores de corriente y usando sólo una toma de un alargador con Power Strip Liberator II.

Precaución con los alargadores

Asegúrese de conectar los alargadores cortos en el protector de corriente, no directamente a la toma de corriente de la pared y, úselo sólo con transformadores de corriente, no con otros alargadores.

Aligerar la carga energética

El problema: Nunca falla: Me enamoro de un pequeño artefacto para mi PC sólo para descubrir que necesita un adaptador de corriente el doble de ancho de un buque cisterna. Tengo suficientes ladrillos bajo mi mesa como para reconstruir la muralla china. ¿Cómo puedo librarme de tanto transformador?

La solución: Una solución ingeniosa, aunque no barata, para este atasco en el suministro eléctrico es DC Hub de GoldX (`http://snipurl.com/goldx_hub`). Este concentrador de 30 $ puede alimentar hasta cinco dispositivos electrónicos que normalmente necesitarían su propio transformador. Podemos hacer funcionar un dispositivo de 12 voltios, uno de 9 voltios y tres de 5 voltios, simultáneamente. Es ideal para proporcionar una fuente de energía constante a varios dispositivos, como una impresora de etiquetas, un ratón inalámbrico, un cable módem, un router, un concentrador USB y otros elementos que suelen encontrarse conectados a un PC. ¿El inconveniente? También necesitaremos una unidad PowerCore Base, de 30 $ y de la misma compañía, con protector de corriente, para alimentar el concentrador.

Aligerar la carga con un transformador universal

Si no nos gusta movernos con ese transformador de 3 kilos y el tamaño de un ladrillo, para alimentar a nuestro finísimo portátil, podemos probar Targus Universal AC Adapter, por 119 $. Este caro (aunque lo vale) artefacto tiene un grosor de 5 centímetros y pesa 125 gramos. Unido al conector adecuado (y muchos de ellos están incluidos), puede alimentar a la mayoría de los portátiles y recargar muchos teléfonos móviles y PDA. Encontraremos las especificaciones en su página Web (visite `http://snipurl.com/targus`) y encontraremos descuentos en PriceGrabber (visite `http://snipurl.com/Targus_discount`).

Una ganga informática de 1989

Es asombroso lo caros que son los ordenadores de hoy en día. Observe este anuncio de 1989: `http://snipurl.com/old_pc` (y observe que el monitor no está incluido).

Fuentes LCD claras y nítidas

El problema: Aquí tenemos algo que me vuelve loco: he actualizado mi sistema a Windows XP, he comprado un estupendo monitor LCD y esperaba encontrar claras y nítidas letras. Pero no, XP simplemente no hace caso de mi hardware y me obliga a rebuscar para encontrar una configuración de pantalla LCD que se ajuste a mis necesidades.

La solución: Si XP no lo hace, supongo que tendremos que hacerlo nosotros. Hay tres formas de activar ClearType, la tecnología de presentación de fuentes de Microsoft que hace que los caracteres se puedan leer más fácilmente en monitores LCD. Escojamos el método que sea más sencillo para nuestro caso:

❏ **El más rápido:** Hacemos clic con el botón derecho en cualquier parte del escritorio, seleccionamos Propiedades, seleccionamos la pestaña Apariencia y hacemos clic en el botón **Efectos**. Ponemos una marca en la casilla Usar el siguiente método para suavizar los efectos de las fuentes de pantalla y seleccionamos ClearType en el menú desplegable. Desafortunadamente, Windows usa el valor predeterminado de ClearType y no nos permite modificar su configuración.

❏ **Lo mejor para una configuración precisa:** Acudimos a la página Web de ClearType de Microsoft (`http://snipurl.com/set_cleartype`), marcamos la casilla Turn ClearType on en la parte inferior de la página, hacemos clic en el botón **Next** y seguimos las instrucciones. Pasaremos algunos minutos configurando y ajustando las opciones a nuestras preferencias.

❏ **Activar y desactivar ClearType:** Si nos gustaría poder hacer más pruebas con la configuración de ClearType o si necesitamos activarlo y desactivarlo a menudo, podemos conseguir una copia de ClearTweak Pro (véase la figura 7.3) de `http://www.anayamultimedia.com`.

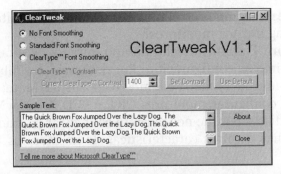

Figura 7.3. ClearTweak Pro es una utilidad gratuita para ajustar la pantalla LCD de nuestro portátil o PC de escritorio. También es ideal si tenemos que activar y desactivar ClearType a menudo.

Las gafas PRIO enfocan el monitor

En 1994, mi monitor comenzó a verse borroso y me di cuenta de que no era el monitor; era yo. Fue entonces cuando descubrí las gafas ortopédicas para ordenador PRIO. Acudí a un examen óptico especial, me quité mis viejas lentes y me puse un par de gafas especiales PRIO. Todavía llevo mis PRIO. No puedo imaginarme sentado delante de un ordenador sin ellas. Es más fácil enfocar la pantalla que con mis gafas normales, las imágenes son nítidas y mis ojos no se cansan. Incluso si no llevamos gafas o si llevamos lentes de contacto, las gafas PRIO pueden marcar una gran diferencia. Obtendremos más detalles en la página Web de PRIO, en `http://www.prio.com`.

Fundamentos de ClearType

ClearType es una tecnología fascinante, especialmente si llevamos un protector de bolsillos y una vez disfrutamos con una regla de cálculo. La página Web de ClearType, en la de Microsoft, ofrece una buena explicación sobre cómo funciona este proceso. Véalo en `http://snipurl.com/learn_cleartype`.

Ajustar el funcionamiento del monitor

El problema: Los colores de mi nuevo monitor no son muy adecuados y, a menos que sea cosa de mis ojos, la pantalla del monitor no parece tan nítida como debería. He usa-

do los controles integrados en el monitor sin ningún resultado. ¿Por qué no son más fáciles de configurar los monitores?

La solución: Pasamos mucho tiempo mirando al monitor, por lo que es lógico ajustar al máximo su configuración. Por desgracia, los fabricantes de monitores no proporcionan mucha ayuda. Podemos usar DisplayMate; en mi opinión, el mejor producto para configurar monitores CRT y LCD. DisplayMate nos proporciona resultados inmediatos porque nos permite configurar la nitidez, el color y el contraste y ajustar docenas de otras características de un monitos ViewSonic LCD (véase la figura 7.4).

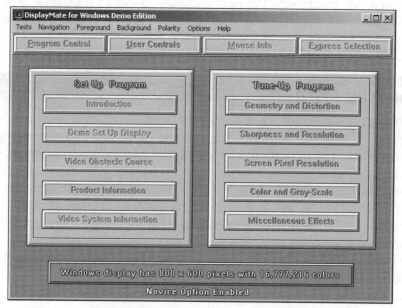

Figura 7.4. La versión de prueba gratuita del programa DisplayMate es más que adecuada para la mayoría de las personas que quieren establecer el brillo y contraste, dar el tamaño justo y centrar las imágenes en pantalla, comprobar la nitidez, resolución y ajustar el color de su monitor.

La versión gratuita de DisplayMate es válida para la mayoría de los usuarios (encontraremos una copia en `http://www.anayamultimedia.com`). Pero una vez que empecemos a hacer modificaciones, probablemente queramos la versión estándar por 70 $. Demonios, sólo el gráfico que compara las ventajas e inconvenientes de los monitores CRT y los LCD hace que merezca la pena visitar la Web `http://snipurl.com/display_chart`.

Ssssh, sssh, monitor bonito

El problema: Mi monitor de 17 pulgadas y seis años de antigüedad, al que llamo afectuosamente "abuelo", comenzó a emitir un chillido agudo que me volvía loco. Creía que había aterrizado en una película de ciencia ficción barata.

La solución: El chillido probablemente se deba a un transformador de retardo que vibra (no me pregunten; es algo del voltaje). Podemos amordazar al monitor cambiando su frecuencia de actualización. Para ello, en Windows XP y 2000, hacemos clic con el botón derecho del ratón en el escritorio y seleccionamos Propiedades, hacemos clic en la pestaña Configuración, después en el botón **Opciones avanzadas** y en la pestaña Monitor (véase la figura 7.5). Cambiamos el valor de Frecuencia de la actualización de la pantalla o Frecuencia de actualización, respectivamente, a 72 Hz o superior (además, cuanto más alta sea la frecuencia de actualización, menos sufrirán nuestros ojos). En Windows 98 y Me, hacemos clic en la pestaña Adaptador (no en la pestaña Monitor) y cambiamos el valor del menú desplegable Frecuencia de actualización.

Una solución alternativa es someter al monitor a un "mantenimiento percusor": dar al monitor un buen golpe en un lado. De verdad. Esto podría detener la vibración, aunque temporalmente. Tenga en cuenta que reparar el monitor probablemente le cueste más a largo plazo que sustituirlo. Ésta podría ser una buena excusa para comprar ese nuevo monitor LCD al que habíamos echado el ojo.

Enderezar y mostrar correctamente

El problema: Hace poco me llamó mi madre con otro problema sobre su PC (las quejas deben ser cosa de familia). Esta vez estaba molesta porque no conseguía adivinar por qué las imágenes de la pantalla estaban torcidas y ligeramente inclinadas.

La solución: Es una queja aceptable, a menos que nos guste inclinar la cabeza mientras escribimos. El problema se debe a los controles del monitor. El monitor de su madre debería tener un botón llamado "Inclinación de imagen" o "Rotación". Basta con girar el controlador y veremos como la imagen se endereza. Si el monitor usa controles en pantalla, debemos buscar un control "Geometría" (algo que tenga que ver con trapecios y paralelogramos). En la pantalla, seleccionamos la forma geométrica que más se parezca al problema del monitor y pulsamos las teclas + y - (o lo que use el monitor CRT para cambiar el valor de la configuración).

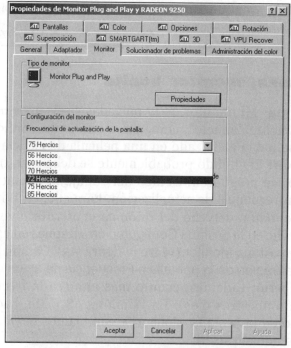

Figura 7.5. Cambiamos la frecuencia de actualización del monitor en el panel de control Monitor para silenciar el agudo aullido.

Mientras examina la configuración del monitor CRT de su madre, también podría ayudarla a aprovechar mejor su visualización. Los monitores vienen de fábrica con un molesto borde negro; aumente la zona de visión para que llene toda la pantalla ampliando la zona de imagen vertical y horizontalmente hasta que desaparezcan los bordes negros.

Nota

Para hacer esto quizás tengamos que mover la imagen hacia arriba y abajo, o quizás a los lados, para que esté centrada.

Formas sencillas de reducir el ruido del PC

El problema: Trabajo en una pequeña oficina doméstica y el ruido de mi PC está volviéndome loco.

La solución: Los PC son demasiado ruidosos. Los discos duros rechinan, los ventiladores chirrían y las carcasas traquetean. ¿Molesto? Sí. ¿Insoportable? Bueno, quizás, dependiendo de la fuente del ruido. Podemos reducir en parte el ruido con unas sencillas modificaciones.

En primer lugar, apagamos el PC, quitamos la carcasa, volvemos a encender el ordenador y usamos un estetoscopio de mecánico de coches (o el tubo de cartón del papel higiénico) para aislar el origen del ruido. Lo mantenemos cerca de las carcasas que contienen el disco duro, unidades de CD-ROM y otros periféricos internos. Aquí tenemos algunos trucos que podemos probar tras identificar el origen del ruido:

❑ Si el disco duro traquetea, debemos asegurarnos de que los tornillos que los unen a la carcasa están firmemente sujetos y examinar la abrazadera que sujeta la unidad para confirmar que está bien sujeta al PC.

❑ Las fuentes de alimentación pueden ser ruidosas y, si la nuestra lo es, podemos sustituirla por PC Power & Cooling's Silencer. El modelo más barato cuesta 55$ (visite `http://snipurl.com/pcpower`).

❑ Revisamos el hueco de la cubierta de la carcasa, en busca de vibraciones; si detectamos alguna, pegamos un trozo de cartón o usamos envoltorio de embalaje. Si la propia cubierta de la carcasa está vibrando, podemos probar un par de gotas de gel de silicona o masilla, que podemos comprar en una tienda de suministros. También podemos probar Xtreme Computer Kit de Dynamat, por 30 $, un amortiguador con adhesivo en la parte posterior, que soporta el calor y que colocamos dentro del PC (visite `http://snipurl.com/dynamat`).

❑ Si los ventiladores son ruidosos, debemos comprobar que no haya nada rozando las aspas (asegurarnos de que el ventilador no golpea a un cable). Podemos reemplazar el ventilador por uno más silencioso o por uno que ajuste su velocidad automáticamente basándose en la temperatura del PC. Para ver un inmenso surtido de ventiladores y otros dispositivos refrigerados, podemos ver CrazyPC en `http://snipurl.com/pc_cooling`.

Encontraremos más detalles para hacer que el PC sea más silencioso en la página Web The Silent PC, en `http://snipurl.com/silentpc`.

Conseguir el destornillador correcto

Compaq y otros fabricantes de PC parecen disfrutar usando extraños tornillos Torx, que tienen seis muescas poco profundas, en lugar de los tradicionales tornillos Phillips. Si tenemos que abrir la carcasa, necesitaremos comprar un destornillador Torx T-9, disponible en la mayoría de las ferreterías.

Tornillo perdido, grandes problemas

El problema: He actualizado recientemente la tarjeta de sonido de mi PC y se me cayó el pequeño tornillo que mantiene fija la tarjeta. El tornillo está en alguna parte del interior de la carcasa y, por mucho que lo busco, no lo encuentro.

La solución: Encuéntrelo, amigo, porque si no lo hace (y se mueve de dondequiera que esté y aterriza en la placa base) el ordenador se freirá. Un tornillo perdido puede cortocircuitar la placa base en menos de lo que tarda un adolescente en acabar con un buffet libre. Apague el PC, quite todos los cables y los laterales de la carcasa y cuidadosamente, incline y agite el equipo. Si eso no libera el tornillo, consiga una linterna y comience a buscarlo. Cuando lo encuentre, ponga un poco de cera o pegamento en barra en la punta del destornillador y coja así el destornillador errante. ¿Todavía no ha podido encontrar el tornillo? Quizás tenga que quitar la tapa del PC, quitar todas las tarjetas y, si es necesario, la placa base.

Haga lo que digo, no lo que hago

¿Quiere oír algo embarazoso? Tras casi 20 años trabajando con ordenadores, todavía cometo errores importantes. Éste es precioso: siempre aconsejo a la gente que apague el PC cuando abran la carcasa y trabajen en el interior, pero es algo que yo nunca hago. ¿Mi consejo? Hágalo. Siempre, siempre. Voy a explicar por qué: hace poco añadí una tarjeta de sonido al ordenador de mi esposa. Sencillo, ¿verdad? Después, mientras el equipo estaba funcionando, volví a colocar la carcasa. Lo he hecho así desde que empecé a juguetear con ordenadores desde 1983, pero esta vez me pilló. La carcasa metálica tocó la tarjeta de sonido y la placa base se frió... y nunca volvió a arrancar.

P.D. Mi esposa consiguió un PC completamente nuevo; hasta la fecha, lo único que me permite hacer es mirarlo; desde una cierta distancia.

Energía extra para las cámaras digitales

El problema: Mi cámara digital es estupenda, excepto por las docenas de pilas AA que debo acarrear conmigo para alimentarla.

La solución: Uno de los placeres de poseer una cámara digital es que podemos hacer tantas fotografías queramos sin tener que preocuparnos por el precio de los carretes o el revelado. Y ahora ni siquiera me preocupa el tener que llevar pilas adicionales. El Digital Camera Auxiliary Power Pack, de DigiCom, por 30 $, es una batería de ión litio que se conecta a la cámara mediante el cable. Tiene el tamaño aproximado de un pequeño teléfono móvil y, en pruebas poco fiables, usando mi propia cámara digital, tomé 212 fotografías antes de quedarme sin energía.

Hay versiones para cámaras de 3, 5 y 7 voltios (es muy importante seleccionar la adecuada, de modo que tendremos que consultar el manual de la cámara). Power Pack no es fácil de encontrar. Podremos encontrarlo a la venta en `http://snipurl. com/digicom` o haciendo una búsqueda en Google.

La configuración de Windows impide la actualización del DVD

El problema: Quiero actualizar el firmware de mi grabadora de DVD Sony DRX510UL y la página Web indica que debo desactivar el valor DMA en XP antes de hacerlo. Pero no dice cómo.

La solución: La unidad Sony es estupenda; graba DVD+R y DVD-R y admite DVD-RW y DVD+RW. Pero pida ayuda a Sony y responderá con un bufido virtual; sus instrucciones en Internet son complejas y casi imposibles de comprender. Afortunadamente, modificar la configuración DMA no es complicado. Voy a explicar cómo desactivarlo:

❏ **Windows XP/2000:** Abrimos Sistema en el panel de control, seleccionamos la pestaña Hardware y hacemos clic en el botón **Administrador de dispositivos**. Hacemos doble clic en Controladoras IDE ATA/ATAPI y hacemos doble clic en Canal IDE secundario (la unidad de DVD probablemente se encuentre en el canal secundario); si no es así, seleccionamos Canal IDE principal. Hacemos clic en la pestaña Configuración avanzada y, en Dispositivo 0 (maestro) o Dispositivo 1 (esclavo) (dependiendo de la configuración de nuestra unidad), seleccionamos Sólo PIO en el menú desplegable Modo de transferencia. Hacemos clic en **Aceptar**.

❑ **Windows 98/Me:** Abrimos Sistema en el panel de control y seleccionamos la pestaña Administrador de dispositivos. Hacemos doble clic en CD-ROM, después hacemos doble clic en la unidad. Seleccionamos la pestaña Configuración, quitamos la marca de la opción DMA y hacemos clic en **Aceptar**.

Debemos acordarnos de deshacer estos pasos tras instalar el firmware de la unidad de DVD.

Nota

¿Quién sabe qué mal acecha bajo nuestra mesa? Yo lo sé, y es el cableado. Cables. Cientos de metros, multiplicándose espontáneamente de noche. De modo que, mientras estamos etiquetando los puertos, ¿por qué no gastarnos un par de euros para atar y organizar la miríada de cables? Yo uso bridas sujeta-cables , disponibles en bolsas de 50 que cuestan unos 4$ en cualquier tienda de electrónica.

Buscar cables sueltos

El problema: Mi monitor funciona perfectamente la mayor parte del tiempo, pero a veces se enciende y apaga. Si reinicio el sistema, vuelve a funcionar perfectamente, después vuelve a encenderse y apagarse tras unas horas. Me está volviendo loco.

La solución: Revise los cables. Repito. ¿No cree que pueda ser algo tan sencillo? He pasado medio día intentando descubrir por qué no disponía de conexión telefónica sólo para descubrir que la línea telefónica estaba conectada al conector equivocado del módem. Otro fiasco fue olvidarme de volver a conectar el cable de red tras trasladar el PC. A propósito, este problema intermitente puede ocurrir con un módem, escáner o casi cualquier dispositivo que esté conectado al PC con un cable.

¡Eh, Santa Claus, cuidado!

¿No nos han traído esos estupendos auriculares que pedimos por Navidad? Aquí vemos por qué: `http://snipurl.com/santa_duck`.

Las etiquetas hace que sea más fácil navegar por los puertos del PC

Observe esos pequeños iconos que hay en la parte de atrás del módem, router, tarjeta de sonido o placa base. Es casi imposible identificar los puertos que usan. Si los vendedores quisieran facilitar la vida de los usuarios, colocarían etiquetas más grandes para que pudiéramos leerlas sin recurrir a una guía de símbolos y una lupa.

Antes de instalar cualquier tarjeta o dispositivo en el que se conecten cables (y mientras pueda leer los iconos del puerto) coloco una etiqueta redonda Avery encima del puerto, indicando el tipo de puerto que es. También me arrastro bajo la mesa y ato todos los cables con etiquetas postales para identificar qué hace cada cosa. Fastídiate, Martha Stewart.

5 cables en 1

El problema: Tengo varios dispositivos USB (reproductor MP3, cámara digital, PDA y más) y todos tienen diferentes cables USB con conectores diferentes, de modo que, cuando quiero introducir canciones en el reproductor y luego descargar las imágenes de la cámara, ¡tengo que seguir cambiando cables! Y cuando compro más artículos, tengo que comprar (y lidiar con) aún más cables USB.

La solución: Termine con esta locura de cables con QuickConnect 5-in-1 USB Cable de GoldX (`http://snipurl.com/goldx`), por 30 $. El cable tiene cinco conectores intercambiables en cada extremo, por lo que, en lugar de conectar un cable diferente cada vez que cambiemos de aparato, sólo tendremos que cambiar el conector del cable. El cable también puede conectar una PDA directamente a una impresora USB. Podemos comprar el cable en longitudes desde medio metro hasta 4,5 metros.

Quitar con seguridad una unidad Flash USB

El problema: A menudo uso un dispositivo Flash USB (básicamente, un llavero que contiene una gran cantidad de datos y que se conecta al puerto USB) para pasar los archivos de un ordenador a otro. Cuando voy a quitar la unidad del puerto USB, obedientemente, hago doble clic en el icono de Quitar hardware con seguridad, en la barra de tareas de Windows. Pero luego comienza la inquisición: tengo que seleccionar el dispositivo que quiero quitar, hacer clic en **Detener**, revisar otra lista de dispositivos, hacer clic en **Aceptar** y luego en **Cerrar**. Este galimatías hace que quiera quitar Windows de una forma no tan segura.

La solución: Afortunadamente, la solución es tan sencilla que no la creería. No haga doble clic en el icono Quitar hardware con seguridad. No haga clic con el botón derecho del ratón en el icono. Sólo haga clic en él una vez con el botón izquierdo y el icono mostrará un menú con los dispositivos que se pueden quitar. Hacemos clic en el que queremos quitar y, en unos momentos, aparecerá un bocadillo indicándonos que ya es seguro hacerlo.

A propósito, esta misma rutina se aplica a otros dispositivos extraíbles, incluyendo discos duros, unidades de CD, cámaras y reproductores MP3. Debemos resistir la tentación de no hacer caso del icono Quitar hardware con seguridad y arrancar el dispositivo; puede producir corrupción o pérdida de datos en algunos casos.

Bloquear el dispositivo Flash USB

El problema: Estos pequeños dispositivos Flash USB son realmente prácticos. Puedo copiar cientos de megabytes de datos en pocos segundos y llevármelos en un artefacto no mayor que un llavero. El problema es, los malditos ladrones de datos también pueden hacer lo mismo. Si dejo mi PC unos minutos, alguien podría fácilmente hacerse con mis archivos personales, sin ser visto.

La solución: Algunas compañías han prohibido los dispositivos USB, además de los dispositivos con la misma funcionalidad, como los reproductores MP3. Por supuesto, si no hay una persona cacheando a todo el que abandona el edificio, esta prohibición es inútil. Algunos han tomado la más drástica decisión de eliminar los conectores USB (¡gasp!) tapándolos con pegamento. Si tenemos Windows XP con Service Pack 2 instalado, hay una solución menos permanente y más efectiva, que necesita que modifiquemos el registro.

Abrimos el editor del registro (Inicio>Ejecutar, escribimos `regedit` y pulsamos **Intro**). Nos dirigimos a `HKEY_LOCAL_MACHINE\SYSTEM\CurrentControlSet\ Control`. Si no hay una subclave llamada `StorageDevicePolicies`, creamos una (hacemos clic con el botón derecho en la clave Control, seleccionamos Nueva>Clave y escribimos **StorageDevicePolicies**).

En la clave `StorageDevicePolicies`, creamos un valor DWORD llamado **WriteProtect** si no existe ya (hacemos clic con el botón derecho en la clave `StorageDevicePolicies`, seleccionamos Nuevo>Valor DWORD y lo llamamos **WriteProtect**). Hacemos doble clic en el elemento `WriteProtect` y cambiamos el valor de Información del valor por 1. Hacemos clic en **Aceptar**, salimos del editor del registro y reiniciamos Windows.

Ahora, cuando se conecten dispositivos Flash al puerto USB del PC, se considerarán dispositivos de sólo lectura; nadie podrá guardar los datos del PC en un dispositivo Flash. Para recuperar el funcionamiento normal de lectura y escritura, cambiemos el valor de Información del valor del elemento WriteProtect por 0.

Adaptador de ratón USB a PS/2

El problema: Tengo un portátil HP heredado de mi hijo. En un momento de capricho, compré un ratón USB en un mercadillo y después me di cuenta de que mi portátil sólo tiene un puerto USB (sí, es así de viejo). Y ya está ocupado por la impresora USB.

La solución: En lugar de molestarse con un conector USB, pruebe un adaptador PS/2 a USB. Probablemente encontremos uno en otro mercadillo, o podemos comprar uno por menos de 5 $ en Provantage (`http://snipurl.com/provantage`).

Mejorar la memoria de la impresora láser

El problema: A menudo tengo que imprimir largos y complejos documentos llenos de imágenes. Mi impresora láser se niega a seguir y el documento no se imprime o imprime imágenes en algunas páginas y galimatías en otras.

Si usamos Mac

Aquí tenemos algunas instrucciones prácticas que dicen mucho sobre los usuarios de Mac: `http://snipurl.com/Mac_howto` (y es mejor que agreguemos la página a favoritos, por si se nos olvida).

La solución: Una solución rápida y sucia es intentar imprimir una página cada vez. Si es un documento de Word y no necesitamos ver las imágenes, podemos imprimir en modo borrador. En Herramientas>Opciones, seleccionamos la pestaña Imprimir y, en Opciones de impresión, marcamos la casilla Borrador.

Si estamos dispuestos a gastarnos algo de dinero, podemos resolver el problema aumentando la memoria RAM de la impresora láser. Aumentar la memoria RAM no sólo hará que los documentos se impriman más rápidamente, sino que también nos permite añadir imágenes más complejas a los archivos sin que la impresora se rebele. Todas las impresoras láser incluyen memoria, generalmente SIMM, el mismo tipo de RAM que usan muchos PC (las impresoras de inyección de tinta no usan RAM; el documento se guarda en el PC y se pone en la cola de impresión). Por desgracia, los fabricantes son tacaños y sólo incluyen 1 MB o quizás 2 MB de RAM en las impresoras láser, lo justo para imprimir un documento medio. Pero podemos complementarlo con más RAM; debemos revisar el manual de la impresora para ver el tipo y tamaño de RAM que usa.

Ahorrar mucho con impresiones a baja resolución

El problema: Mi impresora de chorro de tinta era barata (la compré por menos de 60 $). Pero me gasto una fortuna en cartuchos de tinta rellenados que parecen durar menos de un mes.

La solución: Es muy fácil ampliar la vida de cualquier cartucho de impresora, cambiando la calidad predeterminada de la impresión a "borrador". En el panel de control abrimos Impresoras y faxes, hacemos clic con el botón derecho del ratón en una impresora y seleccionamos Propiedades. Seleccionamos la pestaña Opciones avanzadas y hacemos clic en el botón **Valores predeterminados de impresión**; seleccionamos la calidad más baja y salimos de los menús. La impresión no será tan nítida como nos gustaría, pero para borradores, es más que adecuada. Y ahorraremos dinero.

Otro truco es desactivar el color. Sí, así de sencillo. A menos que el color sea muy importante para el documento, estamos desperdiciando tinta y ralentizando a la impresora. Nos dirigimos a Impresoras y faxes en el panel de control, seleccionamos Propiedades y buscamos la pestaña que nos permite imprimir en escala de grises. Después volvemos a imprimir la página de nuevo. Cuando necesitemos color, basta con invertir estos pasos.

Si necesitamos a menudo impresiones de alta calidad o a color, podemos usar la función Agregar impresora de Impresoras y faxes, en el panel de control, para instalar una segunda copia del controlador de la impresora, pero establecemos una calidad de impresión alta. Le llamamos "Alta calidad" o "Gastar dinero". Instalemos otro, pero esta vez establecemos una impresión a color y le damos el nombre adecuado. Cuando necesitemos cambiar la calidad de impresión o el color para imprimir algo, seleccionamos Archivo>Imprimir y seleccionamos esa impresora en el menú desplegable.

Matrículas de chorro de tinta

¿Alguna vez nos hemos preguntado qué es lo que se siente al hacer matrículas en prisión? Aquí tenemos la oportunidad de descubrirlo. Tendremos hora de diversión y gastaremos mucha tinta de color cuando imprimamos estas bellezas con nuestra impresora de chorro de tinta (http://snipurl.com/license).

Utilidad para ahorrar papel al imprimir

El problema: Me fastidia que la mitad de las veces que imprimo una página Web, termino con una página más con una o dos líneas en ella.

La solución: Internet Explorer y otros navegadores tienen una función de vista previa de impresión. En IE, seleccionamos Archivo>Vista preliminar y hacemos clic en las diferentes páginas. ¿No necesitamos la última página? Pulsamos **Esc**, seleccionamos Archivo>Imprimir, introducimos un intervalo de páginas y hacemos clic en **Aceptar**. ¿Queremos un control total de lo que imprimimos, su aspecto y (lo más importante) lo que imprimimos? Podemos conseguir FinePrint, una ingeniosa utilidad de 50 $. Basta con hacer una vista previa de lo que queremos imprimir y eliminar la página adicional. Aún mejor, podemos imprimir cuatro páginas en miniatura en una página, cambiar el tamaño de las páginas grandes para poder imprimirlas en páginas más pequeñas o enviar docenas de trabajos separados a la impresora, guardando algunos para imprimir más tarde o borrar otros (véase la figura 7.6).

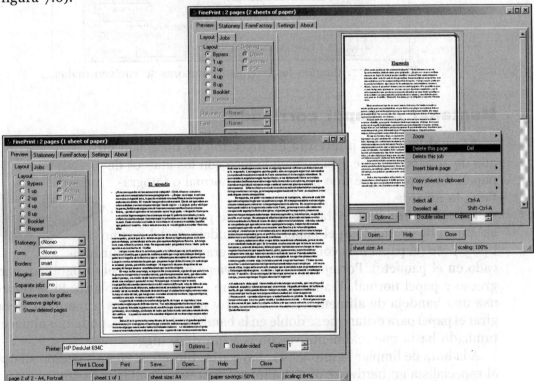

Figura 7.6. Superior: Muchas páginas Web son un poco más grandes que una página para imprimir. Podemos reducir el gasto no imprimiendo la página adicional. Inferior: Si tenemos una tarea de impresión larga, podemos reducir el tiempo que tarda en imprimirse seleccionando la configuración 2-up de FinePrint.

Y si sentimos curiosidad sobre lo que ocurre cuando la impresora se comporta mal, podemos mirar la figura 7.7. Podemos descargar una copia de prueba de FinePrint en `http://www.anayamultimedia.com`.

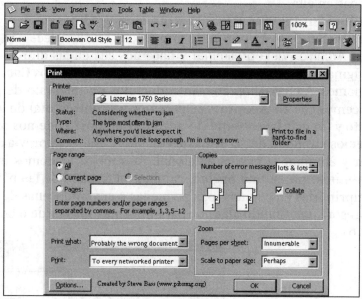

Figura 7.7. Cuando las buenas impresoras se vuelven malas...

Mantener el papel corriendo

El problema: Mi impresora de inyección de tinta, con un año de antigüedad, me está volviendo loco con los atascos de papel. No importa qué tipo de papel use (normal o fotográfico), lo muerde.

La solución: Para evitar los atascos de papel, debemos asegurarnos de que todo el papel de la bandeja es del mismo tipo y peso (el papel más común es el de 9 gramos; suele venir indicado en el paquete). Por ejemplo, no conviene mezclar papel fotográfico, papel grueso y papel normal. Y almacene siempre el papel sin doblarlo. Si la impresora usa una bandeja de alimentación vertical y no imprimimos a menudo, debemos girar el papel para evitar que se doble en la bandeja. Aún mejor, podemos almacenarlo tumbado hasta que realmente vayamos a imprimir algo.

A la hora de limpiar la impresora, hay varias filosofías. Hemos pedido su opinión al especialista en hardware Jim Aspinwall. Sus recomendaciones son:

❑ Usar el papel adecuado. Un papel de buena calidad de entre 8 y 9 gramos, un brillo de 90 o mejor (con menos estraza), es lo mejor para la mayoría de las impresoras domésticas. Si la alimentamos con una reserva de papel de 27 gramos o con papel pergamino estaremos buscando problemas.

❑ La separación del papel es la típica causa del fallo de alimentación de papel y se debe a que el papel es demasiado seco (se une debido a la estática, demasiado húmedo o no se puede separar debido a la fricción con la bandeja. En entornos secos, en el que las páginas se unen cuando salen de la resma o la impresora, debemos sacar el papel de la bandeja de papel (o de la resma), sostener firmemente un extremo del montón y abanicar las páginas. Esto suele romper la unión de la estática, además de cualquier "adhesividad" que puede ser debida a un mal corte o al revestimiento del papel. En entornos húmedos, debemos mantener el papel en un entorno seco, fresco y plano hasta que vayamos a imprimir.

❑ Usar esos botes de aire comprimido para eliminar el polvo y la suciedad puede ser de ayuda, pero cuidado con dónde usamos el aire. Con las impresoras láser, soplar el tóner puede ensuciarlo todo. Es mejor aspirar los desechos del papel y el tóner.

❑ Para limpiar los rodillos, usaremos solamente un trapo de calidad ligeramente humedecido (los paños de micro-fibras son habituales hoy en día) para eliminar el polvo de las superficies y rodillos a los que podamos acceder. No debemos usar productos químicos (alcohol, aceite, silicona, disolventes, Teflon, etc.) en los rodillos, a menos que lo acepte el fabricante de la impresora. Hasta ahora, sólo he podido encontrar "regenerador de rodillos" para los rodillos de goma dura que se usaban en las máquinas de escribir antiguas. Definitivamente, no es lo que queremos aplicar a los materiales de hoy en día.

❑ Sustituyamos los rodillos. Los rodillos deben estar "esponjosos", no duros ni brillantes. Los rodillos duros y brillantes pueden deslizar, provocando atascos de papel.

Reparar nosotros mismos la impresora

Encontraremos docenas de trucos adicionales para impresoras láser en `http://fixyourownprinter.com` (un amigo encontró aquí una solución para un problema de alimentación de papel que tenía con su impresora HP LaserJet 5P, que todavía sigue funcionando tras nueve años). Otro gran sitio con consejos sobre impresoras láser está en `http://www.printertechs.com`.

El ordenador personal

Reutilizar el papel con cuidado

Si se parece a mí y reutiliza el papel, imprimiendo el lado en blanco de los folios, no use papel perforado de tres agujeros (las tiendas venden papel perforado que suele tener un residuo ceroso; el papel que perforamos nosotros es válido). Y nunca debemos usar papel que ha pasado por una impresora láser de color (el tóner de color puede, hum, derretirse). Yo he estado allí, lo he hecho; confíe en mí.

Ahorrar tinta

Si ha seguido mi consejo y compró FinePrint (ver el problema "Utilidad para ahorrar papel al imprimir"), podemos alargar la vida del cartucho de impresión de chorro de tinta. Si seleccionamos las opciones de impresión 1-, 2-, 4- ó 8- en una página de FinePrint, hacemos clic en la pestaña Remove Graphics on the Layout y no imprimiremos esos gráficos bebedores de cartuchos.

Mover los conectores de sonido al frente

El problema: Cuando trabajo a altas horas de la madrugada, me gusta escuchar música en mi PC, pero no quiero despertar a todos los de la casa. Arrastrarme bajo la mesa para desconectar los cables del altavoz del PC de la tarjeta de sonido y conectar los auriculares no es mi idea de algo divertido.

La solución: Muchos ordenadores nuevos tienen puertos de entrada y salida de la tarjeta de sonido. Pero hasta que actualicemos el nuestro, aquí mostramos dos trucos:

❑ Plantronics PC Headset Speaker Switch es un artefacto del tamaño de un ratón que se conecta a los altavoces y auriculares a la tarjeta de sonido. Con solo pulsar un botón, podemos pasar el sonido de los altavoces a los auriculares. El artefacto cuesta 20 $ (visite `http://snipurl.com/audiopc`), pero lo he visto, con descuento, por unos 15 $ (visite `http://snipurl.com/audiopc2` y `http://snipurl.com/audiopc3`).

❑ Si odiamos buscar los puertos y mover cables, debemos obtener Multimedia Control Panel de IC Intracom. Lleva dos puertos USB, además de los puertos FireWire, mando de juegos, micrófono y altavoz al frente del PC. El panel encaja en cualquier bahía de 5,25 pulgadas libre y con acceso exterior (es decir, cualquier panel frontal extraíble) del PC y sus conectores recorren el PC hasta los puertos correspondientes en la parte trasera del PC. Lo he visto en la página

Web por unos 30 $ (vea `http://snipurl.com/Control_panel`). Si sólo queremos la conexión para el puerto USB o los altavoces, podemos probar un artefacto similar de FrontX, que nos permite seleccionar los puertos que queremos (visite `http://www.frontx.com`).

Fijar el portátil

El problema: Yo uso mi portátil en los viajes y, cuando llego a casa, lo uso como PC de sobremesa. Es muy molesto volver a conectar todos los periféricos en casa y quitar todos los cables cuando viajo.

La solución: Hay una solución sencilla: usar Hi-Speed USB 2.0 DockStation, de Belkin. El aparato de 95 $ tiene un puerto paralelo, uno serie y dos USB 2.0, además de entradas para VGA y Ethernet. En primer lugar conectamos el monitor, la impresora, el teclado y otros periféricos a DockStation. Después conectamos dos cables de DockStation al portátil y ya está. Cuando tengamos que partir, desconectamos los dos cables del portátil (visite `http://snipurl.com/dockstation`).

Seguridad para el portátil

El robo de portátiles ha aumentado mucho. Aquí tenemos una forma de proteger el nuestro: `http://snipurl.com/powerpizza`.

El ratón de viaje

¿Queremos ver lo rápido que puede moverse nuestro ratón? Consigamos una copia de Mouse Odometer, un increíble pasatiempo en la Web `http://www.anayamultimedia.com`.

Usar el portátil en casa

El problema: Uso un portátil como sustituto del PC de sobremesa. Pero es un auténtico dolor de cabeza (literalmente). Tengo que poner una pila de libros para que la pan-

talla esté a la altura adecuada, ¡pero entonces el teclado está demasiado alto!

La solución: La solución podría ser Oyster, una forma inteligente de fijar el portátil (`http://snipurl.com/oysterdock`). Abrimos el portátil de forma que quede plano, deslizamos el extremo del teclado en Oyster (150 $) y *voila*, la pantalla LCD está a la altura de los ojos. Ahora conectamos un ratón y un teclado USB a los puertos USB de Oyster (el aparto incluye un hub con cuatro puertos USB 2.0, con un punto para ocultar los cables) y ya hemos terminado (véase la figura 7.8).

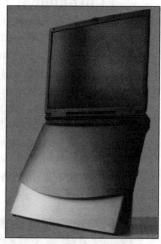

Figura 7.8. Oyster, de Sherpaq Mobile Products, nos permite colocar la pantalla del portátil a la altura de los ojos.

Hacer que la pantalla del portátil parezca grande

Mi oficina doméstica está equipada con un monitor LCD ViewSonic de 20 pulgadas que me deja una gran cantidad de espacio en el escritorio. Si me pongo delante de mi pequeño (y antiguo) portátil HP me siento como si estuviera leyendo un libro en papel.

Aquí tenemos un truco rápido para aquellos que todavía tienen pantallas pequeñas: cuando naveguemos por Internet con Internet Explorer o Netscape, pulsamos **F11** y desaparecerán la barra de estado y la mayoría de las otras barras de herramientas del navegador. Ahora tendremos una hermosa ventana a pantalla completa (bueno, casi completa) para ver la página Web. ¿Terminamos de navegar? Volvemos a la vista normal con otra pulsación de la tecla **F11**.

Conectar la unidad de memoria flash a un cable USB

El problema: He comprado una de esas preciosas unidades de memoria flash portátiles. Sólo admite 16 MB, pero era muy barata y es una buena alternativa a un disquete. Lo que no es tan práctico es arrastrarme bajo la mesa para conectarlo al puerto USB de la parte trasera del PC.

La solución: Supongo que la unidad de memoria flash, del tamaño de un llavero, era barato; muchas de las unidades de mayor capacidad incluyen un cable USB. Podemos conseguir un cable de extensión macho-hembra, de 1,8 metros, por menos de 5$ en la tienda de informática local o en Internet.

Copias de seguridad sin problemas mediante red

El problema: Aunque me encanta la red de mi oficina doméstica, llevar mi disco duro externo USB a todos los ordenadores para hacer una copia de seguridad de cada uno, es una auténtica molestia. Pero no, no, no; no quiero configurar un servidor de archivos.

La solución: En lugar de instalar un servidor, compartamos la unidad con todos los PC de la red, adjuntándolo a Network Storage Link for USB 2.0 Disk Drives (NSLU2) de Linksys. Este dispositivo de 99 $ se conecta a un router normal o inalámbrico (visite `http://snipurl.com/Linksys_storage`) y permite a todos los usuarios de la red acceder a cualquier unidad USB 1.x o 2.0 que tengamos conectada, para realizar copias de seguridad rápidas y sencillas. Incluso podemos compartir un dispositivo Flash USB con la unidad Linksys.

Advertencia

Durante la instalación de Storage Link debemos dar formato a la unidad USB, de modo que antes debemos asegurarnos de haber hecho una copia de seguridad de todo lo que tengamos allí.

Corrupción del disco duro grande

El problema: Desde que actualicé mi PC con un disco duro de 160 GB, la hibernación del sistema ha dejado de funcionar correctamente. A veces, en lugar de salir de la hibernación, ¡el PC se reinicia! He ejecutado ScanDisk y desfragmentado la unidad, pero el problema sigue. ¿Qué ocurre?

La solución: Alguien dijo en una ocasión que no se puede tener demasiada memoria RAM o un disco duro demasiado grande. Alguien estaba equivocado. Bueno, estamos un buen lío si tenemos una unidad grande en un sistema que usa una versión anticuada de Windows XP; incluso con Service Pack 1 (SP1) instalado. Las versiones antiguas de XP no pueden realizar ciertas funciones a nivel de sistema (por ejemplo, dirigir y eliminar memoria caché) con unidades grandes y eso puede hacer que los datos se corrompan. Solución nº 1: actualizar a Service Pack 2 (basta con ejecutar Windows Update para conseguir este monstruo). Solución nº 2: conseguir la solución exclusiva de Microsoft en `http://snipurl.com/fcvk`. Si queremos aprender más, revise el artículo de la Microsoft Knowledge Base Article 331958 en `http://snipurl.com/atapi2`.

Quitar los cables de la impresora

El problema: Soy un gran aficionado a lo inalámbrico, pero tengo un dispositivo que sigue atado al PC: la impresora. Me gustaría conectarla de forma inalámbrica y compartirla con mi esposa, que tiene un ordenador al otro lado del pasillo. ¿Cómo puedo librarme de ataduras?

La solución: Comience a cortar. Lo único que necesitamos es un servidor de impresión inalámbrico. Linksys Instant Wireless Print Server (WPS11) es compatible con el estándar 802.11b y puede conectarse a una impresora mediante el puerto paralelo. Wireless-G Print Server (WPS54GU2), de la misma compañía, funciona con redes 802.11g (véase la figura 7.9) y puede conectarse a dos impresoras (una mediante el puerto paralelo y otra mediante USB). La instalación es muy sencilla: básicamente, conectamos el servidor de impresión al router o hub inalámbrico y luego conectamos la impresora al servidor de impresión. Ahora, todos los usuarios de la red inalámbrica podrán acceder a la impresora. Los dos modelos cuestan unos 130 \$ (`http://www.linksys.com`).

Figura 7.9. Wireless-G Print Server nos permite conectar de forma inalámbrica una impresora de puerto paralelo y una USB, en nuestra oficina o en el piso de abajo.

Hacernos inalámbricos con un enchufe

El problema: Lo inalámbrico es atractivo. Me gustaría usar mi portátil en la sala de estar y tener acceso a mi ordenador de escritorio, al otro lado del pasillo; y usar su conexión a Internet. Pero pensar en gastar una gran cantidad de dinero y tiempo en routers, tarjetas y WiFi no me resulta muy atractivo. ¿No hay una forma más sencilla?

La solución: En menos de 20 minutos, podemos hacer la conexión mediante (¿está preparado?) un enchufe eléctrico normal. Lo único que necesitamos es PowerLine USB Adapter de Belkin (alrededor de 100 $; http://www.belkin.com). Conectamos el portátil al adaptador PowerLine mediante un cable USB y luego conectamos el adaptador a cualquier enchufe eléctrico. En el otro extremo del pasillo, también conectamos Belkin PowerLine Ethernet Adapter (100 $) al ordenador y enchufamos el adaptador al enchufe (véase la figura 7.10). Tras instalar los controladores, podremos compartir los archivos y periféricos de cada ordenador, incluso el acceso a Internet. La red PowerLine funciona incluso con versiones de Windows tan antiguas como 98SE. La compañía afirma que puede alcanzar velocidades de hasta 14Mbps y el artefacto utiliza codificación de datos DES de 56 bits, por lo que no tendremos que preocuparnos por que el vecino, que tiene un alargador, pueda ver nuestros archivos.

Figura 7.10. ¿No queremos llevar el cable de red por todo el pasillo? ¿No queremos complicarnos con lo inalámbrico? Consigamos adaptadores PowerLine de Belkin y podremos usar la red eléctrica de casa.

Refrenar los mensajes de una Wi-Fi ambiciosa

El problema: Por fin me he subido al vagón de lo inalámbrico y mi pretencioso portátil sigue diciéndome que dispongo de más de una red inalámbrica. Este mensaje emergente aparece cada vez que intento conectarme a Internet y me está volviendo loco.

La solución: La hiper-motivada tarjeta inalámbrica tiene que volver a su cometido y buscar solo la red principal.

1. En el administrador de dispositivos, abrimos Adaptadores de red y hacemos clic con el botón derecho del ratón en la tarjeta inalámbrica LAN.

2. Seleccionamos Propiedades, seleccionamos la pestaña Recursos y quitamos la marca de la casilla Usar configuración automática.

3. Seleccionamos Configuración básica 0000 en la línea Configuración basada en y hacemos clic en **Aceptar**.

Energía de emergencia para PDA

El problema: Me encanta mi Palm PDA, pero tengo si consigo que la batería me dure un día. No es un problema en la oficina (puedo ponerla en su base y recargarla). Pero acarrear la base en los viajes de negocios es muy incómodo. Tiene que haber una forma mejor.

La solución: Cuando estemos de viaje, podemos dejar la base en casa y llevar el pequeño Power Adapter for Universal Connector Palms de Tech Center Labs (`http://www.talestuff.com`), por 15 $. Conectamos un extremo en el conector de la base de la PDA, conectamos el otro extremo al adaptador de la pared, normalmente conectado a la base, y ya estamos cargando. Otra opción: cargar la PDA con AA Emergency Charger for Universal Connector Palms, de la misma compañía, por 15 $, que usa pilas AA recargables o normales. Y en caso de emergencia, Universal 9 volt Emergency Charger, de la misma compañía, por 20 $, proporcionará suficiente energía al Tungsten Palm (y otras PDA, como Garmin), para terminar de hacer el solitario.

Problemas con los archivos y la batería de los Pocket PC

El problema: ¿Y qué hay de los usuarios de Pocket PC? Tengo dos problemas. Microsoft oculta el indicador de batería en la carpeta Configuración>Sistema>Energía, por lo que necesito tres molestos clics cada vez que quiero ver cuánta energía queda en la batería. Igual que Windows, el Pocket PC tiene un horrible gestor de archivos (en este caso, File Explorer).

La solución: En primer lugar, conseguir una copia de prueba de Battery Pack Pro de Omega One, en `http://snipurl.com/batterypack`, una utilidad de 20 $ que no sólo muestra una barra en el escritorio con la carga de la batería del Pocket PC sino que también calcula la vida estimada basándose en su uso. A continuación, sustituya File Explorer por Explorer 2003 de Resco, por 25 $ (`http://snipurl.com/resco`), una estupenda herramienta de productividad que nos permite mover, copiar, borrar y crear archivos y carpetas más fácilmente; podemos comprimir y codificar archivos; e incluye un ingenioso visor de archivos.

Mejorar la batería del teléfono móvil

El problema: Odio cuando estoy lejos de casa y me doy cuenta de que me he olvidado el cargador de mi agonizante teléfono móvil. ¿Puedes oírme ahora? ¿Hola? Holaaaaa?

La solución: Entre los diferentes aparatos de emergencia que me llevo cuando viajo se encuentra Cellboost, un pequeño cargador de teléfono móvil desechable que tiene el tamaño de un mechero y unos 35 gramos (visite `http://snipurl.com/cellboost`). Cellboost tarda tres minutos en proporcionar a la batería de un teléfono móvil la suficiente energía para hacer una llamada de una hora. El dispositivo cuesta entre 4 y 6 $, dependiendo de modelo del teléfono.

Esta silla es para ti

Como medida para reducir el gasto, todos los cubículos dispondrán de estas nuevas sillas ergonómicas multifuncionales: `http://snipurl.com/ergo_chair`.

Cielos rojos y rosas azules

El problema: He impreso una fotografía en mi impresora de chorro de tinta y el resultado estaba a rayas y los colores no concordaban con lo que aparecía en pantalla. ¡El cielo era rojo y las rosas azules! ¿Qué ha fallado?

La solución: Si no usamos la impresora de chorro de tinta con regularidad (al menos una vez al mes), los cartuchos de tinta se estropean y la calidad de impresión puede disminuir. ¿Mi consejo? Ejecutar la utilidad de limpieza de cabezales e imprimir dos páginas con colores intensos. Si la fidelidad de la impresión no ha mejorado, tendremos que comprar un nuevo cartucho. Y a partir de ahora, imprima una página a color, al menos una vez a la semana.

Fotografías digitales con marco

El problema: Me encanta presumir de los resultados de mi cámara digital, pero chico, es tan molesto tener que llevar mi PC para mostrar las imágenes a todo el mundo.

El ordenador personal

La solución: Tengo justo lo que necesitamos: MemoryFrame de Pacific Digital, un atractivo artefacto que parece un marco para fotografías tradicional, pero almacena y muestra varias imágenes digitales en una pantalla LCD de 5,6 pulgadas. Basta conectar MemoryFrame mediante USB al PC, cámara o lector de tarjetas de memoria y cargar hasta 55 imágenes (en formato JPEG, TIF, PNG, GIF o BMP) en los 16 MB de RAM y 8 MB de memoria flash del marco para fotografías. Podemos colgar MemoryFrame en la pared o colocarlo sobre una mesa para ver las fotografías una a una (véase la figura 7.11).

Figura 7.11. Si queremos mostrar las fotografías en la sala de estar (o en cualquier habitación de la casa), podemos usar MemoryFrame. Sólo hay que tener la chequera a mano; este pequeño cuesta 270 $.

¿Una trampa para ratones mejorada?

Si un amigo, compañero de trabajo o empleado es un poco tonto, este ratón sin botones puede serle de ayuda (`http://snipurl.com/b_mouse`).

Podemos usar el programa incluido Digital Pix Master para crear una presentación en el PC antes de cargar las imágenes en MemoryFrame. Si no queremos molestarnos en usar el PC, el marco creará la presentación automáticamente. Sus controles integrados nos permiten borrar imágenes, cambiar la velocidad y las transiciones y hacer otras modificaciones. Un par de detalles sin importancia: MemoryFrame usa las lentas conexiones USB 1.1 y el cable que lo conecta al transformador de corriente es muy feo (otro más: la versión inalámbrica de 8 x 10" tiene un adaptador WiFi integrado, por lo que podemos transmitir las presentaciones desde el PC a MemoryFrame de forma inalámbrica). El principal inconveniente: con un precio de 250 $, MemoryFrame no es barato (el modelo de 8 x 10 pulgadas vale 500 $). Aún así, tengo que decir que este pequeño deja con la boca abierta a todo el que entra en mi cuarto de estar. Podemos encontrarlo en la Web http://www.pacificdigital.com.

Un método más barato y menos lujoso es grabar las imágenes en un CD o DVD, en formato JPEG, e introducir el disco en el reproductor de DVD conectado a la televisión. La mayoría de los reproductores de DVD modernos (incluso los barato de 80$) pueden leer estos discos. Seleccionamos la carpeta que contiene las imágenes y la mayoría de los reproductores mostrarán las imágenes en forma de presentación. Pulcro. Y barato.

Fotografías dobladas

El problema: He comenzado a escanear mi colección de fotografías de 30 años y muchas están ligeramente dobladas. Cuando coloco una en el escáner y cierro la tapa, es difícil evitar que la fotografía se mueva. Aparte de quitar la cubierta y sujetar la imagen con la mano, no estoy seguro de qué hacer.

La solución: Usar el cristal de un marco para fotografías para mantener rectas esas fotografías dobladas y después, con cuidado, cerrar la tapadera del escáner. A propósito, cuando quiero escanear las pegajosas y sucias recetas de cocina de mi esposa, coloco las páginas entre dos láminas de cristal para mantener impoluta la platina del escáner.

Eliminar las sombras del otro lado

El problema: Cuando escaneo artículos de revista, la impresión del otro lado de la página se transparenta, dejando rastros delatores.

La solución: Un viejo truco: colocar una hoja de papel negro encima de la página. En un escáner que se alimenta hoja a hoja, colocamos el original en la funda de plástico que acompañaba al escáner para evitar que se atasque.

Chirriando, no escaneando

El problema: Mi escáner hace un ruido chirriante y luego no pasa nada. Ayer funcionaba bien, lo juro.

La solución: Eso fue ayer; hoy tenemos una solución. Tengo el presentimiento de que usted (o alguien de la oficina) han activado inadvertidamente el mecanismo de bloqueo

del escáner, lo que mantiene la barra de luz del escáner en posición de envío. Suele encontrarse en la parte trasera del escáner, cerca del interruptor de encendido/apagado; si no es así, revise el manual del escáner.

Escaneados torcidos

El problema: Lo pasé muy mal para escanear unas imágenes cuyo material original está torcido. El programa del escáner intentó enderezarlas automáticamente pero casi nunca hace un trabajo decente y sigo con resultados torcidos.

La solución: Pruebe esta técnica: en la parte de atrás del original, con lápiz y regla, dibujamos una línea que coincida con la base de la imagen. Después usamos esta marca para alinear el original en el escáner.

Hacer que los escáneres lean mejor

El problema: He comprado un escáner de sobremesa para "leer" de forma óptica el periódico y los artículos de las revista. El programa de reconocimiento óptico de caracteres (OCR) reconoce el texto impreso y lo convierte a formato digital, pero todavía hay muchos errores. ¿Cómo puedo mejorar los resultados?

La solución: El mantra del escaneado para OCR es: cuanto mejor sea el original, mejor será el escaneado. Aquí mostramos cinco trucos que pueden ayudar:

❏ Modificar el brillo y el contraste del escáner. Por ejemplo, si los caracteres de la página que estamos escaneando son oscuros o están borrosos, debemos aumentar el brillo del escáner para que la imagen sea más clara. Y al contrario, los caracteres finos o claros necesitarán menos brillo y más contraste para que las letras resalten.

❏ Experimentar con modos de escaneado en escala de grises y en blanco y negro.

❏ Evitar el papel en color. Antes de hacer el escaneado, podemos copiar el original en un folio blanco.

❏ Si los caracteres de la página son pequeños (es decir, de 9 puntos o menos) debemos escanear a 600 dpi. Para fuentes más grandes, usamos 300 dpi.

❏ Eliminar las arrugas de la página. Coloque un recorte entre las páginas de un libro grueso antes de escanearlo o considere (no se ría) planchar el recorte con poco calor.

Transferir números de teléfono al teléfono móvil

El problema: Considero frustrante que, con toda la tecnología que incluye mi teléfono móvil, todavía tenga que introducir los números de teléfono de uno en uno. Es aburrido y tedioso y me gustaría que usar un método más sencillo.

La solución: DataPilot Cell Phone Data Transfer Suite es una ingeniosa aplicación que funciona conectando el teléfono móvil al PC usando un cable serie o USB, incluido en el paquete. Yo uso el mío para conectar un móvil Nokia 5160 y transferir números de teléfono desde Outlook; el programa también interactúa con programas para Outlook Express, Act, Pocket PC y Palm software (véase la figura 7.12). Si no usamos ninguno de estos gestores de agenda, podemos usar el gestor de guía telefónica de DataPilot. Encontraremos más detalles en `http://www.datapilot.com`.

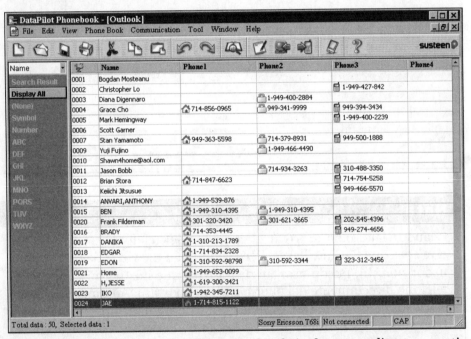

Figura 7.12. Deje que el ordenador haga el trabajo de crear, editar, compartir y mantener actualizados los datos del teléfono móvil. Aún mejor, podemos usar DataPilot para convertir el teléfono móvil en un módem inalámbrico.

Servicio técnico de portátiles extraordinario

¿Cree que tiene problemas con su portátil? Veisite la página Web `http://snipurl.com/laptopsupport`.

Convertir el escáner en un fotocopiadora

No todas las oficinas domésticas tienen una fotocopiadora; pero si tenemos un escáner y una impresora, tenemos una muy básica. Yo uso ICarbon, una herramienta gratuita que nos permite enviar, en segundos, un documento escaneado a la impresora. ICarbon se inicia rápidamente y sus programas de blanco y negro, escala de grises y color hacen que el proceso sea muy ligero. Podemos descargar una copia desde la página Web de IDev, en `http://snipurl.com/ icarbon`.

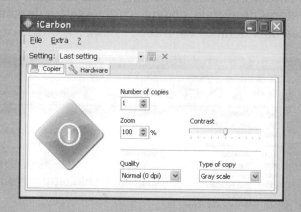

Nota

Cuando viajo, odio acarrear el cargador del teléfono móvil, sólo es otra cosa que hay que llevar. Pero si también me voy a llevar el ordenador portátil, puedo usar un dispositivo que nos permite cargar el teléfono directamente del puerto USB del portátil. Aún mejor, el precio de los modelos de USB Mobile Phone Charger, de American Power Conversion, oscila entre los 8 y los 14 $. Podemos encontrar el modelo que necesitamos para nuestro teléfono móvil en `http://snipurl.com/ apc_charge`.

Una solución tres tonos para la publicidad por teléfono

La publicidad por teléfono me vuelve loco con sus constantes llamadas. Aquí tenemos una forma de cortar con la publicidad por teléfono.

Recuerde la última vez que llamó a un número que estaba fuera de servicio: oímos tres tonos breves, como "du... da...di". Cuando el marcador automático del vendedor oye esta frecuencia (solo para los empollones: 985,2 Hz, 1370,6 Hz y 1776,7 Hz), deduce muy inteligentemente que nuestro número de teléfono está desconectado o está fuera de servicio. Lo lógico es pensar que, cuantos más vendedores telefónicos descubran que el número está desconectado, menos llamadas recibiremos.

Podemos descargar estos tres tonos como archivos de sonido y grabarlos en el contestador automático al principio del saludo. Encontraremos los tonos en `http://snipurl.com/telemrkt2`.

Si no nos importa gastar algo de dinero, podemos probar TeleZapper, un aparato electrónico, de 40 $, de Privacy Technologies. Basta con conectar a una clavija, el dispositivo telefónico disponible y, cuando cojamos el teléfono para responder a una llamada, TeleZapper emitirá los tres tonos que indican a los marcadores automáticos que nuestro número está desconectado. Las pruebas en Bass International Labs indican que TeleZapper funciona muy, muy bien. Compruébelo en `http://snipurl.com/zapper`.

Índice alfabético

El ordenador personal

Y

Z